Felix Butzlaff · Stine Harm · Franz Walter (Hrsg.)

Patt oder Gezeitenwechsel?

Göttinger Studien zur Parteienforschung

Herausgegeben von
Peter Lösche
Franz Walter

Felix Butzlaff · Stine Harm
Franz Walter (Hrsg.)

Patt oder
Gezeitenwechsel?

Deutschland 2009

VS VERLAG FÜR SOZIALWISSENSCHAFTEN

Bibliografische Information der Deutschen Nationalbibliothek
Die Deutsche Nationalbibliothek verzeichnet diese Publikation in der
Deutschen Nationalbibliografie; detaillierte bibliografische Daten sind im Internet über
http://dnb.d-nb.de abrufbar.

1. Auflage 2009

Alle Rechte vorbehalten
© VS Verlag für Sozialwissenschaften | GWV Fachverlage GmbH, Wiesbaden 2009

VS Verlag für Sozialwissenschaften ist Teil der Fachverlagsgruppe
Springer Science+Business Media.
www.vs-verlag.de

Umschlaggestaltung: KünkelLopka Medienentwicklung, Heidelberg
Druck und buchbinderische Verarbeitung: Krips b.v., Meppel
Gedruckt auf säurefreiem und chlorfrei gebleichtem Papier
Printed in the Netherlands

ISBN 978-3-531-16203-4

Inhalt

Vorwort

Die anstehende Bundestagswahl zum Anlass für eine eingehende Betrachtung des deutschen Parteiensystems und seiner Entwicklungen zu nehmen, mag wohl für eine Arbeitsgruppe *Parteien- und Politische Kulturforschung* selbstverständlich sein. Doch die Landkarte der politischen Lager und ihrer Vertretungen im parlamentarischen System erscheint im Jahre 2009 weit über eine Routineaufnahme hinaus spannend: Seit 1998 haben sich ein Gutteil der lange Zeit geltenden Annahmen und zu Allgemeinplätzen gewachsenen Erklärungen über die tradierten gesellschaftlichen Bindungen und politischen Milieus einem weitreichenden Wandel unterzogen. Die Rollen der verschiedenen Parteien als Kondensat gesellschaftlicher Interessen und Mittler im Willensbildungsprozess zwischen Staat und Bürger konnte dies nicht unberührt lassen. So haben sich alle Parteien innerhalb der letzten Dekade einem Veränderungsprozess zu stellen gehabt, der an Geschwindigkeit und Tiefe oft seinesgleichen in ihrer jeweiligen Geschichte sucht.

Die Sozialdemokratie des Jahres 2009 hat mit der SPD der 1990er Jahre nicht mehr viel gemein, die CDU nach Kohl ist mitnichten eine lediglich leicht „modernisierte" Version der Christdemokratie der Einheitsjahre, und die Freidemokraten, die bis 1998 – von zwei kurzen Unterbrechungen zwischen 1956 und 1961 und von 1966 bis 1969 einmal abgesehen – ständig an der Regierung beteiligt waren, haben sich nach nunmehr elf Jahren in der Opposition ebenfalls gründlich gewandelt – von der ehemaligen PDS und heutigen Linkspartei ganz zu schweigen. Bei sämtlichen Parteien haben die Jahre der rot-grünen Koalition tiefe Spuren hinterlassen, was Programmatik, Selbstverständnis und die eigene Mitgliederschaft anbelangt. Auch die Grenzen zwischen den zugehörigen Anhängerschaften haben sich innerhalb der letzten drei Legislaturperioden zumindest verschoben, sind weiter verwischt und haben oft den Rahmen lange gültiger Interpretationen transzendiert: Die Tatsache lässt stutzen, dass gerade die Union und die FDP bisweilen deutliche Zugewinne aus der Arbeiterschaft und den sozialen Souterrains zu verzeichnen hatten, während die Sozialdemokraten am Ende ihrer Regierungsjahre – wenn überhaupt – bei Selbstständigen und jungen Jahrgängen etwas hinzugewinnen konnten. Die mehrheitliche und automatische Zuordnung der Arbeiter und Arbeitslosen zu den eher links stehenden politischen Parteien mag nicht mehr so einfach stimmen, ebenso wenig wie nach der Kanzlerschaft Gerhard Schröders und der ersten schwarz-grünen Koalition auf Landesebene das Bürgertum per Rundumschlag der politischen Rechten zugeordnet werden kann.

Natürlich sind diese angedeuteten Versatzstücke keine kompletten Brüche mit der politisch-gesellschaftlichen Topographie vor Beginn des „rot-grünen Projekts". Aber man wird den Eindruck nicht los, dass die Fundamente der politischen Aushandlungsprozesse ihre alte Balance und Berechenbarkeit möglicherweise verloren haben. Von den Betrachtungen keinesfalls ausgenommen sind in diesem Zusammenhang die Bündniskonstellationen der Regierungsbildung – auch sie spiegeln eine komplexer gewordene Vermittlung der verschiedensten Interessen wieder. Das Parteiensystem mit einer neuen und mindestens transitorisch starken Linkspartei hat die Eindeutigkeit der vorigen Lagerwahlkämpfe jedenfalls eingebüßt, und ein neuer Imperativ der Koalitionsfähigkeit bahnt sich an. Dass dadurch gerade bei den großen Volksparteien die lange schon konstatierte Bewegung hin zu einem die gesamte politische Mitte umfassenden Zentrum zu einer vermeintlichen Ununterscheidbarkeit geführt hat, mag mit eine Folge dieser Offenheit für möglichst viele politische Partner sein. Auf der anderen Seite scheint aber auch gerade eine solche Einebnung politischer Ecken und Kanten möglicherweise den Bedarf nach einer scharfen Kontur und Authentizität befördert zu haben. Aber auch den Auftritt neuerer politischer Stile und Führungstypen mag man als Folge der Verschiebungen in Rolle und Anspruch an die Parteien begreifen. So springt einem beispielsweise der Typus des Sachverwalters und Büroleiters, der sich nüchtern und mit der Betonung der Effizienz seiner Exekutivarbeit um Partei, Regierung und Volk verdient macht, an den Spitzen der Großen Koalition geradezu ins Auge.

Der vorliegende Band möchte kein Handbuch sein, bei dem mit lexikalischem Eifer alle Eigenschaften der Parteien nach ihrer Definition in einer Vergleichsreihenfolge abgehakt werden. Vielmehr sind die einzelnen Zugänge und Betrachtungsausschnitte je nach Gegenstand etwas anders gewählt und gewichtet. Die Perspektive – so jedenfalls der Anspruch – soll hier dem Thema angepasst werden. Intention war auch, nicht eine auf Sekundärliteraturanalyse beschränkte Zusammenfassung der Berichterstattung zu einer Partei oder zu einzelnen Aspekten der politischen Entwicklung vorzulegen, sondern ebenso eigene Eindrücke, Erhebungen und Betrachtungen an prominenter Stelle mit einfließen zu lassen. Eine gedankliche Offenheit, die auch über schon vielmals wiederholte Thesen und Interpretationen hinauszugehen vermag, erschien uns gerade bei den Fragen nach den Entwicklungen der deutschen Parteien und deren Einordnung unerlässlich.

Dass dieses Buch entstehen konnte, ist der *Arbeitsgruppe für Parteien und Politische Kulturforschung* an der Universität Göttingen zu verdanken, zu der sämtliche Autoren dieses Bandes gehören. Als Ideengeber, fortwährende Beobachterin des politischen Geschehens und kritisches Korrektiv der eigenen Arbeit gab sie in zahlreichen Diskussionsrunden und Gesprächen Anregungen, fragte nach und trug so zum Gelingen der Aufsätze bei. Im Besonderen sind an dieser Stelle Bonnie Pülm und Heiko Garrelts herauszuheben, die das Manuskript mit viel Ausdauer kritisch gegengelesen haben. Aber auch Peter Munkelt und seinem

Archiv in der Berliner Stresemannstraße sind wir – wie immer – zu großem Dank verpflichtet. Und dass wir mit der stetig wachsenden Reihe der *Göttinger Studien zur Parteienforschung* im VS-Verlag und bei unserem Lektor Frank Schindler eine – gerade für junge Autoren – einmalige Möglichkeit zur Veröffentlichung gefunden haben, hat die Motivation unserer Arbeitsgruppe und den Eifer der Diskussionen um die Entwicklungen der deutschen Politik sicherlich stark mit befeuert.

Felix Butzlaff und Stine Harm, Göttingen im April 2009.

Die CDU
Eine Partei nach dem Ende ihrer selbst

Klaudia Hanisch / Sebastian Kohlmann

Am Abend des 27. September 1998 blieb Helmut Kohl nur noch ein hingezogenes „So". Es folgten ein paar Worte des Dankes, die Übernahme der vollen Verantwortung für das Wahldebakel sowie die Verkündigung seines Rücktritts vom Parteivorsitz.[1] Die Niederlage war mit rund 35 Prozent zu eindeutig. Für den damaligen Bundeskanzler und die CDU ging an diesem Tag eine Ära zu Ende. Auch elf Jahre danach hat sich die einstige „natürliche Regierungspartei"[2] von diesem Ergebnis nicht erholt, bei keiner der folgenden Bundestagswahlen ist sie wieder über 40 Prozent gekommen. Lange Zeit galt die CDU als die erfolgreichste Partei Deutschlands. Heute ist sie schwächer als je zuvor und wirkt nur noch stark auf Grund der noch schwächeren SPD. Über Jahrzehnte lagen die bundesweiten Ergebnisse der Schwesterparteien CDU und CSU konstant über vierzig Prozent. Für 2009 sehen Umfragen die CDU übereinstimmend in der 30- bis 40-Prozent-Klammer gefangen. Es scheint, als ob das goldene Zeitalter der Christdemokratie endgültig vorbei wäre[3] und die Union an anderen Maßstäben gemessen werden müsse als etwa noch vor zwanzig Jahren.

Was ist aus dieser einst so erfolgreichen Partei geworden? Die „alte CDU" hatte sich vor allem der „Mitte", dem Ort sozialer „Normalität" verschrieben. Ihre Strategie war es, den Menschen Sicherheit zu vermitteln und eine Politik der Balance zwischen Tradition und Moderne, Sozial- und Wirtschaftspolitik zu betreiben. Ihre Identität bezog sie aus dem Christentum, traditionell aus dem Katholizismus und dem Anti-Kommunismus. So konnte sich die Union als Sammelpartei etablieren. Sie vereinte sowohl Katholiken als auch Protestanten, das städtische Bürgertum sowie Bergarbeiter und Bauern, Deutschnationale und Liberale. Als Partei der sozialen Marktwirtschaft gelang es der CDU, heteroge-

---

1 Geyer, Matthias/Kurbjuweit, Dirk/Schnibben, Cordt: Operation rot-grün. Geschichte eines politischen Abenteuers, München 2005.

2 Franz Walter: Zerbröselnde Erfolgsgeschichte. Parteihistorische Einleitung, in: Schlieben, Michael: Politische Führung in der Opposition. Die CDU nach dem Machtverlust 1998, Wiesbaden 2007, S.9-33, S.18

3 Walter, Franz: Ende des christdemokratischen Sommers, in: Spiegel Online, 11.10.2006, abrufbar unter: http://www.spiegel.de/politik/debatte/0,1518,441630,00.html (eingesehen am 10.01.2009); vgl. auch Merkel, Wolfgang: Perspektiven sozialdemokratischer Reformpolitik, in: Ders. (Hrsg.): Die Reformfähigkeit der Sozialdemokratie, S.457-465, hier S.457.

ne Gruppierungen vom Wirtschaftsliberalismus bis hin zum christlichen Sozialismus zu integrieren. Auf diese Heterogenität sind Parteivertreter der Union
immer noch stolz. Den Spagat zwischen den verschiedenen Interessengruppen
konnte die Partei auch deshalb bewältigen, weil sie ihren geistigen Traditions-
strömungen – den sozialen, den liberalen und den wertkonservativen – vergleichsweise ausgeglichen verpflichtet geblieben ist.[4]

Die Vorsitzenden der Union und die konservativen Bundeskanzler haben
an dieser Erfolgsgeschichte einen beträchtlichen Anteil. Die Politik in der fö-
deralen und stark fragmentierten CDU wurde traditionell von ihren Vorsitzenden
geprägt. Programme spielten – vor allem in Regierungszeiten – kaum eine he-
rausragende Rolle. Konrad Adenauer oder Helmut Kohl waren Programm genug, ihre Namen prägten ganze Zeitabschnitte.

Die Wahlniederlage 1998 bedeutete einen Umbruch dieser Tradition. Die
CDU musste sich verändern, mit der Zeit gehen, um nicht das gleiche Schicksal
wie die italienische konservative Schwesterpartei, die veränderungsresistente
Democrazia Cristiana, zu erfahren. Fast fünfzig Jahre war diese die stärkste
Partei Italiens gewesen, bevor sie Mitte der neunziger Jahre nach einer Reihe
von Korruptionsskandalen von der politischen Landkarte verschwand. Auch die
Union stand zu Beginn des neuen Jahrhunderts vor schwierigen Herausforde-
rungen, musste sich als Oppositionspartei auf die Suche nach einer neuen Identität, einem neuen „Ich" begeben, ohne dabei ihr politisches Leitbild aus den
Augen zu verlieren.

Agierten die deutschen Konservativen dabei geschickter als das italienische
Pendant? Wie hat sich die CDU verändert? Gibt es womöglich auch eine Ära
Merkel – analog zur Kohl- oder Adenauer-Ära –, Regierungsjahre, in der die
Person abermals Programm genug ist? Denn zumindest Merkel beschwor bereits
ein neues christdemokratisches Zeitalter herauf.[5] Gibt es ein solches wirklich?
Schließlich eroberte die CDU 2005 die Kanzlerschaft nur knapp zurück und eine
bürgerliche Mehrheit war weiterhin nicht in Sicht. Warum konnte die CDU bei
der letzten Bundestagswahl nicht erneut ihre potentiellen Wähler aktivieren, wie
es ihr lange vorausgesagt worden war und warum liefen diese in so großer Zahl
zur FDP und den Nichtwählern über? Welche Konsequenzen zog die Partei aus
der Wahl, in welcher Form hat sich die CDU nach der Erneuerung in den Oppositionsjahren abermals verändert? In zwei Abschnitten sollen diese Fragen ge-

---

4   Zu der Geschichte der CDU siehe Bösch, Frank: Macht und Machtverlust. Die Geschichte der
      CDU, Stuttgart/München 2002; Lösche, Peter: Kleine Geschichte der deutschen Parteien,
      Stuttgart 1994.
5   Beim Bundesparteitag in Hannover 2002 meinte Merkel „dass wir durchaus einem christde-
      mokratischen Zeitalter entgegensehen können". Vgl. o. V.: Merkel hoffte auf Signal zum Auf-
      bruch, in: RP Online, 10.11.2002, abrufbar unter: http://www.rp-online.de/public/article/
      politik/270696/Merkel-hofft-auf- Signal- zum-Aufbruch.html (eingesehen am 10.01.2009).

klärt werden. Das erste Kapitel „Oppositionsjahre" beschäftigt sich dabei mit den Jahren zwischen 1998 und 2005. Daran anschließend werden im zweiten Kapitel die „Regierungsjahre" ab 2005 näher analysiert. Kurzum wird in diesem Aufsatz der Frage nachgegangen, wie sich die CDU in den letzten elf Jahren verändert hat.

Krise der CDU – vom "guten" alten System Kohl

Helmut Kohl ist zweifelsohne eine der wichtigsten und prägendsten Persönlichkeiten der CDU. 25 Jahre war er Parteivorsitzender, 16 Jahre – und somit zwei Jahre länger als Konrad Adenauer – Kanzler der Bundesrepublik Deutschland. Er gilt als „Vater der Deutschen Einheit" und als der Bauherr Europas, der die gemeinsame europäische Währung und die Osterweiterung vorantrieb. Innerparteilich wirkte Kohl als Integrator und Vermittler zwischen den auseinanderstrebenden Flügeln seiner Partei. Lange stand er sinnbildlich für die CDU, wie sie viele sehen wollten: „Kohl hat ein fest gefügtes Weltbild. Er ist der Mann der Mitte"[6], schrieb die Frankfurter Allgemeine Zeitung einmal über ihn. Die Konrad-Adenauer-Stiftung nannte ihn den „großen Mythos der CDU" und ehrte ihn als „starken, charismatischen Führer".[7] Auch Nachwuchspolitiker der Jungen Union, wie etwa Phillip Mißfelder, bezeichneten den Übervater der Union als ihr großes Vorbild.[8]

Bei soviel Wertschätzung vergessen viele, dass die CDU unter Kohl bereits Mitte der achtziger Jahre in eine tiefe Krise geriet. Ihr Aufbruchsethos 1982 von der geistig-moralischen Wende war schnell erschöpft. Allein am steten Abschmelzen der Wahlergebnisse auf Bundes-, Landes- und Kommunalebene sahen Beobachter den Abstieg voranschreiten. Mit dem Konflikt um Generalsekretär Heiner Geißler und dem mühsam abgewehrten „Putschversuch" erreichte die Krise schließlich auf dem Bremer Parteitag im September 1989 ihren vorläufigen Höhepunkt.[9] Lediglich durch das historische Ereignis der Wiedervereinigung gewann Kohl erneut an Prestige und galt seitdem lange Zeit als unantastbar. Und die CDU durfte sich ihrerseits mit einem neuen Gründungsmythos schmücken.

---

6   o. V.: Am Ziel aber am Anfang eines schweren Weges. Helmut Kohl seit 1. Oktober 1982 Bundeskanzler, in: Frankfurter Allgemeine Zeitung, 02.10.1982.

7   Wolfgang Bergsdorf: Helmut Kohl – ein Mythos der CDU? Zur historischen Wertschätzung eines charismatischen Staatsmannes, abrufbar unter: http://www.kas.de/wf/de/33.6324/ (eingesehen am 11.12.2008).

8   o. V.: Der Jüngste, in: Frankfurter Allgemeine Zeitung, 02.12.2008.

9   Konfliktpunkt war auch die die Frage, ob sich die CDU programmatisch zur linken Mitte hin öffnen sollte. Siehe hierzu Wirsching, Andreas: Abschied vom Provisorium. München 2006, S. 198.

Mitte der 1990er-Jahre wurde offensichtlich, dass die Wiedervereinigung die Niedergangserscheinungen der Christdemokratischen Partei lediglich verdeckten. Zentrale innenpolitische Versäumnisse der Kohl-Regierung, wie die nicht bewältigte Rekordarbeitslosigkeit, enorme Staatsschulden, die Probleme im Osten, aufgeschobene Reformen im Renten- und Gesundheitssystem brachten der Union erneut negative Schlagzeilen und setzten die Partei verstärkt unter Druck. Begriffe wie „Politikstillstand" oder „Reformstau" prägten den öffentlichen Diskurs.[10] Die Kritik am „System Kohl" und dessen Unbeweglichkeit verstärkte sich.[11] Ein schneller Führungswechsel erschien jedoch schwierig, da die Macht innerhalb der CDU nicht institutionalisiert war, sondern vielmehr auf einem informellen Netzwerk mit dem Vorsitzenden als Schlüsselfigur basierte. Regelgeleitete Verfahren und Gremien wurden umgangen und missachtet.[12] Dieses Machtsystem, das im Wesentlichen auf Patronage beruhte, lenkte Kohl aus dem Bundeskanzleramt. Die CDU entwickelte sich so immer stärker zu einer Kanzlerpartei. Der „Übervater" der Union pflegte einen autoritären Führungsstil und konnte – wenn es um die Durchsetzung seines Machtwillens ging – rücksichtslos bis brutal werden. Dem Kabinett dachte Kohl in diesem Geflecht lediglich die Rolle eines „vorzeitige[n] Klärungs- und Disziplinierungsgremium[s]" zu.[13]

Die wenig gewünschte Mitwirkung der Parteimitglieder am Partei- und Wahlkampfgeschehen schwächte ihre Verankerung in der Bevölkerung und dies wiederum wirkte sich negativ auf die Mitgliederzahlen aus. Seit 1984 erlitt die Union dramatische Einbrüche bei der Mitgliederentwicklung und eine damit verbundene, fortschreitende Überalterung. Nach 1990 und dem Zusammenschluss mit der Ost-CDU gelang es nur für kurze Zeit, diese Mitgliederverluste abzubremsen. Doch spätestens seit der Spenden-Affäre Ende 1999 sank die Mitgliederzahl, ähnlich wie bei der SPD, wieder kontinuierlich.[14]

Mit Ende des Kalten Krieges setzte in der CDU eine Identitätskrise ein. Die dezidierten Feindbilder hatten bis dahin den Zusammenhalt des eigenen Lagers gestärkt und waren ein wesentlicher Beitrag zur Mobilisierung der eigenen Klientel gewesen. Nach 1990 trug die politische Kultur des Anti-Kommunismus

---

10   Renzsch, Wolfganz: Die Finanzierung der Deutschen Einheit und der finanzpolitische Reformstau, in: Wirtschaftsdienst, Juni 2008, S.348-356; Schmid, Josef: Die CDU/CSU nach dem September 1998. Von der Wende zum Ende?, in: Niedermayer, Oskar (Hrsg.): Die Parteien nach der Bundestagswahl 1998, Opladen 1999, S. 63-82, hier S. 70.

11   Korte, Karl-Rudolf: Der Anfang vom Ende: Machtwechsel in Deutschland, in: Hirscher, Gerhard/Korte, Karl-Rudolf (Hrsg.): Aufstieg und Fall von Regierungen. Machterwerb und Machterosion in westlichen Demokratien, München 2001, S.23-65, hier S. 57-60.

12   Schlieben, Michael: Politische Führung in der Opposition. Die CDU nach dem Machtverlust 1998, Wiesbaden 2008, S. 49.

13   Bösch (Anm. 4), S.66.

14   Vgl. Zolleis, Udo: CDU. Politisches Leitbild im Wandel der Zeit, Wiesbaden 2008, S. 246.

nicht mehr. Nur noch die Kampagnen gegen die PDS konnten einen schwachen Ersatz für die einstige Bedrohung bieten. Und Gerhard Schröder, der die „neue Mitte" umwarb, war schließlich 1998 ein außerordentlich unbequemer Gegenkandidat. Ein Lagerwahlkampf in der altbewährten Form konnte so nicht mehr funktionieren.

Die alte Union der Bonner Republik hatte sich überlebt, ohne dass eine neue Partei aus deren Vermächtnis hervorgegangen wäre. Lange Zeit war die CDU eine Volkspartei gewesen, die ihre größte Anhängerschaft bei den Katholiken, den Selbstständigen und im ländlichen Raum hatte. Durch das Erodieren der alten weltanschaulichen Milieus hatte die CDU seit den sechziger Jahren starke Einbrüche bei ihrer bisherigen Stammwählerschaft hinnehmen müssen. Das niederschmetternde Ergebnis der Bundestagswahl und die Niederlage gegen Rot-Grün 1998 bildeten darüberhinaus eine Zäsur in der Parteiengeschichte der Union. Mit 35,2 Prozent erreichte sie ihr schlechtestes Ergebnis seit 1949. Die CDU wurde bei den neuen Wählermilieus insbesondere in den Großstädten nicht einmal mehr zweitstärkste politische Kraft.[15] Sie scheiterte an der Aufgabe, die urbanen Mittelschichten zu umwerben und gleichzeitig die ländliche, kirchentreue Stammwählerschaft an sich zu binden.

Der Spendenskandal und Angela Merkels Paukenschlag

Nach der Wahlniederlage gegen Rot-Grün 1998 musste sich die CDU als Oppositionspartei die Frage nach der programmatischen Zukunft stellen. Ein kritisches Aufarbeiten der Bundestagswahl blieb jedoch aus, was auch an der personellen Kontinuität der Parteispitze lag. Kohls langjähriger Kronprinz Wolfgang Schäuble avancierte zur unumstrittenen Nummer eins in der CDU. Mit ihm als neuen Parteivorsitzenden und dem Ehrenvorsitzenden Kohl kam es 1998 zu einem Duumvirat an der Parteispitze, welches das Erneuerungspotenzial der Union zunächst belasten sollte.

Erst als die Spendenaffäre weltweit Schlagzeilen machte, schien sich die Situation innerhalb der CDU langsam zu verändern. Kohls schwarze Kassen und das geheime Kontensystem waren ein Schock für die Parteibasis. Bei den Nachforschungen wurden auch eine nicht ordentlich verbuchte Spende an Schäuble sowie ins Ausland verschobene Millionenbeträge des hessischen Landesverbandes bekannt. Als der Spendenskandal immer größere Kreise zog und der Vorwurf der „Käuflichkeit" in der Öffentlichkeit aufkam, waren nicht nur Kohls und Schäubles Ruf ruiniert, sondern auch das ehemals mächtige Netzwerk um

---

15 Vgl. ebd., S. 248.

den Übervater der Union zerschlagen.[16] Notgedrungen legten in den ersten Monaten des neuen Jahrtausends sowohl Helmut Kohl den CDU-Ehrenvorsitz, als auch Wolfgang Schäuble den CDU/CSU-Fraktions- und Parteivorsitz nieder. Das Image einer rechtschaffenen, soliden bürgerlichen Partei war (vorerst) zerstört.

Allein die damalige Generalsekretärin Angela Merkel erkannte, dass die Macht für die Zeit nach Kohl gegen Kohl errungen werden musste. Sie, die lange Zeit von der Presse als „Kohls Mädchen"[17] geschmäht wurde, zeigte sich mit ihrem berühmt gewordenen offenen Brief in der Frankfurter Allgemeinen Zeitung weniger loyal als ihre westdeutschen Kollegen. Sie forderte darin ihre Partei auf, sich von Kohl zu lösen.[18] Merkel hatte ihr Gelegenheitsfenster erkannt und auch deshalb nutzen können, weil sie nie eine nostalgische Bindung an die alte CDU hatte aufbauen können. Sie hatte diverse Vorgänge innerhalb ihrer Partei schon immer distanziert gesehen[19] und konnte sich daher über Rituale und Selbstverständlichkeiten der Männerpartei hinwegsetzen. Kein anderer in ihrer Partei konnte zu diesem Zeitpunkt besser die Niederlage verarbeiten und das Chaos der Spendenaffäre als persönliche Chance nutzen. Oft wurde der „pragmatischen Problemlöserin"[20] deshalb auch eine unideologische Flexibilität nachgesagt, mit der sie genauso in jeder anderen Partei hätte reüssieren können.[21]

Im Millenniumjahr wurde in der CDU viel von Neuanfang beziehungsweise Runderneuerung gesprochen und Forderungen nach einem neuen Führungsstil der Parteispitze laut artikuliert. Kohls Nachfolger sollte durch Offenheit und inhaltliche Argumente überzeugen. Die „Zeit der Hinterzimmer und Strippenzieher"[22] erklärte Wolfgang Schäuble für beendet. Angela Merkel war schließlich diejenige, die sich der orientierungslos gewordenen Parteibasis auf Regionalkonferenzen als eine Alternative darstellen konnte, denn dort hielt sie flammende Plädoyers für Transparenz und eine neue Debattenkultur. Ihre Taktik ist aufgegangen. Gerade auch die Basis wollte Merkel als Bundesparteivorsitzende

---

16   Zu den Auswirkungen der Spendenaffäre siehe Schmid, Josef/Steffen, Christian: Stark aufgeholt und doch nicht gewonnen: Die CDU/CSU nach der Wahl Oskar Niedermayer (Hrsg.): Parteien nach der Bundestagswahl, Opladen 2003, S. 71-89, hier S. 72.

17   Vgl. hierzu Schneider, Jens: Angela Unbekannt, in: Süddeutsche Zeitung, 31.05.2005.

18   Merkel, Angela: Die von Helmut Kohl eingeräumten Vorgänge haben der Partei Schaden zugefügt, in: Frankfurter Allgemeine Zeitung, 22.12.1999.

19   Langguth, Gerd: Angela Merkel, München 2005, S. 410.

20   Ebd., S. 424.

21   Neukirch, Ralf/Pfister; René: Oben Lächeln, unten nichts, in: Der Spiegel, 11.02.2008.

22   Zitiert nach: o.V.: Die Bürde des Traumergebnisses, in: Spiegel Online, 10.04.2000, abrufbar unter: http://www.spiegel.de/politik/deutschland/0,1518,72482,00.html (eingesehen am 23.02. 2009).

sehen und mit 95,5 Prozent wählten die Delegierten des Essener Parteitags im April 2000 die erste Frau an die Spitze der CDU.

Aus diesem Grunde suchte die neue Vorsitzende später immer wieder und viel stärker als zuvor Kohl über die Medien und nicht mehr über den einst mächtigen „Mittelbau" der Partei den Kontakt zur Basis. Merkel forderte Parteivereinigungen und einfache Mitglieder zur programmatischen Eigeninitiative auf. Auch formale Parteigremien erlangten unter der neuen Vorsitzenden zunehmend an Bedeutung und spielten eine wichtigere Rolle bei der Entscheidungsfindung als noch zu Kohls Regierungszeiten. Diese Veränderungen waren Ausdruck einer Pluralisierung der Macht innerhalb der Union und ein Zeichen für das endgültige Ende des System Kohls.

Während die Partei bis Mitte 2000 an der Aufklärung der dubiosen Parteifinanzen arbeitete, erfolgte eine radikale Verjüngung an der Spitze. Dieser Generationswechsel brachte den jüngsten CDU-Vorstand aller Zeiten hervor, mit einer klaren Dominanz der 40-Jährigen in einer Partei, deren Mitglieder zu diesem Zeitpunkt im Durchschnitt zehn Jahre älter waren. Frauen waren darin zwar nicht stärker vertreten als zuvor, aber sie erzielten bessere Wahlergebnisse. Ehemalige Politiker aus der zweiten Reihe und Seiteneinsteiger, wie Ulrich Cartellieri, Willi Hausmann oder etwa Friedrich Merz nutzten die Gelegenheit, um parteiintern aufzusteigen.

Generationswechsel, parteiinterne Auseinandersetzungen und der Aufbau des System Merkels – von der Peitsche zum Zuckerbrot

Wie in der ersten Oppositionsphase in den 1979er Jahren, brachte auch der zweite Machtverlust erhebliche personelle Umbrüche in der Parteiführung mit sich. Doch sie gingen allmählich vonstatten, weil viele in der Union zunächst Angst vor allzu radikalen Schnitten hatten. Noch 1998 standen die Parteivize Christian Wulff und Annette Schavan für eine moderate Erneuerung aus den Ländern, Merkel, Schäuble und Volker Rühe hingegen für Kontinuität. Der eigentliche Bruch kam dann erst im Frühjahr 2000 mit der neuen „Doppelspitze" Friedrich Merz als Fraktionsvorsitzendem und Angela Merkel als Parteivorsitzender, die eine strategische und inhaltliche Kooperation ankündigten. Was sie verband, war eine liberale Einstellung und auf längere Sicht das Bestreben, die CDU von den katholisch-konservativen Strömungen zu lösen, die sie zu den „Altlasten" des verkrusteten System Kohls zählten. Der damals 45-jährige Merz hatte seit knapp zwei Jahren dem Bundesvorstand und sechs Jahre der Fraktion angehört, ansonsten konnte er aber kaum Parteiengagement vorweisen. Der Sauerländer war in gewisser Weise ein Gegenbild zu Merkel, die oft als kühle

Mechanikerin der Macht und Sphinx bezeichnet wurde.[23] Merz galt als impulsiv, kapriziös, beratungsresistent und als ein Mann mit einer jugendhaften Lust am Provozieren, darüber hinaus als brillanter Rhetoriker und scharfsinniger Analytiker.[24]

Schnell wurde offensichtlich, dass die angekündigte Kooperation zwischen der Parteichefin und dem Fraktionsvorsitzenden unmöglich war, anfangs wegen der offenen Kanzlerkandidatenfrage, dann aus persönlichen Gründen: Merkel zeigte, dass sie in der Parteipolitik hart durchgreifen konnte und wie Kohl vor allem auf persönliche Wegbegleiter setzte. Sie gab Merz zu verstehen, dass sie ihn lediglich eine untergeordnete Rolle in der künftigen Personalpolitik der Union beimessen wollte.[25] In der Öffentlichkeit wurde von einem „ordentlichem Arbeitsverhältnis" gesprochen, was schnell zu einem Unwort avancierte. Im September 2002 übernahm Angela Merkel dann nach der Bundestagswahl den Vorsitz der Fraktion. Als neue Fraktionschefin verfügte sie nicht nur über eine größere politische Bühne, sondern auch über mehr Einfluss- und Disziplinierungsmöglichkeiten auf die CDU-Bundestagsabgeordneten. Ihr Aufstieg bedeutete gleichzeitig Merz′ Abstieg, der zum Fraktionsvize degradiert wurde.

Doch für viele galt Angela Merkel nur als Vorsitzende des Übergangs beziehungsweise als Platzhalterin für Roland Koch. Schon bald wurde ihr von der Presse eine Führungsschwäche attestiert,[26] denn im Unterschied zu Kohls autoritärem Führungsstil pflegte sie anfangs tatsächlich eine wesentlich offenere Diskussionskultur. Damit war es für sie jedoch zunächst schwierig, die Autorität innerhalb der Partei zu gewinnen. In den Vorstands- und Präsidiumssitzungen zeigte sie sich zeitweise überfordert und wurde in der Partei als Einzelkämpferin und Heimatlose wahrgenommen.[27] Die Forderung nach ergebnisoffenen Debatten wich in der CDU zunehmend dem öffentlich geäußerten Wunsch nach einem markanten Profil.

Anders als Koch oder Wulff wagte innerhalb der Union nur der bayrische Ministerpräsident Edmund Stoiber eine offene Auseinandersetzung mit Merkel. Solange die Kanzlerkandidatur für 2002 ungeklärt war, attackierte er die geschiedene Protestantin aus dem Osten und lieferte sich mit ihr heftigste Gefechte. Der Einfluss der CSU wuchs zusehends. Darüber hinaus erstarkte auch die CDU in den Ländern: Roland Koch, Peter Müller, Ole von Beust und Christian Wulff profilierten sich als Hoffnungsträger der Partei. Wahlsiege in Hessen, im

---

23 Langguth, Gerd: Das Innenleben der Macht: Krise und Zukunft der CDU, München 2001, S. 223.

24 Gujer, Eric: Friedrich Merz und die Lust am Provozieren, in: Neue Züricher Zeitung, 18.12.2000.

25 Langguth (Anm. 23), S. 246.

26 Z.B. Graw, Ansgar/Breuer, Helmut: Sie sehen die Führung der CDU, in: Die Welt, 06.11.2001.; vgl. Langguth (Anm. 23), S. 242.

27 Ebd., S. 274.

Saarland und in Hamburg stärkten die Position der Landesverbände, während die Parteiführung schwächelte, gewannen sie an Bedeutung. Die Landesvorsitzenden, die sich aus dem Anden-Pakt – einem informellen Bund früherer Junger-Union-Mitglieder – seit Jahrzehnten gut kannten, sträubten sich gegen die Vorstellung, Angela Merkel als Kanzlerkandidatin aufzustellen.[28] Sie setzten die Parteivorsitzende vielmehr unter ständigen Druck. Diese Chance ergriff Stoiber, der gerade in Merz und Schäuble seine großen Fürsprecher besaß. Auch Wulff und Koch gaben ihm schlussendlich den Vorzug. Für Merkel bedeutete das Scheitern in der Kanzlerkandidatenfrage eine persönliche Niederlage. Mehr noch: Die CDU erweckte in der Öffentlichkeit den Eindruck einer zerstrittenen Partei.

Um Parteivorsitzende zu bleiben, brauchte Merkel Unterstützer, die sie vor den Angriffen ihrer Rivalen schützte. Ähnlich misstrauisch wie Kohl baute sie ihr Netzwerk anfangs nur aus alten, engsten Vertrauten auf.[29] Dazu gehörte ihre Büroleiterin Beate Baumann genauso wie Willi Hausmann in der Rolle des Bundesgeschäftsführers. Auch eine direkte Verbindung zur Basis und den CDU-nahen Nichtmitgliedern versuchte Merkel durch Regionalkonferenzen, Unterschriftenaktionen und breiten Spendensammlungen auszubauen.

Daneben stand der Umgang der Parteivorsitzenden mit der mittleren Parteihierarchie eher unter dem Motto „Peitsche statt Zuckerbrot". Gerade zu Beginn ihrer Amtszeit unterließ sie das Einbinden wichtiger Parteivertreter, wie etwa Wolfgang Schäuble oder der Vorsitzenden der Parteivereinigungen. Eine Rücksprache mit den Landesvorsitzenden fehlte ebenfalls. Angela Merkel setzte beispielsweise an den Parteigremien vorbei die Leipziger Reformagenda 2003 durch.[30] Von der versprochenen Debattenkultur neuer Qualität war wenig zu verspüren.

Stattdessen regierte sie mit Hilfe der Medien in die Partei hinein. Vor allem den privilegierten Zugang zur Presse nutzte die Parteispitze als Druckmittel. Sie stilisierte die Frage der Zustimmung zu Programmen oder Anträgen, wie beispielsweise den Leipziger Reformbeschlüssen, zu einer zentralen Machtfrage, sodass der Partei am Ende nur die Möglichkeit blieb, entweder den Reformvorgaben zu folgen, oder ihre Vorsitzende bloßzustellen. Gleichzeitig wurde die Notwendigkeit einer geschlossen auftretenden Partei immer wieder unterstrichen. Querdenker und Rebellen würden die Partei beim Wähler unglaubwürdig machen und ihr beim erfolgreichen Marsch zur Macht schaden. Die innerparteilichen Debatten wurden so abgekürzt und ausgeschaltet. Darüber hinaus leitete Merkel Leitanträge für Bundesparteitage zwar fristgerecht, aber so kurzfristig an die Parteigliederungen weiter, dass eine intensive Diskussion kaum möglich

---

28 Neukirch, Ralf/Schult, Christian: Der Männerbund, in: Der Spiegel, 30.06.2003.
29 Schneider (Anm. 17).
30 Zolleis (Anm. 14), S. 258.

war. All diese Möglichkeiten nutzte Merkel, um den Parteiapparat, die Aktivisten, Funktionäre, Gremien und Delegierten bei der politischen Willensbildung
praktisch auszuschalten und schließlich die Macht in ihrer Funktion zu bündeln.
Als die Union mit Edmund Stoiber als Kanzlerkandidat bei der Bundestagswahl 2002 eine knappe Niederlage erlitt, festigte dies die Position der CDU-
Parteivorsitzenden. Daneben manövrierten sich Angela Merkels Gegner zusehends selbst ins Abseits. Der hessische Ministerpräsident Roland Koch verlor
mit dem Lavieren um die Blockade der Steuerreform nicht nur an Sympathien,
sondern auch an Boden im Kampf um die entscheidende Führungsrolle innerhalb der Union. Durch kontroverse Aussagen machte er sich vielmehr zu einer
umstrittenen Figur. Auch andere Größen des Anden-Paktes waren sich in
Schlüsselfragen immer seltener einig.

Doch Merkel führte politisch nicht nur durch Ausschließung, sondern auch
durch Integration. „Netzwerke spinnen, Deals machen", so die Parteivorsitzende, seien Fähigkeiten, die man eher in männlichen Skatrunden vorfinde, aber
auch sie könne dies „inzwischen ganz gut"[31]. So bewies sie mit der Durchsetzung ihres Präsidentschaftskandidaten Horst Köhler einerseits machtpolitische
Entschlossenheit und erkannte dabei andererseits, dass das Einbinden von wichtigen Parteivertretern in die Verhandlungen diese mitverantwortlich macht.
Auch deshalb sorgte Merkel dafür, dass im Januar 2005 Volker Kauder, einer
ihrer ehemaligen Kritiker und gleichzeitig einer der profiliertesten „Konservativen" innerhalb der Union, zum Generalsekretär gewählt wurde. Mittlerweile ist
Merkel als Managerin der Macht eine Kopie von Helmut Kohl.[32]

Eine weitere Methode ihres Machtmanagements ist die Zurückhaltung. Bei
inhaltlichen Debatten hält sich Angela Merkel bedeckt und bezieht nur ungern
eine klare Stellung. Selbst ihre Unterstützer wissen nicht immer, wo sie steht.
Sei es, dass die Konturen verborgen bleiben sollen, damit sich niemand ausgeg-
renzt fühlt,[33]oder dass sie einfach lange braucht, bis sie eine eindeutige Meinung
zu Problemen entwickelt.[34] Als Konsequenz tritt die CDU-Spitze seit dem Leipziger Parteitag nur selten mit provokanten Ideen oder visionären Plänen an die
Öffentlichkeit. Auch deshalb sah es lange Zeit so aus, als würde Merkel keine
neuen Akzente in der Politik der CDU setzen.

Doch die Parteivorsitzende bewirkte Veränderungen leise und mit kleinen
Schritten. Ein Beispiel dafür ist die Einbindung der niedersächsischen Sozialmi-
nisterin Ursula von der Leyen in ihren engsten Kreis. Wie die Familienforsche-
rin Gisela Erler bemerkte, ahnten die Männer in der Partei Anfang 2005 noch
nicht, was diese beiden Frauen vorhatten. „Sie dachten, die wird schon eine

---

31   Matthias Geyer: Angela rennt, in: Der Spiegel, 04.11.2002.
32   Grunenberg, Nina: Die erste Spielerin der Macht, in: Die Zeit, 24.04.2003.
33   Neukirch, Ralf/Pfister; René: Oben Lächeln, unten nichts, in: Der Spiegel, 11.02.2008.
34   Kister, Kurt: Die unentschlossene Kanzlerin, in: Süddeutsche Zeitung,17.02.2006.

nette Familienpolitik machen. Was dann kam, war eine Kulturrevolution"[35]. Unmerklich wurde das Modell der klassisch-paternalistischen „Einverdienerfamilien", beginnend mit der Einführung der „Papamonate" zur Vergangenheit erklärt. Für die traditionell konservative Klientel der Union, vor allem im ländlichen Milieu, bedeutete das eine große Zumutung.

Politische Richtungslosigkeit oder „in dubio pro libertate"

Wenn man im Herbst 2008 Angela Merkel von den Exzessen der Märkte und von ihrer Erfahrung sprechen hört, dass bankrotte Banker in der Not nur einen Retter sehen, nämlich den Staat,[36] stellt sich die Frage, ob da die gleiche Frau redet, die noch 2003 die Deregulierung der Wirtschaft als ihre Schicksalsaufgabe ansah. Im Lichte der Finanzkrise sagt die Bundeskanzlerin Sätze, die sehr ungewohnt aus ihrem Mund klingen. Dies bestätigt auch Michael Fuchs, der Chef des Parlamentskreises Mittelstand in der Fraktion: „Bislang treue Unionswähler verstehen die Welt nicht mehr", die jetzige Situation zwinge die Parteiführung zu Schritten, die gestern noch völlig undenkbar gewesen wären. „Aber deswegen dürfen wir nicht alles vergessen, was unser Programm ausmacht."[37] Mit Programm meint er die Leipziger Reformagenda von 2003, die seither sowohl in der Öffentlichkeit als auch parteiintern für einige Kontroversen sorgte.

Der Gang in die Opposition 1998 bedeutete zunächst ein allmähliches programmatisches Vortasten wie in den 1970er Jahren. Nach der verlorenen Wahl wurden verschiedene Parteikommissionen eingerichtet und Ideenwettbewerbe ausgeschrieben. Der Erfurter Parteitag 1999 gab bereits erste Impulse zur programmatischen Neubestimmung. Diese Dynamik wurde jedoch durch die schnellen Landtagswahlerfolge im selben Jahr, die Spendenaffäre und die darauf folgenden innerparteilichen Kleinkriege gebremst.[38] Zusätzlich war es für die „geborene" Regierungspartei schwierig, ohne Expertisen und die umfangreichen Apparate der Bundesministerien politische Konzepte entwickeln zu müssen.[39] Daher verharrte die Union zunächst bei alten Themen, obwohl sich einzelne Parteiflügel bemühten, zahlreiche neue Akzente über die Medien zu setzen.

Unter der neuen Parteivorsitzenden, die lange Zeit vorrangig mit so genannten „weichen Themen" assoziiert wurde, begann sich die CDU thematisch zu verändern. So revidierte sie allmählich ihr traditionelles, kirchlich geprägtes

---

35 o. V.: Mehr Kinder durch mehr Arbeit, in: Der Standard, 09.12.2008.
36 So Angela Merkel in ihrer Rede beim Deutschlandtag der Jungen Union in Rust 2008.
37 Zitiert nach Graw, Ansgar: Merkel und die CDU entfernen sich voneinander, in: Die Welt, 14. 02.2009.
38 Zolleis (Anm. 14), S. 235.
39 Schlieben, (Anm. 12), S. 110.

Familienbild,[40] was vor allem ältere männliche (Führungs-)Politiker empörte. Merkel zeigte sich ökologisch aufgeklärt, entdeckte Frauen, Familien und Alleinerziehende als Themen. Erinnerungen an Heiner Geißlers „Neue Soziale Frage" aus den siebziger Jahren wurden wach.

Mit einer „Neuen Union des 21. Jahrhunderts" und einer „Neuen Sozialen Marktwirtschaft" versuchte die Parteiführung das Sinnvakuum der CDU nach dem Machverlust 1998 auszufüllen. „Globalisierung" und „Digitalisierung" als Schlagwörter der modernen Finanz- und Wirtschaftswelt, fanden endgültig Einzug in das politische Vokabular der Partei. Gleichzeitig war die christdemokratische Rhetorik von einer erstaunlichen Erhard-Renaissance geprägt. Vor allem Angela Merkel zitierte und berief sich bei jeder sich bietenden Gelegenheit auf das Konzept von Adenauers umstrittenen Nachfolger. Unter dem Kanzlerkandidaten Stoiber lautete die Unionsstrategie, dass das Modell Deutschland mit seinen sozialstaatlichen Ausprägungen unangetastet bliebe. Eine programmatische Linie darüber hinaus blieb jedoch weiterhin schwer erkennbar und es setzte eine Debatte über die inhaltliche Konturlosigkeit der CDU ein. Die einen nannten dies „programmatische Vielfalt", die anderen „schwarze Kakophonie"[41].

Nach der verlorenen Bundestagswahl 2002 stand die Diagnose der Wahlforscher fest: Die Union erreiche die Lebenswirklichkeit der Menschen nicht mehr und sei „kulturell verstaubt"[42]. Zwar konnten, wie schon zuvor bei Landtagswahlen, beträchtliche Zuwächse bei der Arbeiterschaft, den Angestellten und Arbeitslosen erzielt werden, doch gerade bei Frauen, in den Großstädten und den Mitte-Zwanzigern bis Mitte-Vierzigern erreichte die Union zu wenig Wählerstimmen. Während die Frauen lange als eine entscheidende Wählergruppe der Christdemokraten galten, gaben 2002 nur noch 29,5 Prozent der Wählerinnen ihre Zweitstimme der CDU. Gerade jüngere Frauen mit besseren Schulabschlüssen stimmten seltener für die Union als ältere Frauen mit geringerer Schulbildung. Noch immer war die Gruppe der tief katholisch Geprägten die traditionelle Kernwählerschaft. Allerdings nahm und nimmt der Anteil der kirchentreuen Katholiken bei den Wahlberechtigten stetig ab, schon in der Kohl-Ära schmolz er von 17 auf 10 Prozent.[43]

---

40   Doggerich, Markus: Frau Reiches halbe Stelle und die Ajatollahs, in: Spiegel Online, 02.07.2002, abrufbar unter: http://www.spiegel.de/politik/deutschland/ 0,1518,203532, 00.html (eingesehen am 14.03.2008).

41   Schlieben, Michael: Kakophonie in schwarz, in: Blätter für deutsche und internationale Politik, Jg. 12 (2003) H. 12, S. 1420-1423.

42   Walter, Franz: Träume von Jamaika. Wie Politik funktioniert und was die Gesellschaft verändert, Köln 2006, S. 24.

43   Walter, Franz: Katholisches Milieu und politischer Katholizismus in säkularisierten Gesellschaften: Deutschland, Österreich und die Niederlande im Vergleich, in: Dürr, Tobias/Walter,

Nach der verloren Wahl versuchte die Parteispitze, das Vakuum mit vermeintlich zeitgemäßem Neoliberalismus zu füllen. Durch einen neuen Reformkurs wollte sich die Union den Ruf einer modernen, urbanen Volkspartei erwerben. Dabei gab sich Merkel pragmatisch und versuchte, den neuen Kurs mit ihrer Biografie zu verbinden, um so die Glaubwürdigkeit zu erhöhen. Sie sprach oft von ihrer durch die DDR-Sozialisation entwickelten Staatsphobie sowie von der Sehnsucht nach dem „Garten der Freiheit"[44] und dem daraus abgeleiteten Menschenbild. Merkel wollte den für sich selbst verantwortlichen „mündigen Bürger".

Bereits seit 1989 schwenkte die CDU langsam und sukzessive von einem sozialetatistischen zu einem neoliberalen Kurs über. So verringerten sich allein die Zahl der Mitglieder der Sozialausschüsse in der Ära Kohl um ein Drittel auf etwa 25.000, die Mittelstandsvereinigung der CDU dagegen wuchs fast auf die doppelte Stärke an.[45] In der ehemals stark von der katholischen Soziallehre beeinflussten CDU spielte zwar „Subsidiarität" immer noch eine große Rolle, doch die Gewichte begannen sich zu verschieben, die Freiheit des Individuums wurde stärker betont. Mit ihrer Rede vom 3. Oktober 2003 legte Angela Merkel ihre Partei schließlich auf einen radikalen Reformkurs fest. Der Öffentlichkeit sollte der Eindruck vermittelt werden, dass die CDU ein durchgerechnetes und in sich schlüssiges Konzept anzubieten habe, eben Politik „aus einem Guss". Gestützt auf die Dienste der Unternehmensberatung McKinsey präsentierte die CDU auf dem Leipziger Parteitag 2003 ein neues Steuermodell und ein Konzept der Herzog-Kommission, das in seiner Grundlinie das Netz der sozialen Sicherung „demographiefest" machen sollte. Der Entwurf beschäftigte sich mit vier Aspekten des Sozialstaates: dem Gesundheitssystem, der Pflegeversicherung, dem Rentensystem und der Arbeitslosenversicherung. Es setzte deutlich auf mehr Wettbewerb und mehr eigenverantwortliche Vorsorge.[46]

Angela Merkel wollte der CDU in den Oppositionsjahren ein klares Profil auferlegen. Dies ist ihr mit der neoliberalen Leipziger Reformagenda sicherlich für eine gewisse Zeit gelungen. Die Konzepte von der Einheitssteuer bis hin zur Kopfpauschale brachten ihr die Zustimmung der Medien und stärkten ihre Position innerhalb der Partei. Der eigentliche Erfolg blieb dennoch aus, denn in der Bevölkerung stießen die Ideen zunehmend auf Ablehnung. In ihrer Rationalität unterschätzte Merkel oft die Emotionen und Ängste der Bürger. Die in Folge der Hartz-Gesetze der Union zugelaufenen „Unterschichtenwähler" machten sich

Franz (Hrsg.): Solidargemeinschaft und fragmentierte Gesellschaft. Parteien, Milieus und Verbände im Vergleich, Opladen 1999, S. 43-72, hier S. 70.

44   Diesen Begriff prägte Paul Kirchhof, siehe z.B. Darnstädt, Thomas/Fleischhauer, Jan: „Im Garten der Freiheit", in: Der Spiegel, 22.05.2000.
45   Krupa, Matthias: Stabil labil, in: Die Zeit, 01.12.2005.
46   Schlieben (Anm. 12), S. 84.

bei der Europawahl 2004, die Merkel zur kleinen Bundestagswahl hochstilisierte, wieder selbstständig, denn die wirtschaftsliberale Agenda löste gerade bei ihnen die größten Ängste aus. Globalisierungsängste waren weit mehr verbreitet, als viele es in der Union wahrhaben wollten. Auch deshalb verlor die Partei 1,2 Millionen Wähler. Dennoch zog die CDU mit den Leipziger Aussagen in den Bundestagswahlkampf 2005.

Ein Professor aus Heidelberg, ein Wahlprogramm ohne Sex-Appeal und ein populärer Kanzler – Die Bundestagswahl 2005

Die Bundestagswahl 2005 brachte für die CDU/CSU ein denkbar schlechtes Ergebnis. Es lag mit 35,2 Prozent nicht nur drei Punkte unter dem des glücklosen Edmund-Stoiber-Wahlkampfes 2002, sondern bedeutete für die CDU allein mit knapp 27 Prozent gar ihr schlechtestes Resultat seit 1949.[47] Die noch bis kurz vor der Wahl sicher geglaubte Mehrheit rückte in weite Ferne.

Die Ausgangslage war tatsächlich mehr als günstig gewesen. Noch im Juni 2005 rückten Umfragen die CDU/CSU-Fraktion in die Nähe einer absoluten Mehrheit[48], zumindest eine Regierungskoalition aus der „klassischen" Kombination CDU/CSU und FDP schien lange Zeit ausgemachte Sache. Die Presse sah es ähnlich. Der Spiegel etwa diagnostizierte schon zwei Monate vor der Neuwahlentscheidung den langen „Abschied von Rot-Grün"[49], zumindest die Medien schienen der rot-grünen Bundesregierung überdrüssig zu sein. Und auch die Wählerschaft gab zunächst deutliche Zeichen in diese Richtung. Fälschlicherweise – so lässt sich heute festhalten – ist dieser Überdruss in eine Wechselstimmung für Schwarz-Gelb umgedeutet worden.[50] Nur wenige prognostizierten die Entwicklung[51] und tatsächlich fand bei der Wahl lediglich eine Verschiebung innerhalb der Lager statt. Das Wahlziel, stärkste Fraktion zu werden, erreichte die CDU/CSU nur knapp, eine Mehrheit für die erhoffte Koalitionsregie-

---

47   Hirscher, Gerhard: Ende der bürgerlichen Mehrheit? Die Oppositionsparteien CDU, CSU und FDP; in: Jesse, Eckard/Sturm, Roland: Bilanz der Bundestagswahl 2005, Wiesbaden 2006, S.83-118, hier S.108.

48   So etwa am 03.06.2005 im ARD Deutschlandtrend von Infratest dimap, abrufbar unter: http://www.infratest- dimap.de/umfragen-analysen/bundesweit/sonntagsfrage/ (eingesehen am 15.03.2009).

49   Der Spiegel, 21.03.2005.

50   Einige Meinungsforschungsinstitute sahen zum Ende des Wahlkampfes 2005 denn auch keine Wechselstimmung mehr, zum Beispiel Allensbach: „51 Prozent der Bundesbürger glauben nicht, dass es Zeit für einen politischen Wechsel ist."; in: o. V.: Mehrheit spürt keine Wechselstimmung, in: Spiegel Online, abrufbar unter: http://www.spiegel.de/politik/ deutschland/0,1518,374621,00.html, 14.09.2005 (eingesehen am 13.08.2008).

51   So zum Beispiel Franz Walter im Interview mit der Tageszeitung: Reinecke, Stefan: Die SPD kann sich bei Lafontaine bedanken, in: Die Tageszeitung, 07.07.2005.

rung mit der FDP gab es jedoch nicht. Die Folge war eine – nicht gewollte[52] – große Koalition mit der SPD „auf Augenhöhe"[53]. Nach 1998 und 2002 war nun zum dritten Mal keine schwarz-gelbe Mehrheit vorhanden; die Union konnte mit ihrem neoliberalen Kurs nicht ausreichend Wähler mobilisieren. Mit einem Ergebnis von 35,2 Prozent erhielt Merkel zudem annähernd genauso viele Stimmen, wie Helmut Kohl bei seiner Abwahl 1998.

Enttäuschte Unionswähler waren größtenteils zu den Liberalen und den Nichtwählern übergelaufen, im Vergleich zur Wahl von 2002 verlor sie an erstere 1,1 Millionen Wählerstimmen während sich 640.000 ins Nichtwähler-Lager verabschiedeten. Die CDU/CSU konnte lediglich 770.000 Wähler von der SPD und den Grünen hinzugewinnen und somit die Verluste nicht kompensieren. Mit 280.000 Wählerstimmen musste die Union zudem überraschend hohe Verluste an die Linkspartei.PDS hinnehmen.

Doch warum schnitt, trotz der Schwäche des sozialdemokratischen Gegners, die Union so schlecht ab? Als erster Aspekt ist hier sicherlich die Nominierung Paul Kirchhofs als Schattenfinanzminister zu nennen. Die Pläne des ehemaligen Bundesverfassungsrichters und Steuerexperten zur „radikalen Vereinfachung des Steuersystems" führten zu großer Verunsicherung.[54] Zunächst galt Kirchhof als „Glücksgriff"; vor allem im Vergleich zu dem amtierenden sozialdemokratischen Finanzminister Hans Eichel.[55] Die SPD und vor allem Gerhard Schröder nutzten jedoch die Kirchhofschen Konzepte, um dem Wahlkampf neuen Schwung zu verleihen. Der Schattenfinanzminister wurde als „Professor aus Heidelberg" verspottet und seine Konzepte als bürgerfeindlich angeprangert. Kirchhof und der Umgang mit ihm in der Union entwickelten sich so zum Glücksfall für die SPD. Tatsächlich hinterließ die schnelle Infragestellung Kirchhofs durch die Unionsführung[56] noch vor der Wahl den Eindruck von Unorganisiertheit. Und noch heute versteinert sich Merkels Gesicht, wenn sie an Kirchhof erinnert wird.[57]

---

52 Tagesschau.de: Merkel schließt große Koalition aus, abrufbar unter: http://www.tagesschau.de/inland/meldung176926.html, 24.06.2005 (eingesehen am 03.03.2009).

53 Zum Beispiel: o. V.: Rot-Schwarze Sondierung, in: Spiegel Online, abrufbar unter: http://www.spiegel.de/politik/deutschland/0,1518,377138,00.html, 28.09.2005 (eingesehen am 14.11.2008).

54 Ebd.

55 Hilmer, Richert/Müller-Hilmer, Rita: Die Bundestagswahl vom 18. September 2005: Votum für Wechsel und Kontinuität, in: Zeitschrift für Parlamentsfragen, Jg. 37 (2006) H. 1, S. 183-218, hier S.193.

56 Zum Beispiel: Wittrock, Philipp: Schützenkönig auf dem Tandem, in: Spiegel Online, abrufbar unter: http://www.spiegel.de/politik/deutschland/0,1518,374578,00.html, 14.09.2005 (eingesehen am 12.12.2008).

57 Auf dem Deutschlandtag der Jungen Union vom 07.11. bis 09.11.2008 bekräftigt der JU-Vorsitzende Phillip Mißfelder in einer an Merkel gewandten Rede der Bundeskanzlerin die

An zweiter Stelle muss unweigerlich das Reform-Wahlprogramm als Grund für das schwache Abschneiden bei der Bundestagswahl genannt werden. Man sprach viel von Reformen und Zumutungen, die nötig seien, um „Deutschland wieder voran [zu] bringen"[58]. Explizit werden etwa die angepeilte Mehrwertsteuererhöhung von zwei Prozentpunkten,[59] die Abschaffung der Pendlerpauschale und der Steuerbefreiung von Sonn- und Feiertagszuschlägen genannt.[60] Merkel stand – so wird der Spiegel nach der Wahl in einer Rückschau feststellen – „für das radikalste Reformprogramm, mit dem eine Volkspartei je in die Schlacht gezogen ist"[61]. Das technokratische Wahlprogramm nahm – wie häufig gesagt wird – den Menschen nicht mit, auch weil ihm jegliche Begründung fehlte. Es weckte auch keine Zustimmung oder Begeisterung, noch nicht einmal Verständnis oder Interesse an der Partei und deren politischen Ideen. Kurzum: Es fehlte dem Wahlprogramm an Sex-Appeal, stattdessen forcierte es Angst.

Diese ablehnende Haltung der Bevölkerung war der Union vor der Wahl bekannt gewesen. Doch sie hatte den (vermeintlichen) Anspruch gehabt, einen „ehrlichen Wahlkampf" zu führen,[62] der am Ende jedoch thematisch verengt war, in dem etwa soziale Balance, Umwelt- und Kulturpolitik fehlten.[63] Und diejenigen, die eigentlich mit dem neoliberalen Programm angesprochen werden sollten, glaubten auf Grund des Schlingerkurses der CDU/CSU ihre Interessen in der FDP besser vertreten, sahen die kleinere Partei als das „Original" an. Nicht zuletzt aber müssen als dritter Aspekt die bis zum Wahltag unverändert hohen Beliebtheits- und Kompetenzwerte Gerhard Schröders genannt werden, die zum einen in enormem Gegensatz zu den Werten seiner eigenen Partei, aber auch zu denen Angela Merkels standen. Bei einer Direktwahl des Bundeskanzlers ermittelte Infratest dimap eine Woche vor der Wahl Werte von 54 Prozentpunkten für Gerhard Schröder gegenüber 35 für Angela Merkel.[64] Schröder konnte seinen Vorsprung, der zwischenzeitlich deutlich kleiner war als 2002

Unterstützung im Wahlkampf: Seine Organisation gehöre zu denen, „die nicht Herrn Kirchhoff kritisieren in Wahlkämpfen."; Beobachtungen der Autoren.

58   Hilmer/Müller-Hilmer (Anm. 55), S.192.

59   Wahlprogramm der CDU/CSU zur Bundestagswahl 2005 mit dem Titel: Regierungsprogramm 2005 – 2009: Deutschlands Chancen nutzen. Wachstum. Arbeit. Sicherheit.; dort: S.13; abrufbar unter: http://www.regierungsprogramm.cdu.de/download/ regierungsprogramm-05-09-cducsu.pdf (eingesehen am 15.03. 2009).

60   Hilmer/Müller-Hilmer (Anm. 55), S.193.

61   Feldenkirchen, Markus/Pfister, René/Sauga, Michael u.a.: Begrenzte Reichweite, in: Der Spiegel, 14.11.2005.

62   Hilmer/Müller-Hilmer (Anm. 55), S.192.

63   Ebd., S.193.

64   ARD Deutschlandtrend September 2005 II, abrufbar unter: http://www.infratest-dimap.de/umfragen-analysen/bundesweit/ard-deutschlandtrend/2005/september-ii-extra/ (eingesehen am 15.03.2009).

gegenüber Stoiber,[65] wieder festigen und sogar noch ausbauen. Darüber hinaus konnte er seine Beliebtheit auf Grund des sehr gut organisierten Wahlkampfes, in dem der Spitzenkandidat ins Zentrum gestellt wurde,[66] auf das Ergebnis seiner Partei übertragen.

So führten Paul Kirchhof als Wahlkampfschlager der SPD, ein Reform-Wahlprogramm ohne jeglichen Sex-Appeal, sowie die hohe Popularität Gerhard Schröders zu einer Nicht-Mobilisierung neuer Wählerschichten und zu einer Abwanderung vieler CDU-Wähler zur FDP und ins Lager der Nichtwähler. Die drei Parteien CDU, CSU und FDP erhielten 2005 annähernd einen genauso hohen Stimmenanteil wie noch 2002. Damit scheint sich ein Trend zu verfestigen, der 1998 mit der Abwahl Helmut Kohls begann: Die Parteien links der Mitte halten sich bei 52 Prozent, während sich diejenigen rechts der Mitte bei rund 45 Prozent einpendeln.[67]

Die Neuausrichtung der CDU nach der Wahl

Auch nach der Bundestagswahl blieb eine parteiinterne Aufarbeitung des Wahlergebnisses weitgehend aus. Die Wahlanalyse zwei Monate nach der Wahl wurde als eine „zukunftsgerichtete Aussprache" (Angela Merkel) inszeniert, in der Kritik am vergangen Wahlkampf und der frisch gewählten Bundeskanzlerin unerwünscht waren.[68] Und auch der programmatische Wandel innerhalb der Großen Koalition wurde kaum thematisiert. Vom einstigen Reformwillen, insbesondere vom marktradikalen Programm, ist nur noch wenig übrig geblieben. Stattdessen wurde die inhaltliche Farblosigkeit der Partei kritisiert und die Unzufriedenheit mit dieser immer größer.

Tatsächlich blieben laut angekündigte Projekte wie die Gesundheitsreform weit hinter den Erwartungen zurück. Dem Koalitionsfrieden geschuldet wurde mit dem Gesundheitsfond ein Konzept entwickelt, zu dem keiner der Koaliti-

65   ARD   Deutschlandtrend   September   2005,   abrufbar   unter: http://www.infratest-dimap.de/de/umfragen-analysen/bundesweit/ard-deutschlandtrend/2005/september/#c400 (eingesehen am 15.03.2009).

66   Alemann, Ulrich von/Spier, Tim: Doppelter Einsatz, halber Sieg? Die SPD und die Bundestagswahl 2005, in: Niedermayer, Oskar (Hrsg.): Die Parteien nach der Bundestagswahl 2005, Wiesbaden 2008, S.37-S.65, hier S.53.

67   SPD, Bündnis 90/Grüne und PDS kamen zusammen 1998 auf 52,7 Prozent, 2002 auf 47,1 Prozent (ohne PDS), beziehungsweise 51,1 Prozent (mit PDS, die mit 4,0 Prozent jedoch nicht den Einzug in Fraktionsstärke in den Bundestag schaffte); 2005 auf 52,1 Prozent. Die Parteien CDU/CSU und FDP erlangten 1998 41,3 Prozent, 2002 45,9 Prozent, 2005 45 Prozent.

68   o. V.: Parteichefin mit begrenzter Haftung, in: Spiegel Online, abrufbar unter: http://www.spiegel.de/politik/deutschland/0,1518,388562,00.html,   05.12.2005 (eingesehen am 15.03.2009).

onspartner wirklich steht.[69] In der großen Koalition verwischen sich die Inhalte der CDU/CSU und eine Neuausrichtung ist nicht zu erkennen. Zusätzlich über-holte die CDU die SPD gar links und forderte unter Anführung vom nordrhein-westfälischen Ministerpräsidenten Jürgen Rüttgers die Verlängerung des Ar-beitslosengeldes.[70] Insgesamt fehlt es der Partei an konzisen Projekten oder zumindest Erklärungen.

Der Bevölkerung präsentiert sich die CDU zunehmend als wolkenhaftes Gebilde, es bleibt unklar, wofür die Partei nun eigentlich steht. Auch bisher gelingt es der Union nicht, für den anstehenden Bundestagswahlkampf Akzente zu setzen.

Während sich Angela Merkel enormer Beliebtheit erfreut[71], sinkt die CDU/CSU innerhalb der 30- bis 40-Prozent-Klammer weiter nach unten.[72] Auch die der Bundestagswahl 2005 gefolgten neun Landtagswahlen bestätigen diese Einschätzung. Überall verlor die CDU Stimmen; im Schnitt 4,1 Prozentpunkte (ohne Bayern-CSU und Hessen II).[73] Weit mehr als die SPD, die bei immerhin fünf Landtagswahlen leichte Zugewinne verzeichnen konnte und auf einen durchschnittlichen Stimmenverlust von 1,57 Prozentpunkten (ohne Bayern-CSU und Hessen II)[74] kam.

Auch ein Blick auf das Altersgefälle der Unionswähler 2005 offenbart Probleme. Nur bei den über 60-Jährigen ist die CDU/CSU noch stärkste Partei, obwohl sie selbst hier zwei Prozentpunkte verlor.[75] In allen anderen Altersgrup-pen fiel sie hinter die SPD zurück. Der Abstand zwischen den beiden Volkspar-teien vergrößert sich dabei, je jünger die Altersklassen sind. Während die SPD bei den 45- bis 59-Jährigen auf 35 Prozentpunkte kommt und die CDU/CSU auf 34, stimmten bei den 18- bis 24-Jährigen 38 Prozent für die Sozialdemokraten und lediglich 26 Prozent für die Union. Gerade in dieser Gruppe verlor die Uni-

69   Niejahr, Elisabeth: Einfach krank, in: Die Zeit, 09.10.2008.
70   o. V.: Rüttgers will Hartz-IV-Empfängern helfen, in: Süddeutsche.de, abrufbar unter: http://www.sueddeutsche.de/politik/891/399675/text/, 28.10.2006 (eingesehen am 15.03. 2009).
71   Vgl. Infratest dimap (ARD-Deutschlandtrend März 2009): Kanzler-Direktwahl, abrufbar unter: http://www.infratest- dimap.de/umfragen-analysen/bundesweit/umfragen/ (eingesehen am 15.03.2009).
72   Am 05.03.2009 prognostiziert Infratest dimap der Union nur noch einen Stimmenanteil von 32 Prozent. Dies ist der schlechteste Wert seit November 2006; Vgl. hierzu: Infratest dimap: Sonntagsfrage, http://www.infratest-dimap.de/umfragen-analysen/bundesweit/sonntagsfrage/ (eingesehen am 15.03.2009). Auch andere Institute sehen einen ähnlichen Abwärtstrend; Vgl. hierzu: o. V.: Umfrage Barometer, in: Spiegel Online, abrufbar unter: http://www.spiegel.de/ flash/0,5532,17440,00.html (eingesehen am 15.03.2009).
73   Berechnungen der Autoren.
74   Berechnungen der Autoren.
75   Wahltagsbefragung von ARD/Infratest dimap; zitiert nach: Hilmer/Müller-Hilmer (Anm. 55), S.205.

on ganze sechs Prozentpunkte im Vergleich zu 2002, die SPD hingegen nur einen. Die Befürchtung liegt daher nahe, dass die Union auch bei kommenden Wahlen weiter verlieren könnte, da junge Nachwuchswähler wegbleiben. Die über 60-Jährigen hingegen können diese Unlust auf Dauer nicht ausgleichen, schon jetzt ist per Saldo ein Verlust von 410.000 Wählerstimmen in Bezug auf den Generationenaustausch auszumachen.[76] Die jüngeren Wähler werden von der Union nicht, beziehungsweise nur noch bedingt erreicht. Wie aber kann die CDU diese Wählergruppen für ihre Partei (zurück-) gewinnen? Angela Merkel versucht es über die inhaltliche Positionierung ihrer Partei zur (vermeintlichen) Mitte. Sie glaubt, dort Wähler gewinnen zu können.

„Armut bekämpfen. Wohlstand für alle. Nicht Reichtum für wenige", rief etwa Volker Kauder den Delegierten auf dem Bundesparteitag im Dezember 2008 zu.[77] Dieser Satz könnte von Franz Müntefering stammen und dementsprechend fiel auch der Applaus der Christdemokraten verhalten aus. Noch mehr: Es lag eine gespenstische, ja lethargische Stimmung in der Hallenluft an diesen beiden Tagen.[78] Merkels Körperhaltung spiegelte diese allgemeine Gemütslage wieder. Sie erschien müde, schlaff, die Schultern hingen nach unten. Es war nicht das erste Mal, dass sie sich in den Herbst-Wochen 2008 so präsentierte. Doch schien ihre Anspannung, ihre Müdigkeit gestiegen zu sein. Nur zaghaft ließ sie sich nach ihrer Rede zu einer Siegespose hinreißen. Die, die dann kam, wirkte recht kümmerlich. Die Hände zur Faust geballt, doch nur zögerlich, vorsichtig nach oben gehoben. Zögerlich und vorsichtig – in ihrer Gestik spiegelte sich einmal mehr ihr Regierungsstil. Aufbruch sieht anders aus. Nur der Merkel-Kritiker Friedrich Merz konnte auf dem Parteitag ein wenig „zündeln" und erhielt für seine energisch vorgetragene Gegenrede zur Bundeskanzlerin („Wir könnten heute weiter sein"[79]) überraschend viel Applaus.

Einmal mehr wird offenbar: Im Inneren folgt die CDU dem Mitte-Kurs nur widerwillig. In ländlichen Regionen präsentiert sich die Partei bisweilen gar eher rückwärtsgewandt: Auf dem Sommerfest der Bad Salzdetfurther CDU in Südniedersachsen etwa spielt das jugendliche Blasorchester den Achtziger-Jahre-Klassiker „The Final Countdown".[80] Nun mag über das Alter des Songs noch hinweggesehen werden, doch der Titel birgt darüber hinaus noch einige Brisanz. Denn aus den Boxen erwartet man in diesem Moment die Ansage: „Begrüßen sie mit uns den Kanzler der Einheit, Bundeskanzler Doktor Helmut

---

76 Ebd., S.202.
77 CDU-Bundesparteitag in Stuttgart vom 30.11. bis 02.12.2008.
78 So die Wahrnehmung der Autoren dieses Aufsatzes vor Ort beim CDU-Parteitag in Stuttgart vom 30.11. bis 02.12.2008.
79 Friedrich Merz auf dem CDU-Parteitag vom 30.11. bis 02.12.2008.
80 Die Autoren dieses Aufsatzes waren beim Sommerfest in Bad Saldetfurth am 31.08.2008 vor Ort.

Kohl." Aber die Durchsage bleibt aus und auch der ehemalige Bundeskanzler kommt nicht; stattdessen erscheint der Vorsitzende des CDU-Ortsvereins. Im 1998er-Wahlkampf, der den Wiedereinzug der Sozialdemokraten ins Kanzleramt und die Abwahl der Vorgängerregierung aus CDU/CSU und FDP nach sich zog, wurde eben genau dieser Titel immer und immer wieder zum „Einmarsch" Helmut Kohls bei den CDU-Wahlkampfveranstaltungen auf den Marktplätzen der Republik eingespielt. Ewig gestrig wirkte dies schon damals, heute hingegen umso mehr.

Zu späterer Stunde ertönt auf besagtem Sommerfest dann noch die Stimme der Lokalsängerin „Mima", einer Frau mittleren Alters, und ihre ganz eigene Interpretation des Songs: „Sha la la la". Die CDU scheint hier tatsächlich am Ende des letzten Jahrzehnts zu verharren, als Helmut Kohl noch Kanzler war, als – so könnte man aus CDU-Sicht sagen – die Welt noch in Ordnung und die politischen Lager samt ihrer Inhalte klar abgesteckt waren. Kurzum: Man fühlt sich in eine andere Zeit zurückversetzt.

Es scheint da nicht überraschend, dass das Parteivolk nur widerwillig dem neuen Kurs einer sich nach links drehenden und modernisierenden Union folgt. Zunehmende Unzufriedenheit macht sich zwar leise breit, wird jedoch von Jahr zu Jahr lauter.[81] Angela Merkel lässt sich davon wenig beirren und ihr Kontakt zur Basis scheint weitestgehend eingeschlafen zu sein. Die Bundeskanzlerin und Parteivorsitzende definiert selbstständig den neuen Kurs der CDU und agiert dabei weitaus führungsstärker als viele erwartet hätten. „[E]ine Arbeitsteilung zwischen einer auf Ausgleich bedachten Bundeskanzlerin einerseits und einer dynamischen Partei mit lebhafter Debatte" andererseits „zeichnet sich nicht ab."[82] „(I)nteressante Thesen, die eine große innerparteiliche Debatte provozieren und den Kurs der Partei klären könnten"[83], ließ Merkels Rede auf dem Parteitag 2006 – genau wie auch zwei Jahre später, 2008 – gänzlich vermissen.

Dennoch setzt sich – wie in anderen europäischen Ländern – in Deutschland ein Trend fort, in dem sich die Volkspartei rechts der Mitte zu den Reformen der sozialdemokratischen „neuen Mitte" Ende der 1990er Jahre bekennt. Das, was dort mit der Reform des Sozialstaates richtig begonnen worden sei und die linke Volkspartei in Kämpfe und Zerrissenheit geführt habe, könne nur man selbst, die Volkspartei rechts der Mitte, verteidigen und zu Ende bringen. Der Kurs der Entdeckung der „neuesten Mitte", der seit Beginn der großen Koalition nach und nach Konturen angenommen hat, kann somit als zweiter Aspekt für

81 Markus Söder (CSU), Phillip Missfelder, Stefan Mappus, Hendrik Wüst (alle CDU) stellen
    etwa im August 2007 ein Grundsatzpapier mit dem Titel „Neuer Bürgerlicher Konservatis-
    mus" vor; abrufbar unter: www.stefan-mappus.de/fileadmin/download/Moderner_buerger
    licher_Konservatismus.pdf (eingesehen am 15.03.2009).
82 Schmid (Anm. 10), S.70.
83 Ebd., S.71.

die Neuausrichtung der CDU benannt werden. Doch neben dieser Idee von
Mitte ist nur noch wenig vorhanden. Es werden keine neuen Lösungsansätze
geboten. Die Inhalte bleiben weitgehend nebulös, lassen die Union aber gleichzeitig gemäßigt, ja sozialdemokratisiert erscheinen. Die (epochale?)
) Abwendung
vom Konservativen, ja von langer Zeit gehüteten traditionellen Werten, schreitet
unter Angela Merkel immer weiter voran. Protest kommt allenfalls noch von der
Jungen Union oder aber vom brandenburgischen Innenminister Jörg Schönbohm, der dann auch meint, der letzte Konservative der CDU zu sein.[84] Und
Volker Kauder streitet gar ab, dass die CDU je eine konservative Partei gewesen
sei. Es drängt sich der Eindruck auf, dass innerhalb der Union den Konservativen beinahe etwas schmuddeliges, altbackenes anhafte, mit dem man auf keinen
Fall in Verbindung gebracht werden möchte. Konservative Ideen haben es daher
auch schwer in der Union, seitdem Angela Merkel Parteivorsitzende, noch mehr
aber, seitdem sie Kanzlerin ist.[85]

Neben dem konservativen Flügel findet jedoch auch der Wirtschafts- oder
neoliberale Flügel nur noch geringe Beachtung. Vordenker wie Friedrich Merz
haben sich ganz zurückgezogen, immer wieder tauchen Gerüchte auf, er wolle
zur FDP wechseln.[86] Unabhängig davon, ob sich dies bewahrheiten sollte oder
nicht, zeigt es doch, wo heute der wirtschaftspolitische Flügel der CDU verortet
wird und zu suchen ist: bei den Freien Demokraten. Tatsächlich hat Angela
Merkel von ihrer „kühle[n] Reformrhetorik"[87] nur noch wenig übrig gelassen
und kritische Denker zunehmend isoliert. Auf dem Deutschlandtag der Jungen
Union Anfang November 2008 wurde die Bundeskanzlerin nach den führenden
„Köpfen" für den Wahlkampf gefragt. „Jeder Kopf, samt Unterleib"[88], sei ihr
wichtig, versuchte sie sich humorvoll heraus zu lavieren und appellierte: „Wenn
man sich die Köpfe der SPD anschaut, dann haben wir allemal eine Chance."[89]
Eigene „Köpfe" bleiben unbenannt, vielleicht kann oder will sie (noch) keine
nennen. Aussagekräftiger ist da schon, dass genau die „Köpfe", gegen die laut
Merkel die Christdemokraten allemal eine Chance hätten, an diesem Wochenende am häufigsten erwähnt wurden: Vor allem Steinmeier und Steinbrück

---

84 Jörg Schönbohm im Interview mit der Onlineausgabe der Welt, in: Mallawitz, Gud-
    run/Gribnitz, René: „Ich bin der letzte Konservative der CDU", abrufbar unter:
    http://www.welt.de/politik/article1042217/Ich_bin_der_letzte_Konservative_in_der_CDU.htm
    l, 20.07.2007 (eingesehen am 15.03.2009).

85 Müller, Peter: Die Union sucht Antworten, in: Welt am Sonntag, 26.08.2007.

86 Zum Beispiel: Haimerl, Kathrin/Fremder Flirt, in: Süddeutsche. de, abrufbar unter:
    http://www.sueddeutsche.de/politik/361/305330/text/, 07.08.2008 (eingesehen am 15.03.
    2009).

87 Beste, Ralf/Fleischhauer, Jan/Knaup, Horand/Neukirch, Ralf u.a.: Koalition der Kraftlosen, in:
    Der Spiegel, 30.10.2006.

88 Auf dem Deutschlandtag der Jungen Union in Rust (07.11.-09.11.2008) antwortet Angela
    Merkel mit diesen Worten direkt auf die Frage eines Jungen Unionlers.

89 Ebd.

werden im Zusammenhang mit der Finanzkrise immer wieder genannt. Eigene Wirtschafts- und Finanzexperten scheint es in der Union nicht (mehr) zu geben. Starke Persönlichkeiten an Merkels Seite sind tatsächlich Mangelware. Und daher überrascht es auch nicht, dass in der regelmäßig stattfindenden, repräsentativen politischen Umfrage des Spiegels Merkel für die Union allein auf weiter Flur steht.[90] Der Wegfall beziehungsweise die Kleinhaltung der innerparteilichen Flügel, speziell der Konservativen und Neoliberalen, muss somit als dritter Aspekt für die Wandlung der Union seit der Bundestagswahl 2005 genannt werden.

Darüber hinaus findet auch innerparteiliche Willensbildung nur noch bedingt statt. Zwar gibt es „Schein-Diskussionen", doch Merkel hofft, dass sie alle in einer Schublade landen und schnell vergessen werden. So geschehen bei einem Antrag von Jürgen Rüttgers auf dem Parteitag Ende 2006: Es wurde zwar die Verlängerung des Arbeitslosengeldes beschlossen, der genehmigte Antrag jedoch nicht weiter forciert. Sie ließ die Debatte „totlaufen"[91]. Ähnliches geschah auch auf dem Parteitag der rheinland-pfälzischen CDU im September 2008. Nach der Rede Angela Merkels trat der frisch-wiedergewählte, jugendlich wirkende Landesparteivorsitzende Christian Baldauf ans Mikrofon und bedankte sich bei der jetzt schräg hinter ihm auf dem Podium platzgenommenen Bundeskanzlerin. Sie schaute zu ihm, freute sich anscheinend wirklich und lächelte ihm zu. Der Spitzenkandidat versicherte ihr die Unterstützung seiner Landes-CDU. Dann entstand bei Angela Merkel eine faszinierende Wandlung. Baldauf sprach von einem Antrag zur Pendlerpauschale, den er ihr mit auf den Weg geben möchte, damit man „auch im eigenen Land Wahlen gewinnen" könne. Das möge sie doch bitte berücksichtigen. Er schaute suchend zu ihr. Ein Blickkontakt kam jedoch nicht zu Stande. Angela Merkels Blick ging nach unten und verharrte dort; zwischenzeitlich blätterte sie geschäftig in einzelnen Aktenseiten. Es schien, als höre sie ihn nicht; ein Abkommen, ein Bündnis, ja ein Pakt konnte Baldauf so nicht mit der Bundeskanzlerin schließen. Merkel wehrte ihn ab, saß nun ganz regungslos, schwieg und überhörte die bittende Botschaft. Sie wirkte auf einmal, wie die Machtpolitikerin, als die sie hier auch beschrieben wurde. Einsam, kühl, technokratisch, unnahbar. Der Antrag wurde einer von denen, die bei ihr in der Schublade landen und nicht wieder auftauchen, ein Antrag, der sich totlief. Eine innerparteiliche Willensbildung nach dem Schubladenprinzip darf somit als weiterer Aspekt innerhalb der Erneuerung und Neujustierung der Union genannt werden.

---

90   o. V.: Politische Umfrage: Seehofers Comeback; in: Der Spiegel, 27.10.2008.
91   Müntefering, Franz: Macht Politik!, Freiburg 2008.

Eine Partei des Sowohl-als-auch. Der Scheinriese CDU - ein Fazit

Wenn der außenpolitische Sprecher der CDU/CSU-Bundestagsfraktion Eckart von Klaeden gefragt wird, warum die Union bisher nicht von den hohen Beliebtheitswerten Angela Merkels und der Schwäche der SPD profitieren konnte, antwortet dieser nur ausweichend:[92] Das sei vollkommen normal innerhalb der Legislaturperiode. Man werde noch profitieren, aber erst kurz vor der Wahl. Eine wirkliche Begründung bleibt er jedoch auch auf Nachfrage schuldig. Tatsächlich offenbart gerade diese Sprachlosigkeit die eigentliche Lage der Union: Ratlosigkeit. Nach der von der Schwesterpartei verloren gegangenen Bayern-Wahl ist nun das Einsetzen eines bisher noch unterdrückten Erosionsprozesses, zumindest aber eine Verunsicherung der Union verstärkt zu beobachten. Auch führende Unionspolitiker, die sich bisher bedeckt gehalten hatten, äußern sich zu Wort. So kritisierte beispielsweise der niedersächsische Ministerpräsident Christian Wulff, dass die Große Koalition im Bund über alles einen zu großen Schirm aufgespannt habe. Er spricht davon, dass die Union eine große personelle Bandbreite und ein überzeugendes visionäres Bild für die Zukunft bräuchte.[93] Damit benennt er auch die personelle Ausdünnung unter Angela Merkels Regierung. Die Union hat neben Merkel nur noch wenige Vordenker, die sich kritisch äußern. Die Kanzlerin – so scheint es – duldet keine weiteren Alpha-Tiere an ihrer Seite. Auch die zunehmende Inhaltslosigkeit der Union bringt Wulff zur Sprache. Der Historiker Michael Stürmer, einst Berater von Helmut Kohl, beschrieb dieses Problem folgendermaßen: „Den Kohl konnten Sie um 3 Uhr in der Früh wecken und fragen, wofür stehst du, und dann sagte er Heimat, Mutter, Familie. Wenn Sie die Merkel befragen, hören Sie einiges Technokratisches, ein paar hier und da zusammengeklaubte Plattitüden, aber nichts, was das Herz anspricht."[94] Genau hier offenbart sich das Problem: Denn der Hauptfehler des Wahlkampfes 2005 war gerade, eben nicht die Emotionen und die Ängste der Wähler aufgenommen zu haben. Das „Herz" bleibt weiterhin – anders als bei der SPD – weitgehend unbeachtet.[95] Wofür die Union als Ganzes aber steht, wird dem Wähler nicht aufgezeigt.

Während der Mitte immer weniger Gründe geboten werden, sich für die Union zu entscheiden, wechseln die eher tendenziell wirtschaftsliberalen Wähler zu den Freien Demokraten. Die Nibelungentreue der FPD zur Union jedoch dürfte bei der kommenden Wahl nicht mehr vorhanden sein. Selbst Guido Wes-

---

92 Eckart von Klaeden in einem Gespräch mit den Autoren dieses Aufsatzes auf dem CDU-Sommerfest in Bad Saldetfurth am 31.08.2008.
93 o. V.: Wulff gibt CDU Mitschuld am CSU-Fiasko, abrufbar unter: http://www.spiegel.de/politik/deutschland/0,1518,581017,00.html, 29.09.2008 (eingesehen am 29.09.2008).
94 Ebd.
95 Ebd.

terwelle möchte der Union, die aus seiner Sicht vom „Linksvirus" befallen sei, keinen „Blankoscheck" mehr ausstellen.[96]

Abschließend kann festgehalten werden, dass es sich bei der Union womöglich um einen Scheinriesen handelt, dem die Neujustierung nur bedingt gelang. Lange Zeit führte vermeintlich nichts an einer Koalition mit den Christdemokraten vorbei – sowohl in Ländern als auch im Bund. Die Merkel-CDU profitierte und profitiert hier jedoch nach wie vor vom ungeklärten Verhältnis der SPD zur Linkspartei. Genau aus diesem Grunde war die Empörung über das mögliche Zusammengehen in Hessen bei der Union auch so groß. Es drohte sich eine Mehrheit zu formieren, die bisher stets nur als „strukturelle Mehrheit" auf dem Blatt Papier existierte. In Hamburg etwa rettete den CDU-Bürgermeister lediglich die SPD-Ablehnung vor einem rot-rot-grünen Bündnis vor dem Machtverlust. In Mecklenburg-Vorpommern sicherte sie ihr zumindest die Regierungsbeteiligung. In Hessen hingegen wurde diese Ablehnungshaltung erstmals in einem westdeutschen Bundesland aufgebrochen und hätte dadurch gesellschaftsfähiger gemacht werden können; nicht 2009, aber womöglich später. Das grandiose Scheitern kann die Union vorerst wieder hoffen lassen.

Dennoch scheint der Vergleich mit einem Scheinriesen nicht abwegig. Auf kurze Sicht emanzipiert sich der sicher geglaubte Koalitionspartner FDP, der in der Müntefering/Steinmeier-SPD widerwillig zumindest eine Koalitionsoption zu erkennen vermag.

Auf lange Sicht jedoch dürfte die CDU zum einen die nachwachsende Kohorte nur bedingt erreichen, zumindest müsste sie einiges dafür tun, diesen Trend noch umzukehren. Noch stimmen diese Jungwähler mit großem Abstand für die SPD. Zum anderen wird eine – aus einem CDU-Blinkwinkel betrachtet – linke Gefahr auch auf Bundesebene möglich; die Mehrheit dafür existiert bereits seit 1998. Es setzt sich ein Trend fort, in dem es eine permanente linke Mehrheit, wenn auch zunächst nur struktureller Natur, auch im Bund zu geben scheint.

Nicht nur das dürfte die CDU verunsichern. Die Union ist nach der Bayern-Wahl nicht mehr stabil, auch weil sich plötzlich die SPD wieder selbstbewusst zeigt. Die CDU zog ihre Kraft auch aus der (Führungs-)Schwäche der SPD und versäumte es, sich dabei für die Zeit danach umfangreich zu positionieren. Die Regierungspolitik kann sie – anders als 2005 aus der Opposition heraus – nicht mehr angreifen; gerade auch, weil sie die Kanzlerin stellt und damit die Richtlinienkompetenz innehat. Konnte 2005 noch *gegen* die SPD Wahlkampf gemacht werden, sitzt man nun *zusammen* in einer Regierung. Die CDU kann sich nicht mehr als Hort der unzufriedenen SPD-Wähler der Mitte präsentieren, gleich-

---

96   o. V.: Liberale flirten mit Müntefering-SPD, in: Spiegel Online, abrufbar unter: http://www.spiegel.de/politik/deutschland/0,1518,577345,00.html, 10.09.2008 (eingesehen am 10.09.2008).

wohl es ihr auch 2005 nur bedingt gelang. Die SPD hingegen hat die Verluste schon hinter sich, stabilisiert sich in Umfragen. Für sie scheint die Situation ähnlich wie 2005.

Franz Müntefering sagte in einem Gespräch mit dem Spiegel im März 2006, knapp drei Monate nach Aufnahme der Arbeit der Großen Koalition: „Ich bin dafür, dass wir vier Jahre lang eine intensive, gute Politik machen, wie sie in der Koalitionsvereinbarung steht. Manches wird noch darüber hinausgehen. 2009 ist wieder Wahlkampf, und Wahlkampf können wir." Drohend fügt er hinzu: „Dann wollen wir mal sehen, wie weit wir kommen."[97] Die vier Jahre nähern sich nun dem Ende und Hubertus Heil kommentiert die SPD-Kanzlerkandidatur Steinmeiers mit den Worten: „Schließen sie mal die Augen, dann denken sie Gerhard Schröder spricht".[98] Für die Union könnte so das Damaskus-Erlebnis von einst wieder hochkommen, zumindest die Befürchtung davor. Im Wahlkampf 2009 kommt es tatsächlich zu einem für viele unverhofften und gefürchteten Comeback: Gerhard Schröder – im Feld ungeschlagen – in der Gestalt von Frank-Walter Steinmeier; Franz Müntefering an seiner Seite – wie einst – als Parteivorsitzender. Auf der anderen Seite: Die CDU weiterhin mit Angela Merkel einsam an der Spitze. Bei der Partei handelt es sich (noch) um einen Scheinriesen, deren wahre Stärke sie bei der kommenden Wahl noch beweisen muss.

Das gleiche gilt für die Frage, ob tatsächlich – wie eingangs beschrieben – ein christdemokratisches Zeitalter bevorsteht. 2009 könnten die Weichen dafür gestellt werden. Sicher ist dies jedoch – auch und gerade mit Blick auf die Wirtschaftskrise – keineswegs.

So oder so handelt es sich bei der CDU zweifelsohne um eine Partei, deren Inhalte zunehmend verwischt sind, deren Führungspersonal großenteils symbolisch für diesen „Wandel durch Verwischung" steht, deren Basis ihn jedoch häufig alles andere als befürwortet, ja ihn ablehnt. Insofern ist die CDU derzeit eine Partei des Sowohl-als-auch.

Kurzum: Die Christlich Demokratische Union ist eine Partei, die sich zum einen – beim Führungspersonal und vor allem bei den Inhalten – nach dem Ende ihrer selbst befindet, zum anderen – im Umfeld der Basis – jedoch keineswegs. Wohin man jedenfalls auch blickt: Der weitere Weg scheint weder klar noch einfach oder erfolgversprechend.

---

97 Franz Müntefering im Interview mit dem Spiegel, in: Hammerstein, Konstantin von; Knaup, Horand; Sauga, Michael: „Nur Heilige sind konsequent", in: Der Spiegel, 13.03.2006.
98 Hubertus Heil in der Sendung „Anne Will", Das Erste, 07.09.2008, 21.45 Uhr.

Verlust des Verlässlichen
Die SPD nach elf Jahren Regierungsverantwortung

Felix Butzlaff

Wenn man die Entwicklungen der deutschen Parteien und des Parteiensystems insgesamt in den Blick nimmt, Verschiebungen in Selbstverständnis, Mitglied- und Wählerschaften herauszustreichen sucht, dann ist es sicherlich weder besonders originell, überraschend oder gar effektheischend, wenn man den Sozialdemokraten dabei die bedeutendsten und vielleicht härtesten Veränderungen zuschreibt. Nach elf Jahren an der Regierung – zunächst sieben Jahre in einer rot-grünen Koalition, dann als kleinerer Partner der Christdemokraten – hat sich die Partei in vielen Bereichen gehäutet und unter großen Anstrengungen und auch Schmerzen einem Wandlungsprozess unterzogen. Nicht nur die Wahl- und Umfrageergebnisse lassen nicht mehr viele Parallelen vermuten zwischen der einstigen sozialdemokratischen Volkspartei, die versuchte, ihre Flügel und Strömungen in fast alle Bereiche der Gesellschaft reichen zu lassen, und dem großkoalitionären Modernitätsimperativ des Jahres 2009, in dem so manch einer über das Regieren die eigentlichen Beweggründe und die inhaltliche Begründung des Politikengagements vergessen zu haben scheint. Zwar sind demoskopische Stimmungsbilder zu Beginn eines Wahljahres keineswegs determinierend für ein späteres Wahlergebnis, im Gegenteil. Die zu Beginn des Jahres 2009 konstatierten Werte aber bewegen sich in einem Ergebniskorridor, der nicht einmal mehr annähernd in der Nähe der Zahlen liegt, die die SPD noch während der langen und bitteren Oppositionsjahre unter Helmut Kohl erreicht hatte: Die prognostizierten Wahlergebnisse der Sozialdemokraten lagen im Februar 2009 mit 23 – 25 Prozent fast zehn Prozentpunkte unter dem schlechtesten Bundestagswahlergebnis der Oppositionszeit, 1990, und gar 15 Prozentpunkte von den Werten entfernt, die man 1998 erreichen konnte.[1]

Die Parteiführung trug über den Großteil der Zeit nicht dazu bei, den Eindruck einer etwas konfusen, bisweilen gar vollkommen erratischen Politik zu entkräften und bei der Vermittlung der Regierungspolitik in die eigenen Parteiebenen hinein besonders erfolgreich zu sein. Fünf Mal wechselte seit 1998 der Parteivorsitz. Die Partei als Basis für eine sozialdemokratische Regierung, ein

---

1   Vgl. o. V: Liberale sacken wieder ab, in: Süddeutsche Zeitung, 14./15.02.2009; vgl. auch Decker, Frank/Neu, Viola (Hrsg.): Handbuch der deutschen Parteien, Bonn 2007, S. 387f.

wechselseitiges Vermitteln und Befruchten konnte so langfristig nicht entstehen.
Zumal alle Vorsitzenden – Oskar Lafontaine, Gerhard Schröder, Franz Müntefering, Matthias Platzeck und Kurt Beck – schwer daran zu tragen hatten, den
Parteifunktionären und –Mitgliedern eine Politik zu erklären und zu verdeutli-
chen, die eben oft weit neben dem lag, was die Partei über lange Zeit laut gefordert und proklamiert hatte.

Denn was das Selbstverständnis, die Eigenwahrnehmung und die Prog-
rammatik der SPD betrifft, wurden in den vergangenen elf Jahren fast sämtliche
Grundfesten der Partei auf den Prüfstand gestellt. Nicht wenige Standbeine der
Parteiidentität, die über viele Jahrzehnte flügelübergreifend Konsens und
Selbstverständlichkeit gewesen waren, sind dabei verloren gegangen oder als
vermeintlich überflüssiger und hemmender Ballast beiseite geschafft worden.
Der Bias zwischen Programm und Praxis konnte in den Jahren an der exekuti-
ven Verantwortung nie geschlossen werden und nicht zum ersten Mal in der
Geschichte trugen die Sozialdemokraten schwer daran. Und die Versuche, per
Diktat aus der Exekutive die Parteiprogrammatik – das vormals transzendentale
Bild einer besseren, gerechteren Zukunft – der Regierungsmodernität anzupassen, misslangen insofern, als dass sie nicht die Lücke zwischen Partei und eigener Regierung schlossen, sondern diesen Bruch als Konflikt nur noch viel
schmerzlicher erfahrbar machten. Am Ende war die Distanz so groß geworden,
dass ein Repräsentanzwechsel eines Teils der Anhängerschaft hin zur neu er-
wachsenen Linkspartei stattgefunden hatte. Viele, die im sozialdemokratischen
Regierungsweg nicht die pragmatische Anpassung an nicht zu beeinflussende
Faktoren der ökonomischen, sozialen und demographischen Entwicklung sahen,
sondern eher einen leichtfertigen Verrat an den eigenen Idealen, verließen die
Partei in Richtung der nun sozialdemokratische Originalität reklamierenden
Linken aus PDS und westdeutscher WASG. Oder sie zogen sich gleich ganz aus
dem politischen Engagement oder gar Interesse zurück. Gerade in den Segmenten der einst traditionellen Kernwählerschaften, den gewerkschaftlich gebundenen Arbeitern, hat die SPD Verluste erlitten, die über den gewöhnlichen Umfang bei einer sich erschöpfenden Regierungspartei weit hinausgehen. Dass sich
auch das öffentliche Bild und Ansehen der vormaligen Arbeiterpartei in
Deutschland gravierend verändert hat, ist eine Folge dieser innerparteilichen
Entwicklung.

Jedenfalls ist die SPD nach Gerhard Schröder nicht mehr die naturgemäße
Vertretung der Arbeiterschaft in Deutschland und auch nicht mehr selbstverständlich eine von zwei großen Volksparteien, gar der emanzipatorische Ort für
den Aufstieg aus kleinen und drückenden Verhältnissen. Die Ergebnisse, die die
SPD auf Länderebene über die letzten Legislaturperioden hatte erringen können,

lassen einen solchen Schluss durchaus legitim erscheinen.[2] Besaßen die Sozialdemokraten im Jahr des Amtsantritts Schröders eine einfache – rote oder rot-
grüne – Mehrheit im Bundesrat, so steht dieses Bild elf Jahre später komplett
gespiegelt da: Nach der Neuwahl in Hessen im Januar 2009 hat die SPD zwar
noch Einfluss auf 30 der 69 Bundesratsstimmen, davon sind allerdings 19 aus
Bundesländern mit großen Koalitionen. Ein Bundesland wird noch allein regiert
(Rheinland-Pfalz), in den zwei Stadtstaaten Berlin und Bremen ist man in Koalition mit Grünen und der Linkspartei.[3] Dies bedeutet im Umkehrschluss aber
auch: Die Union regiert mittlerweile in verschiedenen Koalitionen alle anderen
Bundesländer, bis auf die genannten drei. Und sämtliche großen westdeutschen
Flächenländer sind mittlerweile fest in der Hand von schwarz-gelben Koalitionen aus CDU/CSU und FDP. Zu keinem Zeitpunkt während der Oppositionszeit
seit 1983 war die SPD weniger an Landesregierungen – in Koalitionen und
unter alleiniger Regie – beteiligt gewesen als am Ende der rot-grünen Koalition.
2006 gab es gar keine rot-grünen oder rein sozialdemokratischen Landesregierungen mehr.

Was zwischen 1998 und 2009 in und mit der SPD an der Regierung eigentlich geschehen ist, was der Kern des Ausblutens sein mag, das die Partei Hun-
derttausende von Mitgliedern gekostet hat und ihren traditionellen Ort im Parteiensystem zumindest ernsthaft in Frage stellt, soll auf den folgenden Seiten im
Zentrum stehen. Dabei geht es nicht allein um das Wiederkäuen der mittlerweile
zum Allgemeingut gewordenen Problemdiagnose von der Sozialdemokratie als
kern- und identitätslos gewordenen ehemaligen Volkspartei, sondern eben um
den Versuch, durch einen genaueren Blick auf Auflösungsprozesse bei Wählern
und Mitgliedern sowie die Wirkungen der Regierungsmacht in die eigene Partei
hinein, einen etwas tiefergehenden Eindruck vom Zustand der Partei zu gewinnen. Ist es tatsächlich nur das soziale Unten, von dem sich die Partei entfremdet
hat; muss eine sozialdemokratische Partei sich automatisch nur am Volkspartei-
Idealtypus messen lassen und kann nicht das Klammern an einen solchen Anspruch, zwanghaft die gesamte Gesellschaft ansprechen zu wollen, nicht vielmehr auch Kern einer politischen Willkürlichkeit sein, die allerorts beklagt
wird?

---

2   Vgl. exemplarisch Schlieben, Michael/Richter, Saskia/Walter, Franz: Rot-grüne Koalitionen –
     Zukunftsperspektive oder Auslaufmodell?, in: Zehetmair, Hans (Hrsg.): Das deutsche Partei-
     ensystem. Perspektiven für das 21. Jahrhundert, Wiesbaden 2004, S. 58-78, hier S. 58.
3   35 von 69 Stimmen im Bundesrat fielen 1998 auf Länder, die von der SPD allein oder in
     Koalition mit den Grünen regiert wurden. Weitere 18 Stimmen auf Länder mit großen Koali-
     tionen oder mit Koalitionen aus SPD und FDP.

Der historische Wahlsieg: die SPD und die Neue Mitte

Der Wahlausgang 1998 war in gewisser Hinsicht ohne historisches Beispiel gewesen. Dass es dabei für Helmut Kohl nicht mehr reichen würde, um eine erneute Koalition mit den Freidemokraten zu bilden, war von den allermeisten Beobachtern vorausgesagt worden. In seiner Eindeutigkeit aber war der Wahlsieg der Sozialdemokratie unter Gerhard Schröder und Oskar Lafontaine dann kaum zu übertreffen. Die Oszillation zwischen dem Gewinn der Sozialdemokraten und dem Verlust der Union war mit insgesamt fast 10 Prozentpunkten so stark wie nie zuvor.[4] Zudem wurde die SPD erst zum zweiten Mal in ihrer Geschichte stärkste Fraktion und die Union rutschte zum ersten Mal seit 1953 unter die 40-Prozent-Marke. Und noch eine Premiere: Bei der letzten Wahl des scheidenden Jahrhunderts wurde zum ersten Mal in der bundesrepublikanischen Geschichte eine Regierung in Gänze abgewählt. Alle Regierungswechsel zuvor waren durch den Seitenwechsel eines der Koalitionspartner erfolgt.[5] Dem Wahlausgang historische Dimensionen beizumessen, war folglich nicht schwer.

Es war den Sozialdemokraten gelungen, eine Wähleralianz zu schmieden, die weit ausgriff in die soziologische Mitte der Republik und die es zur gleichen Zeit schaffte, die Stammwähler nicht nur bei der Stange zu halten, sondern auch und gerade dort – bei den Arbeitern und Gewerkschaftsmitgliedern – besonders hohe Zustimmungswerte zu erlangen. Per Saldo hatte man 1,3 Millionen ehemalige CDU-Wähler von sich überzeugen und darüber hinaus gut 1,25 Millionen vormalige Nichtwähler zurück an die Urnen rufen können. Bei den Zweitstimmen hatte die SPD in allen Ländern – außer Brandenburg – gegenüber 1994 hinzugewonnen und kam in acht von zehn westdeutschen Bundesländern auf über 40 Prozent.[6] Dass dies kein Zufallsergebnis einer außergewöhnlichen Wahlkampfsituation war, konnte man bis zur Hälfte der vergangenen Legislaturperiode zurückverfolgen: Seit 1996 hatte die sozialdemokratische Opposition eine bessere Leistungsfähigkeit zugeschrieben bekommen als die Kohl-Administration. Die aktive und lautstarke Politik, mit der sich die sozialdemokratisch geführten Bundesländer im Bundesrat den Kürzungsversuchen im Arbeits- und Sozialrecht widersetzten, hatte den Eindruck einer von der schwarzgelben Regierung verursachten Gerechtigkeitslücke geschaffen, die eine sozialdemokratische Regierung zumindest schmälern würde. Alle entscheidenden Kompetenz- und Beliebtheitswerte jedenfalls, die bei der Wahlentscheidung von

---

4   Die SPD gewann 4,5 Prozentpunkte deutschlandweit hinzu, die CDU verlor 5,3 Prozentpunkte.

5   Vgl. Feist, Ursula/Hoffmann, Hans-Jürgen: Die Bundestagswahl 1998: Wahl des Wechsels, in: Zeitschrift für Parlamentsfragen, Jg. 29 (1999) H. 2, S. 215 – 251, hier S. 215, 235f.

6   Vgl. ebd. S. 238f; vgl. auch Hilmer, Richard: Bundestagswahl 2002: eine zweite Chance für Rot-Grün, in: Zeitschrift für Parlamentsfragen, Jg. 33 (2003) H. 1, S. 187 – 219, hier S. 203ff.

Relevanz waren, fielen zu Gunsten der SPD aus: Die Wähler unterstellten ein größeres Engagement für Arbeitnehmer, Arbeitslose und Arme; bei den besonders wichtigen Themen der Arbeitslosigkeit und der „Zukunftssicherung" traute man Gerhard Schröder erheblich mehr zu als dem christdemokratischen Bundeskanzler; schließlich wurde Schröder seit 1997 als Kanzler von einer großen Mehrheit Kohl vorgezogen, der deutlich hinter seinen Popularitätswerten von 1994 oder gar 1990 zurückblieb.[7] Zudem hatte die Übernahme des Parteivorsitzes durch Oskar Lafontaine 1995 scheinbar den lange währenden Kampf der Enkel Willy Brandts um die Macht innerhalb der Partei beendet. Der rhetorisch überaus wuchtige und gerissene Saarländer führte die sozialdemokratischen Länder im Bundesrat an und stellte sich und die SPD als Verteidiger des durch christdemokratisch-liberale Austeritätspolitik bedrohten Soziaalstaats dar. Die sozialdemokratische Seele gewann seit 1996 kräftig an Selbstbewusstsein. Die Ankündigungen, nach einem Wahlsieg 1998 all die Zumutungen der Kohlregierung auf dem Arbeitsmarkt wieder rückgängig zu machen, aktivierten die Parteifunktionäre und die klassische Anhängerschaft.

Darüber hinaus wähnte man sich nach den Regierungsübernahmen der Sozialdemokratie von Tony Blair in England und Bill Clinton in den USA auf einer Welle der Sozialdemokratisierung. Einem „roll-back" der konservativen Parteien gleich sah sich die SPD eins mit dem Zeitgeist der späten 1990er Jahre, spürte umso stärker den nun auch international unterstrichenen Anspruch auf eine Regierungsführung. All dies, und die greifbar ermattende Begeisterung der Deutschen für ihren schon über anderthalb Jahrzehnte amtierenden Kanzler ließ die Sozialdemokraten nach zuletzt vier Niederlagen auf der Bundesebene – 1983, 1987, 1990 und 1994 – wieder Hoffnung schöpfen.

Nichtsdestotrotz war der Hoffnungsschimmer mit einer thematischen Erweiterung und Neuausrichtung verbunden, die die SPD bis heute in Atem halten und die nach wie vor kaum in Einklang gebracht worden sind mit den programmatischen Aussagen der Partei oder gar der sozialdemokratischen Identität. Die sozialdemokratischen und linken Leuchttürme der mittleren 1990er Jahre in Großbritannien und Amerika zeichnete eine neue, wirtschaftsfreundlichere und stärker auf Wachstums- und Innovationsstrategien ausgerichtete Herangehensweise aus, als das bei den traditionellen, auf staatliche Ausgabenprogramme und Industrieproduktion kaprizierten, gewerkschaftsnahen Sozialdemokraten der Fall gewesen war.[8] Der Eindruck von der Modernität bei der gewandelten New Labour-Partei beispielsweise hing unmittelbar mit dieser Strategie zusammen: Schon in der Oppositionszeit und nach dem Aufstieg neoliberaler Wirtschaftspolitiken in eine quasi-hegemoniale Stellung in Wissenschaft und Journalismus

---

7   Vgl. Feist/Hoffmann (Anm. 5), S. 224f., 242f.
8   Vgl. Walter, Franz: Baustelle Deutschland. Politik ohne Lagerbildung, Frankfurt am Main 2008, S. 48f.

hatte Tony Blair den immer altbackener erscheinenden Ballast der programmatischen Fixierung auf Staatsausgaben und einen Sicherheit garantierenden Sozialstaat deutlich sichtbar zurückgeschnitten.[9] Und auch Bill Clinton hatte es mit seiner pointierten Betonung der wirtschaftspolitischen Aspekte seiner Regierungszeit geschafft, den Anstrich der Wirtschaftsferne und auch –feindlichkeit abzuschütteln und in eine auf Freihandel und ökonomische Prosperität aufgebaute Modernität zu verwandeln. Kurz: Die strahlenden Vorbilder einer neuen, zeitgemäßen Sozialdemokratie waren wesentlich wirtschaftsfixierter und viel weniger sozialstaatsorientiert als dies bis dato bei Sozialdemokraten der Fall gewesen war. Und auch Gerhard Schröder blies in dasselbe Horn. Um die Sozialdemokratie der späten 1990er Jahre modern und dynamisch wirken zu lassen, um ökonomische und publizistische Eliten von sich zu überzeugen, wurde der seit den 1980er Jahren zum Mainstream gewordene Konsens über die segnungsreichen Wirkungskräfte des Marktes bemerkenswert selbstbewusst übernommen.

Die dagegen eher auf das Innere der Partei und die Kernwählerschaft gerichtete Strategie und Rhetorik Oskar Lafontaines drohte die SPD aber in eine Lage zu manövrieren, in der sie – wie 1990 und 1994 zuvor – gegen einen eigentlich schon von Presse und Wählerschaft abgeschriebenen Kanzler in letzter Minute noch verlieren mochte. Zu zweifelhaft mögen vielen Deutschen der Mittel- und Oberschichten die postulierten Rezepte des Saarländers erschienen sein, die einen kraftvollen Neokeynesianismus versprachen und mit steigenden Steuersätzen, Ausgabenerhöhungen sowie mit der Ankündigung verbunden waren, durch Regelungsinitiativen die Globalisierung einzuhegen. Die Kür Gerhard Schröders zum Kanzlerkandidaten hatte neben seinen Wahlsiegen in Niedersachsen – zuletzt gar als absolute Mehrheit medienwirksam im Frühjahr 1998 – auch dieses Image Lafontaines zum Hintergrund: Schröder galt demgegenüber stets als Gegenpol zur dezidiert traditionssozialdemokratisch orientierten Welt der Parteifunktionäre. Er hatte seinen Aufstieg innerhalb der Partei über weite Strecken fast gegen diese inszeniert und gab sich als Ministerpräsident als wirtschafts- und industrienaher Interessenvertreter der heimischen Unternehmerschaft.[10]

Diese Zweiteilung sollte sich als strategisches Herzstück des Wahlsieges 1998 erweisen: Die Ansprache sehr heterogener Wählergruppen gelang, weil mit Oskar Lafontaine als Parteivorsitzendem und Gerhard Schröder als Kanzlerkandidaten zwei medienwirksame Frontfiguren jeweils ganz unterschiedliche

---

9   Meyer, Thomas: Die blockierte Partei – Regierungspraxis und Programmdiskussion der SPD 2002 – 2005, in: Egle, Christoph/Zohlnhöfer, Reimut (Hrsg.): Ende des rot-grünen Projekts. Eine Bilanz der Regierung Schröder 2002-2005, Wiesbaden 2007, S. 83-97, hier S.94f.
10 Vgl. Walter, Franz: Die SPD. Biographie einer Partei, Reinbek bei Hamburg 2009, S. 238, 244; vgl. auch Sturm, Daniel Friedrich: Wohin geht die SPD?, München 2009, S. 13f.

Wahlbotschaften transportierten. Während der Parteivorsitzende mit der Betonung traditionell sozialdemokratischer Politikelemente die Stammwählerschaft
bediente und die Partei auf den Wahlkampf einschwor, konnte Gerhard Schröder für die „neue" Sozialdemokratie stehen, die einen innovationsfreundlichen
Wirtschaftskurs versprach und nach einer langen Phase der Kritik an den Rahmenbedingungen des Wirtschaftsstandortes Deutschland nun den Leistungsträgern dieser Volkswirtschaft Zukunftsvertrauen und –kompetenz signalisieren
wollte.[11]

Dass – anders als in den Bundestagswahlen zuvor – sehr breit gefächerte
gesellschaftliche Segmente für eine Wahl der SPD gewonnen werden konnten,
lag hauptursächlich in dieser Konstellation begründet. Zwar gab es darüber
hinaus ohne Zweifel weitere gewichtige Wahlgründe: Die lange Amtszeit Kohls
hatte viele Wähler seiner überdrüssig gemacht; entscheidende Themenfelder
wurden eher mit Gerhard Schröder in Verbindung gebracht. Die Medien griffen
eine nun zumindest teilweise stärker auf Ökonomie und Wirtschaftsfreundlich-
keit ausgerichtete SPD – mit Schröder als Aushängeschild – dankbar als moderner scheinender Gegenpol zum eher biederen Pfälzer Kohl auf. Zudem goutierten sie die auf sie zugeschnittene Wahlkampfführung der „Kampa"; zogen den
dynamischer und aggressiver wirkenden Schröder, der sich gern großspurig und
mit Hang zum Luxuriösen gab, dem amtierenden Kanzler vor, den man eher mit
rheinischer Gemütlichkeit und lokaler Spezialitätenkost assoziierte. Die Aufgabe jedenfalls, über die traditionelle Klientel und Rezepte der Sozialdemokratie
hinaus der Partei den Nimbus der Erneuerung, den Anstrich der Moderne zu
verpassen, erfüllte Schröder 1998 glänzend. Und in Verbindung mit Lafontaine,
der in die Rolle des in der Partei Verhafteten, an seit den 1960er Jahren geltenden Politikkonzepten festhaltenden Sozialdemokraten schlüpfte, konnte man
eine Bandbreite an Themen und Vorstellungen abdecken, die weit über die
Stammwählerschaft hinaus wirkte.

Die Strategie, die unter dem Titel *„Innovation und Gerechtigkeit"* firmier-
te, hatte allerdings auch eine Synthese suggeriert, die so gar nicht existierte. Die
Schnittmenge zwischen den beiden Polen der SPD – ausgerichtet an den beiden
Wahlkampfführern –, zwischen traditionellen Politikrezepten und wirtschafts-
freundlichen Innovationspostulaten, war eine künstliche Wahlkampfkonstrukti-
on. Keines der beiden Aushängeschilder setzte ernsthaft für das Regierungsprojekt auf einen solchen Synergieeffekt, beide – Lafontaine wie Schröder – hoff-
ten vielmehr darauf, nach einem Wahlsieg den Weg der Regierungspartei durch
das eigene politische Gewicht vorgeben zu können. Und dies wurde 1999 und
nach einer Zeit der Regierungsarbeit immer deutlicher.[12] Das Erfolgsrezept des

---

11 Vgl. Feist/Hoffmann (Anm. 5), S. 222.
12 Vgl. Sturm (Anm. 10), S.24f.

Wahlkampfes, das Versprechen einer neuen sozialdemokratischen Politik jenseits altbekannter Gegensätze und Lagergrenzen, sollte sich für die politische Umsetzung als sehr schwere Hypothek erweisen.

2009 jedenfalls ist diese Wähleralllianz schon lange zerbrochen. Die SPD hat seit der Bundestagswahl 1998 in zahlreichen Bundesländern und auf gesamtstaatlicher Ebene schmerzhafte Verluste in fast allen Wählersegmenten hinnehmen müssen. Besonders in der eigentlichen Stammwählerschaft, bei den Arbeitern, sozial Schwachen und Gewerkschaftsmitgliedern sind die Einbußen überproportional. Gewerkschaftlich gebundene Arbeitnehmer, einst im Zentrum der sozialdemokratischen Kernklientel, machen nur noch 9 Prozent der SPD-Wählerschaft aus.[13] Mögen die Verluste an absoluten Zahlen ob der geschwundenen Bedeutung dieser sozialen Gruppen innerhalb der Gesellschaft vielleicht zu verschmerzen sein, viel schwerer wiegen dürfte der symbolische Verlust bei Angehörigen eines sozialen Milieus, das lange Zeit treu zur Partei gestanden hatte. Kam die SPD 1998 bei Arbeitern im Westen noch auf 53 Prozent, im Osten auf 44, so erreichte sie 2005 nur noch klägliche 40 Prozent und in den neuen Bundesländern ganze 29 Prozent.[14] Betrug die Differenz zwischen CDU und SPD 1998 bei den Arbeitern im Westen noch 16 Prozentpunkte, so hatte sich diese vier Jahre später schon halbiert.[15] Bei den gewerkschaftlich gebundenen Arbeitern war der Rückgang noch stärker.[16] Und bei den Arbeitern ohne Gewerkschaftsbindung lag die Union bereits 2002 vor der SPD. Eine Arbeiterpartei ist die Partei damit schon lange nicht mehr. Gerade im Osten der Republik hat die Enttäuschung über die ausbleibende wirtschaftliche Besserung und besonders die Sozialreformen Gerhard Schröders 2005 die SPD viele Stimmen gekostet – hier waren die Verluste in Prozentpunkten fast drei Mal so hoch wie in den alten Bundesländern.[17] Lediglich und ausgerechnet bei den Selbstständigen konnte die SPD über die Jahre zwischen 1998 und 2005 ihre Wähleranteile halten oder gar leicht ausbauen.[18]

Auch was die Altersstruktur der Wählerschaft anbetrifft, so hat sich die Sozialdemokratie vom Anspruch, eine Volkspartei zu sein, zumindest teilweise

13   Vgl. Kornelius, Bernhard/Roth, Dieter: Bundestagswahl 2005: Rot-Grün abgewählt. Verlierer bilden die Regierung, in: Egle, Christoph/Zohlnhöfer, Reimut (Hrsg.): Ende des rot-grünen Projekts. Eine Bilanz der Regierung Schröder 2002-2005, Wiesbaden 2007, S.29-59, hier S. 55.
14   Vgl. Decker/Neu (Anm. 1), S. 388.
15   Vgl. ebd., S. 207.
16   Vgl. Roth, Dieter: Das rot-grüne Projekt an der Wahlurne: Eine Analyse der Bundestagswahl vom 22. September 2002, in: Egle, Christoph/Ostheim, Tobias/Zohlnhöfer, Christoph (Hrsg.): Das rot-grüne Projekt, Wiesbaden 2003, S. 29 – 52, hier S. 42.
17   Vgl. SPD: Bundestagswahl 2005. Ergebnisse und Schnellanalysen auf Basis der Kurzfassung des Infratest- Dimap-Berichts für die SPD, Berlin, 19.09.05, S. 4f.
18   Vgl. Decker/Neu (Anm. 1), S. 388.

verabschieden müssen. Gerade die Alters- und Geschlechtergruppen, die 1998 noch überdurchschnittlich SPD gewählt hatten, sind der Partei in ihren Regierungsjahren von der Fahne gegangen. Beim ersten Wahlsieg Gerhard Schröders hatte die SPD in den Altersgruppen zwischen Mitte zwanzig und Anfang sechzig, dem berufstätigen Rückgrat der Gesellschaft, besonders hohe Zustimmungswerte zu verzeichnen gehabt. Durchweg bei Männern und Frauen lagen die Sozialdemokraten im Westen der Republik bei diesen Alterssegmenten um 45 Prozent. Das Wahlversprechen der SPD, wirtschaftliche Kompetenz mit einer größeren sozialen Gerechtigkeit, die Bekämpfung der grassierenden Arbeitslosigkeit mit einer für globalisierte Herausforderungen besser gewappneten Volkswirtschaft zu verbinden, hatte in diesen Altersgruppen besonders großen Anklang gefunden. Denn jene Wähler standen mitten im Berufsleben, fühlten sich – zum Teil – von der in den 1990ern drastisch gestiegenen Erwerbslosigkeit bedroht und waren verunsichert über die Diskussionen um die Finanzierbarkeit ihrer Pensionsbezüge. Knapp drei Legislaturperioden später hat sich dieses Bild fast komplett gewandelt. Im Osten wie im Westen hat die SPD besonders die mittleren Jahrgänge verloren, konnte sie bei der letzten Bundestagswahl 2005 eigentlich nur bei den 18-24 Jährigen sowie bei den über 60 Jährigen gegenüber 1998 ihre Anteile halten oder gar ausbauen. In allen Jahrgängen dazwischen sind die Wahlergebnisse zum Teil drastisch eingebrochen. Im Osten erreichte sie bei den Menschen zwischen 25 und 60 kaum mehr 30 Prozent; im Westen betrugen die Verluste in diesen Altersgruppen bei Männern wie Frauen durchgehend mehr als sieben Prozentpunkte. Hier kamen die Sozialdemokraten zwar bei den Frauen zwischen 25 und 60 noch auf durchschnittliche 36 Prozent; sieben Jahre zuvor waren es allerdings noch ganze neun Prozentpunkte mehr gewesen. Bei den Männern summieren sich die Einbrüche in manchen Altersklassen gar auf zwölf, dreizehn Prozentpunkte. Dass sich gerade diese, eine Volkswirtschaft und Gesellschaft tragenden Altersgruppen in so deutlicher Art und Weise abwenden, kann nicht folgenlos bleiben für die Bedeutung einer Partei innerhalb eines Parteiensystems. Erst recht nicht, wenn der eigene Anspruch durchwirkt ist von der Vorstellung, „Volkspartei" zu sein und nicht lediglich Anwalt für ein gesellschaftliches Segment oder eine Altersgruppe.

Verlust der Mitte: Nur noch Beamte und Rentner?

Nicht nur was die Wählerstimmen anbelangt, kann man über die bisherige Regierungsperiode der SPD einen herben Rückgang – wenn nicht gar Zerfall – bilanzieren. Auch was die Mitgliederzahlen betrifft, so ist die Entwicklung in Richtung und Ausmaß für sozialdemokratische Verhältnisse beispiellos. Zwar ist dies mitnichten ein auf die Zeit der exekutiven Verantwortung begrenztes

Phänomen: 2009 „feiert" die Partei zwanzig Jahre Schrumpfung. 1989 konnte die Partei zum bislang letzten Mal einen eindeutigen Mitgliederzuwachs verzeichnen.[19] Im Vergleich mit dem Jahr der deutschen Wiedervereinigung gibt es zu Beginn des Jahres 2009 etwa 400.000 Sozialdemokraten weniger. Mit 518.000 Mitgliedern Ende Februar verzeichnet die SPD so wenige Mitglieder wie seit über 100 Jahren nicht mehr.[20] Und eine ganze Reihe ihrer Landesverbände hat in den letzten zwei Jahrzehnten über die Hälfte ihrer Mitgliedschaft eingebüßt. Ganz unzweifelhaft ist diese Entwicklung aber in der Zeit seit 1998 – und besonders in der zweiten rot-grünen Legislaturperiode von 2002 bis 2005 – stark beschleunigt worden. Mehr als 12 Prozent der Mitglieder gaben im Saldo in den Jahren 2003 und 2004 ihr Parteibuch zurück, das war mehr als eine Verdoppelung der Mitgliederverluste, verglichen mit der ersten Hälfte der 1990er Jahre.[21] In dieser Hinsicht fällt es leicht, die Parteientwicklung in ein dramatisch scheinendes Licht zu tauchen.

Aber auch – und das ist vielleicht viel bedeutsamer für die Ausstrahlung und Wirkung einer Partei – ihre soziale und altersstrukturelle Zusammensetzung hat sich in den letzten Jahrzehnten kontinuierlich gewandelt. So hat es in der sozialdemokratischen Geschichte noch nie eine SPD-Mitgliederschaft gegeben, die derart stark von Rentnern geprägt worden ist wie die heutige: Der Anteil der über 60jährigen an den Parteimitgliedern hat sich seit Mitte der 1970er Jahre mehr als verdoppelt, der Anteil der über 70jährigen gar mehr als vervierfacht. 2009 stellen die Rentner die größte innerparteiliche „Beschäftigtengruppe", knapp vor den Angestellten. Arbeiter unter den Parteimitgliedern ist in etwa nur mehr jeder zehnte[22], kaum doppelt so viel wie es mittlerweile selbstständige SPDler gibt.

Der Mitgliederrückgang im Juso-Alter bis 35 ist vielleicht am wenigsten mit dem Wirken der sozialdemokratisch geführten Regierung in Verbindung zu bringen: Hier ist die Entwicklung seit Mitte der 1970er Jahre sehr kontinuierlich von einem knappen Drittel der Mitgliedschaft auf heute knapp 9 Prozent verlaufen und dürfte ihre Begründung eher in der gesunkenen Attraktivität von Parteien und Politik für Jugendliche insgesamt finden.[23] Auch die Jugendorganisationen anderer Parteien leiden zum Teil stark unter Nachwuchsproblemen.[24] Der

---

19   Vgl. SPD: Jahresbericht über den Mitgliederbestand und die Mitgliederentwicklung der SPD im Jahr 2007, Berlin 2008, S. 91f.

20   Angabe der Partei, abrufbar unter: http://www.spd.de/de/pdf/mitglieder/090228_ mitgliederbestand.pdf (eingesehen am 17.04.2009).

21   Vgl. SPD (Anm. 19), S. 98f.

22   Vgl. ebd., S. 12f., 11,8 Prozent der Mitglieder.

23   Vgl. Oberpriller, Martin: Jungsozialisten. Parteijugend zwischen Anpassung und Opposition, Bonn 2004, S. 309f.

24   Vgl. exemplarisch Kotynek, Martin: Rechtsradikalismus wird zur Jugendbewegung, in: Süddeutsche Zeitung, 18.03.2009.

Anstieg der älteren Jahrgänge in der Parteibasis aber korrespondiert mit einem abrupten Rückgang der – analog zur beschriebenen Wählerentwicklung – berufstätigen, bzw. mittelalten Mitglieder zwischen 30 und 60. Sie machen derweil weniger als die Hälfte aller sozialdemokratischen Genossen aus und werden an Stärke von den über 60 Jährigen schon beinahe übertroffen.[25] Und vereinigten 1997 die schon bemühten ökonomisch aktiven Altersgruppen zwischen Mitte zwanzig und Ende sechzig 86 Prozent aller Parteimitglieder auf sich, so sind diese bis Ende 2007 um knapp 12 Prozentpunkte zurückgegangen, wobei dies hauptsächlich auf einen überproportionalen Rückgang bei den Mitgliedern zwischen 30 und 50 zurückzuführen ist. Genau diese Altersgruppen haben – wie bereits bei den Wahlergebnissen betont – auch als Parteimitglieder der Sozialdemokratie in Deutschland während ihrer bisherigen Zeit an der Regierungsverantwortung seit 1998 den Rücken gekehrt. Die SPD des Jahres 2009 ist so alt, rentnerdominiert und zahlenmäßig klein wie noch nie zuvor in ihrer Geschichte; der Anteil der Arbeiter ist kontinuierlich zurück gegangen, die Angestellten unter den Mitgliedern bilden gemeinsam mit den Pensionären etwa die Hälfte aller Genossen. Nimmt man die Beamten noch hinzu, so bilden diese Gruppen knapp drei Fünftel der Mitgliedschaft ab. Zeitgleich besaßen in den letzten Jahren besonders die Arbeiter und Facharbeiter einen – gemessen an ihrer innerparteilichen Stärke – übergroßen Anteil an den Parteiaustritten, sie verlieren ergo noch weiter an Bedeutung.[26] Da die Partei zwar, was die Wählerschaft angeht, der CDU bei den jüngeren Jahrgängen noch etwas voraus blieb[27] – hier konnte die SPD ihre Anteile halten oder gar leicht ausbauen –, sich dies in der Parteimitgliedschaft aber keineswegs widerspiegelt, bleiben nur die Alten als unumstrittene Parteibasis übrig.[28] Es sind die Pensionäre und die öffentlich Bediensteten – oft selbst kurz vor der eigenen Pensionierung –, die die Parteibasis ausmachen und sie mit ihrem biographischen Hintergrund anreichern, mit ihren Lebenserfahrungen prägen.[29]

Das Driften der Zange – ausbleibende Richtungsentscheidungen

Die Euphorie und der Überschwang des Wahlsieges 1998 ließen sich nicht lange aufrecht erhalten. Denn die ungeklärten Richtungskonflikte innerhalb der SPD

---

25 Ebd.
26 Vgl. SPD (Anm. 19), S. 65f.
27 Vgl. Decker/Neu (Anm. 1), S. 207, 388.
28 Siehe auch den Beitrag von D'Antonio/Munimus in diesem Buch.
29 Vgl. Lösche, Peter: Zustand und Perspektiven der SPD, in: Zehetmair, Hans (Hrsg.): Das deutsche Parteiensystem. Perspektiven für das 21. Jahrhundert, Wiesbaden 2004, S. 104-116, hier S. 110f.

waren nur mühsam eingehegt, die ihnen innewohnenden Widersprüche keineswegs aufgelöst, sondern lediglich dem Ziel des elektoralen Erfolgs untergeordnet worden. Dieses Ziel stand nach einer langen Reihe schmerzhafter Wahlniederlagen auf Bundesebene – nach zuletzt vier Niederlagen in Folge – an allerhöchster Stelle: Man wollte regieren, unbedingt, koste es was es wolle.[30] Und der Verlauf des Wahlkampfes, der sich mehr und mehr abzeichnende Erfolg über Helmut Kohl, hatte dann dafür gesorgt, dass die Partei nicht allzu viele Gedanken an ein kohärentes Regierungsprogramm verschwendete.[31] Denn dies hätte vor allem bedeutet, innerparteilich auszufechten, wie stark man sich an tradierten Gerechtigkeitsvorstellungen, und wie stark an moderner Angebotspolitik ausrichten sollte. Welche Rolle zukünftig ein sozialdemokratisch regierter Staat innerhalb der Gesellschaft und Volkswirtschaft übernehmen sollte. Wie eine sozialdemokratische Zukunft der reformbedürftigen sozialen Sicherungssysteme aussehen könnte. Und welches das Bild einer zukünftigen Kräfte- und Aufgabenverteilung innerhalb der sozialen Gebilde der Republik sein sollte, wie also die SPD sich das Land en détail vorstellte. Eher noch ähnelte die Herangehensweise an die Regierungsübernahme einer Selbstüberschätzung – fast einer Hybris –, die „überzuckert vom süßen Erfolg"[32] und dem als grandiosen Sieg empfundenen Wahlergebnis eine nüchterne Analyse verstellte, mit der notwendige Schlüsse hätten gezogen werden können. Denn die Geisteshaltung, auf Biegen und Brechen einen Wahlerfolg zu konstruieren, der allerdings innerparteilich auf einen sehr schwierigen und nur durch die disziplinierende Erfolgsaussicht aufrecht zu erhaltenden Kompromiss hinauslief, durfte nicht durch eine offene Diskussion um Richtungsentscheidungen zum Regierungskurs gefährdet werden. Man wollte zunächst regieren, die Wahl gewinnen, ans Ruder kommen, später würde man dann weiter sehen.

Dass allerdings die Ansprüche der heterogenen Wählergruppen ganz unterschiedlich, streckenweise widersprüchlich waren, sollte sich als kaum zu bewältigende Herkulesaufgabe erweisen und mag einer der Kerne der Probleme sein, die der SPD an der Regierung seit 1998 erwachsen sind.[33] Im Grunde genommen war dies eine für eine Volkspartei ganz „normale" Aufgabe: Die Erwartungen, Ansprüche, Hoffnungen und Lebensentwürfe ganz unterschiedlicher gesellschaftlicher Gruppen und Altersklassen unter einen Oberbegriff zu bringen und mit einem für viele Seiten annehmbaren Entwurf eines zukünftigen Gesellschaftsbildes auszustatten. Doch 1998 fehlte der Sozialdemokratie diese Fähig-

30   Vgl. Prantl, Heribert: Rot-Grün. Eine erste Bilanz, Hamburg 1999, S.45, 61.
31   Vgl. Sturm (Anm. 10), S.11f.
32   Prantl (Anm. 30), S. 59.
33   Vgl. Busch, Andreas/Manow, Philip: The SPD and the Neue Mitte in Germany, in: White,
       Stuart (Hrsg.): New Labour. The progressive Future? New York 2001, S. 175 – 189, hier S.
       183f.

keit, und es sieht nicht danach aus, als hätte sie das alte Erfolgsrezept – das untere Drittel der Gesellschaft mit dem mittleren zu verbinden – in ihrer Zeit als Regierungspartei wieder herstellen, geschweige denn durch eine neue sozialdemokratische Zauberformel überzeugend ersetzen können. Die Wählerkoalition, die Lafontaine und Schröder zusammengebunden hatten, war möglicherweise allzu heterogen gewesen, um einen solchen Brückenschlag zu Stande zu bringen. Als viel wirkungsmächtiger erwies sich aber die Tatsache, dass das verbindende Element, der einigende Kitt, der eben diese heterogenen Wählerschaften an die Partei bindet, von der Sozialdemokratie schlichtweg vernachlässigt worden war. Der Reiz des Regierens hatte die Partei geblendet und auf eine Fortführung der aufkommenden Euphorie vertrauen lassen. Und so war die Ausgangslage bei Regierungsantritt unter der glänzenden Siegerpose des neuen Kanzlers denkbar ungünstig.

Schon für die Koalitionsverhandlungen mit den Grünen wurde die angedeutete Orientierungslosigkeit gerade der sozialdemokratischen Verhandlungsführer Schröder und Lafontaine oft beschrieben.[34] Nicht nur, dass es zu vielen Punkten augenscheinlich gar keine gemeinsame SPD-Position in den Aushandlungen mit den Grünen-Vertretern gegeben hat, bei Wirtschaftsthemen die Gruppe um Gerhard Schröder das Wort führte – der Parteivorsitzende schwieg – und umgekehrt bei sozial- und arbeitsmarktpolitischen Themen Oskar Lafontaine und dessen Vertraute die Ansprechpartner waren und der Kanzlerkandidat sich heraushielt. Die Führungsriege der Grünen äußerte im Nachhinein Verwunderung darüber, dass es kaum eine konzise Idee oder einen innerparteilichen Leitfaden gegeben zu haben scheint, was denn die große thematische Überschrift der neuen Regierung sein solle. Die für die Wahlkampfstrategie konstatierten Widersprüche und einander unverträglich gegenüber stehenden Politikentwürfe und Absichtserklärungen – Rücknahme der Kohl'schen Zumutungen im Sozialbereich gegenüber einer wirtschaftspolitischen Modernisierung und Innovation, um den Wirtschaftsstandort globalisierungstauglicher zu machen – wurden auf diese Weise nicht in ein gemeinsames Regierungsprogramm integriert, sondern standen dort nach wie vor nebeneinander, ohne dass grundsätzliche Richtungsentscheidungen suggeriert wurden.[35] Der direkte Konflikt um den Grundton der rot-grünen Regierung wurde vermieden, weil jeder der beiden sozialdemokratischen Anführer davon ausging, der Regierungsarbeit selbstverständlich seinen Stempel aufdrücken zu können. Schröder war überzeugt davon, Lafontaine im Kabinett kontrollieren und im Zaum halten zu können. Und dieser wiederum glaubte fest daran, Tatsachen im sozial- und finanzpolitischen Bereich schaffen zu können, mit denen er der Regierungsperiode eine Richtung

---

34   Vgl. Sturm (Anm. 10), S. 24.
35   Vgl. Frenzel, Martin: Neue Wege der Sozialdemokratie. Dänemark und Deutschland im Vergleich (1982 – 2002), Wiesbaden 2002, S. 283.

vorgeben würde, ohne dass der Kanzler ihm etwas entgegen setzen könne. Insofern wurde die Gelegenheit, sowohl im Wahlprogramm als auch in der Koalitionsvereinbarung deutlich zu machen, was genau sich die SPD vornehmen wollte, leichtfertig verpasst – aus dem Glauben heraus, die Regierungsmacht an sich würde Anhänger und Wähler genauso zufrieden stellen und motivieren, wie das bei den Führungspersönlichkeiten offensichtlich der Fall gewesen war.

Die Wahrnehmung des Regierungsantritts geriet darüber relativ schnell zu einem Fehlstart.[36] Zwar wurden etliche der im Wahlkampf lautstark angekündigten Kurskorrekturen der letzten Jahre unter Helmut Kohl rasch umgesetzt: Erhöhung des Kindergeldes, Einleitung einer Steuerreform, Wiedereinführung der Lohnfortzahlung im Krankheitsfall, Aussetzung der Senkung des Rentenniveaus, Streichung der Einschränkungen beim Kündigungsschutz, die die Vorgängerregierung noch verabschiedet hatte[37] – alles durchaus symbolische Schritte im traditionell sozialdemokratischen Sinne. Ab Jahresanfang 1999 mischten sich aber viele kritische Töne in die Kommentierung der anlaufenden Regierungsarbeit – und nach den oft bemühten 100 Tagen Schonzeit schien auch die Geduld der Wählerschaft erschöpft.[38] Die anfänglich breite Zufriedenheit mit der Kanzlerschaft Gerhard Schröders schwand zusehends. Denn nicht nur, dass viele der Gesetzesinitiativen hektisch und übereilt auf den Weg gebracht und später nachgebessert werden mussten, so dass die handwerkliche Seite der exekutiven Arbeit oft als ineffektiv bezeichnet wurde.[39] Auch wurde nun für viele der sozialdemokratischen Wähler deutlich, dass die ausgemalte Melange aus „*Innovation und Gerechtigkeit*" nicht so einfach in tatsächliche Regierungsentscheidungen umzusetzen war. Die SPD geriet in die Mühlen und Tücken ihrer eigenen Erfolgsstrategie und in eine „Zangenbewegung heterogener Anhängerschaften"[40], aus der sie bis zum heutigen Tag keinen einleuchtenden Ausweg gefunden hat. Denn natürlich waren die Gesetzesinitiativen Lafontaines und die Rücknahme der Lohnfortzahlungs- und Rentengesetze Kohls nur für einen Teil der sozialdemokratischen Wählerschaft 1998 das, was sie sich von einer rotgrünen Regierung versprochen hatte. Die von Gerhard Schröder im Wahlkampf projizierte Annäherung an die ökonomischen Eliten kam so nicht zustande, denn diese wurden in ihrer Skepsis – unter der die Partei lange gelitten hatte – gegenüber sozialdemokratischer Regierungsverantwortung bestärkt.[41] Zu unzuverlässig und unentschlossen wirkte ihnen der Kanzler auf seinem Weg, seinen Teil

---

36 Vgl. Prantl (Anm. 30), S. 46f.; Lösche (Anm. 29), S. 104.
37 Vgl. Feist/Hoffmann (Anm. 1), S. 248.
38 Vgl. Schlieben/Richter/Walter (Anm. 2), S. 65.
39 Vgl. Feist/Hoffmann (Anm. 1), S. 249f.
40 Walter, Franz: Im Herbst der Volksparteien? Eine kleine Geschichte von Aufstieg und Rückgang politischer Massenintegration, Bielefeldt 2009, S.57.
41 Vgl. Prantl (Anm. 30), S. 45, 73f.

der Wahlversprechen von der Stärkung der Eigenverantwortung und einer im ökonomischen Sinne „moderneren" – sprich: zurückhaltenden – Rolle des Staates einzulösen.

Mit dem Rücktritt des Parteivorsitzenden, der im politischen Gerangel mit dem Bundeskanzleramt und angesichts einer fast durchweg negativen Presseberichterstattung zu seinen finanzpolitischen Vorhaben auf internationaler Ebene im Frühjahr 1999 entnervt zur Flucht ansetzte, änderte sich die politische Gemengelage dramatisch. Denn Lafontaine war für viele in der Sozialdemokratie der Garant für den „Markenkern" gewesen; nur mit ihm als Parteivorsitzendem wurde Schröder als Erfolgsgarant für die weiter gezogene Anhängerschaft vom Kern der Parteimitglieder akzeptiert. Insofern war die Demission des Finanzministers auf lange Sicht kein Triumph des Bundeskanzlers im innerparteilichen Richtungsstreit um eine wirtschaftsfreundliche oder eher –kritische Politikausrichtung, sondern vielmehr ein Pyrrhussieg. Die nicht aufzulösenden Gegensätze der in Schröder und Lafontaine kulminierenden politischen Vorstellungen konnten ja so lange im nebulös-vagen gehalten werden, wie die verschiedenen Parteibataillone, Mitglieder und Sympathisanten zumindest den Eindruck hatten, durch einen Vertreter ihrer Interessen auf oberster Partei- oder Regierungsebene Einfluss zu wahren. Diese innerparteiliche Pattsituation fiel mit dem Abschied Lafontaines weg und schuf – überspitzt gesagt – erst die Situation, in der sich Partei, Mitgliedschaft und Regierung so weit voneinander entfernen konnten, wie es auf den ersten Seiten dieses Beitrags herausgestrichen wurde. Die Mitglieder unter den SPDlern, die Lafontaines politischen Vorstellungen von einer größeren staatlichen Verantwortung im Bezug auf eine sich globalisierende Volkswirtschaft und den Konsequenzen für die sozialen Sicherungssysteme nahe standen – und das war ein großer Teil – waren mit einem Schlag in der Partei- und Regierungsführung heimat- und führungslos geworden.[42] Für Schröder wurde seine neue Rolle als Kanzler und Parteiführer zur Belastung, weil er nun in einer Person die Ansprüche befriedigen musste, die zuvor durch zwei unterschiedliche Charaktere bedient worden waren. Was vorher wie eine leidlich ausgeglichene politische Kräfteverteilung – mit leichten Vorteilen bei der exekutiven Richtlinienkompetenz Schröders – ausgesehen hatte, die kurzfristig, aber durchaus wirkmächtig eine heterogene Wählerschaft zusammengebunden hatte, musste nun durch eine Person alleine beieinander gehalten werden. Obendrein noch durch einen Kanzler, den viele Mitglieder nur als notwendige Komplettierung des traditionell sozialdemokratischen Profils begriffen hatten. Den man um der Wahlen und der Erfolgsperspektive Willen zu akzeptieren hatte, dem man jedoch keineswegs in seinen Modernisierungsansichten kritiklos zu folgen bereit war.

---

42 Vgl. Sturm (Anm. 10), S.40.

Ohne Programm und Richtung – Partei und Regierung im Streit um das Lenkrad

Gerhard Schröder musste folglich – nun ohne seinen gewichtigsten innerparteilichen Gegenpart – streng darauf achten, die parteiintegrative Funktion des Vorsitzenden über den Ausblick auf eine reibungslose Durchsetzung der eigenen politischen Richtungsvorstellungen nicht zu vernachlässigen. Die programmatischen Anstrengungen und Standpunkte aber, die in den Wochen und Monaten nach Lafontaines Demission aus dem Kanzleramt und dem Kabinett ausgesandt wurden, trugen dazu bei, die Befürchtungen der Partei über die Konsequenzen dieses Rücktritts zu verstärken – sie jedenfalls keineswegs auszuräumen. Das rasch vorgestellte Sparprogramm des Lafontaine-Nachfolgers im Finanzministerium, Hans Eichel, konnte sich zwar auch auf das Wahlprogramm vom Vorjahr beziehen. Es grenzte sich mit deutlichen Einsparvolumina bei der Renten- und Arbeitslosenversicherung aber stark von den Bemühungen seines Vorgängers ab. Spätestens mit dem wenig später vorgestellten *Schröder-Blair-Papier* vom Juni 1999 dann verschärfte sich bei vielen Parteifunktionären und Mitgliedern der Eindruck, der Kanzler arbeite mit Hochdruck auf eine grundlegende Revision sozialdemokratischer Grundfesten und Wertevorstellungen hin.[43] Das Papier war auch Schröders Versuch, das über die ersten Monate der Regierungsverantwortung verloren gegangene Vertrauen der Wirtschaft in den Kanzler wieder herzustellen und den ökonomischen Eliten zu signalisieren, dass ein an Lafontaine angelehnter Regierungskurs nicht weiter verfolgt werden würde. Zusammengefasst lehnte das Papier zwar nicht alle sozialdemokratischen Kernbestände in Bausch und Bogen ab, in vielerlei Hinsicht übernahm es aber sämtliche Vorurteile, die seit den 1980er Jahren gegenüber sozialen Errungenschaften aufgekommen und in wirtschaftlichen und publizistischen Kreisen oft fast unhinterfragt reproduziert worden waren: soziale Gerechtigkeit bedeute zwanghafte Gleichmacherei und bestrafe jede Eigeninitiative, der deutsche Wohlfahrtsstaat führe zu übermäßigem Sicherheitsdenken und mache eine effektive Anpassung an globalisierte Zwangsläufigkeiten unmöglich.[44] Die Sozialdemokratie selbst wurde darin für „Fehler" und „Realitätsverweigerung" in der eigenen Vergangenheit gegeißelt, die Erneuerung in Konzept, Programm und Umsetzung zum Ziel aller Anstrengung ausgerufen. Tatsächlich stand – programmatisch gesprochen – hinter dem Papier ein grundsätzlicher Gedanke: Neue Realitäten in einer Welt globalisierter Wirtschaftsbeziehungen erzwingen eine *prag-*

---

43   Vgl. Egle, Christoph/Henkes, Christian: Später Sieg der Modernisierer über die Traditionalisten? Die Programmdebatte in der SPD, in: Egle, Christoph/Ostheim, Tobias/Zohlnhöfer, Reimut: Das rot-grüne Projekt. Eine Bilanz der Regierung Schröder 1998 – 2002, Wiesbaden 2003, S. 67-92, hier S. 76.

44   Vgl. Prantl (Anm. 30), S. 70.

matische Anpassung jeder Regierung an ökonomische Funktionslogiken, die sie selbst nicht mehr beeinflussen kann. Insofern könne in diesem Bereich eine ideologisch oder politisch geprägte Diskussion keine Ergebnisse hervorbringen, sie sei sogar schädlich, weil sie sich um Aspekte drehe, die jedwedem politischen Einfluss entzogen seien. Pragmatismus als zentrales Merkmal guter Politik wurde denn auch der Dreh- und Angelpunkt des Dokuments.[45] Das *Schröder-Blair-Papier* mag als ein typisches Merkmal für die Kanzlerschaft Gerhard Schröders begriffen werden, besonders auch im Bezug auf die Art und Weise seiner Entstehung: In der Kombination aus fehlendem innerparteilichen Konsens zur Parteiausrichtung und dem Gebaren des Kanzlers, die Partei bei fast allen inhaltlichen Festlegungen und Entscheidungen außen vor zu lassen.

Seit das Berliner Programm von 1989 bald nach seiner Verabschiedung durch die Umbrüche in Osteuropa und der deutschen Wiedervereinigung von den Sozialdemokraten für überholt erklärt und in der parteiinternen Schublade belassen worden war, hatte die innerparteiliche Programmdiskussion stagniert.[46] Der rasche Wechsel der Vorsitzenden in den 1990er Jahren hatte kontinuierliche Diskussionen um Zukunftsvorstellungen und Ziele der Partei verhindert. Und auch die Einbindung in legislative Verantwortung über föderale Prinzipien – wie den Bundesrat – hatte eine grundlegende Standortbestimmung zumindest deutlich verlangsamt, da man nie ganz von Einflussmöglichkeiten abgeschnitten war.[47] Anders als andere sozialdemokratische Parteien des Kontinents hatte die SPD es nicht geschafft, die veränderten Rahmenbedingungen der Welt nach dem Ende des Ost-West-Konflikts und einer zunehmenden Globalisierung noch zu Oppositionszeiten in ein konzises Grundsatzprogramm zu gießen, welches die Partei selbst auf eine neue Weltlage, die Parteiinterpretation und die gewünschten politischen Vorstellungen dazu vereinigte. Die erfolgreichen sozialdemokratischen Parteien Dänemarks und Englands hatten einen solchen programmatischen Wandel bei Wahlerfolgen prämiert bekommen, waren in ihrem Weg elektoral bestätigt und bestärkt worden.[48] In der SPD nun fand der Versuch Gerhard Schröders unter Regierungsverantwortung statt und war unweigerlich von exekutiver Sichtweise geprägt – auch daher die starke Ablehnung utopistischer Vorstellungen und die deutliche Betonung eines sachlich-nüchternen Pragmatismus. Als geradezu fatal erwies sich aber die fehlende Einbeziehung der Partei in die Erarbeitung des *Schröder-Blair-Papiers*, die für die gesamte Regierungsperiode den Charakter und die Bedeutung der programmatischen

---

45 Vgl. Klute, Jürgen: Pragmatismus als Ideologie, in: Die Zeit, 30.09.1999.
46 Vgl. Eppler, Erhard: Eine Partei für das zweite Jahrzehnt: die SPD?, Berlin 2008, S. 30.
47 Vgl. Busch/Manow (Anm. 33), S.178.
48 Vgl. Frenzel (Anm. 35), S. 294; vgl. auch Mielke, Gerd: Auf der Suche nach der Gerechtigkeit. Anmerkungen zur Programmdiskussion der SPD in einer Zeit der Identitätskrise, in: Forschungsjournal Neue Soziale Bewegung, Jg. 18 (2005) H. 2, S.5-17, hier S. 6.

Diskussionen in der Partei abstecken sollte. Das Dokument wurde entworfen und abgestimmt zwischen der Staatskanzlei Tony Blairs und dem Kanzleramt unter Bodo Hombach, der zudem eine ganze Reihe von fachlichen Experten zu einzelnen behandelten Themen konsultiert hatte.[49] In zweierlei Hinsicht sandte dies ein Signal an die Partei, welches dieser bei programmatisch-politischen Konsultationen einen deutlich gesunkenen Stellenwert zuwies: Auf der einen Seite wurde den wichtigen Themen der Zeit – und dies waren laut Aussage der Verfasser eindeutig die Wirtschafts- und Arbeitsmarktpolitik – eine kaum mehr vorhandene Marge an rein politischem Entscheidungsspielraum diagnostiziert. Das traditionelle Ziel der Sozialdemokratie, über den Staat die Wirtschaft für gesellschaftliche Zwecke steuern und einspannen zu können, wurde für überkommen erklärt. Auf der anderen Seite hat auch die Tatsache, dass die Partei die Erhebung des politischen Pragmatismus in eine fast ideologieverdächtige Götzenposition nur nachvollziehen, aber keineswegs beeinflussen durfte, tief verunsichert und deprimiert.[50] So sollten fast alle programmatischen Entwicklungen der Regierungszeit Schröders verlaufen: Als Präsentation vermeintlicher Unausweichlichkeiten und objektiven Zwangs. Man könne nicht anders, müsse nun dem Diktat des Sachverhalts folgen, wollte man nicht in geblendetem Utopismus sich als Realitätsverweigerer entlarven. Diese Taktik, die eigene Partei auf den gewählten Weg zu zwingen, verweigerte dieser einen eigenen politischen Gestaltungsanspruch und machte sie zu einem lediglich repetitiven Unterstützungsorgan einer Exekutive, die mit Experten, Sachverständigen und Managementkonzepten die Politik verwaltete. Natürlich war nicht sämtliche Politik vom Frühsommer 1999 gleich in Gänze betriebswirtschaftlich durchwirkt. Bei der eigenen Partei kam das Vorgehen des Kanzlers aber durchaus so an: Dass sie als Ideenproduzent für ein sozialdemokratisches Regierungsprojekt nicht erwünscht sei, als Hort und Entwickler politischer Sinn- und Zukunftsvorstellungen schlichtweg nicht gebraucht werden würde.

Eine dementsprechende Rolle spielten sämtliche Programmkommissionen und innerparteilichen Diskussionen für die Regierungsarbeit Schröders. Die auf dem Parteitag vom Dezember 1999 eingerichtete Kommission zur Erarbeitung eines neuen Grundsatzprogramms kam bis zum Ende der ersten Legislaturperiode kaum über erste einführende Bestandsaufnahmen hinaus.[51] Und die Arbeit an einem neuen Grundsatzprogramm verlief in „nahezu vollkommener Separation von der Regierungsarbeit der Partei.“[52] Die Parteidiskussionen griffen das Regierungshandeln nicht auf, die Programmarbeiten verliefen ohne ermutigende Unterstützung durch den Parteivorsitzenden und Kanzler und strahlten so wiede-

---

49 Vgl. Sturm (Anm. 10), S.45.
50 Vgl. Eppler (Anm. 46), S. 17f.
51 Vgl. Egle/Henkes (Anm. 43), S. 87.
52 Meyer (Anm. 9), S.83.

rum auch keinerlei Wirkung auf die Regierungspraxis aus. Der Charakter der Programmdebatte blieb stets ein anderer, als es sonst von Parteiprogrammen angenommen wird: Hier ging es nicht mehr um die Ausformulierung langer Entwicklungstendenzen, die nun noch einmal auf den Punkt gebracht wurden, sondern eben um ein „Ringen um die Seele der Partei"[53]. Die SPD sollte mit der Einrichtung von Programmkommissionen befriedet werden, Kritiker beschäftigt und ruhig gestellt.

Auch die *Agenda 2010*, die Gerhard Schröder 2003 in einer beispiellosen Negativstimmung im Hinblick auf wirtschaftliche Entwicklung, Politik und Parteien verkündete, folgte demselben Muster eines die Partei übergehenden Dekrets politischer Ziele.[54] Um die Begründung politischer Richtungswechsel wurde sich kaum gekümmert bzw. der Verweis auf nicht abzuwendende Zwangsläufigkeiten für ausreichend gehalten. Kritikern des Agenda-Entwurfes wurde reflexartig entgegen gehalten, sie wollten sich wissentlich der Realität verweigern und seien im staatlichen Überfluss, im Vergangenen der 1970er Jahre verhaftet geblieben. Es war dies als Totschlagsargument konstruiert, denn das Attribut des starrköpfigen Traditionalisten und Ewiggestrigen musste angesichts der sich deutlich eintrübenden ökonomischen Lage nach 2001 nach Weigerung und schädlichen Partikularinteressen klingen. Es gab für viele einzelne Punkte der Agenda 2010 und der Hartz-IV-Konzepte durchaus stattliche Zustimmung, auch die Zusammenlegung von Arbeitslosengeld und Sozialhilfe war schon zuvor im Grunde genommen Konsens selbst unter Sozialdemokraten gewesen.[55] Der in der Erklärung der Agenda angelegte Zwang allerdings, ohne Überzeugungsarbeit die programmatische Volte für die Sozialdemokratie nachvollziehen zu müssen, machte eine Akzeptanz für viele äußerst schwierig. Das Element des Zwangs war in der Argumentation formal und auch inhaltlich inhärent und demotivierte die Anhängerschaft beträchtlich, angesichts der Tatsache, dass Alternativen schlichtweg für nicht möglich erklärt wurden. Die Erklärungen hatten – wenn überhaupt – defensiven Charakter: Anpassung sei zwingend, sonst gehe die Zeit über einen hinweg. Der Anspruch der Sozialdemokratie an sich selbst, Land, Wirtschaft und Gesellschaft zu prägen, wurde umgekehrt – nun schien die Ökonomie der SPD zu diktieren. Dieser empfundene Zwang wog natürlich umso schwerer, als nichtsdestotrotz die Agenda als weitreichende Abkehr von lange gültigen Parteiprinzipien und Gerechtigkeitsempfinden gelesen wurde.[56] Und dass man – für die ganze Republik sichtbar – praktisch ohne Wahl durch die eigene Regierung und gar den Parteivorsitzenden zu weitreichenden Strei-

---

53 Meyer (Anm. 9), S. 85.
54 Vgl. Prantl, Heribert: Kein schöner Land. Die Zerstörung der sozialen Gerechtigkeit, München 2005, S. 103.
55 Vgl. Eppler (Anm. 46), S. 32f.
56 Vgl. ebd., S. 17f.

chungen und einer Straffung des sozialen Netzes gezwungen wurde, demütigte große Teile der Partei geradezu. Denn ohne den fehlenden Begründungszusammenhang, in den eine Initiative eingebettet sein mag, fehlt schnell auch das Gefühl des Wegpunktes: Vielen erschien die Agenda nicht als Endpunkt der Mühen und Kürzungen, die es zu ertragen gilt, sondern womöglich nur als Vorbote viel drastischerer Maßnahmen.[57]

Wenn Diskussionen aber abgewürgt oder beiseitegeschoben werden, geduldet nur im konsequenzlosen Raum der Parteihinterzimmer, ohne jeglichen Durchschlag auf das praktische Handeln der Partei bleiben, dann verebben sie auch schnell wieder, bieten keinerlei Anreiz zur Beteiligung mehr, da sie rasch auch bezugslos und wirr erscheinen – jedenfalls irrelevant, was das Auftreten und die Ausrichtung der Partei betrifft. Die Kombination aus der überaus großen „Dichotomie zwischen Tagespraxis und Programmatik"[58] und der autoritären Behandlung der eigenen Partei durch die Regierung sowie die grundsätzliche Ausrichtung, nur mehr Expertenkommissionen eine effektive Verwaltung des Gemeinwohls zuzusprechen, mag entscheidend zu einer Wahrnehmung der SPD beigetragen haben, in der sie sich selbst und auch aus der Außendarstellung wie eine kraft- und orientierungslose Partei erschien, die nicht mehr recht wusste, wofür man eigentlich noch stand und stritt.

Der Verlust des Verlässlichen

Vor dem Hintergrund der konstatierten programmatischen Unschärfe und der Orientierungslosigkeit, die die Partei, aber über weite Strecken auch das Regierungshandeln betrafen, wurde der von den sozialdemokratischen Regierungsmitgliedern so betonte Pragmatismus – in der Rückschau – zu einer weiteren Grundlage der Entfremdung von Partei, Anhängerschaft und Regierung. Begründet war er – wie bereits gesagt – mit vermeintlichen Rahmenbedingungen, die man nicht beeinflussen könne. Natürlich war das Streben nach sachlichnüchterner Politik aber auch taktisch motiviert, galt den führenden Protagonisten die Abwesenheit alter, gewichtiger programmatischer Prinzipien doch als Manövrierfreiheit und Bewegungsspielraum in der politischen Arena. So begriff das Stichwort vom pragmatischen, an sachlichen Notwendigkeiten orientierten Handeln eben auch Maßnahmen, die der jeweils situativ ganz unterschiedlichen politische Gemengelage entsprangen, in der eine Entscheidung getroffen werden musste. Zeitgleich auch für die Abwehr allzu forscher Forderungen der eigenen Parteigenossen, die den Regierungsführern den Regeln des Machterhalts in einer

---

57   Meyer (Anm. 9), S.88.
58   Ebd. S. 83.

Mediengesellschaft oft entgegen standen. Gerade Gerhard Schröder hatte die von programmatischen Korsetten befreiten Winkelzüge in seiner politischen Laufbahn perfektioniert und wurde als überaus machtbewusster, oft unberechenbarer Politiker von Freund und Gegner bewundert und gefürchtet.[59] Blitzschnell zu durchschauen, welche Schwächen und Möglichkeiten in einer Situation und einem politischen Gegner liegen, mit welchen Volten er in die Irre geführt werden könne, galt als eine seiner großen Stärken.

Die fehlende Klarheit über eine Vorstellung, wie die deutsche Gesellschaft in Zukunft aussehen möge, und die ausbleibenden Versuche, eine solche durch das Regierungshandeln herauszustreichen und zu begründen, wurden aber für eine politische Pragmatik, die sich auch aus taktischen Überlegungen heraus begriff, zu einem großen Problem. Denn dann fehlte das verlässliche Fundament, auf dem ein pragmatisches Handeln fußen konnte. Die oft allzu sehr sich an rasch ändernden politischen Konstellationen ausrichtende Politik Gerhard Schröders und die darüber langfristig schwindende Unterstützung durch Partei und Anhängerschaft mag beispielhaft an den Wahlkämpfen Schröders verdeutlicht werden. Sowohl 1998 als auch 2002 und 2005 betonte die SPD neben dem ökonomischen Modernisierungs- und Innovationsjargon Schröders stark eine traditionell-etatistische Komponente. 1998 noch durch Lafontaine, danach durch den Kanzler selbst. Im Wahlkampf benötigte Gerhard Schröder die Unterstützung durch Partei und Genossen, brauchte motivierte Sozialdemokraten, die sich für eine Wiederwahl des Kanzlers auf Marktplätze stellten, Plakate klebten und als Multiplikatoren ihrem sozialen Umfeld erklärten, warum eine Wahl Schröders wichtig und notwendig sei. Das Umschwenken der Rhetorik Schröders auf eher linke und staatsgläubige Argumentationen stand aber in eklatantem Widerspruch zur SPD-Politik unter ihm als Kanzler.[60] So entstand nicht nur eine sichtbare Differenz zwischen dem Kanzler und seiner Partei, sondern zusätzlich auch zwischen dem Kanzler „*in office*" und dem Kanzler „*in campaign*". Das pragmatisch-nüchterne Idealbild des Kanzlers musste darüber zwangsläufig verloren gehen, wenn in Wahlkampfzeiten doch wieder die Erzählung eines handlungsfähigen Staates gepredigt wurde, von der es zuvor – und dann danach – hieß, sie sei überkommen und verleugne die Tatsachen. Und auch seine Partei mochte es kurzfristig vielleicht noch einmal motivieren, so wie es Gerhard Schröder in beeindruckender Weise vermochte, in den Wahlkämpfen 2002 und 2005 die SPD aus zeitweise schier aussichtsloser Position noch zu einem Wahlsieg bzw. in eine große Koalition zu führen. Langfristig aber führte es zu nur noch stärkeren und tiefer sitzenden Verunsicherung darüber, wofür man als Sozialdemokratie und an der Regierung überhaupt stehe und was man als Er-

---

59   Vgl. Schlieben/Richter/Walter (Anm. 2), S. 66f.
60   Vgl. Meyer (Anm. 9), S.88f.

gebnis des eigenen Engagements am Ende präsentierte. Der beschworene Regierungspragmatismus wirkte dann nicht der Sache verpflichtet, sondern schwan-
kend und planlos. Es waren einfach ein paar taktische Volten zu viel: Die Tatsache, dass Gerhard Schröder mit dem *Schröder-Blair-Papier* 1999 den Marktme-
chanismen das Wort redete, im Wahlkampf 2002 die Union als sozial kaltherzig
und nur an ökonomischen Profitkategorien orientiert attackierte, um ein knappes
Jahr später mit der *Agenda 2010* eine mehr als einschneidende Sozialkürzung
und Reform der bundesrepublikanischen Sozialnetze vorzulegen, nur um 2005
sich unter dem Eindruck der neu entstandenen Linkspartei wiederum als originär sozialdemokratisch und sozialer Gerechtigkeit verpflichteter Regierungschef
darzustellen. Das Problem dabei war allerdings nicht genuin, dass er als an
Wahlsiegen und Machterhalt ausgerichteter Kanzler für alle sichtbar den kurz-
fristigen Vorteil in der politischen Auseinandersetzung suchte – dies sollte wohl
für alle Regierungschefs gelten. Vielmehr wurde dieser Kurs für die SPD mit
zur Grundlage ihres Aderlasses, weil große und sehr verschiedene Gruppen, die
man an sich hatte binden können, jeweils unterschiedliche Teile dieser Schara-
den als Affront und Glaubensabfall auffassten. Nicht umsonst begannen beide
rot-grünen Regierungsperioden mit heftigen Einbrüchen der SPD in der gemes-
senen Wählergunst.[61] Dass die SPD über die Rhetorik und die Ausführungen der
Sozialreformen am linken Rand und in den sozialen Souterrains der Republik
nicht glanzvoll hinzugewinnen konnte, kann nicht wirklich überraschen. Dazu
war der Bruch mit den Traditionen sozialdemokratischer Gerechtigkeitsauffas-
sungen zu stark und der neue Korb von Pflichten, den man Transferleistungs-
empfängern als Bringschuld auflud, zu groß und zu drückend geraten. Gerade
die Art und Weise, wie der Bezug sozialer Hilfen und Unterstützungen zu einer
Art Hypothek für den Wirtschaftsstandort im Kampf um globale Finanzströme
gemacht worden war, hatte die SPD als Regierungspartei weit entfernt von einer
Sozialdemokratie, die sich in glaubhafter Manier um die Schwachen und weniger Begünstigten einer Gesellschaft kümmerte. Aber die Verluste an Wählern
und Mitgliedern in den Jahren nach Regierungsantritt gingen weit über die Abwanderung an Arbeitern und Arbeitslosen hinaus.

Mindestens genauso wog der Verlust der neuen Mittelschichten, die man
1998 so erfolgreich unter Schröder und Lafontaine mit den „alten Linken" hatte
verweben können. Schröder hatte versucht, diese „Neue Mitte" aus Dienstleis-
tungsberufen, kreativen, gut ausgebildeten Akademikern und ökonomisch erfolgreichen Aufsteigern für eine moderne Sozialdemokratie zu begeistern. Und
mit vielen symbolischen Entscheidungen hatte der Kanzler auch gerade diese
Gruppe, die er für besonders wankelmütig und volatil hielt, versucht zu bedienen: Die *Schröder-Blair-Vision* einer zeitgemäßen, wirtschaftsorientierten Sozi-

---

61   Vgl. auch Kornelius/Roth (Anm. 13), S. 32f.

aldemokratie; die *Agenda 2010* als Ausdruck einer notwendigen Eigenverantwortung des Einzelnen.[62] Die Zeichen aber, die Schröder 2002 und 2005 aus-
sandte, waren streckenweise völlig andere; in Wahlkampfzeiten sah er dann
wieder wie ein sehr unsicherer Kantonist aus, der – wenn es für seine Macht
darauf ankam – blitzschnell umschalten konnte auf das „alte" Lied der sozialen
Demokratie mit einem starken Staat, der die „kleinen Leute" schützte. Der prob-
lemorientierte Pragmatismus und die Ausrichtung an ökonomischen Alternativ-
losigkeiten, die bei den ökonomischen Eliten im Grundsatz Anklang gefunden
hatten, galten plötzlich nicht mehr viel; dann war es wieder der sozialdemokratische Traditionsjargon, den der Kanzler über die Marktplätze peitschte. Gerade
die ökonomischen Eliten und die erdachte Neue Mitte konnte der Kanzler so
nicht im Boot behalten. Zwar war ihm für seine Reformen und auch schon für
die ersten Schritte in der ersten Legislaturperiode durchaus wohlwollend app-
laudiert worden. Die Annäherung ging aber kaum weiter, sie misstrauten ihm.[63]
Denn in den Wahlkämpfen 2002 und 2005 wirkte die SPD ob der Regierungsverantwortung wie in „Opposition zu sich selbst"[64]. Am Ende der Koalitionen
aus Sozialdemokratie und den Grünen empfanden zwei Drittel der Deutschen
die SPD als zerstrittene, unkoordinierte und konfuse Partei.[65] Eine Begründung,
die über die Christdemokratie als weitaus schlimmeres Übel für das Land hi-
nausging, hatte man nicht mehr.

Dies mag auch als Grundkonstellation angenommen werden für die Situation der SPD in der zweiten Großen Koalition nach 2005: Die SPD konnte sich
nicht mehr in eindeutiger Schärfe gegen die Union als politischen Gegner wenden – denn dieser war nun der größere Koalitionspartner und stellte die eigene
Kanzlerin – und sie konnte sich nicht mit dem Verweis auf die Verhältnisse im
Land als unverzichtbares Korrektiv darstellen – schließlich hatte man bereits
sieben Jahre verantwortlich gezeichnet für die Entwicklung von Wirtschaft und
Gesellschaft. Zwar rang die Partei um eine Begründung und Formulierung der
eigenen politischen Ziele, verabschiedete nach langen Diskussionen – acht Jahre
waren schließlich seit 1999 ins Feld gezogen – im Herbst 2007 das *Hamburger
Programm*, mit dem man den Entwicklungen der 1990er Jahre, der beschleunigten Globalisierung und der SPD als Regierungspartei Rechnung tragen wollte.
Zudem war es ein Versuch der Parteispitze, der Basis zu signalisieren, dass man
sie wieder verstärkt wertschätzte, die Bedenken der Parteifunktionäre hinsichtlich der Agenda-Politik ernst nehmen wollte. Nichtsdestotrotz hatte man beim
Parteitag in der Hansestadt im Oktober 2007 kaum den Eindruck, einer Verans-

---

62 Vgl. dazu auch Hebel, Stephan/Kessler, Wolfgang/Storz, Wolfgang: Wider die herrschende
    Leere. Neue Perspektiven für Wirtschaft und Politik, Oberursel 2005, S. 19f.
63 Vgl. Prantl (Anm. 30), S. 74.
64 Hebel/Kessler/Storz (Anm. 62), S. 29.
65 Vgl. Kornelius/Roth (Anm. 13), S. 33.

taltung beizuwohnen, in der die Sozialdemokratie sich wieder ihrer selbst und eines die Partei einigenden Themas gewahr wurde. Der die historische Bedeutung beschwörende Unterton mancher Reden jedenfalls wirkte fehl am Platze und riss kaum einen Delegierten zu Begeisterungsstürmen hin. Denn die Konflikte, die man für die Jahre zuvor konstatieren kann, die Richtungslosigkeiten innerhalb der SPD und die Ratlosigkeit angesichts der vorgehaltenen, vermeintlichen Zwangsläufigkeiten ökonomischer Kausalitäten hatten sich kaum verändert. Noch immer wähnten sich die Regierungspolitiker im Parteivorstand mit einer parteiinternen Opposition konfrontiert, die für ihren Begriff jedweden politischen Spielraum mit ehernen Grundsätzen zu schließen und die Regierungsfähigkeit der Partei in Frage zu stellen drohte. Es war der Partei lediglich – und immerhin – gelungen, wieder den Eindruck zu erwecken, dass man sich um grundsätzliche Fragen zumindest ein wenig Gedanken machte. Der „Linksruck", den man für das Programm in vielen Kommentierungen annahm, mag zu großen Teilen lediglich eine Frage der Tonlage gewesen sein, die viele in der Partei schon besänftigte.[66] Es wäre eine Illusion gewesen, von der SPD nach Schröder eine rasche Einigung auf ein konzises, zukunftsweisendes und die gesamte Partei umschließendes Grundsatzprogramm zu erwarten. Programme gerade großer, heterogener Parteien können nicht auf eine stringente Art und Weise entstehen, sie müssen über lange und zähe Diskussionsprozesse den einzelnen Parteigliederungen abgerungen werden. So aber ist die traditionssozialdemokratische Nuancierung des *Hamburger Programms* in weiten Teilen der Medienöffentlichkeit der Partei als erneuter Wankelmut zugeschrieben worden, als ein Nachgeben gegenüber den auf Parteitraditionen beharrenden Funktionären.[67]

Mit Gerhard Schröder war der SPD der Steuermann der Agenda-Entwicklungen zwar 2005 von Bord gegangen. Die beschriebenen Dilemmata, in die sich die sozialdemokratische Partei an der Regierung aber manövriert hatte, waren nach wie vor nicht einfach verblichen. Und der grundlegende Disput, ob man sich an der Exekutive den Fährnissen der über den Nationalstaat hinausgewachsenen Globalisierung anzupassen habe oder ob man sich die Aufgabe stellen sollte, diese einzuhegen, teilte die Partei nach wie vor. Das Regierungspersonal der Koalition mit den Christdemokraten ab 2005 – derzeit stellt die Partei acht Bundesminister und den Vizekanzler – ist zwar generationell jünger als das der rot-grünen Koalitionen, kann aber doch fast durchweg dem gleichen innerparteilichen Lager zugeordnet werden, wie dies unter Gerhard Schröder der Fall gewesen ist. Noch immer ist das Hohelied des Pragmatismus

---

66 Vgl. Strünck, Christoph: Die SPD unter Kurt Beck. Tragisches Scheitern an der Sozialdemokratisierung der Bundesrepublik?, in: Baus, Ralf Thomas (Hrsg.): Zur Zukunft der Volksparteien. Das Parteiensystem unter den Bedingungen zunehmender Fragmentarisierung, St. Augustin/Berlin 2009, S. 33 – 44, hier S. 36f.

67 Vgl. Strünck (Anm. 66), S. 36f.

der lauteste Refrain; gerade in einer Koalition mit den Christdemokraten könnte es aber auch kaum anders sein, wollte man nicht in die Falle laufen, sich als Blockadefraktion abstempeln zu lassen. Auch der gegenwärtige Parteivorsitzende Franz Müntefering ist über seine Arbeit mit und unter Gerhard Schröder nicht zu einem Symbol einer Korrektur der innerparteilichen Entwicklungen während der Jahre 1998 bis 2005 geworden. Das Problem blieb nach dem Ende der rot-grünen Koalition und der Regentschaft Schröders dasselbe wie zuvor: Die Partei trug schwer an den unter ihrem Namen durchgeführten Sozialreformen und den damit verbundenen programmatischen Neuausrichtungen, die ihr Bild und ihren Ort in der Öffentlichkeit einem grundlegenden Wandel unterzogen haben. Gleichzeitig war die Bilanz dieser Reformen zweischneidig, zumindest nicht eindeutig negativ und auch von Fach- und Medienöffentlichkeit mittlerweile in vielen Aspekten anerkannt. Die Schwierigkeit, als Regierungspartei, die sie ja nach wie vor war, eine programmatische, ehrliche Revision oder zumindest eine Inventur der getroffenen Entscheidungen anzustreben, war eine Quadratur des Kreises. Denn der Resignation der Mitglieder und Parteifunktionäre blieb weiterhin die Angst gegenübergestellt, im Falle eines Abrückens genau als die regierungsunfähigen Träumer dargestellt zu werden, mit denen Gerhard Schröder schon stets gedroht hatte, wenn seine Volten in der Partei kritisiert worden waren. Gleichzeitig bedrückte das Festhalten an den prinzipiellen Richtungsimpulsen der *Agenda 2010* durch den Parteivorsitzenden, den Vizekanzler Steinmeier und den Finanzminister Steinbrück – um nur die wichtigsten zu nennen – nach wie vor einen Großteil der noch übrig gebliebenen Anhängerschaft. Auch das *Hamburger Programm* konnte da keinen eindeutigen Ausweg weisen.

Die Krise als Ausweg?

Eine Auswegmöglichkeit für die Partei – so wähnte man es zumindest – könnte sich mit der seit dem Herbst 2008 anbahnenden Wirtschaftskrise abzeichnen.[68] Nun könne man – so der Gedanke – sich gegenüber einer ökonomisch liberaler orientierten Union als notwendiges soziales Gewissen und als Garant eines starken, regulierenden Korrektivstaates profilieren, der schon immer dafür gestanden habe, den zerstörerischen Kräften eines entfesselten globalen Marktes einen Riegel vorzuschieben. Die weltweite ökonomische Entwicklung in den letzten zwölf Monaten vor der Bundestagswahl droht alle weiteren Wahlkampfthemen in den Schatten zu stellen, und die Konzepte der Parteien zur Bewälti-

---

68   Vgl. exemplarisch: Geis, Matthias: Allein im Sturm, in: Die Zeit, 23.10.2008; Braun, Stefan: Das Rennen ist offen, in: Süddeutsche Zeitung, 06.11.2008.

gung des Konjunktureinbruchs – oder zumindest der Eindruck ihrer Krisenkompetenz – dürften zu entscheidenden Wahlfaktoren werden. Gerade in der Phase der beginnenden Krise, im letzten Drittel des Jahres 2008, schöpften die Sozialdemokraten auch wieder neuen Mut. Man fühlte sich im Aufwind mit originär sozialdemokratischen Themen, und der Ruf nach einem Sicherheit gewährleistenden Staat ertönte weit über die Kreise der gestandenen SPD-Mitglieder hinaus.[69] Die Redebeiträge der SPD-Spitze auf dem Berliner Sonderparteitag im Herbst 2008 – auf dem Franz Müntefering wieder als Parteivorsitzender gewählt und Frank-Walter Steinmeier zum Kanzlerkandidaten ausgerufen wurde – trugen ein Selbstbewusstsein vor, das man bei Sozialdemokraten lange nicht mehr in der Stimme gehört hatte. Dank der eigenen Agenda-Politik stehe Deutschland nun stabiler als andere Volkswirtschaften da, zudem habe man als SPD seit über hundert Jahren für genau die Forderungen gestanden, mit denen jetzt nach einer Einhegung des immer unverschämter gewordenen Marktgefüges gerufen werde – so der Tenor. Außerdem habe man durch die Regierungspolitik der letzten Jahre und durch den sachlich-nüchternen, zupackenden Pragmatismus gerade der führenden Regierungsmitglieder die besten Voraussetzungen, alle notwendigen Entscheidungen zur Abfederung der ökonomischen und sozialen Konsequenzen der Krise zu treffen. Und auf dem Papier könnte die Arbeitsteilung einer sozialdemokratischen Führungstroika auch nahezu ideal wirken: Müntefering als Parteivorsitzender, der die Gedanken der Parteibasis aufgreift und weiterspinnt, der aus der misslungenen Kommunikation mit den Mitgliedern unter Gerhard Schröder gelernt hat und der die längeren Linien der Politik skizziert, ohne die Umsetzbarkeit aus den Augen zu verlieren. Der Kanzlerkandidat Steinmeier stünde dann für eine verlässliche, vertrauenswürdige Krisenbewältigung, bei der er seine lange Erfahrung mit der Regierungsadministration – als Kanzleramtschef und Außenminister – ausspielen könnte. Und schlussendlich Peer Steinbrück als Finanzminister, der streng über die Geldtöpfe der Bundesrepublik wacht und in Verhandlungen mit seinen Ressortkollegen die Regelung des internationalen Kapitalverkehrs neu aufgreift. So weit die Papierform.[70]

Allein – der SPD nimmt man in der Wirtschaftskrise vieles davon nicht mehr ab. Dass plötzlich die Sozialdemokratie wieder eine „Erzählung von sich selbst"[71] besitze, sie wieder frohen Mutes die alten, lange gültigen Lieder singen könne, stimmt so nicht mehr. Die Position, nun bewahrheite sich, was man schon immer gewusst und wovor man stets gewarnt habe, ist schlicht und einfach ein immenser Widerspruch zur Politik der letzten zehn Jahre.[72] Die Renaissance der Regulierung und der staatlichen Kontrolle, die Forderungen nach

69 Vgl. Fried, Nico: Ein bisschen Aufbruch, in: Süddeutsche Zeitung, 20.10.2008.
70 Vgl. Dausend, Peter: Die neueste Troika, in: Die Zeit, 16.10.2008.
71 Reinecke, Stefan: Die Macht der Autosuggestion, in: Die Tageszeitung, 20.10.2008.
72 Vgl. Dausend (Anm. 70).

Begrenzungen und Deckelungen von Managergehältern, von steuerlicher Beteiligung flüchtiger Kapitalformen an der Finanzierung des Gemeinwesens – eine
Volte, wie sie stärker kaum sein könne. Denn eine Bestandsaufnahme sozialdemokratischer Regierungspraxis seit 1998 ist – zumindest bis 2008 – zu einem
gewichtigen Teil in ein anderes Licht getaucht: Unter Rot-Grün war der Spitzensteuersatz um elf Prozentpunkte gesenkt worden; die Steuerbefreiung für den
Verkauf von Firmenbeteiligungen (die eine sich schneller drehende Spirale an
Fondsaktivitäten mit Sicherheit nicht gebremst hat) kam der Profitmaximie-
rungsstrategie von Kapitalflüssen entgegen; die Belastungen für Sozialversi-
cherte sind im Durchschnitt stark gestiegen[73]; die Regierung hatte die wohl
schärfsten Kürzungen im sozialen Sicherungsnetz der Bundesrepublik seit ihrer
Gründung zu verantworten.[74] Und auch im Endergebnis scheinen viele gesellschaftliche Entwicklungen nicht nur im Ausmaß, sondern auch in der Stoßrichtung her eigentlich kaum mit sozialdemokratischer Regierungsverantwortung
vereinbar: Die Einkommensungleichheit in Deutschland ist so groß wie seit
Gründung der Bundesrepublik nicht mehr[75]; die Durchlässigkeit des Bildungssystems ist zurückgegangen, die Abhängigkeit der Bildungschancen – eine zentrale Argumentation der neu propagierten Chancengerechtigkeit – von Herkunft
und Bildung der Eltern hat wieder deutlich zugenommen[76]; Studien über zunehmende Kinderarmut erregen regelmäßig Kopfschütteln in der Medienöffentlichkeit[77] und eine übergroße Zahl (73 Prozent) an Menschen empfindet die
deutsche Gesellschaft als ungerecht, über die Hälfte der unteren Mittelschicht
und der Unterschichten sind davon überzeugt, dass es ihnen in Zukunft schlechter gehen werde.[78]

Die Kraft des Faktischen: die SPD 2009

Und das ist auch – ganz grob verkürzt – das entscheidende Problem der SPD im
aufziehenden Bundestagswahljahr: Die Glaubwürdigkeit als Krisenmanager und
als Garant einer besser und gerechter organisierten Wirtschaftsweise erwächst
erst dann, wenn Sichtbares und Greifbares folgt aus der gewandelten Rhetorik.
Doch genau wie für Gerhard Schröder als Bundeskanzler schon konstatiert,
muss auch die SPD unter Müntefering und Steinmeier sich messen lassen nicht

---

73   Vgl. Hebel/Kessler/Storz (Anm. 62), S. 27f.
74   Vgl. Lessenich, Stephan: Der neosoziale Umbau des Sozialstaats, in: Die Zeit, 14.08.2008.
75   Vgl. Mühlauer, Alexander: Die Wutprobe, in: Süddeutsche Zeitung, 04.04.2009.
76   Vgl. exemplarisch: Wernstedt, Rolf/John-Ohnesorg, Marei: Soziale Herkunft entscheidet über
      Bildungserfolg, Berlin 2008.
77   Vgl. Meyer-Timpe, Ulrike: Verlierer von Geburt an, in: Die Zeit, 09.08.2007.
78   Vgl. Eppler (Anm. 46), S.18.

nur an dem, was sie unter dem Kriseneindruck sagt und fordert, sondern auch an dem, was sie als Bilanz nach über einem Jahrzehnt Regierungsverantwortung vorzuweisen hat. Dann freilich wirken die Postulate aus dem Willy-Brandt-Haus und den Ministerien – gelinde gesagt – nicht mehr ganz so überzeugend und authentisch.

Die SPD hat seit 1998 so viele Wähler, Anhänger und Mitglieder verloren, weil sie über weite Strecken nicht mehr deutlich machen konnte, wofür man sie als Partei, die in exekutive Verantwortung eingebunden war, eigentlich wählen sollte; was das Ziel war, für das es sich anzustrengen oder Durststrecken durchzuhalten lohnte. Und das, was als tatsächlicher *policy-outcome* letztendlich herauskam, war oft genug eine sprunghafte, kaum zu durchschauende Mischung aus jeweils situativen Entscheidungen, die zudem oft wie eine krasse Abkehr von traditionell sozialdemokratischer Politik erschien.

Die beschriebenen Wahl- und Mitgliederverluste gerade der mittleren Jahrgänge können angesichts der sozial- und arbeitspolitischen Schwerpunkte der rot-grünen Regierungsjahre kaum verwundern: Die schon pensionierten Anhänger erreichten die Sozialreformen kaum mehr in vollem Umfang. Die jüngeren Generationen hingegen haben oft den neoliberalen Konsens zur Selbstverantwortung, dem Postulat einer Chancengleichheit – mit aller Konsequenz der eigenen Verantwortung für ein Scheitern – und der Ökonomisierung so vieler Lebensbereiche fest verinnerlicht. Sie sind zu einem Gutteil damit aufgewachsen und sozialisiert worden, so dass ihnen der Agenda-Kurs unter Gerhard Schröder einleuchtend und als logische Konsequenz erschien – zumindest erklärt dies einen großen Anteil der Stimmengewinne der Sozialdemokraten in den Altersgruppen bis 25.

Die Jahrgänge dazwischen aber waren genau diejenigen, die sich von der ausgerufenen Synergie aus „*Innovation und Gerechtigkeit*" am meisten erhofft hatten. Viele aber sahen vom Ergebnis der *Agenda 2010* ihren bisherigen Lebensweg entwertet, ihre wirtschaftliche Zukunft gefährdet und folglich in der gesunkenen sozialen Absicherung ihren sozialen Status ernsthaft bedroht. Das Zurückschneiden des Wohlfahrtsstaates betraf längst nicht nur Leistungs- und Transferbezieher und Arbeitslose, sondern auch und vor allem berufstätige Menschen, die aber von der in der Tendenz sich seit den 1990er Jahren eintrübenden wirtschaftlichen Entwicklung eingeschüchtert waren. Die Kombination von unklarer und zum Teil bedrohlich erscheinender Perspektive in Volkswirtschaft und Arbeitsmarkt und den einschneidenden Kürzungen im sozialen Netz macht die Angst in diesen gesellschaftlichen Gruppen und auch die Enttäuschung über eine Regierungs-Sozialdemokratie einleuchtend. Nicht umsonst sind es gerade diese Altersgruppen, die den Kern der Anhängerschaft der LINKEN bilden, die sich seit der *Agenda 2010* als originäre Version klassischer Sozialdemokratie inszeniert.

Auf der anderen Seite allerdings verlor die SPD aber ebenso die Wähler aus der propagierten und umworbenen „Neuen Mitte", die enttäuscht waren vom schwankenden und auch handwerklich unentschlossenen Kurs der „Modernisierung" der deutschen Wirtschaft und Gesellschaft, von dem sie für ihre Lebenssituation – sei es als ökonomische Oberschicht, als Selbstständige o.ä. – wesentlich mehr erwartet hatten.

Die Sozialdemokratie an der Regierung hat sich von ihrem alten Markenkern weit entfernt und fast unwiderruflich verabschiedet. Über die innerparteilichen Rupturen und die Vernachlässigung und Missachtung kontinuierlicher programmatischer Arbeit aber ist es keineswegs gelungen, eine deutlich sichtbare Alternative an gleiche Stelle treten zu lassen. Zwar wäre es naiv zu glauben, eine kraftvolle Programmkommission hätte allein und ebenso per Handstreich der SPD wieder Ziel und Kompass einimpfen können. Insofern können die jüngst begonnenen Anstrengungen und Diskussionsreihen der Partei[79] auch nur ein erster Anfang sein, wieder eine innerparteiliche Debatte und eine Kultur des programmatischen Reflektierens über das eigene Tun in der Sozialdemokratie zu etablieren. Ein Beginn ist es allerdings und ein Signal an die eigene Anhängerschaft, sich als Parteispitze verstärkt auch um eine inhaltliche Rechtfertigung zu bemühen. Es ist freilich fast bezeichnend für die Erfahrungen der Regierungsperiode, dass dies ein Dreivierteljahr vor den Wahlen geschieht.

Auch die von der Parteispitze für den Wahlkampf 2009 als Hoffnungsschimmer dankbar aufgegriffene mögliche Koalition mit den Freidemokraten (und den Grünen) könnte die Partei noch in arge Schwierigkeiten bringen; denn gerade die FDP verkörpert in den Zeiten der Diskussion ökonomischer Rettungspakete die weitest denkbare Distanz zu den Sozialdemokraten. Je weiter man sich rhetorisch von der eigenen Regierungsvergangenheit entfernt, umso stärker begibt man sich auch in Gegnerschaft zu einer Regierungsverantwortung der Liberalen. Überhaupt mutet die gerade von Müntefering und Steinmeier vorgetragene Möglichkeit einer Ampelkoalition unter Beteiligung der Freien Demokraten – als einzig derzeit vielleicht realistische Möglichkeit, selbst den Kanzler zu stellen – etwas irreal an: Nicht zuletzt galten die Liberalen den Sozialdemokraten zu Regierungszeiten stets als Beweis, dass es ohne die SPD in Deutschland noch viel umfangreichere Sozialkürzungen gegeben hätte. Nun eine Zusammenarbeit mit jenen Freidemokraten anzustreben, müsste den Zu-

---

79 Wie beispielsweise die Veranstaltungsreihe „Das neue Jahrzehnt", bei der alle führenden Parteispitzen jeweils mehrmals in auch für Nichtmitglieder offenen Diskussionsrunden über ihre thematischen Schwerpunkte debattierten. Insgesamt gab es im Winter und Frühjahr 2009 mehr als 30 Termine. Vgl. http://www.spd.de/de/aktuell/termine/das_neue_ jahrzehnt/index. html (eingesehen am 14.04.2009).

sammenhang zwischen Praxis und Programm erneut auf eine harte Probe stellen.[80]

Andererseits: Die SPD tut gut daran, nicht auf den Sirenengesang der Linkspartei einzugehen und eine weitere Vorwahlvolte – gleich 2002 und 2005 – hin zur traditionellen Rhetorik des starken Staates und der traditionellen Politikrezepte zu versuchen. Zwar ist eine Verlagerung von Verantwortung und Entscheidungsmacht auf die öffentliche Hand angesichts der Ausmaße der Wirtschaftskrise unausweichlich. Der Eindruck aber, stets zu Wahlzeiten als kraftvolle Macher aufzutreten und dazwischen einer gänzlich anderen Marktlogik zu folgen, mag mit einer der Kerne des sozialdemokratischen Niedergangs seit 1998 gewesen sein. Ein beharrliches Arbeiten daran, wie ein Gemeinwesen in Zukunft organisiert sein könnte, wie eine globalisierte Volkswirtschaft soziale Errungenschaften aufrecht erhalten, und welche Rolle darin Staat, Parteien und Wirtschaft zukommen könnte, erscheint möglicherweise nicht als besonders attraktiv im Vergleich zu den verlockenden Möglichkeiten exekutiver Einflussnahme. Zieht man eine Bilanz der sozialdemokratischen Zeit der Regierungsbeteiligung seit 1998, so muss man allerdings unterstreichen, dass eine Vernachlässigung einer solchen Arbeit den Zusammenhalt und langfristig vielleicht gar den Bestand einer Partei auf Dauer unterminieren kann. Erst recht, wenn das Regierungshandeln in den Zwischenwahlzeiten kaum mit den lauten Forderungen der Wahlkämpfe in verlässlicher Verbindung steht. Denn die Zange der heterogenen Wählerschaften in Deutschland hat sich mitnichten wieder geschlossen.

---

80 Vgl. auch Walter, Franz: Vor einer Renaissance des Sozialliberalismus?, in: Neue Gesellschaft/Frankfurter Hefte Jg. 55 (2008) H. 10, S. 39 – 41.

Der Erfolg der Partei die LINKE
Sammlung im programmatischen Nebel

Sören Messinger / Jonas Rugenstein

Der neuen Partei die LINKE wurde zu Beginn ihres Entstehungsprozesses nicht gerade eine rosige Zukunft vorhergesagt. Zu unterschiedlich erschienen vielen Beobachtern die Traditionen, aus denen sich die beiden Quellparteien PDS und WASG speisten. Auch die Konflikte innerhalb der beiden Parteien bildeten keine besonders günstige Grundlage für einen Fusionsprozess.[1] Erwartet wurde höchstens, dass sich die PDS im Westen die WASG einverleiben und eine Art erweiterte PDS bilden könnte, die sich programmatisch und strukturell nicht besonders stark von der PDS unterscheiden würde. Die Chance, die zumindest von Seiten der PDS in den Fusionsprozess projiziert wurde, sich endlich auch im Westen zu etablieren, wurde von vielen Beobachtern für die neue Partei auch nach der Bundestagswahl 2005 nicht gesehen.[2] Die Erklärungen des Wahlerfolgs zielten eher auf kurzfristige Faktoren ab, wie politische Themenkonjunkturen und die Bedeutung der beiden öffentlichkeitswirksamen Spitzenkandidaten.[3] Diese Sichtweise wurde zunächst durch die vergleichsweise niedrigen Wahlergebnisse der WASG in den alten Bundesländern in den Jahren 2005 und 2006 unterstützt. Wenn sich selbst die WASG nicht im Westen durchsetzen konnte, warum sollte sie dann zusammen mit einer PDS, die nie im Westen angekommen war, erfolgreich sein?

Nach den Frühjahrswahlen 2008 in Hessen, Niedersachsen und Hamburg hatte sich der Tonfall der Betrachtungen allerdings verändert. Nicht mehr die unwägbaren und beinahe zwangsläufigen Risiken der schnellen Fusion stehen nun im Mittelpunkt, sondern vielmehr die Erfolgsstory der Partei. Spätestens jetzt sprechen nahezu alle professionellen Beobachter der bundesdeutschen Politik von einem Fünf-Parteien-System und dessen spezifischen neuen Herausforderungen. Damit wird eine dauerhafte Etablierung der LINKEN im Westen

---

1 Für einen Überblick über die Argumente, die für ein Scheitern der Fusion sprachen vgl.: Micus, Matthias: Stärkung des Zentrums. Perspektiven, Risiken und Chancen des Fusionsprozesses von PDS und WASG, in: Tim Spier/Butzlaff, Felix/Micus, Matthias u.a. (Hrsg.): Die Linkspartei. Zeitgemäße Idee oder Bündnis ohne Zukunft, Wiesbaden 2007, S. 185- 237.

2 Vgl. Lang, Jürgen P.: Eine neue LINKE? – Die Fusionsbestrebungen von PDS und WASG, in: Jahrbuch Ex tremismus, Jg. 18 (2006), S.171-188.

3 Vgl. Schoen, Harald/Falter, Jürgen W.: Die Linkspartei und ihre Wähler, in: Aus Politik und Zeitgeschichte, Jg. 55 (2005) H.51-52, S.33-40.

unterstellt. Dass gerade diese Westetablierung als entscheidend für einen Erfolg der LINKEN angesehen wird, erklärt sich durch das chronische Scheitern der PDS beim Versuch, in den alten Bundesländern zu einer ernst zu nehmenden politischen Kraft zu werden.

Das Ziel „Ein Milliönchen Stimmen im Westen"[4] zu erreichen, hatte der damalige Parteichef Gregor Gysi im Jahre 1990 ausgegeben. Ein Vorhaben, das die PDS nie auch nur annähernd erreichen sollte. Der Aufbau der PDS im Westen, mit großen Erwartungen gestartet, entwickelte sich schnell zum ewigen Sorgenkind der Partei. Die West-Landesverbände bildeten sich zu Organisationen mit dem Charakter von Kleinst- oder Splitterparteien heraus, die ohne die große Schwester im Osten wohl nicht überlebensfähig gewesen wären.[5] Die westdeutschen Parteiorganisationen waren durch ein linkes Milieu geprägt, das sich fast ausschließlich durch Abgrenzung gegenüber anderen Gruppen definierte. Dies führte zu einem teils sektenhaften Charakter der Landesverbände, der verstärkt wurde durch den Eintritt älterer, politisch erfahrenerer Personen, die in der PDS die Möglichkeit sahen, ihre ganz persönlichen ideologischen Ziele zu verwirklichen. In Ortsverbänden wurde vielfach lieber über grundsätzliche, abstrakte Themen diskutiert, als sich mit konkreten kommunalpolitischen Fragen zu befassen.[6] In der Folge gelang es der PDS im Westen entgegen den eigenen Ansprüchen nicht, Teile der Grünen und SPD für die neue Partei abzuwerben. Gekennzeichnet war die Wählerschaft im Westen durch eine hohe Fluktuation anstelle von Konstanz, die Partei vermochte es nicht, Wählerinnen und Wähler dauerhaft an sich zu binden.[7] Die zu starke Geschlossenheit und Abschottung nach außen trugen maßgeblich dazu bei, dass sich die PDS im Westen nie zu einer relevanten Größe im Parteiensystem entwickeln konnte. Die mangelnde Fähigkeit zur Integration in der Gründungsphase legte schon früh einen Grundstein für die Fehlentwicklungen der Partei im Westen.

Als besonderer Tiefpunkt dieser Entwicklung kann das Wahljahr 2002 gelten, das die PDS in eine fundamentale Krise stürzte, da gerade ihr schlechtes Walergebnis im Westen verhinderte, dass sie in Fraktionsstärke in den Bundestag einzog. Die Enttäuschung über das schlechte Abschneiden bei den Bundestagswahlen war deshalb so groß, weil die PDS sich vor der Wahl große Ziele gesetzt hatte: So sollte auf der Grundlage zweier Regierungsbeteiligungen in den neuen Bundesländern und der Profilierung als Anti-Kriegspartei das Ergeb-

---

4   Zitiert nach: Neu, Viola: Am Ende der Hoffnung. Die PDS im Westen, in: Konrad-Adenauer-Stiftung (Hrsg.): Zukunftsforum Politik H. 10, Sankt Augustin 2000, S. 44.

5   Vgl. Meuche-Mäker, Meinhard: Die PDS im Westen 1990- 2005. Schlussfolgerungen für eine neue Linke, Berlin 2005, S. 30.

6   Vgl. Ghode, Claudia: Im Westen was Neues? Die PDS in den alten Bundesländern, in: Beinert, Heinz (Hrsg.): Die PDS – Phönix oder Asche? Eine Partei auf dem Prüfstand, Berlin 1995, S. 69-80, hier S. 75.

7   Vgl. Neu (Anm. 4), S. 18.

nis der letzten Bundestagswahlen, bei der die PDS 5,1 Prozent der Stimmen erreichte, noch verbessert werden.[8] Vor dem Hintergrund einer gestiegenen Unzufriedenheit mit der rot-grünen Regierung in der Bevölkerung erschien dies zunächst nicht unrealistisch. Teil der Strategie war es, sich endlich im Westen über ein gutes Ergebnis fest im Parteiensystem zu etablieren. Mit insgesamt 4,0 Prozent und gerade einmal 1,1 Prozent der Stimmen im Westen wurden die Hoffnungen der PDS bitter enttäuscht. Wieder einmal, so schien es, war trotz guter Rahmenbedingungen der Versuch gescheitert, sich zu einer gesamtdeutschen Partei zu entwickeln.

Aus der Geschichte der PDS heraus ist die Etablierung der LINKEN im Westen eine Art Lackmustest für den Erfolg des gesamten Projekts. Die LINKE ist, will sie sich entgegen ihrer Vorgängerpartei PDS im Westen zu einer erfolgreichen Partei entwickeln, auf einen deutlichen Zugewinn an Mitgliedern und Wählerstimmen in den alten Bundesländern angewiesen. Dieses essentielle Wachstum hat die LINKE erfolgreich begonnen und sich somit zu einer ernst zu nehmenden Größe im Parteienwettbewerb entwickelt. Durch die Fusion von WASG und PDS und eine große Zahl von Neueintritten ist die Partei gerade im Westen heterogener geworden, die konkreten politischen Vorstellungen innerhalb der Partei pluraler und somit auch gegensätzlicher.

Allerdings verdienen auch die Entwicklungen im Osten der Republik seit der Gründung der LINKEN einen genauen Blick. Es ist nicht zu erwarten, dass die zunehmende gesamtdeutsche Bedeutung der Partei an ihrer Lage im Osten spurlos vorübergeht. Zudem war die Situation der PDS auch im Osten zuvor keineswegs unproblematisch. Die Überalterung der Wähler- und Mitgliederschaft der Partei hätte auf mittlere Sicht die relativ bequeme Position im Parteiensystem angegriffen. Wenn die LINKE nur im Westen erfolgreich wäre, im Osten aber einfach nur die PDS-Strukturen übernähme, würde dies für die Partei auf Dauer zum Problem werden. Doch gerade die Bundestagswahl 2005 gibt Indizien für die Erweiterung der Wählerschaft der LINKEN und auch der Mitgliederzuwachs findet nicht nur im Westen statt, sondern erreicht auch die lange von Mitgliederschwund geplagten Ostverbände der Partei.

Dieser Erfolg, den die LINKE seit der Fusion ihrer Quellparteien verzeichnen konnte, soll in diesem Artikel genauer betrachtet werden. Im Zentrum stehen dabei die Wählerschaft der LINKEN, wie sie sich in den Wahlen seit der Fusion herausgebildet hat und die Mitgliederschaft der Parteien in ihren zahlreichen politischen Facetten. Dazu werden wir beide Formen der Parteienunterstützung genauer untersuchen und versuchen, Erklärungen für das massive Wachstum dieser herauszustreichen. Dabei geht es uns aber auch darum, interne

---

8   Vgl. Neugebauer, Gero/Stöss, Richard: Die PDS in Not, in: Oskar Niedermayer (Hrsg.): Die Parteien nach der Bundestagswahl 2002, Opladen 2003, S. 125-158, hier S. 133.

Widersprüche aufzuzeigen, die durch den schnellen Erfolg der Partei produziert werden. Denn wie wir versuchen werden zu zeigen, ist sowohl der Wahlerfolg als auch das Mitgliederwachstum nicht frei von Brüchen und Aporien. Hier kommen spezifische Strategien und organisatorische Merkmale der Partei hinzu, mit denen dieses massive Wachstum zu kanalisieren und zu stabilisieren versucht wird. In einem letzten Schritt soll diese Entwicklung auch auf ihre Zukunftsfestigkeit hin abgeklopft werden. Ob der Erfolg der LINKEN ein dauerhafter und stabiler ist, ist eine noch immer offene Frage.

Wenn wir den Erfolg der Linken untersuchen, so sind das Mitgliederwachstum und die Zugewinne bei Wahlen hierbei unsere primären Bewertungskriterien. Dass eine abstrakte Größe wie „Erfolg" nicht allein durch diese Merkmale fassbar gemacht werden kann, versteht sich von selbst. Im Hinblick auf den Umfang des Artikels und die Machbarkeit erscheinen uns diese handfesten Kriterien jedoch am sinnvollsten. Der politische und mediale Einfluss, den die Linke ausübt, wäre eine ebenso interessante und plausible Untersuchungskategorie, kann jedoch an dieser Stelle nicht in Gänze untersucht werden, sondern ist vielmehr implizit mit eingeflossen. Zudem bilden Wahlerfolge und Mitgliederwachstum erst die Grundlagen für die mediale Aufmerksamkeit, die die LINKE zweifellos in den letzten Jahren genießen konnte und ihren politischen Einfluss, den sie, etwas weniger zweifelsfrei, geltend machen konnte.

Generation Linkspartei – Wahlerfolge im Westen

Die wohl augenfälligste Kategorie des Erfolgs der LINKEN sind die Wahlergebnisse im Westen Deutschlands. Nicht nur die Überwindung der Fünf-Prozent-Hürde in Hessen, Niedersachsen und Hamburg im Frühjahr 2008 beziehungsweise Januar 2009, sondern schon im Jahr zuvor die Bürgerschaftswahl in Bremen stellten eine Art psychologischen Sieg für die LINKE dar.[9] Mit diesen fünf Wahlen hat sich die Linkspartei im Westen zu einer wählbaren Partei unter anderen gemacht. Selbst die bayerische Landtagswahl im September 2008 bestätigte diese Entwicklung anhand der hohen Medienaufmerksamkeit, die die LINKE während des Wahlkampfes genoss und einem Ergebnis, das vor einigen Jahren in Bayern undenkbar gewesen wäre. Die LINKE gehört nun zu den Parteien, denen bei jeder Wahl auch auf Landesebene Aufmerksamkeit geschenkt werden muss. In diesem Sinne kann eine Etablierung der LINKEN im Westen festgestellt werden. Das heißt nicht, dass jeder Landtag in absehbarer Zukunft

---

9   Vgl. Oskar Niedermayer im Interview in der Tageszeitung: Medick, Veit: „Psychologisch haben die Linken gewonnen", in: Die Tageszeitung, 19.05.2007.

eine Fraktion der LINKEN aufweisen wird, aber es bedeutet, dass sie bei Wahlen nicht mehr marginalisiert werden kann.

Spätestens mit dem Chaos, das auf die Hessenwahl im Jahr 2008 folgte, haben diese Wahlerfolge auch auf die Ebene der Regierungsbildung und das konkrete politische Handeln zwischen den Wahlen Einfluss. Die LINKE muss nun in die Planspiele der SPD und der Grünen für Koalitionsverhandlungen mit einbezogen werden, sonst droht auch in anderen Bundesländern eine Situation, in der eine Regierungsbeteiligung ohne CDU unmöglich wird. Damit sind die Wahlergebnisse nicht mehr bloße Achtungserfolge einer ansonsten randständigen Partei oder Ausdruck politischen Protests, der zwischen den Wahlen ignoriert werden kann. Die Wahlerfolge der LINKEN und die damit einhergehenden Veränderungen des Parteiensystems haben zu einer Situation geführt, in der die LINKE auch in der alltäglichen politischen Arbeit in den Parlamenten und Regierungen Beachtung finden muss.

Wem hat die LINKE aber diese Erfolge zu verdanken? Der Kern der Wählerschaft ist schnell identifiziert. Er ist ein generationelles und geschlechtsspezifisches Phänomen: Die Männer der 1950er Geburtsjahrgänge stellten seit der Bundestagswahl 2005 das Gros der westdeutschen LINKEN-Wähler. Bei der letzten Bundestagswahl war dies gar die einzige Alters- und Geschlechtsgruppe, bei der die LINKE in allen Bundesländern die Fünf-Prozent-Hürde übersprang.[10] Die Gruppe mit der geringsten Bereitschaft die Linkspartei zu wählen ist für den Westen ebenso offensichtlich. Hätten 2005 nur Frauen über 60 gewählt, wäre die LINKE im Westen in keinem Bundesland auch nur in die Nähe der Fünf-Prozent-Hürde gekommen. Eine Ausnahme stellt das Saarland dar, das durch sein besonders hohes Wahlergebnis für die LINKE eher an ein ostdeutsches Bundesland erinnert. Allerdings bleibt die Struktur auch hier westtypisch, hohe Werte bei Männern zwischen 45 und 60 Jahre und vergleichsweise geringe Zusprache bei Frauen über 60. Diese Struktur zieht sich durch alle darauffolgenden Landtagswahlen. Bei den Männern zwischen 45 und 60 erzielte die LINKE in Bremen, Niedersachsen und Hamburg Ergebnisse im zweistelligen Bereich, in Hessen sicherte diese Gruppe fast im Alleingang den Einzug ins Parlament. Den Erfolg im Westen hat die Linkspartei weitgehend männlichen Wählern zu verdanken, Wählerinnen haben sich in allen Altersgruppen deutlich seltener für diese Partei entschieden. Fragt man nach dem Beschäftigungsverhältnis der Wählerschaft der LINKEN im Westen, gaben in besonderem Maße Arbeiter und Arbeitslose der neuen Partei ihre Stimme.[11] Innerhalb der Arbeiterschaft sind es überdurchschnittlich häufig höher qualifizierte Arbeiter, bei-

---

10 Vgl. Forschungsgruppe Wahlen e.V. (Hrsg.): Wahlergebnisse in Deutschland 1946-2008, Mannheim 2008.

11 Vgl. Schoen/Falter (Anm. 3), S.33.

spielsweise Fach- und Vorarbeiter, und sehr viel weniger Angelernte.[12] Die Wahrscheinlichkeit, die LINKE als Gewerkschaftsmitglied zu wählen, war 2005 nahezu doppelt so hoch als die der Nichtmitglieder.[13] Die Kerngruppe der LINKEN-Wähler im Westen entspringt also zuvorderst einer ganz spezifischen Generation. Sie wurden in der Zeit der großen Versprechen des Sozialstaates und dem Glauben an die makroökonomische Planbarkeit mit Hilfe keynesianischer Wirtschaftspolitik sozialisiert. Doch diese Versprechen, auf die sie ihre Lebensplanung gegründet hatten, wurden sukzessive gebrochen. Sie wurden durch den funktionierenden Sozialstaat der 1970er Jahre geprägt und gehörten zu der Bevölkerungsgruppe, die den allmählichen Abbau der Sozialleistungen miterlebte und defensiv das alte Sozialstaatsmodell verteidigte. Lange Zeit war es allerdings die CDU unter Kohl, die den Rückbau des Sozialstaates vorantrieb, so dass sich diese Gruppe von einer oppositionellen SPD hinreichend vertreten sah. Gerade Oskar Lafontaine stand dort immer noch für die klassischen Politikansätze der 1970er Jahre. Mit der Machtübernahme der SPD 1998 und spätestens mit dem Rückzug Oskar Lafontaines aus der Politik wechselte die SPD allerdings selbst in das Lager der Sozialstaatsreformer, das nicht nur, aber besonders von dieser Kohorte, eher als Lager der Sozialstaatsgegner verstanden wurde.

Das Verhältnis dieser spezifischen Alterskohorte zum Sozialstaat ist vor allem durch das Rentensystem geprägt. Diese Menschen gehören nicht mehr zur Generation der Sozialstaatsgewinner, dazu müssten sie bereits heute Rente beziehen. Gleichzeitig sind sie aber auch nicht Teil der jungen „sozialstaatlichen Verlierergeneration"[14], die ihre Rente privat absichern und, zumindest teilweise, den Generationenvertrag aufkündigen will. Vielmehr hat die Kerngruppe der LINKEN-Wähler ihre Lebensplanung vom Generationenvertrag abhängig gemacht, selten privat vorgesorgt und der Generation vor ihnen den Altersruhestand finanziert. Sie waren eine der Gruppen, die ihr Arbeitsleben von Anfang an im Rahmen des Generationenvertrags gestalteten und sie müssen Angst haben, die erste Generation zu sein, die nicht mehr im vollen Umfang von diesem profitiert. Bis in die 1990er Jahre hinein glaubten sie, die Rente sei sicher und somit blieb private Altersvorsorge für viele ein Luxusgut und gehörte in keiner Weise zum Standard in der Lebensplanung. Während der ihnen noch verbleibenden

---

12   Vgl. Neller, Katja/Thaidigsmann, S. Isabell: Gelungene Identitätserweiterung durch Namensänderung? „Treue" Wähler, Zu- und Abwanderer der Linkspartei bei der Bundestagswahl 2005. Analyse des Wahlkampfes und der Wahlergebnisse, in: Brettschneider, Frank/ Niedermayer, Oskar/Wessels, Bernhard (Hrsg.): Die Bundestagswahl 2005, Wiesbaden 2007, S.421-451, S.433.

13   Vgl. Neu, Viola: Linkspartei.PDS, in: Decker, Frank/Neu, Viola (Hrsg.): Handbuch der deutschen Parteien, Bonn 2007, S.314-328, hier S.322.

14   Leisering, Lutz: Wohlfahrtsstaatliche Generationen, in: Kohli, Martin/Szydlik, Marc (Hrsg.): Generationen in Familie und Gesellschaft, Opladen 2000, S.59-76, hier S.67.

Jahre im Beruf haben sie nicht mehr genügend Zeit, eine private Altersvorsorge aufzubauen. Als Übergangsgeneration sind sie die Benachteiligten des Rentenumbaus.

Dies spricht vor allem den Teil dieser Generation an, den man als gewerkschaftsnah bezeichnen kann. Im gewerkschaftlichen Milieu besteht bis heute eine Orientierung an der „normative[n] Fiktion"[15] des Normalarbeitsverhältnisses. Die Ausrichtung an lebenslanger, kontinuierlicher Vollzeitarbeit war die Basis des sozialen Sicherungssystems der 1970er Jahre und wird somit bei einer positiven Bezugnahme auf diese Zeit implizit mitgedacht. Daraus lässt sich auch der hohe Männeranteil innerhalb der Wählerschaft erklären. Frauen dieser Generation waren wesentlich seltener in einem Normalarbeitsverhältnis beschäftigt, als es bei den Männern der Fall war. Hier dominierten eher Formen der diskontinuierlichen Teilzeitarbeit, die vor allem Unterbrechungen zur Kindererziehung einschlossen. Die soziale Absicherung der Frauen erfolgte meist über die starke Absicherung des Ehemannes. Ein positiver Bezug auf das Sozialversicherungssystem der Siebziger vertritt demnach eher materielle Interessen von Männern. Die besondere Nähe eines großen Teiles der WASG zu den Gewerkschaften, ja die hohen personellen Überschneidungen zwischen diesen beiden Organisationen, hat es der LINKEN möglich gemacht, sich fest im gewerkschaftlichen Milieu zu etablieren.

Diese Kerngruppe der Wählerschaft im Westen bietet für die LINKE die Chance, eine Stammwählerschaft aufzubauen, die sie über die Organisation Gewerkschaft und das Thema Sozialstaat dauerhaft ansprechen kann. Sie ist nicht durch reines Protestwählertum aus einem undefinierten Ungerechtigkeitsgefühl heraus geprägt, sondern konstituiert sich um dauerhafte Überzeugungen und einen organisatorischen Kern. Sie ist ihren Überzeugungen im besonderen Maße treu geblieben, nur ihre einstige Partei, die SPD hat sich von diesen Positionen weg entwickelt.[16] Für die These einer verhältnismäßig stabilen Wählerbasis spricht die Wahl in Hessen 2009. Die LINKE gewann prozentual hinzu, verlor absolut nicht mehr Wähler, als durch die zurückgegangene Wahlbeteiligung zu erwarten war. Auch die Altersstruktur blieb innerhalb des bekannten Musters für Westdeutschland stabil. Damit hat die LINKE erstmals eine Wählerschaft über eine, zugegeben sehr kurze, Wahlperiode im Westen halten können.

---

15 Mückenberger, Ulrich: Die Krise des Normalarbeitsverhältnisses, in: Zeitschrift für Sozialreform, Jg. 31 (1985) H.7, S.415-434, hier S.432.

16 Vgl. Nachtwey, Oliver/Spier, Tim: Günstige Gelegenheit? Die sozialen und politischen Entstehungshintergründe der Linkspartei, in: Spier, Tim/Butzlaff, Felix/Micus, Matthias u.a. (Hrsg.): Die Linkspartei. Zeitgemäße Idee oder Bündnis ohne Zukunft?, Wiesbaden 2007, S.13-69, hier S.20ff; Walter, Franz: Baustelle Deutschland. Politik ohne Lagerbindung, Frankfurt am Main 2008, S. 105ff.

Mehr als die PDS – Die Wähler der LINKEN im Osten

Ob die Gründung der LINKEN auch im Osten Deutschlands von den Wählern und Wählerinnen mit einem ähnlichen Erfolg belohnt werden wird, ist noch nicht so klar abzusehen. Da die LINKE hier zum Entstehungszeitpunkt des Aufsatzes noch zu keiner Landtagswahl angetreten ist, müssen die Zahlen der Bundestagswahl 2005 vorerst genügen. Die Alters- und Geschlechtsdaten der Wählerschaft im Osten erscheinen denjenigen im Westen sehr ähnlich. Auch hier konnte die Linkspartei besonders unter den 45-60-Jährigen gute Ergebnisse erzielen und vor allem ihre Wählerschaft gegenüber der Wahl 2002 unter allen Altersgruppen am stärksten vergrößern. Es gibt allerdings einen wichtigen Gegensatz zum Westen: Die über 60-Jährigen verweigern der LINKEN im Osten nicht ihre Stimmen. Eine triviale Feststellung, wenn man sich die Altersstrukturen der Wählerschaft der Vorgängerpartei PDS anschaut. Für die PDS bildeten schon immer die mittlerweile stark gealterten Menschen, die zu DDR-Zeiten in die Strukturen von Partei, Staat oder Verwaltung eingebunden waren, den Kern ihrer Verankerung in der ostdeutschen Gesellschaft. Selbst bei der für die PDS so desaströsen Bundestagswahl 2002, bei der sie in Ostdeutschland gerade einmal 16,9 Prozent der Stimmen erzielen konnte, hielten ihr 21,1 Prozent der Menschen aus der Altersgruppe der über 60-Jährigen die Treue. Offensichtlich halten sie auch jetzt zur LINKEN als Nachfolgepartei der PDS. Probleme hat die LINKE hingen bei den unter 34-Jährigen, die kaum mehr Bezug zur DDR haben. Allerdings gab es auch bei dieser Altersgruppe 2005 Zugewinne im Vergleich zum Ergebnis der PDS von 2002 mit guten 8 Prozentpunkten. Das kann im Sinne einer „Identitätserweiterung durch Namensänderung"[17] auch ein Erfolg der LINKEN in Abgrenzung zur PDS sein. Mit dem neuen Namen verliert die Partei ein weiteres Stück ihres Images als SED-Nachfolgepartei.

Unter dem Aspekt der Identitätserweiterung ist auch die Veränderung in der Sozialstruktur der LINKEN-Wähler im Vergleich zur PDS-Wählerschaft von 2002 interessant. Im Gegensatz zur PDS sind es nicht Beamte und Angestellte, bei denen die LINKE überdurchschnittliche Zustimmung erfährt, sondern Arbeitslose und Arbeiter.[18] Auch mit Blick auf den formalen Bildungsstand konnte die LINKE die Basis ihrer Wählerschaft erweitern und bei Menschen mit niedriger formaler Bildung punkten und löste sich somit von der stark durch Akademiker geprägten Wählerstruktur ihrer Vorgängerpartei.[19] Hier wurden neue Wählerschichten für die LINKE mobilisiert, die der PDS lange nicht zugänglich waren. Es geht jetzt nicht mehr nur um die ideologischen Verlierer der Wende, sondern auch um die materiellen Verlierer der Modernisierung in den

---

17   Vgl. Neller/Thaidigsmann (Anm. 12), S.421.
18   Vgl. Schoen/Falter (Anm. 3), S.37.
19   Vgl. ebd., S.37.

neuen Bundesländern. Damit übernimmt die Linkspartei relativ problemlos die Wählerschaft der PDS, kann aber ihr Identifikationspotenzial maßgeblich erweitern. Selbst zu einem Zeitpunkt, als die LINKE noch gar nicht als neue Partei existierte, sondern es bloß zu einer Namensänderung der PDS gekommen war, fühlten sich weit mehr soziale Gruppen von dieser Partei angesprochen. Mit dem Ablegen des Namens PDS konnte sie aus dem Ghetto der ehemaligen DDR-Eliten endgültig ausbrechen.

Zwar mögen die neu angesprochenen Gruppen tendenziell eher dazu neigen, ihre Enttäuschung über eine Partei durch Wechselwahl oder Nichtwahl zu kanalisieren, als es das klassische Milieu der PDS tat und damit schwerer zu binden sein, dennoch ermöglicht die Verbreiterung der Basis die Chance, einen Generationenwechsel in der Wählerschaft zu erreichen.

Die neuen Mitglieder

Der Ausbau der Mitgliederschaft in der LINKEn ist beispiellos in der jüngeren Geschichte der deutschen Parteien. Zum 31.12.2006 hatten beide Vorgängerparteien zusammen 69.282 Mitglieder, die sich im darauffolgenden Jahr der Fusion auf 71.711 erhöhten. Vergleichbare Mitgliederzuwächse konnten zuletzt die Grünen in den Jahren 1993-98 erreichen, ansonsten ist die deutsche Parteienlandschaft seit Jahrzehnten von einer Mitgliederflucht geprägt.[20] Die beiden Volksparteien etwa verloren im selben Zeitraum jeweils deutlich an Mitgliedern: 3,8 Prozent die SPD und 3,1 Prozent die CDU. Die Dimension der Rekrutierung neuer Mitglieder für die Linkspartei wird mit den genannten Zahlen allerdings massiv unterschätzt. Durch Tod und Austritte von Parteimitgliedern ist die Zahl der Neumitglieder wesentlich höher als der Anstieg der absoluten Mitgliederzahlen. Allein 2007 traten 7.570 neue Mitglieder in die Linkspartei ein. Damit bestand die LINKE Ende 2007 zu über 10 Prozent aus neuen Mitgliedern, die sich direkt für die neue Partei entschieden haben und nicht einer der Vorgängerparteien zugerechnet werden können.[21]

Die regionale Herkunft der neuen Mitglieder zeigt deutlich, dass eine Westausdehnung der Partei nicht nur in ihrer Akzeptanz bei der Wählerschaft, sondern auch in ihrer Mitgliederstruktur stattfindet. 82,5 Prozent der Neumitglieder von 2007 stammen aus den alten Bundesländern, eine Verteilung, die nahezu äquivalent zur Verteilung der Bevölkerung auf neue und alte Bundesländer ist. Diese Entwicklung bedeutet eine enorme Trendwende mit Blick auf

---

20 Vgl. Niedermayer, Oskar: Parteimitglieder in Deutschland. Version 2008, Arbeitshefte a. d. Otto-Stammer- Zentrum, Nr. 13, FU Berlin, 2008, S. 4.

21 Vgl. Parteiangaben auf der Website der Linken, abrufbar unter: http://die-lin ke.de/ partei/fakten/mitgliederzahlen_2007 (eingesehen am 08.12.2008).

die PDS-Geschichte, die es bis zum Zusammenschluss mit der WASG nie geschafft hat, sich eine mitgliederstarke Basis im Westen der Republik aufzubau-
en. Trotz der auch hier gestiegenen Zahl an Neumitgliedern schrumpfen die
Landesverbände im Osten bedingt durch ihre Altersstruktur, während die Westverbände in einem rasanten Tempo größer werden. Mit 71,1 Prozent ist der
Großteil aber weiterhin in den Ostverbänden der Partei organisiert.[22]

Schaut man sich die Gruppe der Neueingetretenen genauer an, fallen zwei
Punkte deutlich ins Auge. Zum einen dominiert mit 75 Prozent die Kohorte der
31-60-Jährigen[23], zum anderen ist der Frauenanteil mit 25 Prozent wesentlich
niedriger als in der Gesamtpartei.[24] Dadurch hat ihr Anteil in der Linkspartei in
den letzten Jahren stetig abgenommen. Eine Entwicklung, die stark auf die Landesverbände im Westen zurückgeht, die wesentlich weniger Frauen rekrutieren
können, als dies im Osten stets der Fall war. So betrug der Frauenanteil Ende
2007 in den Ostverbänden 45,7 Prozent, während die Westverbände nur einen
Frauenanteil von 23,7 Prozent aufweisen konnten.[25] Die Mitgliederstruktur und
im Besonderen ihre Veränderung im Vergleich zur PDS zeigen damit starke
Parallelen zur neuen Wählerschaft der LINKEN. Die Mitglieder im Westen
rekrutieren sich aus derselben Bevölkerungsgruppe wie die meisten ihrer Wähler. Über 50 Prozent sind zwischen 40 und 60 Jahren alt und sehr viele von
ihnen sind in der Gewerkschaft engagiert und dort sozialisiert worden. Der Einfluss der neuen Mitglieder aus dem Westen ist nicht zu unterschätzen, denn trotz
ihrer klaren zahlenmäßigen Unterlegenheit gegenüber den alten PDS-Mitgliedern sind sie als Vertreter der Westverbände durch Proporzregelungen abgesichert. So vertrat auf dem Parteitag 2008 in Cottbus ein Ostdelegierter etwa
dreimal so viele Mitglieder wie ein Delegierter aus dem Westen, da die Partei
auf Parität achtete.[26] Neben den Gewerkschaftern rekrutieren sich die Neumit-
lieder aus dem Spektrum der sozialen Bewegungen, die in dem Projekt einer
starken linken Partei eine Chance sehen, ihre Ziele in die Parlamente zu tragen.
Dabei reicht der Hintergrund vom Widerstand gegen den Ausbau des Frankfurter Flughafens in Hessen aus den achtziger Jahren, über die Umwelt- und die
Frauenbewegung bis zu Attac. Auch Altkader aus K-Gruppen und eher junge
Aktivistinnen und Aktivisten aus kleinen linksradikalen Gruppen finden in der

---

22   Vgl. ebd.
23   Diese Zahlen sind einer E-Mail-Auskunft durch die Bundesgeschäftsstelle der Partei DIE
     LINKE entnommen. Demnach sieht die Altersstruktur der Neueintritte folgendermaßen aus:
     etwa 20 Prozent bis 30 Jahren, etwa 75 Prozent zwischen 31 und 60 Jahren, etwa 5 Prozent 61
     Jahre und älter.
24   Vgl. Parteiangaben auf der Website der Linken, abrufbar unter: http://die-
     linke.de/partei/fakten/frauenanteil (eingesehen am 08.12.2008).
25   Diese Zahlen sind einer E-Mail-Auskunft durch die Bundesgeschäftsstelle der Partei DIE
     LINKE entnommen.
26   Vgl. Reinecke, Stefan: Die brave Protestpartei, in: Die Tageszeitung, 24.05.2008.

LINKEN eine Heimat. Besonders stark vertreten sind Personen mit klaren pazifistischen Grundpositionen, die häufig nach dem Kosovokrieg der SPD und den Grünen den Rücken zugewandt haben.

Aus diesen unterschiedlichen Traditionen heraus ergeben sich allerdings auch Widersprüchlichkeiten. Dies zeigte sich beispielsweise während des Wahlkampfes im Saarland, als die Unvereinbarkeit von Umweltbewusstsein einerseits und gewerkschaftlich geprägten Forderungen zum Erhalt der Kohleförderung andererseits offenbar wurde. Während Lafontaine davon sprach, dass es ein Treppenwitz sei, sich von der Kohle zu verabschieden, wenn der Kohlepreis steigt, wird die Partei gleichzeitig nicht müde, den Umweltminister Gabriel für den Bau von neuen Kohlekraftwerken zu attackieren.[27] Diese inhaltlichen Widersprüche, die sich aus den unterschiedlichen politischen Hintergründen der neuen und alten Mitglieder ergeben, stellen die Partei vor massive Herausforderungen bei der Integration ihrer neuen Basis.

Von Strömungen und Traditionen - Herausforderung Mitgliederwachstum

Die gegensätzlichen Politikvorstellungen innerhalb der neuen Mitglieder schaffen neue Spannungen oder verstärken althergebrachte Konflikte, die innerhalb der PDS lange Jahre schwelten. Eine Gegenüberstellung von ehemaligen PDS-Mitgliedern aus dem Osten mit den neuen Mitgliedern und ehemaligen WASG-lern aus dem Westen trifft damit das eigentliche Integrationsproblem des raschen Mitgliederwachstums nur unzureichend. Längst ringen Strömungen und Netzwerke innerhalb der LINKEN, die sich aus unterschiedlichsten Traditionen westlich und östlich der innerdeutschen Grenze zusammensetzen, um Einfluss auf die grundsätzliche politische Richtung der Partei. Das stellt auf der einen Seite ein gewisses Maß an Normalität für eine Partei dar, die dem Prinzip der innerparteilichen Demokratie verpflichtet ist, geht bei der Linkspartei auf der anderen Seite aber häufig tiefer als ein Konflikt um Einfluss und inhaltliche Positionen zu bestimmten Sachfragen. Es geht vielmehr um die Definition der neuen Partei, die noch um ihr Profil, und wichtiger: ihr Selbstbild ringt.

Ein solcher Richtungsstreit wird in der Auseinandersetzung über die Frage nach der Regierungsbeteiligung ausgetragen. Ein Thema, das schon zu Kontroversen innerhalb der PDS führte und in der LINKEN erneut scharf diskutiert

---

27   Vgl. Methling, Wolfgang: Energieversorgung der Zukunft aus erneuerbaren Ressourcen sichern, Pressemit teilung der Partei DIE LINKE vom 12.04.2008, abrufbar unter: http://www.die-linke.de/index.php?id=251&tx_ttnews(tt_news)=1699&tx_ttnews(backPid)= 35&no_cache=1 (eingesehen am 25.11.2008).

wird.[28] Die konkrete Auseinandersetzung ließ sich auch auf dem Parteitag der LINKEN im Frühjahr 2008 in Cottbus beobachten. War der Parteitag ansonsten eher von Harmonie denn von Dissens gekennzeichnet, verschärfte sich der Ton der Rednerinnen und Redner, wenn es um das Thema Regierungsbeteiligung ging. Wenn auch nicht immer explizit, so war doch die zentrale Frage, ob die LINKE sich an Regierungen beteiligen sollte oder nicht, in vielen Redebeiträgen ein Thema. Kritikerinnen und Kritiker einer Regierungsbeteiligung griffen auf dem Parteitag immer wieder den Berliner Landesverband an, der für einige Mitglieder der LINKEN als Paradebeispiel für die Abkehr von Parteiüberzeugungen zum Zweck des Machterhalts und –erwerbs gilt. Ein Antrag, der forderte, dass die Linkspartei mit keiner „prokapitalistischen Partei", womit alle anderen Bundestagsparteien gemeint waren, zusammenarbeiten solle, fand allerdings keine Zustimmung bei den Delegierten.

Dieser Konflikt kann als ein wesentliches Konstitutionsmerkmal der innerparteilichen Strömungen ausgemacht werden, in denen sich die Mitglieder sammeln. Im Laufe des Fusionsprozesses von WASG und PDS haben sich drei überlebensfähige Strömungen gebildet, die jeweils ganz bestimmte Traditionen und Deutungsmuster linker Politik vereinen.[29] Anhand dieser Strömungen lässt sich aufzeigen, wie weit das Spektrum an verschiedenen politischen Vorstellungen innerhalb der Partei gefächert ist und welche, teils gegensätzlichen, Vorstellungen sich innerhalb der LINKEN wiederfinden.

Eine bedeutende Strömung ist die *Antikapitalistische Linke* (AL), die die LINKE als antikapitalistische und sozialistische Bewegung verstanden haben will. Die Aufgabe der Partei ist in diesem Verständnis, eine lautstarke Opposition gegen einen klar identifizierten neoliberalen Elitenkonsens in die Parlamente und auf die Straße zu tragen. Das konkrete politische Ziel ist die Überwindung des Kapitalismus. Darin sind sich Angehörige von K-Gruppen und Aktivistinnen und Aktivisten linksradikaler Gruppen wie der *Sozialistischen Alternative - Voran*, die häufig Neumitglieder sind, mit den Altgenossen der *Kommunistischen Plattform* aus der PDS einig. Für die AL ist keine andere Partei ein geeigneter Bündnispartner. Besonders harsch wird mit der SPD ins Gericht gegangen, deren Gerechtigkeitsdebatten als wahltaktisches Kalkül betrachtet werden.[30] Hier wurden Positionen durch Neuzugänge aus dem Westen gestärkt, die in den letzten Jahren der PDS zunehmend an Boden verloren hatten. Dieses neue

28 Vgl. Hildebrandt, Cornelia: Der schmale Grad linker Reformpolitik. Der Fall Berlin, in: Brie, Mi- chael/Dies./Meuche-Mäker, Meinhard (Hrsg.): Die LINKE. Wohin verändert sie die Republik?, Berlin 2007, S. 160- 191, hier S. 161.

29 Vgl. zur Übersicht: Hübner, Wolfgang/Strohschneider, Tom: Lafontaines Linke. Ein Rettungsboot für den Sozialismus?, Berlin 2007, S. 220 ff.

30 Vgl. Antikapitalistische Linke: Für eine antikapitalistische Linke, abrufbar unter: http://www. antikapitalistische- linke.de/topic/16.text.html (eingesehen am 26.11.2008).

Selbstbewusstsein wird auch klar gegen andere innerparteiliche Strömungen gerichtet. Besonders Befürworter von Regierungsbeteiligungen werden häufig angegriffen. Ihnen wird vorgeworfen, bestimmte Kernpositionen der LINKEN aufweichen zu wollen, um mit der SPD koalitionsfähig zu werden. Konfliktpunkte in der Auseinandersetzung mit anderen Strömungen sind oft außenpolitische Themenbereiche sowie die Umsetzung der Hartz-IV-Gesetze durch die von SPD und LINKE geführte Regierung in Berlin.[31]

Eine weitere Strömung innerhalb der LINKEN ist die *Sozialistische Linke* (SL). Sie ist im Prinzip die natürliche Heimat von Gewerkschaftern mit 1970er-Jahre-Sozialisation aus der unteren und mittleren Funktionärsebene und ist sehr stark durch Neumitglieder und Ex-WASGler aus dem Westen geprägt. Diese Strömung teilt die Erkenntnis mit der AL, dass man eine klare anti-neoliberale Position einnehmen müsse und sich damit von allen anderen Parteien klar abzugrenzen habe. Dennoch wird hier neben das Fernziel der Überwindung des Kapitalismus ein weiteres, pragmatischeres Ziel gesetzt, nämlich der „Kampf für die Verbesserung der Alltagsbedingungen im Hier und Jetzt"[32]. Damit ist ihre Ablehnung von Regierungsbeteiligungen deutlich schwächer. Kritik an den Teilen der LINKEN, die sich für Regierungsbeteiligungen starkmachen, kommt zwar auch aus diesem Lager, aber eine pragmatische Problemlösung ist ihnen nicht prinzipiell fremd. In den Positionspapieren der SL findet sich eine stark arbeitszentrierte Vorstellung von Sozialpolitik, ein Hinweis darauf, dass die SL die LINKE als parlamentarisch-politischen Arm der Gewerkschaftsbewegung versteht. Die LINKE wird als Chance interpretiert, die Gewerkschaften aus ihrer langen Zeit der Defensive heraus wieder in eine fordernde Position zu bringen. Rheinischer Kapitalismus und „links-keynesianische Positionen"[33] sind dabei wesentliche positive Bezugspunkte dieser Strömung. Sie stellt am stärksten eine neue Strömung dar, die relativ wenig an die PDS, sondern eher an die gewerkschaftsnahen Positionen der WASG anknüpft. Dennoch ist ihre Stärke nicht zu unterschätzen. Ihre Positionen, wie ein Entwurf für ein Zukunfts- und Investitionsprogramm, finden in den Medien starken Widerhall und ihre Verankerung in der Gewerkschaftsbewegung ermöglicht ihnen den Zugang zu einer Vielzahl von Ressourcen wie Büros von Gewerkschaftssekretären sowie Kontakte, mit denen sie nicht zuletzt auch den Parteiaufbau im Westen massiv unterstützt und geprägt haben.

Den organisatorischen Kern der dritten Strömung stellt das *Forum demokratischer Sozialismus* (FdS) dar. Hier finden sich viele der pragmatischen Ex-

---

31 Vgl. ebd.
32 Vgl. Sozialistische Linke: Sozialistische Linke: realistisch und radikal!, abrufbar unter: http://www.sozialistische-linke.de/cms/upload/pdf/SozialistischeLinke_Langfassung-8-8-06.pdf (eingesehen am 26.11.2008).
33 Ebd.

PDSler wieder. Folglich organisiert die Strömung hauptsächlich Menschen aus den neuen Bundesländern. Das FdS ist klar daran orientiert, gestalterisch in den politischen Institutionen der Bundesrepublik tätig zu sein. Das gilt mindestens bis zur Ebene der Landesregierungen. Nicht umsonst rekrutiert sich das FdS im Wesentlichen aus den Landesverbänden, die in Regierungsverantwortung stehen oder standen, wie dem Berliner Landesverband. Das FdS beruft sich, um seine regierungswillige Haltung zu untermauern, stark auf das strategische Dreieck, das als Formelkompromiss den Konflikt über Regierungsbeteiligungen beilegen sollte. Ebenso wird sich in dieser Strömung klar zu einer „europäische[n] Integration [...] auf gleichberechtigter, solidarischer, ziviler und demokratischer Grundlage"[34] bekannt. Von allen drei betrachteten Strömungen betont das FdS am stärksten den Bruch mit dem Stalinismus. Sie bildet das innerparteiliche Feindbild der beiden anderen großen Strömungen und bietet dadurch einen Schutzraum für eine Vielzahl randständiger Positionen innerhalb der LINKEN. So stehen die Parteiangehörigen, die sich zur *Emanzipatorischen Linken* zählen, am ehesten dem FdS nahe, da sie mit ihren Forderungen wie dem bedingungslosen Grundeinkommen bei den anderen Strömungen mit deren traditionellen Sozialismusvorstellungen noch weniger Chancen auf ernst zu nehmende Beachtung hätten.

Die Strömungen mit ihren unterschiedlichen Vorstellungen und den sich hieraus ergebenden tiefgreifenden Konflikten sind die Kehrseite des Parteiwachstums. Sie sind allerdings auch Voraussetzung für ein solches rapides Wachstum, bieten sie in ihrer Vielfältigkeit vielen Menschen Anknüpfungspunkte in der Partei. Zudem können die Positionen der einzelnen Richtungen bei geschickter Führung dazu genutzt werden, relativ flexibel in der öffentlichen Diskussion zu reagieren, indem zu unterschiedlichen Themen und Zielgruppen unterschiedliche Richtungen in den Vordergrund gestellt werden. Trotzdem besteht eine große Gefahr in der Grundsätzlichkeit der Differenzen der einzelnen Strömungen. Die Konflikte können die Partei lähmen und sie dazu zwingen, sich im Wesentlichen mit sich selbst zu beschäftigen. Um das zu verhindern, müssen die Vielzahl von neuen Vorstellungen in den Landesverbänden in die bereits bestehende Parteistruktur integriert und gegensätzliche Ansichten zumindest über Formelkompromisse befriedet werden. Auf der organisatorischen Seite wird die Integration der Strömungen durch mehr oder weniger inoffizielle Proporze bei der Besetzung etwa des Parteivorstandes geleistet. Jede größere

---

34 Forum Demokratischer Sozialismus: Also träumen wir mit hellwacher Vernunft: Stell dir vor,
    es ist Sozialismus, und keiner geht weg!, abrufbar unter: http://www.forum- ds.de/article/
    761.also_traeumen_wir_mit_hellwacher_vernunft_stell_dir_vor_es_ist_sozialismus_und_kein
    er_geht_weg.html (eingesehen am 26.11.2008).

Strömung besetzt dort mindestens einen der Posten.[35] Auch bezüglich der Parteitagsdelegierten werden den Strömungen, hier offiziell nach Satzung, Sonderrechte eingeräumt, die in anderen Parteien nur territoriale Einheiten besitzen.

Um die notwendige Integration auf inhaltlicher Ebene zu leisten und zu verhindern, dass nicht zu schlichtende Auseinandersetzungen die Partei dauerhaft schwächen oder gar zum Austritt vieler neu gewonnener Mitglieder führen, besitzt die LINKE ein deutliches Maß an Unbestimmtheit und Offenheit. Dies steht in einem Widerspruch zum klassischen Bild einer Partei als einer rational organisierten, auf Machterwerb ausgerichteten, geschlossenen Organisation. Hierbei handelt es sich allerdings eher um ein Klischee, das auf einer zu abstrakten Betrachtungsweise von Parteien gründet und in der Organisationswirklichkeit so nicht wiederzufinden ist. Vielmehr sind eine solche Offenheit und Unbestimmtheit typische Merkmale einer Partei und eher die Regel als eine Ausnahmeerscheinung. Die inhaltliche Vagheit und Formelkompromisse dienen als Mittel, um vielfältige politische Vorstellungen und ideologische Ausrichtungen miteinander zu verbinden.[36] Im Gegensatz zu den anderen Parteien, ist dies bei der LINKEN allerdings besonders stark ausgeprägt.

Die Fähigkeit, durch eine relativ offene Parteistruktur und unbestimmte Programmatik neue Mitglieder und gegensätzliche Vorstellungen zu integrieren und eine breite Wählerschaft anzusprechen, unterscheidet die LINKE besonders im Westen von der PDS. Diese Art der integrativen Konfliktbewältigung wirkt auf lokaler Ebene sowohl in den alten als auch in den neuen Bundesländern. Und letztlich können auch auf Bundesebene Konflikte zwischen einzelnen Flügeln und Strömungen auf diese Art entspannt werden.

Konkret findet die Unbestimmtheit bei der LINKEN Ausdruck im nicht vorhandenen Parteiprogramm. Zwar existiert eine Vielzahl programmatischer Dokumente und es werden etliche programmatische Debatten innerhalb der Partei geführt, allerdings besitzt das offizielle Programm der LINKEN einen provisorischen Charakter und ist durch offene Fragen und diffuse Aussagen gekennzeichnet. Im von den programmatischen Eckpunkten gezeichneten inhaltlichen Rahmen haben viele im weitesten Sinne „linke" Vorstellungen einen Platz. Die Ziele der LINKEN sind hierdurch nicht beliebig, aber doch so weit gefasst, dass möglichst Wenige ausgeschlossen werden.

---

35 Als Beispiel hierfür kann die Diskussion um die mögliche Aufstellung von Sahra Wagenknecht für die Wahl zur stellvertretenden Vorsitzenden 2008 angeführt werden. Hier hatte die Sozialistische Linke deutlich ge macht, dass sie Sahra Wagenknecht nicht zu Ungunsten ihrer eigenen Kandidatin unterstützen würden. Vgl. Reinicke, Stefan: Linksparteichef Bisky stoppt Wagenknecht, in: Die Tageszeitung, 23.04.2008.

36 Vgl. Lösche, Peter/Walter, Franz: Die SPD. Klassenpartei. Volkspartei. Quotenpartei, Darmstadt 1992, S. 194.

Bezeichnend für die Unbestimmtheit sind die offenen Fragen im Zusatz der programmatischen Eckpunkte. Elementare Fragen zu inhaltlich breitgefächerten Themenbereichen wie Wirtschaftspolitik, Arbeitsmarktpolitik oder der Globalisierung werden zwar angerissen, aber offen gelassen und zum Gegenstand der weiteren innerparteilichen Diskussion erklärt.[37] Die Verabschiedung eines endgültigen Parteiprogrammes ist erst für die Zeit nach der Bundestagswahl 2009 geplant.

Inhaltliche Auseinandersetzungen wie solche, die sich im Zuge der Programmdiskussion ergeben und von welchen die LINKE momentan einige aufzuweisen hat, schaffen einen besonderen Anreiz für die Mitglieder, sich aktiv in den innerparteilichen Diskurs einzubringen. Eine Nicht-Festlegung bedeutet einen Spielraum, welchen die Mitglieder wahrnehmen und mit ihren Vorstellungen besetzen wollen. Solange die Konflikte nicht einseitig entschieden sind und ihr Ausgang offen erscheint, werden die Mitglieder angeregt, sich aktiv für ihre Position einzusetzen. Bei einer eindeutigen oder gar dogmatischen inhaltlichen Festlegung würde ihnen die Chance genommen, den Kurs ihrer Partei zu ändern. Durch einen eher flexiblen programmatischen Rahmen kann daher die innerparteiliche Partizipation am Leben gehalten werden.[38] Eine permanente Diskussion kann die Partei zwar zerreißen, sorgt jedoch auch dafür, dass es keine inhaltlich Unterlegenen gibt, die bei einem Kompromiss oder einer inhaltlichen Niederlage die Partei verlassen würden.

Ein Beispiel hierfür ist das sogenannte „strategische Dreieck", das auf dem Bundesparteitag der PDS 2004 in Potsdam zur Befriedung des Konfliktes um die Regierungsbeteiligung entwickelt wurde. Dahinter verbirgt sich der Versuch, den verschiedenen Vorstellungen über eine Regierungsbeteiligung ihren Platz in der Partei einzuräumen, indem „Protest", „Gestaltung" und „über den Kapitalismus hinausgehende Alternativen" zu gleichwertigen Zielen der Partei erklärt werden. Hierin manifestiert sich die Offenheit für die verschiedensten Vorstellungen, wobei über eine Gleichbehandlung der drei Positionen niemand aus der Partei ausgeschlossen werden soll.

Was auf der einen Seite gegensätzliche Positionen miteinander verbindet, kann aber auf der anderen Seite auch dazu führen, dass Mitglieder durch scheinbar ergebnislose Diskussionsprozesse demotiviert werden. Wenn Auseinandersetzungen überwiegend durch eine Nicht-Festlegung befriedet werden – um

---

37   Vgl. Die LINKE: Programmatische Eckpunkte. Programmatisches Gründungsdokument der Partei DIE LINKE, abrufbar unter: http://die-linke.de/fileadmin/download/dokumente/ programmatische_eckpunkte.pdf (eingesehen am 27.1.2009); Eine Übersicht über die ungeklärten Konflikte wird u.a. gegeben bei: Albert Scharenberg: „Die Linke" an der Wegscheide, in: Blätter für deutsche und internationale Politik, Jg. 15 (2006) H. 11, S. 1291-1294.

38   Vgl. Wiesendahl, Elmar: Parteien in Perspektive. Theoretische Ansichten der Organisationswirklichkeit politischer Parteien, Opladen 1998, S. 220.

keine Seite zu verprellen –, stellt sich bei niemandem das Gefühl ein, sich mit seiner Position in der Partei durchgesetzt zu haben. Hierdurch wird der Sinn einer Auseinandersetzung für die Beteiligten in Frage gestellt. Debatten, die nicht zu konkreten Ergebnissen und Festlegungen führen, können, ebenso wie sie das Engagement der Mitglieder steigern, auch für eine nachhaltige Frustration unter den Anhängern sorgen. Doch in der jetzigen Phase der Konsolidierung wiegt die Gefahr, dass sich Mitglieder nicht ernst genommen fühlen, noch nicht all zu schwer. Zu stark erscheint noch der Optimismus vieler Mitglieder, in der Partei etwas bewegen zu können.

Was für die Unbestimmtheit in programmatischer Hinsicht gilt, findet sich in ähnlicher Weise auch in der Organisation der Partei wieder. Über „unvollständige, brüchige, diskontinuierliche Verbindungen zwischen Handlungseinheiten und Handlungsprozessen"[39] können vielfältige Positionen innerhalb einer Partei zusammengeführt werden, ohne in einen, die Existenz der Partei bedrohenden, Konflikt zu geraten. Vielmehr kann durch Offenheit der Parteistruktur ein höheres Maß an Stabilität gewonnen werden. So können Organisationsformen in die Partei eingebunden werden, ohne dass diese, eigentlich außerhalb der Partei angesiedelten Gruppierungen, mit anderen Teilen der Partei in Konflikt geraten.[40]

Was diese abstrakten Überlegungen konkret bedeuten, lässt sich anhand einer Veranstaltung wie dem Sommerratschlag der niedersächsischen Landtagsfraktion der LINKEN 2008 beispielhaft zeigen. Bei dieser zweitägigen Diskussionsveranstaltung waren Parteimitglieder, Aktivistinnen und Aktivisten aus sozialen Bewegungen ebenso wie nicht politisch organisierte Menschen eingeladen, über die verschiedensten Themen – von Arbeit, Bildung über Frieden bis hin zu Ökologie – gemeinsam mit der Fraktion des niedersächsischen Landtages zu diskutieren. In kleinen Workshops sollten die Anliegen zu den unterschiedlichen Bereichen gesammelt werden, um als Anregung für die Fraktion zu dienen. Mit solchen Aktionen baut die Partei einen Kontakt zu einer Vielzahl politischen Gruppen und Initiativen auf, ohne dass diese formell in die Parteistruktur eingebunden werden. Die Ergebnisse einer Veranstaltung wie dem Ratschlag sind in keiner Weise verbindlich und ermöglichen gerade hierdurch das Nebeneinander von verschiedenen politischen Vorstellungen und Forderungen. Über ein loses Netzwerk, das durch Veranstaltungen wie dem Ratschlag entsteht, werden heterogene Initiativen und Gruppen mit ihren jeweils eigenen politischen Ansätzen und Forderungen lose an die Partei angebunden.

Die Gewerkschaften sind, wenn auch eine der wichtigsten, nur eine unter vielen Organisationen, mit denen die LINKE kooperiert. Eine besondere Bedeu-

---

39   Ebd., S. 229.
40   Vgl. ebd. S. 232.

tung kommt der Zusammenarbeit mit den vielfältigen sozialen Bewegungen zu, die primär außerhalb der Parlamente politisch aktiv sind. Auch wenn die konkrete Ausgestaltung der Zusammenarbeit der LINKEN mit gesellschaftlichen Bewegungen innerhalb der Partei nicht abschließend geklärt ist, so wird in den programmatischen Eckpunkten doch ein klarer Bezug zu den vielfältigsten außerparlamentarischen Gruppen hergestellt: „Wir treten ein für die Ziele der Frauenbewegung, der Umwelt- und Anti-AKW-Bewegung, der Friedensbewegung, der globalisierungskritischen Initiativen, der Sozialforen und Bewegungen gegen staatliche Repression, für die Durchsetzung der Grund- und Freiheitsrechte.“[41]

Der Kontakt wird teilweise über personelle Verflechtung hergestellt. Viele Mitglieder und Abgeordnete sind gleichzeitig in anderen politischen Zusammenhängen aktiv. Diese reichen von lokalen Stadtteilinitiativen bis hin zu global agierenden politischen Organisationen. Daneben versucht die LINKE, über eine eigens hierfür bei der Bundestagsfraktion eingerichtete Kontaktstelle, die Verbindung zu sozialen Bewegungen auszubauen. Mit dieser in Deutschland unter Parteien einmaligen Institution soll eine Zusammenarbeit mit politischen Gruppierungen, die sich außerhalb der Partei organisieren, initiiert werden. Auch viele ihrer Anhänger verstehen die Partei selbst als Teil der außerparlamentarischen Bewegungen. Die Frage aber, ob sie auch von den Bewegungen als eine solche Bewegungspartei wahrgenommen wird, ist nicht eindeutig zu beantworten. Während auf der einen Seite die Sorge besteht, von der Linken vereinnahmt zu werden, wird die Entstehung einer neuen Partei links der Sozialdemokratie auch als Chance gesehen, dem außerparlamentarischen Protest auch in den Parlamenten Gehör zu verschaffen.[42] Festgehalten werden kann, dass die LINKE, mehr als andere Parteien, den Kontakt zu sozialen Bewegungen sucht und in vielen Fällen auch eine konkrete Zusammenarbeit stattfindet.

In der Vereinigung vielfältiger Positionen liegt also eine große Stärke und auch ein Grundstein für den Erfolg der LINKEN. Die Fähigkeit, verschiedenste politische Vorstellungen integrieren zu können und hierdurch in großem Umfang Mitglieder zu integrieren und Wähler zu mobilisieren, unterscheidet sie von früheren Parteigründungen in der bundesrepublikanischen Parteiengeschichte, die sich links der Sozialdemokratie verorteten, insbesondere von der erfolglosen Entwicklung der PDS im Westen. Die LINKE droht nicht, durch die Begrenzung auf eine kleine homogene Gruppe von Menschen im Status einer unbedeutenden Splitterpartei zu verharren – ein Schicksal, das viele neugegründete Parteien in der Bundesrepublik ereilte. So organisieren sich innerhalb der

---

41 Die LINKE: Programmatische Eckpunkte (Anm. 37).
42 Vgl. hierzu: o.V.: Wie hältst du's mit der Linkspartei? in: Analyse und Kritik, 19.08.2005; Shahyar, Ped ram/Wahl, Peter: Bewegung in der Bewegung? Erfahrungen und Perspektiven der GlobalisierungskritikerIn nen, Hamburg 2005, S. 72.

LINKEN Antikapitalisten ebenso wie Anhänger der sozialen Marktwirtschaft. Es werden gleichermaßen dogmatische Alt-Linke wie Anhänger einer neuen pragmatischen Linken angesprochen. Solange zentrale Konflikte, wie diejenigen um die Regierungsbeteiligung, nicht abschließend geklärt sind, können sowohl diejenigen ihre Politikansätze verfolgen, die auf eine programmatische Politik aus den Parlamenten heraus setzen, als auch jene, die an eine Verwirklichung ihrer politischen Ziele über eine oppositionell oder außerparlamentarisch organisierte Politik glauben.

Was die Partei zusammenhält

Als Gegengewicht zu den Zentrifugalkräften der Unbestimmtheit und Offenheit bedarf es eines Bindemittels, das die einzelnen Teile miteinander so eng verbindet, dass sie nicht auseinanderbrechen. Gerade im Fehlen eines solchen Kitts wurde vor der Fusion von PDS und WASG das große Risiko gesehen. Viele Beobachter waren sich einig, dass hier eine Partei aus zwei Teilen zusammengesetzt wird, die auf Dauer nicht zusammenpassen. Zu unterschiedlich seien die Parteiorganisationen, die politischen Ziele und nicht zuletzt auch die jeweiligen Anhängerschaften. Zwischen einer professionell organisierten und pragmatisch handelnden PDS und einer unorganisierten, in ihren politischen Zielen diffusen WASG, bestünde mehr Trennendes als Einigendes. Eine Zusammenarbeit der beiden würde, so die Vorhersagen, über kurz oder lang an diesen Gegensätzen scheitern.[43] Diese pessimistische Prognose hat sich nicht, zumindest noch nicht, bewahrheitet. Trotz aller Konflikte scheint die Partei nicht von einer akuten Spaltungsgefahr bedroht zu sein. Es stellt sich daher die Frage, wodurch die teils gegensätzlichen, zumindest aber verschiedenen Teile der LINKEN zusammengehalten werden, wodurch einem Auseinanderdriften der Partei entgegen gewirkt wird.

Mit dem Neoliberalismus hat die LINKE ein klares Feindbild, das gleichsam Bezugspunkt allen Strebens ist: Die neoliberale Hegemonie soll durchbrochen werden.[44] Ein gemeinsames Ziel, das alle Mitglieder eint, ist, so diffus es auch sein mag, ein wichtiger Bestandteil zur Integration und elementarer Sinnstifter für eine Partei. Entsprechend der Heterogenität der LINKEN ist das Ziel ein abstraktes, ein kleinster gemeinsamer Nenner. Hiermit werden die Unstimmigkeiten, die sich aus deren partikularen Interessen ergeben, in einem höheren Ziel aufgehoben.[45]

---

43 Vgl. Micus (Anm. 1), S. 187.
44 Vgl. Die LINKE: Programmatische Eckpunkte (Anm. 37).
45 Vgl. Wiesendahl (Anm. 38), S. 221.

Daneben wird der innere Zusammenhalt durch bewusste und klare Abgrenzung von den anderen Parteien gestärkt. In einem Parteienwettbewerb mag eine solche Abgrenzung als etwas Normales erscheinen. Die LINKE allerdings grenzt sich mit besonderer Schärfe ab. Sie stilisiert sich zu einer Außenseiterin und fasst die anderen Parteien zu einem „neoliberalen Block" zusammen, dem sie scheinbar unversöhnlich gegenübersteht. Dass die LINKE die Position einer Außenseiterin im Parteiensystem belegt, ist nicht zuletzt auch ein Resultat der Themen, die von ihr vertreten werden. Die Partei erhält eine Sonderrolle durch das Eintreten für Positionen, die von keiner der anderen Bundestagsparteien besetzt werden. Diese sind allerdings in sofern keine Außenseiterpositionen, als dass einige ihrer Forderungen von einem Großteil der Bevölkerung befürwortet werden. Besonders bei den Themenbereichen „Außenpolitik" und „soziale Gerechtigkeit" wird dies deutlich. Eine grundlegende Kritik an der „Agenda 2010" teilten Ende 2008 immerhin 29 Prozent der Bürgerinnen und Bürger[46] und 34 Prozent kritisierten die deutsche Teilnahme an Militäreinsätzen im Ausland.[47]

Die LINKE bezieht sich in ihren programmatischen Eckpunkten bewusst auf die Friedensbewegung.[48] Denn unter den neuen Mitgliedern finden sich viele, die aus einer pazifistischen Einstellung heraus den Grünen und der SPD auf Grund ihrer Kosovo- und Afghanistan-Politik den Rücken zugewandt haben. Für diese Neumitglieder ist es besonders wichtig, dass die LINKE in keiner Form Kampfeinsätze der Bundeswehr befürwortet. Doch nicht nur diese ehemaligen Rot-Grünen, sondern auch viele aus der Ostermarsch- und Friedensbewegung unter den Neumitgliedern brauchen zur Bindung an die Partei die laufende Selbstversicherung als Friedens- und Völkerrechtspartei. Ein solches Selbstbild pflegte zwar bereits die PDS, die nicht selten mit einer Friedenstaube als Plakatmotiv in den Wahlkampf zog, aber es hat an Radikalität und Kompromisslosigkeit gewonnen. Selbst ein wenig begnadeter Redner wie Lothar Bisky konnte auf dem Parteitag in Cottbus die Delegierten durch die bloße Erwähnung des Wortes „Frieden" begeistern.

Eine ähnlich starke integrative Kraft besitzt das Thema „soziale Gerechtigkeit" für die Partei. Über die zentralen sozialpolitischen Forderungen „Weg mit Hartz IV!", gegen die Rente mit 67 und für die Einführung von Mindestlöhnen herrscht bei der überwiegenden Mehrheit der Mitglieder Einigkeit. Die Proteste gegen die Arbeitsmarktreform der rot-grünen Bundesregierung können als die Geburtshelferin der LINKEN angesehen werden. Die Ablehnung der Agenda 2010 war der Nährboden für die Entstehung der WASG. Die Proteste gegen die Hartz-Gesetze führten die Menschen, die aus den verschiedensten politischen

---

46   Vgl. Infratest dimap: Deutschlandtrend: September 2008.
47   Vgl. Forschungsgruppe Wahlen: Politbarometer: 08.02.2008.
48   Vgl. Die LINKE: Programmatische Eckpunkte (Anm. 37).

Zusammenhängen kamen, in einer Partei zusammen.[49] Auch in der LINKEN verbindet das Eintreten für eine andere Sozial- und Arbeitsmarktpolitik die Mitglieder über sonstige Grenzen hinweg. Die konkrete Ausgestaltung einer solchen Politik allerdings ist Gegenstand teils heftiger interner Auseinandersetzungen.

Als Kitt für die in Teilen noch fragile Partei wirkt auch der Druck von außen. Die Ausgrenzung der LINKEN durch die anderen Parteien stärkt ihr Zusammengehörigkeitsgefühl. Permanente Anfeindungen führen zu einer Solidarisierung unter den Betroffenen und dazu, dass Auseinandersetzungen in den eigenen Reihen zu Gunsten der Geschlossenheit unterbunden werden.

Wie sich durch äußere Angriffe so etwas wie eine Wagenburgmentalität entwickeln kann, zeigt sich beispielhaft an der Nichtwahl Lothar Biskys zum Bundestagsvizepräsidenten. Der Parteivorsitzende war zu Anfang der 16. Wahlperiode auch nach vier Anläufen nicht zum Bundestagsvize gewählt worden, obwohl der Linkspartei.PDS, wie sie damals noch hieß, laut Geschäftsordnung die Besetzung eines solchen Postens zustand. Petra Pau, die mittlerweile als Vertreterin der LINKEN in das Präsidium des Bundestages gewählt wurde, kommentierte den Vorgang damals mit den Worten: „Unsere Fraktion ist durch die Sache derart zusammengeschweißt, wie es sonst nur nach drei Klausuren und mehreren Zerwürfnissen der Fall gewesen wäre"[50].

Beispiele dieser Art lassen sich etliche finden. Im hessischen Landtag etwa führte die Abgrenzung der CDU gegenüber der LINKEN dazu, dass über zwei wortgleiche Anträge abgestimmt wurde. Es ging um die freiwillige Überprüfung von Stasi-Kontakten der Regierungsmitglieder und Abgeordneten. Und obwohl die Mitglieder aller Fraktionen dem zustimmten, weigerte sich die CDU, einen Antrag zu unterstützen, der von der LINKEN mitgetragen wurde. Daher wurden zwei identische Anträge, einer von CDU und FPD und der andere von SPD, den Grünen und der LINKEN eingereicht.[51] Dieser kategorische Ausschluss erscheint umso paradoxer, als dass eine Zusammenarbeit von CDU und LINKEN in den neuen Bundesländern zumindest auf kommunaler Ebene nichts Außergewöhnliches ist.[52] So wurde im sächsischen Chemnitz ein Parteiloser mit den Stimmen von CDU und der LINKEN zum Bürgermeister für Recht, Ordnung und Umwelt gewählt. Die Linke hatte im Gegenzug ihrerseits zwei CDU-Bürgermeistern in ihr Amt verholfen.[53] Fälle dieser Art sind keine Ausnahme. In Dresden stimmten im Frühjahr 2006 Teile der PDS-Fraktion zusammen mit

---

49   Vgl. Nachtwey/Spier (Anm. 16), S. 66.
50   Meng, Richard/Schindler, Jörg: Demütigung ohne Ansage, in: Frankfurter Rundschau, 20.10.2005.
51   Vgl. Grabenströer, Michael: Bis aufs Komma gleich, in: Frankfurter Rundschau, 10.04.2008.
52   Vgl. den Beitrag von Michael Lühmann in diesem Band.
53   Vgl. Löwisch, Georg: Dunkelrot-schwarzer Rübenrunkel, in: Die Tageszeitung, 14.06.2008.

CDU und FDP für den Verkauf der stadteigenen Wohnungen an einen privaten Investor.[54] Den harten verbalen Attacken der CDU gegen die LINKE steht also ein entspanntes Verhältnis der beiden Parteien in einigen ostdeutschen Kommunen gegenüber.

Ein weiteres Beispiel für den integrativ wirkenden Außendruck ist der Umgang mit Oskar Lafontaine. Undifferenzierte Vergleiche oder Beleidigungen, wie die Betitelung Lafontaines als „Helfershelfer der Taliban"[55] durch den Bundesumweltminister Sigmar Gabriel, führen zu seiner Stärkung innerhalb der LINKEN. Lafontaine ist auch in seiner eigenen Partei nicht unumstritten, vor allem bei den aus der PDS stammenden pragmatischen Linksparteilern steht er vermehrt in der Kritik.[56] In der Folge solcher Anfeindungen allerdings stellten sich auch die kritischen Mitglieder eher schützend vor Lafontaine und hielten ihre eigenen Bedenken zurück.

Neben Abgrenzung und Ausgrenzung gibt es einen weiteren Grund dafür, dass das linke Projekt nicht auseinanderbricht: Die einzelnen Teile innerhalb der Partei sind aufeinander angewiesen, wollen sie als Ganzes erfolgreich sein. Dies wird deutlich, führt man sich die Ausgangssituation vor der Fusion von PDS und WASG vor Augen. Nach anfänglicher Euphorie wurde im Jahre 2005 schnell klar, dass die WASG als eigenständige Partei kaum Aussicht auf Erfolg bei der anstehenden Bundestagswahl haben würde. Ergebnisse wie die bei der Landtagswahl in Nordrhein-Westfalen am 22.05.2005, bei der die WASG 2,25 Prozent erringen konnte, belegten zwar, dass die neue Partei durchaus in der Lage war, eine nicht geringe Menge von Menschen zu mobilisieren, zeigten aber gleichzeitig auf, dass sie sich ohne Hilfe von außen nicht dauerhaft würde halten können. Auch für die PDS, die bei der Wahl in Nordrhein-Westfalen mit 0,9 Prozent abschnitt, wurde deutlich, dass ihre Strategie, sich erfolgreich im Westen zu etablieren, gescheitert war und vielmehr noch, dass mit der WASG eine ernst zu nehmende Konkurrentin entstanden war.[57] Für die PDS kam hinzu, dass die gesamte Partei sich nach der Wahlniederlage 2002 in einem desolaten Zustand befand. Das grandiose Scheitern bei den Bundestagswahlen hatte innerparteiliche Grabenkämpfe mit voller Wucht wieder aufbrechen lassen und Spekulationen über den endgültigen Exitus der Partei neu entfacht.[58]

Zwei Dinge wurden für PDS und WASG bei den Landtagswahlen in Nordrhein-Westfalen deutlich: Zwar gab es auch im Westen durchaus das Potential

54 Vgl. Honigfort, Bernhard: Schimpfen und doch kuscheln, in: Frankfurter Rundschau, 18.06.2008.
55 Zitiert nach: Dückers, Tanja: Dämonen von Links, in: Die Zeit, abrufbar unter: http://www. zeit.de/online/2008/47/spd-linkspartei-verhaeltnis (eingesehen am 13.12. 2008).
56 Vgl. Schindler, Jörg: Kritik am großen Vorsitzenden, in: Frankfurter Rundschau, 01.03.2008.
57 Vgl. Micus (Anm. 1), S. 191.
58 Vgl. hierzu beispielsweise: Neugebauer/Stöss (Anm. 8), S. 155.

für eine Partei links der Sozialdemokratie, allerdings war dieses letztendlich zu klein, als dass zwei Parteien hiervon hätten erfolgreich zehren können. Trotz aller anfänglichen Skepsis zeichnete sich also für beide Parteien schnell ab, dass sie ohne eine Zusammenarbeit mit der jeweils anderen Partei wenig Aussicht auf einen längerfristigen Erfolg haben würden.

Die Notwendigkeit einer Zusammenarbeit führte die Parteien in einer Art Schicksalsgemeinschaft zusammen. Die Erfolge, die die neue Partei seit ihrer Gründung verbuchen konnte, scheinen die Fusion nachträglich zu legitimieren und sind gleichzeitig ein Grund dafür, dass innerparteiliche Auseinandersetzungen gering ausfallen. Viel zu sehr überwiegt bei den meisten Beteiligten die Freude darüber, nun endlich aus der Bedeutungslosigkeit herausgetreten zu sein und mit der neu gegründeten Partei Einfluss auf die Politik in der Bundesrepublik ausüben zu können.

Hinzu kommt, dass die Partei bei der Bewertung ihres eigenen Erfolgs noch ein Stück weiter geht und sich zur Hoffnungsträgerin für ganz Europa erklärt. Oskar Lafontaine drückte dies gleich zu Beginn seiner Rede auf dem Parteitag 2008 in Cottbus aus: „Es ist tatsächlich so: Viele in Europa blicken jetzt auf uns und hoffen und bangen mit uns, dass dieses Projekt, die LINKE in Deutschland, zum Erfolg geführt wird".[59] Hier vollzieht sich ein Rollenwechsel. Ist die LINKE auf der einen Seite die Außenseiterin, die in den politischen Auseinandersetzungen gegen alle anderen kämpft, stellt sie sich auf der anderen Seite für die übrigen linkssozialistischen Parteien in Europa als einen positiven Bezugspunkt dar. Lafontaine appellierte in seiner Rede an die Mitglieder, sich dieser Verantwortung bewusst zu werden und verstärkte hierdurch den Erfolgsdruck auf die Partei, welcher eine disziplinierende Wirkung auf die unterschiedlichen Strömungen hat.

Überhaupt spielt die engere Parteiführung eine wichtige Rolle bei der Integration verschiedener Vorstellungen. Die einzelnen Teile des Führungstrios, bestehend aus den beiden Vorsitzenden Lothar Bisky, Oskar Lafontaine und dem Fraktionsvorsitzenden Gregor Gysi, erreichen jeweils einen eigenen Teil der Mitglieder und sprechen bestimmte Wählergruppen an. Zugespitzt könnte man sagen, dass den drei Galionsfiguren der Linken eine jeweils spezifische Integrationsaufgabe zukommt.

In der Trias übernimmt Lothar Bisky die Rolle des Moderators. Bereits 1993 übernahm der ehemalige Direktor der Filmhochschule Potsdam den Parteivorsitz von Gregor Gysi um die widerstreitenden Kräfte innerhalb der PDS

---

59   Lafontaine, Oskar: Wir haben noch große und schwere Aufgaben vor uns, abrufbar: http://die-linke.de/partei/organe/parteitage/1_parteitag/reden/oskar_lafontaine/ (eingesehen am 17.10. 2008).

zusammenzubringen.[60] Auch wenn Bisky dem Lager der Pragmatiker innerhalb der Linken nahesteht, so zeichnet er sich besonders durch die Fähigkeit aus, verschiedene Vorstellungen innerhalb der Partei vereinigen zu können. Im Fusionsprozess von PDS und WASG stellte er seine ausgleichenden Fähigkeiten unter Beweis. Durch seine Unvoreingenommenheit gegenüber dem neuen Projekt und einem unaufgeregten Umgang mit der WASG erwarb sich der 67-Jährige viel Renommee innerhalb der Wahlalternative, welches er gleichzeitig nutzte, um in der eigenen Partei beharrlich für eine Fusion zu werben.[61] Dem ausgleichenden und in das Parteiinnere wirkenden Vorsitzenden stehen mit Gregor Gysi und Oskar Lafontaine zwei Partner zur Seite, welche die Partei mit ihrem Charisma nach außen hin vertreten und für ein hohes Maß an Polarisierung zuständig sind. Eine Rollenverteilung, wie sie auch schon in den Jahren zwischen 1993 und 2000 zwischen Bisky und Gysi stattgefunden hatte.[62] Gregor Gysi ist Symbolfigur des pragmatischen Teils der neuen LINKEN und zugleich, wobei die Schnittmenge sicherlich groß ist, wichtiger Vertreter der „ostdeutschen Interessen" in der neuen Partei. Oskar Lafontaine dagegen wirkt auf die ehemaligen SPDler sowie Gewerkschafter. Er ist Bezugspunkt und Aushängeschild einer großen Gruppe von Neumitgliedern und Wählern aus dem Westen. Durch die personelle Arbeitsteilung können so die widerstreitenden Gruppen gezielt angesprochen werden, Widersprüche, die sich in einer Person vereinen, werden vermieden.

Als Verstärker für all diese einheitsstiftenden Faktoren wirkt die Tatsache, dass sich die LINKE seit ihrer Gründung fast permanent im Wahlkampf befindet. Nach der Bundestagswahl 2005 war die Landtagswahl in Bremen die erste Bewährungsprobe für die neue Partei. Darauf folgten die Landtagswahlen in Hessen, Niedersachsen und Hamburg. Kaum waren diese vorüber, lief bereits der Wahlkampf in Bayern an, ihm folgte der durch die vorgezogenen Neuwahlen notwendig gewordene Wahlkampf in Hessen. Mit den Wahlen in Thüringen und im Saarland stehen unmittelbar vor der Bundestagswahl 2009 wichtige Entscheidung an, bei denen der LINKEN gute Erfolgschancen eingeräumt werden. Die Erwartungen an die junge Partei sind nach wie vor hoch und sie muss bei den bevorstehenden Wahlen noch beweisen, dass sie keine Eintagsfliege ist. In dieser fortdauernden Probezeit wird der Erfolgsdruck konstant hoch bleiben. Zusätzlich verstärkt sich gerade im Bundestagswahlkampf die Abgrenzung

---

60 Vgl.: Micus, Matthias: Die Quadratur des Kreises. Parteiführung in der PDS, in: Forkmann, Daniela/Schlie ben, Michael (Hrsg.): Die Parteivorsitzenden in der Bundesrepublik Deutschland 1949-2005, Wiesbaden 2005, S. 261-302, hier S. 278.

61 Vgl. Lorenz Robert: Techniker der „kalten Fusion", in: Tim Spier/Butzlaff, Felix/Micus, Matthias (Hrsg.): Die Linkspartei. Zeitgemäße Idee oder Bündnis ohne Zukunft, Wiesbaden 2007, S. 275-323, hier S. 286.

62 Vgl. Micus (Anm. 60), S. 284.

gegenüber den anderen Parteien noch einmal. Genauso wie die Abgrenzung der anderen Parteien gegenüber der LINKEN an Schärfe gewinnen wird.

Dass eine permanente Wahlkampfsituation allerdings nicht nur Vorteile für die LINKE hat, ließ sich Anfang 2009 in Hessen beobachten. Im Zuge dieses besonders kurzen Wahlkampfes gab es innerhalb der Partei wenig Raum für ausgedehnte Diskussionen über die eigene Positionsbestimmung. Vielmehr wurde die Partei verstärkt durch die Fraktion im Landtag gelenkt und es wurden Entscheidungen getroffen, die nicht aus einem breit angelegten Diskussionsprozess innerhalb der Partei hervorgegangen waren. Dies führte dazu, dass einige Mitglieder bittere Kritik an einer ihrer Meinung nach basisfernen, von Berlin gelenkten Partei äußerten und in der Folge austraten.[63] Hier zeigt sich, dass ein Wahlkampf nicht nur diszipliniert, sondern gerade in einer Partei, die sich als emanzipatorisch bezeichnet, schnell zu Problemen führen kann. Ebenso blieb wenig Zeit sich dem internen Parteiaufbau zu widmen, der in Hessen, wie in allen westlichen Bundesländern, noch lange nicht abgeschlossen ist.

Dass die Linkspartei trotz der innerparteilichen Querelen wieder in den Landtag einzog, ist dennoch ein großes Glück für sie. Gefährlicher für die LINKE erscheint momentan das Szenario des Scheiterns bei Wahlen, im Besonderen der Verlust des Fraktionsstatus in Länderparlamenten. Ohne eine Fraktion würde die Partei wichtige finanzielle und organisatorische Ressourcen verlieren, die sie für den Parteiaufbau benötigt. Außerdem bestünde die Gefahr, dass sich die Landesverbände in ihrer jetzigen ungefestigten Lage schnell in internen Auseinandersetzungen über die Gründe der Niederlage verlieren würden. Eine Diskussion, die an den bestehenden Strömungsgrenzen dankbare Ansatzpunkte für schwere Konflikte finden könnte. Allerdings scheint momentan der Zusammenhalt der Partei, zumindest auf kurze Sicht, gefestigt.

Fazit

Die LINKE hat zwei Dinge geschafft, die vor einem Jahrzehnt noch als völlig unwahrscheinlich galten. Sie stellt eine ernst zu nehmende Partei links der Sozialdemokratie dar und hat die Ost-Isolation der PDS aufgebrochen, sich bundesweit etabliert. Ihre Erfolge im Westen gingen dabei auch nicht auf Kosten ihrer Akzeptanz im Osten. Erstaunlich, wenn man bedenkt, dass ein Großteil der Stabilität der PDS im Osten gerade ihrem Charakter als Ostpartei zugeschrieben wurde. Doch anstatt als gesamtdeutsche Partei nun hier an Zustimmung zu verlieren, hat sie sich vielmehr eine Basis in der Wählerschaft erarbeitet. Und ihr

---

63 Vgl. Teevs, Christian: Austritte erschüttern Hessens Linke, in: Spiegel Online, abrufbar unter: http://www.spiegel.de/politik/deutschland/0,1518,600247,00.html (eingesehen am 15.1.2009).

enormes Mitgliederwachstum läuft gegen den Trend des bundesrepublikanischen Parteiensystems, das seit langem von Mitgliederschwund geprägt ist.

Noch ist nicht klar, ob die LINKE die Erwartungen der Wählerschaft im Westen der Republik erfüllen und diese damit längerfristig an die Partei binden kann. Chancen hat die Partei auf jeden Fall, in der Generation der 1950er Jahrgänge eine stabile Wählerschaft aufzubauen. Hier hat sie mit dem gewerkschaftsnahen Milieu und der Orientierung am klassischen Sozialstaatsmodell einen organisatorischen und einen thematischen Ansatzpunkt für eine dauerhafte Ansprache der Wähler. Diese Jahrgänge sind durch ihre zahlenmäßige Stärke gegenüber allen nachfolgenden Generationen auf absehbare Zeit auch ein stabiles Fundament, um die 5-Prozent-Hürde zu nehmen. Doch die Bewährungsprobe dieses Erfolgs steht noch aus. Noch sind sowohl der Wahlerfolg als auch das Mitgliederwachstum nicht zwingend stabil und keinesfalls Faktoren, die sich auf ewig verstetigen ließen. Vielmehr bergen sie selbst große Gefahren für die Fortsetzung des Erfolgs.

Wenn aus wahltaktischen Gründen nur noch das spezifische Milieu der 1950er Jahrgänge bedient wird, droht eine thematische Verengung, die viele Mitglieder der neuen Partei massiv frustrieren könnte und der Partei den letzten Rest ihres experimentierfreudigen und progressiven Images rauben würde. Die Mitglieder wollen eine offene Diskussion um Inhalte und Richtung, nur dann halten sie mit ihren vielen differierenden Vorstellungen von linker Politik einer einzigen Partei die Treue. Sie müssen zumindest das Gefühl haben, eine Chance zu haben, sich mit ihrer jeweiligen Position durchsetzen zu können.

Mit der Konzentration auf eine spezifische Generation verschärft sich für die LINKE zusätzlich das Problem der Überalterung. Das Defizit an jungen Wählerinnen und Wählern ebenso wie an Mitgliedern ist bei der LINKEN groß. Längerfristig muss sie daher versuchen für junge Wählerinnen und Wähler attraktiv zu werden. Gleichzeitig hat sich innerhalb der LINKEN das Verhältnis von männlichen zu weiblichen Mitgliedern stark verändert. War das Verhältnis innerhalb der PDS noch nahezu ausgeglichen, ist die Partei mittlerweile männlich dominiert. Eine Entwicklung, die nicht nur den Ansätzen der Partei selbst entgegenläuft, sondern gleichzeitig dazu führen könnte, dass die LINKE für Frauen generell weniger interessant wird.

Die LINKE hat sich nicht nur deshalb zu einer erfolgreichen Partei entwickelt, weil sie mit der Kohorte der 1950er Jahrgängen einen stabilen Kern entwickeln konnte, sondern auch weil sie gleichzeitig über ein bestimmtes Maß an inhaltlicher Unbestimmtheit und organisatorischer Offenheit verfügt. Diese Unbestimmtheit wirkt gleichzeitig einer allzu starken Verengung durch die Konzentration auf eine Generation entgegen. Dadurch, dass möglichst wenige Positionen ausgeschlossen werden, kann die LINKE viele Mitglieder integrieren. Von der Partei unabhängig agierende Gruppen werden auf informellem

Wege in der Partei zusammengeführt. Hierdurch wird ein breites Spektrum an politischen Vorstellungen eingebunden, ohne dass diese in Konkurrenz zu anderen Ansätzen der Partei treten. Konflikte über die inhaltliche Ausrichtung der LINKEN stellen daher momentan keine ernsthafte Gefahr für die Partei dar.

Allerdings wird die programmatische Unschärfe kaum als Dauerzustand tragbar sein. Sicherlich, die Partei wird den Charakter einer Sammlungsbewegung nicht vollständig ablegen, da sie auch in Zukunft von einer Offenheit für verschiedene programmatische Vorstellungen profitieren kann. Es wird gerade in den alten Bundesländern darauf ankommen, dass trotz einer programmatischen Festlegung ein Spielraum für verschiedenste Vorstellungen erhalten bleibt, will die LINKE ihre Erfolgsgeschichte fortschreiben. Bestimmte inhaltliche Festlegungen wird sie allerdings treffen müssen; spätestens dann, wenn sich die LINKE an weiteren (Landes-)Regierungen beteiligt. Aber auch ohne Regierungsbeteiligung wird wohl mit der Verabschiedung eines offiziellen Parteiprogramms eine Konkretisierung in vielen heute noch umstrittenen Bereichen stattfinden. Zusätzlich stellt sich die Frage, ob eine derartige inhaltliche Bandbreite in Wahlkämpfen dauerhaft funktionieren kann. Bei den Bundestagswahlen 2002 hatte nicht zuletzt der für Wählerinnen und Wähler undurchsichtige Kurs zwischen Oppositionspartei und potentieller Unterstützerin einer Rot-Grünen Regierung dazu geführt, dass die PDS nicht in Fraktionsstärke in den Bundestag eingezogen war.[64] Ein solches Szenario könnte auch der LINKEN drohen.

In einer solchen Situation käme dem innerparteilichen Sinnzusammenhalt eine umso größere Bedeutung zu. Ob das, was die Partei momentan eint, auf Dauer trägt und sie auch dann zusammenhält, wenn der Richtungsstreit offen zu Tage tritt, erscheint durchaus fraglich. Noch basiert der Zusammenhalt auf eher kurzlebigen Gründen. Die LINKE wird sich gerade dann bewähren müssen, wenn die Erfolge ausbleiben. Noch profitiert die Partei von ihren Anfangserfolgen und wird durch einen permanenten Wahlkampf geeint. In erfolgloseren Phasen drohen Auseinandersetzungen an Schärfe zu gewinnen. Auch hierfür lässt sich die Situation der PDS im Jahre 2002 beispielhaft anführen. Damals war die Partei nach einem heftigen Misserfolg in eine schwere Krise geraten, in welcher sich die Flügel der Partei heftige Auseinandersetzungen lieferten. Solche Krisen könnten eine in sich noch nicht gefestigte junge Partei wie die LINKE besonders hart treffen und ihre Existenz gefährden.

Umso wichtiger wird es für die LINKE in Zukunft, sich über eigene Themen von den anderen Parteien abzugrenzen und eine belastbare Identifikationsbasis für Mitglieder, Wählerinnen und Wähler zu schaffen; erst recht, wenn sich das Verhältnis zu den anderen Parteien normalisieren sollte.

---

64 Vgl. Neugebauer/Stöss (Anm. 8), S. 137.

Die FDP
Totgesagte leben bekanntlich länger

Teresa Nentwig / Christian Werwath

Bis vor wenigen Jahren meinten es die Kommentatoren und Interpreten des politischen Geschehens in Deutschland nicht gut mit der FDP, mehr noch: läuteten regelmäßig für die Liberalen die Sterbeglöckchen. Bereits 1984, zwei Jahre nach seinem Wechsel zur SPD, veröffentlichte der ehemalige Generalsekretär der FDP und heutige EU-Kommissar Günter Verheugen das Buch „Der Ausverkauf. Macht und Verfall der FDP"[1]. 1996 dann stellten die Politikwissenschaftler Peter Lösche und Franz Walter in den ersten Sätzen ihres Buches „Die FDP. Richtungsstreit und Zukunftszweifel" fest: „Kein Zweifel: Die meisten Bundesdeutschen haben die FDP schon abgeschrieben. Und in der Tat spricht ja nicht mehr viel dafür, daß die Partei noch eine Zukunft haben könnte"[2]. Gleichermaßen titelte der *Spiegel* am 4. November 2002: „Die FDP-Affäre: ausgespielt. Wie Möllemann und Westerwelle die Liberalen ruinieren." 2004 dann legte der ehemalige Bundesgeschäftsführer der FDP und Möllemann-Berater Fritz Goergen mit dem Buch „Skandal FDP. Selbstdarsteller und Geschäftemacher zerstören eine politische Idee" eine schonungslose Kritik am Zustand seiner ehemaligen politischen Heimat vor. Goergens ernüchternde Schlussfolgerung: „Als eine unter diesen kleinen und kleinsten Parteien mag die FDP noch länger existieren. Gebraucht wird sie nicht mehr. Weder vom Liberalismus noch von der Republik."[3] Zahlreiche weitere Beispiele ließen sich aufzählen.

Doch entgegen den Vorhersagen verschwand die FDP nicht von der politischen Bühne. Stattdessen treffen wir heute auf eine Partei, die sich nach dem Gang in die Opposition 1998 über die Länderebene wieder erholt hat: Nachdem Abgeordnete blaugelber Couleur 2001 nur in fünf Landtagen saßen, ist die FDP zu Beginn des Jahres 2009 in insgesamt 13 Landesparlamenten vertreten. Und seit dem 28. September 2008 ist die FDP neben Baden-Württemberg, Niedersachsen, Nordrhein-Westfalen und Hessen nun auch wieder in Bayern an der Regierung beteiligt, wo die Partei bei der Landtagswahl von dürftigen 2,6 Pro-

---

1   Verheugen, Günter: Der Ausverkauf. Macht und Verfall der FDP. Reinbek bei Hamburg 1984.

2   Lösche, Peter/Walter, Franz: Die FDP. Richtungsstreit und Zukunftszweifel, Darmstadt 1996, S. VII.

3   Goergen, Fritz: Skandal FDP. Selbstdarsteller und Geschäftemacher zerstören eine politische Idee, Köln 2004, S. 259.

zent 2003 auf jetzt 8,0 Prozent der Stimmen kam und nach 14 Jahren nicht nur
wieder in den Landtag einzog, sondern gleich auch in die Regierung. So werden
heute die fünf größten Bundesländer, d.h. etwa 55 Millionen von insgesamt 82
Millionen Einwohnern der Bundesrepublik Deutschland, von einer schwarz-
gelben Koalition regiert.

Auch auf kommunaler Ebene ist die FDP wieder zu Kräften gekommen. In
Sachsen beispielsweise erzielte die Partei am 8. Juni 2008 ihr bestes Kommu-
nalwahlergebnis seit der Wende. Mit 29 Bürgermeistern und 588 Abgeordneten
in Kreistagen und anderen Kommunalparlamenten besitzt Sachsens FDP momentan unbestritten eine starke kommunalpolitische Basis.[4] Auf Bundesebene
sieht es für die Liberalen ebenfalls nicht schlecht aus. Bereits bei der Bundestagswahl 2005 erreichten sie einen Zweitstimmenanteil von 9,8 Prozent und
damit 2,4 Prozentpunkte mehr als noch 2002. Im Februar 2009 dann stand die
FDP bei der Sonntagsfrage gar bei 16 Prozent[5] und wurde von CDU und SPD
als möglicher Koalitionspartner nach der Bundestagswahl 2009 umworben. Und
schließlich: Während CDU und SPD schrumpfen, kann sich die FDP über stei-
gende Mitgliederzahlen freuen: Am 2. Januar 2009 meldete die Partei einen
Nettozuwachs von 1.522 Mitgliedern für das Jahr 2008. Der FDP gehörten damit am 31. Dezember 2008 65.500 Mitglieder an. Zum Vergleich: Im Jahr 2000
gab es erst 62.721 Freidemokraten[6]; ein leichter, doch kontinuierlicher Wach-
stumstrend lässt sich ausmachen.

Arithmetisch also scheint es gut auszusehen für die Liberalen. Doch wie
steht es um ihr Erscheinungsbild in der Öffentlichkeit, die innerparteiliche Heterogenität oder die Programmatik? Ist die FDP auch dort so kraftvoll, wie es ihre
Wahlerfolge und Mitgliedergewinne vermuten lassen? Wie sind die Hinweise
von Cornelia Pieper, Wolfgang Gerhardt, Philipp Rösler und anderen FDP-
Größen zu verstehen, dass ihre Partei bürgernäher, menschlicher und wärmer
erscheinen, gar zu einer „Partei für das ganze Volk" werden solle? Um diese
Fragen zu beantworten, werden im Folgenden insgesamt sieben Schlüsselberei-
che eingehend unter die Lupe genommen: die Mitglieder- und Wählerstruktur
der FDP, ihr Programm, das Verhältnis von Frauen zur FDP und umgekehrt, die
Situation der Liberalen in den Großstädten, die Selbstdarstellung der FDP, die
Führungsspitze der Partei und schließlich ihre Jugendorganisation, die Jungen
Liberalen (JuLis).

---

4   Vgl. hierzu die Meldung „Aufschwung der FDP Sachsen setzt sich fort" vom 09.06.2008 und
     die Präsentation „Herzlich Willkommen bei den Freien Demokraten in Sachsen", jeweils ab-
     rufbar unter: http://www.fdp-sachsen.de/ (eingesehen am 24.11.2008).
5   Vgl. ARD DeutschlandTREND Februar 2009; abrufbar unter: http://www.infratest-
     dimap.de/?id=16#ue7 (eingesehen am 26.02.2009).
6   Vgl. Rimscha, Robert von: Positive Mitgliederentwicklung bei der FDP. Pressemitteilung vom
     02.01.2009, abrufbar unter: http://www.fdp-bundespartei.de/webcom/show_websiteprog.php/
     _c-648/_lkm-/_nr-11650/bis-/i.html (eingesehen am 06.01.2009).

Die Mitglieder- und Wählerstruktur der FDP

Die Freie Demokratische Partei ist bei Bundestagswahlen mit einem Wähleranteil von sechs bis 13 Prozent eine der kleineren Parteien in Deutschland. Mit einem Ergebnis von 9,8 Prozent der Zweitstimmenanteile bei der Bundestagswahl 2005 lag sie knapp einen Prozentpunkt über ihrem Durchschnittswert seit der ersten Wahlperiode.[7] Das gute Abschneiden verdankte sie zu einem großen Teil ihrer Rückkehr zur Rolle der klassischen Funktionspartei. Profilierten sich die Liberalen zum Bundestagwahlkampf 2002 noch als eigenständige und unabhängige Reformpartei, so gerierten sie sich 2005 wieder zunehmend als „natürlicher" Koalitionspartner der Union sowie – im Gegensatz zur CDU – als glaubwürdigere Wirtschaftspartei.[8] Diese hohe Glaubwürdigkeit erreichte sie vor allem über ihren Vorsitzenden und die vielfach neu besetzten Wahllisten. Viele der im Bundestag vertretenen Abgeordneten sind jung und können ein wirtschaftspolitisches Studium oder Berufserfahrung in den Chefetagen der Wirtschaft vorweisen.[9] Mit dieser Strategie gewannen die Freien Demokraten viele „Leihstimmen" von der Union. Der gravierende Nachteil einer solchen Wählerschaft wurde bei der FDP bereits häufig diagnostiziert: Die Partei kann auf keinen historisch gewachsenen Sockel an Stammwählern zurückgreifen, sie ist in keinem Milieu fest verwurzelt. Ein bedeutender Teil ihrer Wähler ist das, was man unter dem Schlagwort „volatil" versteht.

Gleichwohl besitzt die FDP im bürgerlichen Lager ihre klassische Wählerklientel, die sich allerdings mehrheitlich auch der CDU nahe fühlt bzw. diese auch schon gewählt hat – sich folglich „volatil" verhält.[10] Dennoch stieß die FDP bei zurückliegenden Landtags- und Bundestagswahlen vermehrt auch in historisch eher unzugängliche Wählerschichten vor. Sie wurde bei Arbeitern,

---

7   Zu den in diesem Kapitel genannten Wahl- und Umfrageergebnissen vgl. die Internetseite des Bundeswahlleiters, abrufbar unter http://www.bundeswahlleiter.de (eingesehen am 26.09.2006); Bundeszentrale für politische Bildung: Parteien in Deutschland. Zahlen und Fakten, abrufbar unter: http://www.bpb.de/themen/EWC0AQ,0,0,Fakten%3A_FDP.html (eingesehen am 26.09.2006); vgl. weiterhin: Thomas-Dehler-Haus, Abteilung Organisation und Finanzen: Mitgliederstruktur der FDP nach Alter und Geschlecht 2004-2007. Mitgliederzahl der Landesverbände und der Bundespartei 2004-2007, Bonn 2008 (unveröffentlichtes Dokument); Vorländer, Hans: Freie Demokratische Partei, in: Frank Decker/Viola Neu (Hrsg.): Handbuch der deutschen Parteien, Bonn 2007, S. 276-288.

8   Vgl. Hirscher, Gerhard: Ende der bürgerlichen Mehrheit? Die Oppositionsparteien CDU, CSU und FDP, in: Bayerische Landeszentrale für politische Bildungsarbeit (Hrsg.): Bilanz der Bundestagswahl 2005. Voraussetzungen – Ergebnisse – Folgen, München 2006, S. 83-118, hier S. 114.

9   Vgl. FDP im Deutschen Bundestag, Pressestelle (Hrsg.): 61 Liberale im 16. Deutschen Bundestag, Berlin 2007.

10   Vgl. Infratest dimap: Wahlreport Bundestagswahl 18. September 2005, Berlin 2005, S. 86-89.

Arbeitslosen und jungen Männern mit geringer schulischer Bildung stärker.[11] Während zur Bundestagswahl 1998 noch ein Prozent aller Arbeiter im Westen und drei Prozent im Osten die FDP wählten, verzeichnete die Partei 2002 und 2005 einen Zuwachs von sieben Prozentpunkten im Westen und drei Prozentpunkten im Osten. Die zukünftige Aufgabe der Liberalen wird es demnach sein, eine Brücke zwischen dem klassischen Wählerpotenzial und den durch Spaßkampagnen, provokanten Tabubrüchen und populistischen Ausfällen zwischen 2000 und 2002 neu hinzugewonnenen Gruppen zu schlagen.[12] Was also den Volksparteien über Jahrzehnte gelungen ist, sollte nun der FDP gelingen, will sie dieses Potenzial weiterhin nutzen und eventuell sogar ausbauen können.

Ein Blick auf die Parteimitglieder verrät, ob dieser Spagat gelingen könnte. Auffällig ist, dass sich 41 Prozent ihrer Mitglieder der oberen Mittelschicht zugehörig fühlen, was der höchste Anteil innerhalb aller im Bundestag vertretenen Parteien ist. Zum Vergleich: Acht Prozent der gesamten Bundesbevölkerung ordnen sich ebenfalls dieser sozialen Schicht zu. Auch der Anteil der FDP-Mitglieder, die sich als Teil der Oberschicht sehen, liegt mit fünf Prozent höher als bei den übrigen Bundestagsparteien. Mit 15 Prozent haben die Freien Demokraten den höchsten Anteil an Selbstständigen in ihren Reihen. Weitere häufig unter den Mitgliedern vertretene Berufsgruppen sind Angestellte (17 Prozent) sowie Beamte und im öffentlichen Dienst Tätige (20 Prozent). Lediglich 25 Prozent der FDP-Mitglieder sind Rentner. Dementsprechend hatten die Liberalen zur Bundestagswahl 2005 einen Stimmenanteil bei den Selbstständigen und Angestellten von 30 Prozent im Westen und 25 Prozent im Osten. 43 Prozent der FDP-Wähler bezeichnen sich als der mittleren Mittelschicht, zehn Prozent der unteren Mittelschicht angehörend und nur ein Prozent stuft sich als Unterschichtenmitglied ein. Diese Zahlen malen ein Bild, welches nicht recht zur neuen Wählerschaft passen will. Die FDP ist demnach eine Partei, in der die Arbeiterschaft und die sogenannten bildungsfernen Schichten eher nicht zu Hause sind. Eine Integration erscheint bei diesen Unterschieden zumindest stark erschwert. Hinzu kommt die von der Parteiführung vorgegebene politische Leitlinie, die der Klientel und den Interessen der Parteimitglieder natürlich deutlich näher steht als denen der unteren Mittelschicht und die somit für diese eine längerfristige Identifikation mit den Idealen und Ideen der FDP fraglich macht.

Dass die Partei offenbar gerade die oberen Schichten – vornehmlich männlichen Geschlechts – mit abgeschlossenem Studium anspricht, wird allein schon daran deutlich, dass über die Hälfte der Parteimitglieder einen Studienabschluss

11   Vgl. Walter, Franz: Partei ohne Balance, in: Frankfurter Allgemeine Zeitung, 31.05.2008.
12   Vgl. Micus, Matthias/Walter, Franz: Entkopplung und Schwund. Parteien seit der Bundestagswahl, in: Tenscher, Jens/Batt, Helge (Hrsg.): 100 Tage Schonfrist. Bundespolitik und Landtagswahlen im Schatten der Großen Koalition, Wiesbaden 2008, S. 247-282, hier S. 264.

vorweisen kann (54 Prozent).[13] Im Gegensatz dazu fehlt den Liberalen die Bindung an die jungen, modern ausgebildeten Frauen. Den Freien Demokraten lässt
sich bezüglich des Bildungsgrades und des von den Mitgliedern repräsentierten
Berufsstandes eine hohe innerparteiliche Homogenität attestieren. Ihre Politik ist
daraufhin ausgerichtet und schlägt sich in der Wahlentscheidung der entsprechenden Berufsgruppen auch nieder.

Das freidemokratische Programm unter der Lupe

Das Programm ist eines der Aushängeschilder einer Partei. Es legt ihre Forderungen und ihre Ziele dar und gibt einen Eindruck von den Werten, für die die
Partei stehen möchte. Betrachtet man die Wahlerfolge und die Mitgliederentwicklung der FDP in der letzten Zeit, liegt die Schlussfolgerung nahe, dass die
Liberalen eine Programmatik verkörpern, die in Teilen der Öffentlichkeit auf
positive Resonanz stößt. Ob man eine Partei wählt oder ihr sogar beitritt, wird
gewiss auch von anderen Faktoren beeinflusst, sei es von ihrer Bindekraft, von
ihrem Führungspersonal, von Informations- und Engagementmöglichkeiten
innerhalb der Parteigliederungen oder sei es von der Familientradition der be-
treffenden Person. In vielen Fällen aber spielt die eigene Identifikation mit den
programmatischen Aussagen der Partei eine zentrale Rolle. Befragt nach den
Gründen für eine Mitgliedschaft in der FDP, gaben bei einer Ende 2006/Anfang
2007 durchgeführten Mitgliederumfrage zum liberalen Selbstverständnis denn
auch 74 Prozent der mehr als 2.400 Befragten die Identifikation mit dem Programm der FDP als wichtigsten Faktor an.[14] Mit der Steuerpolitik haben die Liberalen in der Tat ein attraktives Thema besetzt. Es wird sowohl innerhalb der
Großen Koalition als auch zwischen Regierung und Opposition immer wieder
heftig diskutiert und betrifft überdies in seinen Auswirkungen jeden einzelnen
Bürger. Unbestritten dürfte zumindest sein, dass die FDP die bundesdeutsche
Partei ist, die sich am vehementesten für Steuersenkungen und ein vereinfachtes
Steuersystem einsetzt.

Auf ihrem Bundesparteitag 2008 in München haben die Liberalen dementsprechend ausgiebig über mögliche Steuermodelle debattiert. Doch sie
versuchten während ihrer zweitägigen Zusammenkunft auch zu zeigen, dass sie
mehr können, als eine reine Steuersenkungspartei zu sein. So legte Parteichef
Guido Westerwelle in einer knapp anderthalbstündigen Grundsatzrede einen
klaren Schwerpunkt auf ein weiteres liberales Kernthema: die Bürgerrechte.
Geradezu empört sprach er vom „gläsernen Bankkunden", vom „gläsernen Tele-

---

13   Vgl. ebd., S. 264.
14   Vgl. FDP-Bundesgeschäftsstelle, Abteilung Strategie und Kampagnen: Auswertung der Er-
     gebnisse der Mitgliederumfrage.

fonnutzer", vom „gläsernen Steuerzahler", vom „gläsernen Patienten", vom
„gläsernen Fluggast", vom „gläsernen Computer" und vom „gläsernen Autofah-
rer", erwähnte allein in den ersten vier Minuten seiner Rede 18-mal das Wort
„Freiheit".[15]

Doch sieht man von diesem leidenschaftlichen Plädoyer einmal ab, wie
lässt sich dann das Engagement der FDP für Freiheit und Bürgerrechte beurteilen? Ist sie in der Praxis wirklich noch die „Schutzpatronin der Bürgerrechte"[16]?
Überwiegend lässt sich eine positive Bilanz ziehen: Unter der Federführung von
Burkhard Hirsch – von 1975 bis 1980 Innenminister in Nordrhein-Westfalen
und „Ikone liberaler Innenpolitik"[17] – bzw. Gerhard Baum – von 1978 bis 1982
Bundesinnenminister der sozialliberalen Koalition – wurden in den letzten Jahren vier Verfassungsbeschwerden eingereicht, von denen drei schon erfolgreich
waren: die gegen den Lauschangriff, das Luftsicherheitsgesetz und die Online-
durchsuchungen. Die FDP-Bundestagsfraktion stimmte gegen das „Terroris-
musbekämpfungsgesetz" und die „Anti-Terror-Datei" und tritt für einen verbes-
serten Verbraucherschutz ein. Doch es gab auch Ausnahmen im Einsatz für
Freiheit und Bürgerrechte: So setzte Ingo Wolf, Innenminister in Nordrhein-
Westfalen, im Dezember 2006 eine Novelle des Verfassungsschutzgesetzes
durch, die die heimliche Überwachung privater Computer ermöglichen sollte.
Eine Verfassungsbeschwerde, eingereicht u. a. von einer Politikerin der Partei
„Die Linke", hatte allerdings Erfolg: Das Bundesverfassungsgericht erklärte die
Vorschriften zur Online-Durchsuchung in Nordrhein-Westfalen für verfas-
sungswidrig und damit nichtig.[18] Ingo Wolf kehrte auf die Parteilinie zurück.

Mit der Steuer- und Bürgerrechtspolitik, so lässt sich zusammenfassen, besitzen die Freien Demokraten zwei Themen, die ihre Identität ausmachen, ihre
langfristige Orientierung stärken, zu Geschlossenheit führen sowie Ansätze für
die Identifikation mit der Partei bieten könnten. Diese Fixierung auf zwei Kernthemen hat jedoch auch Schattenseiten. Zunächst wäre die programmatische
Verengung der FDP zu nennen, welche regelmäßig Anlass für innerparteiliche
Diskussionen bietet. Der Generalsekretär der FDP, Dirk Niebel, weist zwar jede
interne Beanstandung am Erscheinungsbild der Partei zurück: „Offene Worte

---

15   Vgl. Westerwelle, Guido: Wir wollen mutig vorangehen. Rede auf dem 59. Ordentlichen
     Bundesparteitag der FDP, abrufbar unter http://59.parteitag.fdp.de/webcom/show_article.
     php/_c-204/_lkm-107/i.html (eingesehen am 12. Oktober 2008).
16   Weber, Alexander: Sehnsucht nach der Macht, in: Münchner Merkur, 02.06.2008.
17   Denkler, Thorsten: Interview mit Burkhard Hirsch. „Wenn Schäuble eine andere Republik
     will, dann soll er gehen", in: Süddeutsche Zeitung, 22.05.2007, abrufbar unter: http://www.
     sueddeutsche.de/deutschland/artikel/383/115268/ (eingesehen am 06.12.2008).
18   Vgl. hierzu Pressestelle des Bundesverfassungsgerichts: Vorschriften im Verfassungs-
     schutzgesetz NRW zur Online-Durchsuchung und zur Aufklärung des Internet nichtig. Pres-
     semitteilung Nr. 22/2008 vom 27.02.2008. abrufbar unter: http://www.bundesverfassungs
     gericht.de/ pressemitteilungen/bvg08-022.html (eingesehen am 06.12.2008).

sind kein Drama, aber diese Kritik ist nicht angebracht [...]. Es wäre falsch, der FDP vorzuwerfen, sie sei eine Ein-Themen-Steuersenkungspartei"[19]. Dennoch wird die Partei in der Öffentlichkeit mit der Wendung „Steuern runter" gleichgesetzt. Dazu haben die Liberalen selbst beigetragen, denn sie sprachen in den letzten Jahren immer wieder von der FDP als „Steuersenkungspartei".

Gewiss, die FDP beschäftigt sich – neben der Bürgerrechtsthematik – nicht ausschließlich mit Steuerpolitik. So hat ihr Bundesvorstand beispielsweise im Herbst 2007 einen sechsseitigen Beschluss zu einer modernen Kinderpolitik gefasst.[20] Und auch die Umweltpolitik bleibt nicht unberücksichtigt: Nachdem die Freien Demokraten auf ihrem Rostocker Bundesparteitag am 13. und 14. Mai 2006 einen umfassenden Beschluss zur Umweltpolitik gefasst hatten[21], legte das Präsidium der FDP ein Jahr später mit dem Beschluss „Internationale Klimaschutzoffensive jetzt durchsetzen"[22] nach. Im Oktober 2008 folgten dann zwei weitere den Umwelt- bzw. Klimaschutz betreffende Beschlüsse.[23] Indes erinnert dies eher an hektisches, der innerparteilichen Kritik nachgebendes Handeln als an überzeugte und überzeugende Sachpolitik. Die FDP ist und bleibt eben die Steuersenkungs- und Bürgerrechtspartei – und damit für viele außen stehende Betrachter eine Partei der programmatischen Dürre.

Diese Verengung der Freien Demokraten auf die Aspekte Steuer- und Bürgerrechtspolitik hat noch eine weitere Schattenseite, und zwar das Image der FDP als „Partei der sozialen Kälte"[24]. Direkt vor dem Bundesparteitag der Liberalen im Jahr 2008 hielt etwa die stellvertretende Vorsitzende der FDP-Bundestagsfraktion, Sabine Leutheusser-Schnarrenberger, unmissverständlich fest: „Wir werden bisher zu sehr als reine Wirtschaftspartei wahrgenommen.

---

19   Dirk Niebel in einem Interview mit Holger Eichele: „Die Leute fühlen sich abkassiert", in: Münchner Merkur, 31.05.2008.

20   Beschluss des Bundesvorstandes der FDP, Berlin, 17. September 2007: Kinder stärken. Eine moderne Kinderpolitik für Deutschlands Zukunft!, abrufbar unter: http://www.liberale. de/files/653/BuVo-Kinder.pdf (eingesehen am 11.10.2008).

21   Vgl. Beschluss des Bundesparteitages der FDP, Rostock, 13.-14. Mai 2006: Innovation und Lebensqualität durch marktwirtschaftlichen Umweltschutz – Grundsätze und Schwerpunkte liberaler Umweltpolitik, abrufbar unter: http://57.parteitag.fdp.de/files/94/BPT2006-Umwelt politik.pdf (eingesehen am 11.10.2008).

22   Beschluss des Präsidiums der FDP, Berlin, 4. Juni 2007: Internationale Klimaschutzoffensive jetzt durchsetzen, abrufbar unter: http://www.liberale.de/files/653/Beschluss-Klimawan del_1.pdf (eingesehen am 02.11.2008).

23   Es handelt sich dabei um die beiden Beschlüsse des FDP-Bundesvorstandes „Klimaschutz durch effiziente Landwirtschaft" und „Leitlinien und Handlungsfelder einer liberalen Biodiversitätsstrategie", abrufbar unter: http://www.liberale.de/webcom/show_download.php/_c-653/_cat-25/i.html (eingesehen am 02.11.2008).

24   Lehmann, Armin: Das bietet sich an, in: Der Tagesspiegel, 28.01.2008.

Das reicht nicht aus"[25]. Auch andere führende Köpfe und insbesondere auch der Parteinachwuchs drängten bisweilen darauf, die hier empfundene Lücke ernster zu nehmen. So wurde beispielsweise auf dem Bundesparteitag 2008 ein Steuerkonzept beschlossen, welches das Steuersystem mit den Sozialleistungen verknüpft und in diesem Rahmen ein „leistungsgerechtes Bürgergeld"[26] vorsieht, das die verschiedenen (steuerfinanzierten) sozialen Leistungen des Staates wie beispielsweise Arbeitslosengeld II, Kinderzuschlag und Wohngeld zusammenfasst. Doch bisher hat die FDP kaum Versuche unternommen, die Idee des Bürgergeldes in die Öffentlichkeit zu tragen. Das wiederum stärkt das Image der FDP als einer Partei, die sich nicht für das Wohl der „kleinen Leute" interessiert.

Betrachtet man nun zusammenfassend das Programm der FDP, dann lässt sich festhalten, dass die Partei bei ihren beiden Kernthemen, der Steuer- und der Bürgerrechtspolitik, gefestigt dasteht, auch als kompetent wahrgenommen wird. Die Konzentration auf zwei wesentliche Handlungsfelder hat jedoch dazu geführt, dass andere Themen zu kurz kamen und sich daher in der letzten Zeit vermehrt innerparteiliche Kritiker äußerten, die neben einer programmatischen Öffnung eine sozialere, eine den Menschen näher stehende FDP forderten. Was die programmatische Ebene betrifft, lässt sich die Partei somit als stark und schwach zugleich charakterisieren. Dass die Liberalen dies selbst erkannt haben und nun – zumindest in Ansätzen – einen Diskurs über eine inhaltliche Erweiterung führen, weist darauf hin, dass in der FDP nicht alles glatt läuft, sondern durchaus verschiedene Problemfelder ihr Erscheinungsbild prägen.

Freie Demokraten und Frauen – ein schwieriges Verhältnis?

„Politik ist Männersache". So betitelte die Politologin Beate Hoecker ihren Artikel in der *Frankfurter Rundschau* vom 12. Juni 2006. Parteien, so Hoecker, übten auf Frauen nur eine geringe Anziehungskraft aus.[27] In welchem Maße trifft dies auf die FDP zu? Und welche Ursachen lassen sich dafür anführen?

Mit einem Frauenanteil von 22,8 Prozent an ihren Mitgliedern[28] liegt die FDP zwar hinter CDU, SPD, Grünen und Linkspartei, deren Anteil an Frauen

---

25 Zit. nach Gaugele, Jochen: Ist die FDP sozial genug?, in: Bild am Sonntag, 01.06.2008, abrufbar unter: http://www.bild.de/BILD/news/politik/2008/06/01/fdp/parteitagsstreit.html (eingesehen am 01.09.2008).

26 Beschluss des 59. Ord. Bundesparteitages der FDP, München, 31. Mai-1. Juni 2008: Die gerechte Steuer: Einfach, niedrig und sozial. Das Nettokonzept der FDP, S. 4, abrufbar unter: http://59.parteitag.fdp.de/files/197/BPT-Nettokonzept.pdf (eingesehen am 07.09.2008).

27 Vgl. Hoecker, Beate: Politik ist Männersache, in: Frankfurter Rundschau, 12.06.2006.

28 Zum 31. Dezember 2007. Mitteilung per E-Mail von Frau Beyer, FDP-Bundesgeschäftsstelle.

sich zwischen 25,4 Prozent (CDU) und 39,1 Prozent (Linkspartei) bewegt[29]. Das Schlusslicht bilden die Liberalen allerdings nicht; diesen Platz nimmt die CSU mit einem Frauenanteil von 18,8 Prozent ein. Doch ist die FDP die einzige Partei, deren Frauenanteil an Mitgliedern seit mindestens 1996 konstant gesunken ist.[30] Überdies sind weibliche FDP-Mitglieder in innerparteilichen Führungspositionen, im Bundestag und in den Länderparlamenten unterrepräsentiert: Der Frauenanteil im Präsidium beträgt ein Drittel,[31] von 61 FDP-Bundestagsabgeordneten sind 15 Frauen und unter den 662 Delegierten beim Bundesparteitag 2008 waren 147 Frauen.[32] Alle 13 Landtagsfraktionen werden von Männern geführt, wobei die FDP in der Bremer Bürgerschaft und in den Landtagen des Saarlands und Schleswig-Holsteins über keine einzige weibliche Abgeordnete verfügt. Auch der Posten des parlamentarischen Geschäftsführers ist meist in Männerhand, nur in Baden-Württemberg und Sachsen-Anhalt nicht. In den drei „alten" Landesregierungen mit FDP-Beteiligung (Baden-Württemberg, Niedersachsen, Nordrhein-Westfalen) gibt es weder eine liberale Ministerin noch eine Staatssekretärin. Anders in dem seit Ende Oktober 2008 bestehenden schwarzgelben Kabinett in Bayern: Die erst 36-jährige Rechtsanwältin, Steuerberaterin und Landtagsabgeordnete der FDP Katja Hessel wurde zur Staatssekretärin im Wirtschaftsministerium ernannt. Anders auch bei der am 5. Februar 2009 gebildeten hessischen Landesregierung: Während die FDP-Politikerin Dorothea Henzler zur Kultusministerin ernannt wurde, bekleidet Nicola Beer seitdem den Posten der Staatssekretärin für Europa. Diese neuere Entwicklung ändert jedoch nichts an der Tatsache, dass die FDP keine große Attraktivität für Frauen ausstrahlt und deren Anteil in den Führungsgremien der Partei und unter den liberalen Bundes- sowie Landtagsabgeordneten gering ist.

Warum entscheiden sich so wenig Frauen, in die FDP einzutreten? Werden sie vom männerdominierten Milieu, vom ausgeprägten „Machotum" in der FDP abgeschreckt? Oder sind es das vermeintlich fehlende Charisma Westerwelles, seine oft polarisierenden Äußerungen und die patriarchalische Führungsstruktur, die bei Frauen keinen Gefallen finden? Der Hauptgrund, warum Frauen davor zurückschrecken, Mitglied der FDP zu werden, dürfte auf einer anderen Ebene liegen: Die Liberalen machen ihnen zu wenig Identifikationsangebote, sprechen weibliche Lebenssituationen und Lebensgefühle kaum an. Es sind noch immer weitgehend die Frauen – egal ob berufstätig oder nicht –, die sich um Kinder

---

29   Zu diesen und den folgenden Zahlen vgl. Niedermayer, Oskar: Parteimitglieder in Deutschland. Version 2008, Arbeitshefte a. d. Otto-Stammer-Zentrum, Nr. 13, FU Berlin, 2008, S. 15, abrufbar unter: http://www.polsoz.fu-berlin.de/polwiss/forschung/systeme/empsoz/publikationen/ahosz13.pdf (eingesehen am 07.01.2009).

30   Daten erst ab 1996 verfügbar.

31   Vgl. hierzu http://www.fdp-bundespartei.de/webcom/show_article.php/_c-403/i.html (eingesehen am 07. 12.2008).

32   Mitteilung per E-Mail von Frau Beyer, FDP-Bundesgeschäftsstelle.

und Haushalt kümmern, während der Mann für die Geld- und Finanzfragen
zuständig ist. Eine Partei wie die FDP ist infolgedessen eher für das männliche
als für das weibliche Geschlecht interessant, wie auch die bereits erwähnte
Mitgliederumfrage belegt. Um die FDP für Frauen attraktiver zu machen, halten
26,4 Prozent der mehr als 2.400 Befragungsteilnehmerinnen und -teilnehmer
neue thematische Schwerpunkte für wichtig, während 27,6 Prozent Änderungen
im Image und Stil als notwendig ansehen.[33]

In seiner Rede auf dem FDP-Bundesparteitag 2008 sprach Westerwelle
zwar auch ein Thema an, das gerade für Frauen mit Kindern interessant sein
könnte: die Bildung und Bildungspolitik. Nicht Ergebnisgleichheit am Ziel,
sondern Chancengleichheit am Start – so stellte der Parteichef fest – seien zentrale Ziele seiner Partei. Die Möglichkeit, innerhalb einer Gesellschaft sozial
aufzusteigen, hänge entscheidend von der Durchlässigkeit des Bildungssystems
ab. Ein solch durchlässiges Bildungssystem zu erreichen, müsse stets „ein Kern-
anliegen der Liberalen sein"[34]. In den letzten Jahren hatte man allerdings nicht
immer den Eindruck, dass dem so war. Fragen, die sich insbesondere dem Mittelstand zugehörige Eltern jüngerer Kinder im Zusammenhang mit Schule und
Bildung stellen und die auch die übrigen Parteien aufgreifen, sprach die FDP
zudem kaum an. „Der FDP fehlen offensichtlich die Kraft, Kontroversen auszut-
ragen, und der Mut, klare Thesen für eine nationale Bildungsoffensive zu formulieren"[35], lautet denn auch die Überzeugung von Cornelia Pieper gegenüber
der Haltung ihrer Partei auf dem Feld der Bildungspolitik.

Angesichts der Tatsache, dass die Liberalen für sich beanspruchen, „Bildung als Bürgerrecht durchgesetzt [zu] haben"[36], müsste für die FDP mehr Engagement in Bildungsfragen eigentlich selbstverständlich sein, zumal die Partei
hierbei zweifellos einen prominenten Vordenker besitzt, von dem sie sich inspi-
rieren lassen könnte: Der Soziologe und ehemalige FDP-Politiker Ralf Dahren-
dorf hatte bereits 1965 ein viel beachtetes Buch mit dem Titel „Bildung ist Bürgerrecht. Plädoyer für eine aktive Bildungspolitik" veröffentlicht.[37] Überdies ist
die bildungspolitische Sprach- und Ratlosigkeit der FDP paradox, weil die Partei ihrem Selbstverständnis nach Politik für „das Rückgrat der Gesellschaft, die

---

33   Vgl. FDP-Bundesgeschäftsstelle (Anm. 14), S. 4.
34   Westerwelle (Anm. 15).
35   Cornelia Pieper in einem Interview mit Petra Bornhöft: „Der FDP fehlt die Kraft, Kontrover-
     sen auszutragen", in: Spiegel Online, 30.05.2008, abrufbar unter: http://www.spiegel.
     de/politik/deutschland/0,1518,556710,00.html, eingesehen am 07.12.2008).
36   In seiner Rede auf dem FDP-Bundesparteitag 2008 stellte Westerwelle fest: „Deutschland fällt
     zurück hinter die Zeit, in der wir Liberale Bildung als Bürgerrecht durchgesetzt haben." Vgl.
     Westerwelle (Anm. 15).
37   Vgl. hierzu auch Peter, Joachim: Liberale ohne Bildung, in: Welt am Sonntag, 01.06.2008.

bürgerliche Mittelschicht"[38], machen möchte. Gerade Mittelstandsangehörige beschäftigen sich aber stark mit Themen wie Bildung und Chancengerechtigkeit, um ihren Kindern gute und verlässliche Berufsperspektiven zu ermöglichen.

Allerdings ist nicht davon auszugehen, dass allein eine stärkere Berücksichtigung der Bildungspolitik die FDP für Frauen attraktiver macht. Vielmehr soll an dieser Stelle die These aufgegriffen werden, dass erst eine „Politik der Balance"[39] Wirkung auf Frauen entfalten würde und so eine Mitgliedschaft in der FDP erstrebenswerter machte. Viele Frauen müssen heutzutage mit einer Doppelbelastung von Familie und Beruf zurechtkommen, zwischen verschiedenen Rollen hin- und herwechseln, ständig präsent und flexibel sein. Eine solche Politik der Balance aber, die sowohl das Individuum als auch die Gemeinschaft anspricht, die Markt und Staat in ein Gleichgewicht bringt und die sich für Freiheit wie für Bindung einsetzt, verkörpert die FDP nicht; sie lässt sich stattdessen noch immer von der Vorstellung vom Primat der Ökonomie leiten und stellt den einzelnen Menschen und die individuelle Freiheit in den Mittelpunkt ihrer Politik.

Angesichts der Unterrepräsentation von Frauen in ihrer Partei haben die Liberalen zahlreiche Maßnahmen ergriffen, um deren Anteil an den Mitgliedern zu erhöhen. Bereits Ende 2006 beschloss der FDP-Bundesvorstand eine intensivere Frauenförderung in der FDP.[40] So hat man sich zum Ziel gesetzt, ein Netzwerk liberaler Frauen aufzubauen, mit regelmäßigen Treffen – „Ladies Lunch" – , die inzwischen nicht nur auf der Ebene der Bundespartei stattfinden. Daneben wurde das Präsidium der Partei beauftragt, ein Mentoring-Programm umzusetzen. Dieses existiert mittlerweile seit Januar 2008 und trägt den Titel „Top – Nachwuchs – Talent". Zunächst sollte das Mentoring-Programm nur im ersten Jahr ausschließlich für Frauen offen sein; nun wurde die Pilotphase um weitere zwei Jahre, also bis 2010, verlängert.[41] Im Anschluss daran „sollen alle Parteifreundinnen und Parteifreunde, aber auch die Vorfeldorganisationen dazu moti-

---

38   Westerwelle in einem Interview mit Nico Fried und Peter Blechschmidt: „Nächstenliebe ist keine staatliche Dienstleistung", in: Süddeutsche Zeitung, 31.05.2008.

39   Walter (Anm. 11).

40   Vgl. hierzu und zum Folgenden: Beschluss des Bundesvorstandes der FDP, Berlin, 6. November 2006: Frauenförderung in der FDP, abrufbar unter: http://www.liberale.de/files/653/FDP-Buvo- frauenfoerderung.pdf (eingesehen am 06.10.2008); vgl. auch Beschluss des Bundesvorstandes der FDP, Berlin, 10. Dezember 2007: Bericht über die Entwicklung des Anteils von Frauen innerhalb der Partei und ihrer Untergliederungen sowie Mandats- und Funktionsträgerinnen und die Durchführung weiterer Maßnahmen im Sinne von Diversity, abrufbar unter: http://www.liberale.de/files/653/BuVo- Frauenfoerderung.pdf (eingesehen am 10.10.2008).

41   Vgl. hierzu den Beschluss des Bundesvorstands der FDP, Berlin, 10.11.2008: Mentoring-Programm, abrufbar unter: http://www.liberale.de/files/653/B-BuVo1011-08-Mentoring.pdf (eingesehen am 28.02.2009).

viert werden, den ‚Personalpool' der Partei zu stärken"[42]. Das Förderungsprog-
ramm dauert jeweils neun Monate, wobei jeweils 30 Mentoren – „erfahrene
Politiker aus der politischen Führung der Liberalen auf Bundes- und Landesebene"[43] – 30 Schützlinge betreuen. Diese sollen einen „direkten Einblick in den
politischen Alltag" bekommen und „dabei ihr politisches Netzwerk ausbauen",
aber auch „kommunikative wie politische Kompetenzen"[44] erwerben. Auf-
bauend auf dem genannten Beschluss zur Frauenförderung in der FDP, wurde
schließlich die „Liberta" eingeführt, ein „Bürgerinnenpreis für Engagement und
Ehrenamt", der einmal im Jahr von einer überparteilichen Jury verliehen wird.
„Mit ihm werden Frauen geehrt, die so frei waren, ihren eigenen Weg zu gehen."[45]

Ob aber das Ziel der FDP, mittelfristig den Frauenanteil an der FDP-
Mitgliedschaft zu erhöhen[46], mit diesen Schritten erreicht werden kann, ist eher
unwahrscheinlich. Denn das Mentoring-Programm ist ganz nach innen gerichtet,
auf FDP-Mitglieder. Der „Ladies Lunch" wird hauptsächlich von Frauen besucht, die bereits in der FDP engagiert sind oder zumindest den Liberalen nahe-
stehen. Und die es beruflich geschafft haben. Zum ersten Ladies-Lunch der FDP-
Bundestagsfraktion im Januar 2007 konnten beispielsweise Frauen wie die Spit-
zenköchin Sarah Wiener, die Schriftstellerin Thea Dorn oder die Direktorin des
NDR-Landesfunkhauses, Maria von Walser, begrüßt werden. Den Kreis der
weiblichen Mitglieder damit über den engeren Sympathisantenzirkel hinaus
auszudehnen, dürfte sich als schwierig erweisen. Auch die erste Verleihung der
„Liberta" Ende Oktober 2007 erhielt zwar ein Stück weit mediale Aufmerksamkeit, aber es ist wohl unwahrscheinlich, dass durch einen von der FDP einmal
jährlich vergebenen Preis mehr weibliche Mitglieder gewonnen werden.

Dies wird vermutlich erst dann gelingen, wenn die FDP auch auf der programmatischen Ebene handelt, d. h. Themen aufgreift, die speziell Frauen wichtig sind und der erwähnten „Politik der Balance" nahekommen. Ein Schritt in
diese Richtung könnte die „Frauenkampagne" sein, die Sabine Leutheusser-
Schnarrenberger und Cornelia Pieper im Juli 2008 initiierten. In deren Rahmen
wurde beispielsweise ein „Kinderbetreuungstag" organisiert, um „auf die Not-

---

42   o. V.: „Das Mentoring-Programm der FDP – Was ist das?", abrufbar unter: http://www.fdp-
     bundespartei.de/webcom/show_article.php/_c-1184/i.html (eingesehen am 06.10.2008), vgl.
     außerdem: Beschluss des Bundesvorstandes der FDP, Berlin, 10. Dezember 2007: Das Mento-
     ring-Programm der FDP „Top – Nachwuchs – Talent", abrufbar unter: http://www.fdp-
     bundespartei.de/files/593/BuVo- Mentoringprogramm.pdf (eingesehen am 09.12.2008).
43   o. V.: „Das Mentoring-Programm der FDP" (Anm. 42).
44   Ebd.
45   o. V.: „Liberta. Bürgerinnen-Preis 2008", abrufbar unter: http://www.fdp- bundespar-
     tei.de/webcom/show_article.php/_c-1040/_nr-2/_p-1/i.html (eingesehen am 06.10. 2008).
46   Vgl. Frauenförderung in der FDP (Anm. 40), S. 1.

wendigkeit einer besseren Vereinbarkeit von Familie und Beruf aufmerksam"[47] zu machen. Aber: Die Frauenkampagne lief nur bis Ende 2008, ist also schon wieder passé. Ob in dieser kurzen Zeit eines der Ziele der Frauenkampagne – „mehr weibliche Mitglieder in der Partei"[48] – erfüllt werden konnte, bleibt zweifelhaft.

Zusammengefasst wird sichtbar, dass die FDP durchaus gewillt zu sein scheint, „weiblicher" zu werden. Dies erweist sich jedoch als kein leichter Weg, zumal die Liberalen – anders als CDU, SPD, Grüne und Linkspartei – eine einfach umsetzbare Regelung, um den Frauenanteil an den Führungspositionen zu erhöhen, ablehnen: die Quote für bestimmte Ämter. Die Führungsebene der FDP würde mit ihrer Hilfe weiblicher, und Themen würden wieder stärker auch aus der Perspektive von Frauen angefasst. Das wiederum hätte Ausstrahlungskraft nach außen, könnte die Partei attraktiver für weitere Frauen machen. Die FDP-Führungszirkel sehen die Quote allerdings als Instrument, „Frauen mit Gewalt in männliche Strukturen zu integrieren"[49]. Mit dieser Haltung entspricht die FDP allem Anschein nach dem Willen der Basis. So haben unsere Gespräche mit Mitgliedern der Partei wie auch ihrer Jugendorganisation gezeigt, dass eine Quotenregelung als „unliberal", als Verstoß gegen das Leistungsprinzip abgelehnt wird. Gerade weibliche Gesprächspartner betonten, dass sie mit ihren Kompetenzen Erfolg haben und nicht als „Quotenfrau" gelten möchten. Sowohl weibliche als auch männliche (Junge) Liberale empfinden eine Frauenquote als „herabwürdigend", „diskriminierend", „frauenfeindlich". Diese Eindrücke werden von der bereits angeführten Mitgliederumfrage bestätigt. Sie hat ergeben, dass eine festgeschriebene Regelung des Frauenanteils in der FDP von rund 90 Prozent der Befragten abgelehnt wird. Betrachtet man ausschließlich die Teilnehmer*innen* der Erhebung, sind immerhin drei von vier Frauen (74,5 Prozent) gegen eine satzungsrechtliche Regelung. Nur 5,1 Prozent der befragten Mitglieder sprechen sich für eine fixe Quote aus, 5,7 Prozent für eine Vertretung gemäß dem Frauenanteil an der Mitgliedschaft. Eine Erhöhung des Frauenanteils in der FDP befürworten dennoch 70,7 Prozent der Befragten, wobei mehr Frauen (81,8 Prozent) als Männer (68,9 Prozent) dafür plädieren.[50]

Aufgrund ihres Selbstverständnisses sehen sich die Freien Demokraten folglich gezwungen, andere Wege als ihre Konkurrenten zu beschreiten, um eine „weiblichere FDP" zu erreichen. Dieses Vorhaben wird nicht auf Anhieb

47 o. V.: „Frauenkampagne", abrufbar unter: http://www.fdp-bundespartei.de/webcom/ show_article.php/_c- 451/_nr-1/i.html (eingesehen am 07.10.2008).
48 Ebd.
49 Lenke, Ina: Frauenpolitik. Liberale Politik für Frauen, abrufbar unter: http://www.ina- lenke1.org.liberale.de/freierubrik3.php (eingesehen am 06.10.2008). Ina Lenke ist frauenpolitische Sprecherin der FDP-Bundestagsfraktion.
50 Vgl. FDP-Bundesgeschäftsstelle (Anm. 14), S. 3f.

und allzu rasch funktionieren, wird auch in Zukunft noch Ehrgeiz, Kraft und Kreativität erfordern. Das Verhältnis FDP-Frauen und Frauen-FDP ist derzeit noch schwierig.

Die FDP – keine Stadt-Partei?

Auch in den städtischen Ballungszentren der Republik steht die FDP vor einer unzureichenden Ausweitung des politischen Engagements. Nirgendwo anders müssten die Liberalen eigentlich fester verwurzelt sein. Das liberale, weltoffene Bürgertum in den Städten wählt dennoch mehrheitlich die SPD, die Grünen oder seit neuestem sogar die sonst dort so schwache CDU. Da sich in Deutschland die Verstädterung beschleunigt und somit das Gros der Wählerschaft sich in die Städte verschiebt, ist diese Bestandsaufnahme ein schwerer Schlag für die FDP. Die Liberalen selbst setzten eine innerparteiliche Kommission ein, die sich mit dem Problemfeld Großstadt auseinandersetzen und möglichst praktikable Lösungsmöglichkeiten erarbeiten sollte.

Die neuere Forschung hat darauf hingewiesen, dass die Innenstädte als angenehmer Lebensraum wiederentdeckt werden.[51] Es ist Stadtplanern offenbar gelungen, durch neue familienfreundliche Infrastruktur wie frisches Stadtgrün, attraktive Schwimmbäder oder auch große Shoppingcenter, junge Menschen auch nach der Ausbildung und ihren „wilden Jahren" in den Städten zu halten. In der Nähe von Theatern, Ballsälen und Unikliniken siedelt sich zudem eine hedonistische Generation vermögender Rentner an. Der Umzug in die Vorstadt oder auf das Land wird zunehmend unattraktiver, ist zu kostspielig und zeitaufwändig. Modern hingegen sind ein kurzer Arbeitsweg und eine Wohnung in verkehrsberuhigter Lage mit Balkon oder Terrasse zum gemeinschaftlich genutzten Garten. Die Haustür zur Straße wiederum ist das Tor zur weiten Welt. Problemviertel werden restauriert und mit bunten Balkonen vor den Fenstern geschmückt. Zu den oft alten und sozial schwachen Mietern gesellen sich Nachbarn mit neuen, luxuriösen Dienstwagen. Einige werden verdrängt, andere müssen sich mit kleineren Wohnungen bescheiden. „Gentrification" nennen das aus Amerika stammende Phänomen die Soziologen und weisen auf die Folgen hin. Eine Verschärfung der sozialen Unterschiede ist vor allem in der Stadt besonders sichtbar – nirgendwo werden Kontraste zwischen den Einkommen anschau-

---

51 Vgl. im Folgenden: Dörting, Thorsten: „Wie Reiche die Armen aus den Städten verdrängen". Interview mit dem Stadtforscher Hartmut Häußermann, in Spiegel Online, 18.07.2008, abrufbar unter: http://www.spiegel.de/kultur/gesellschaft/0,1518,564649,00.html (eingesehen am 24.09.2008); Poschardt, Ulf: Die Welt zieht in die Stadt und das ist gut so, in: Welt am Sonntag, 27.07.2008; Friedrichs, Jürgen: Gentrification, in: Häußermann, Hartmut (Hrsg.): Großstadt: soziologische Stichworte, Opladen, 1998, S. 57- 66.

licher und offener, nirgendwo existiert aber umgekehrt soviel gemeinschaftliche Hilfe durch engagierte Bürger in den Essenausgaben der „Tafeln" oder bei nichtstaatlichen Kinderbetreuungsangeboten.

Gerade hinsichtlich der neueren Forschungserkenntnisse ist es für die FDP umso überraschender, dass sie neben SPD und CDU offenbar keine Großstadt-partei ist. Eine sechzehnköpfige *Arbeitsgruppe Großstadtoffensive* unter dem Vorsitz der Bundestagsabgeordneten Gisela Piltz bestätigte der FDP 2007, dass die Verwurzelung der eigenen Partei in den Großstädten überraschend klein sei und für zum Teil deutlich unterproportionale Wahlergebnisse dort sorge.[52] Dieses Resultat wiegt aus Sicht der Freidemokraten in doppelter Beziehung besonders schwer. Zum einen sieht sich die FDP in einer historischen Traditionslinie mit dem weltoffenen und liberalen städtischen Bürgertum und somit eigentlich untrennbar mit dem Großstadtmilieu verbunden.[53] Zum anderen hinken die Liberalen den Wahlergebnissen der Grünen seit geraumer Zeit deutlich hinter-her. Die FDP ist mehrheitlich zur vierten Kraft in den Städten geworden und verliert den Zugang zu Ämtern und Posten. Für eine Honoratiorenpartei, die pragmatische und konstruktive Politik einer prinzipienfesten Oppositionshand-lung stets vorzieht, ein nicht zu unterschätzendes Dilemma.[54] Die Wahlausgänge 2006 in Berlin, 2007 in Bremen und 2008 in Hamburg waren insgesamt enttäu-schend. In Hamburg verfehlte die FDP den Einzug in die Bürgerschaft, in Berlin konnten sie ihr sensationelles Ergebnis von 2001 nicht halten; einzig in Bremen war mit dem erneuten Einzug in die Bürgerschaft ein Lichtblick vorhanden.[55] Im Bremer Bundesland waren es dennoch die Grünen gewesen, die vor der Wahl auf ihre erste Regierungsbeteiligung auf Landesebene hoffen konnten.[56] Die Chance, die Große Koalition im Rathaus zu beerben, konnten nach den Wahlen die Grünen und nicht die Freien Demokraten nutzen.

Die Wurzel allen Übels stellt für die parteiinterne Kommission eine man-gelhafte Kommunikation zwischen Partei und Bürger dar. Die Herausforderung bestehe darin, so die Arbeitsgruppe, die Themen der FDP so zu formulieren, dass sie auch die Bewohner der Städte erreichten.[57] Dabei sollte nach Meinung der Strategen das „angestammte Terrain" der Steuer-, Wirtschafts- und Bürger-rechtspolitik nicht verlassen, sondern lediglich lebensnäher präsentiert werden.

---

52 Vgl. Bundesvorstand der FDP: Abschlussbericht der Arbeitsgruppe Großstadtoffensive, Han-nover, 09.11.2007, S. 3, abrufbar unter: http://www.liberale.de/files/653/Beschluss-Abschluss bericht- Grosstadt.pdf (eingesehen am 28.10.2008).
53 Vgl. ebd.
54 Vgl. Micus (Anm. 12), S. 263.
55 Vgl. die Ergebnisse der FDP bei den Landtagswahlen in Hamburg, Berlin und Bremen, abruf-bar unter http://stat.tagesschau.de/wahlarchiv/archiv/landtag.shtml (eingesehen am 01.11.2008).
56 Vgl. Zier, Jan: Der Arsch in der Hose der SPD, in: Der Stern, 02.05.2007.
57 Vgl. Arbeitsgruppe Großstadtoffensive (Anm. 52).

In den Großstädten zähle vor dem Hintergrund des gut ausgebauten öffentlichen Nahverkehrs weniger eine Diskussion um die Kilometerpauschale als die Frage, wie erwerbstätige Alleinerziehende durch ein neues Steuermodell gefördert werden könnten. Die Diskussion um die Pendlerpauschale finde im Rückspiegel alter Mobilitätskonzepte statt. Die Trennung von Arbeit (Stadt) und Leben (im Umfeld der Stadt) werde zusehends unbeliebt und unbezahlbar. Darüber hinaus sollte aufgrund der Tatsache, dass Migranten in den deutschen Städten überproportional repräsentiert sind, das Thema Integration durch Vermittlung von Freiheitswerten und Bürgerrechten für alle stärker im Vordergrund stehen.[58] Vernetzung und Repräsentation der Partei auf allen Ebenen, auf Bürgerversammlungen oder Stadtteilfesten, sei für den Erfolg der Großstadtoffensive dabei unumgänglich.

Schwierig ist die Umsetzung solcher Ideen wie „*Ladies Lunch*" oder „*Grillpartys*", wenn bedacht wird, dass die Stadtverbände der FDP unter erheblichen Mitgliederverlusten leiden. So haben die Freien Demokraten in Bremen und Hamburg seit 1990 mehr als ein Drittel ihrer Mitglieder verloren.[59] Mit weniger Mitgliedern wird der Umweg über die Medien zur Kommunikation mit den Bürgern zu einer immer wichtigeren Alternative. Allerdings zählt in städtischen Lokalzeitungen der Bekanntheitsgrad des Kommunalpolitikers oder des Stadtverbandsvorsitzenden mehr als das eigentliche Thema. Lokalpolitische Bekanntheit wiederum wird hauptsächlich über persönliche Kontakte und alltägliche Präsenz erreicht. Kurz: Ohne einen festen Sockel an Parteimitgliedern bzw. Verbündeten ist der Zugang zu den gesellschaftlichen Anlässen schwierig zu meistern. Die Kommunikation durch überregionale Medien hingegen gestaltet sich erst dann als Erfolg versprechend, wenn die Bundespartei eine höhere Bandbreite an Themen bzw. eine flexiblere Themenwahl anbietet – passend zur heterogenen und dynamischen Stadtentwicklung.

Gefragt ist also in Zukunft eine grundlegende Erneuerung des Images der FDP in den urbanen Zentren Deutschlands. Nicht wenige Liberale möchten auch daher ihr Credo als eine Partei des kalten Neoliberalismus und der seelenlosen Wirtschaftspolitik ablegen – zur Bundestagswahl 2005 empfanden 42 Prozent der Bundesbürger die FDP als die Partei der sozialen Kälte.[60] Gerade in Großstädten und verstädterten Regionen ist das soziale Engagement der gut verdienenden Bürger, ausgedrückt in Bürgervereinen, Elterninitiativen oder gemeinnützigen Obdachlosenheimen, stark ausgeprägt. Die ersten „Tafeln" z. B. entstanden in den Metropolen, in denen sich die Armut ballt. Sie sind nun bundesweit – auch in kleineren Städten, ja sogar auf Sylt – vertreten. Hier zählt nicht aggressive Steuer- und Finanzpolitik, sondern die Balance zwischen sozialen,

58   Vgl. o. V.: „FDP ist keine Stadt-Partei", in: Handelsblatt, 07.11.2007.
59   Vgl. Walter (Anm. 11).
60   Vgl. Infratest dimap: Wahlreport Bundestagswahl 18.09.2005, Berlin, 2005, S. 92.

ökologischen und kommunikativen Elementen durch direkte Ansprache des Wählers sowie gleichzeitiger aktiver Landes- bzw. Bundespolitik mit einem modernen, weltoffenen Anstrich. Der Weg dahin ist gemäß der zitierten Imagewerte noch weit; die ersten Ansätze vielleicht erkennbar.

Die Selbstdarstellung der FDP – innovativ oder antiquiert?

Aus Wahlerfolgen und Mitgliedergewinnen könnte man schließen, dass das öffentliche Erscheinungsbild der FDP auf viele Menschen überzeugend wirkt, modern und ansprechend und deshalb innerparteilich unumstritten ist. Ähnlich wie die programmatische Ausrichtung wird allerdings auch die Eigendarstellung der Partei intern kontrovers diskutiert. Die FDP müsse mehr Emotionen zeigen, sympathischer werden, so der Tenor verschiedener liberaler Aushängeschilder, wie z. B. Daniel Bahr, gesundheitspolitischer Sprecher der FDP-Bundestagsfraktion, Cornelia Pieper oder Philipp Rösler, Landes- und Fraktionsvorsitzender der niedersächsischen FDP und seit dem Frühjahr 2009 ebenfalls Wirtschaftsminister und stellvertretender Ministerpräsident in Niedersachsen. Rösler verdeutlichte seine Forderungen Anfang März 2008 sogar in einem sechsseitigen Positionspapier, das den unmissverständlichen Titel „Was uns fehlt"[61] trug. Angesprochen auf die innerparteiliche Kritik, dass die Liberalen zu wenig Emotion zeigten, stellte ihr Vorsitzender in einem Interview klar: „Man soll sich nicht der Illusion hingeben, dass wir als eine Partei der Vernunft so gefühlig sein könnten wie die Parteien, die hinter roten Fahnen herlaufen. Wir wissen, dass zu guter Politik Herz und Verstand gehören. Aber eben auch Verstand. Wir sind die Partei, die nicht auf die besten sozialen und ökologischen Absichten setzt, sondern auf die besten Ergebnisse"[62]

Kurz nach dem Interview – auf dem FDP-Bundesparteitag – schien es einen kurzen Moment trotzdem so, als ob Westerwelle seinen internen Kritikern nachgegeben hätte und von jetzt an versuchen würde, vermehrt die Wählerherzen und -seelen zu erwärmen. Nachdem der Parteichef in seiner dortigen Rede u. a. von „Nächstenliebe" gesprochen hatte, hielt beispielsweise der Politologe Ulrich Sarcinelli fest: „Dass ein Begriff wie ‚Nächstenliebe' in einer FDP-Parteitagsrede vorkommt, ist doch eher ungewöhnlich"[63]. Schaut man jedoch einmal ein paar Jahre zurück, stößt man auf genau denselben Begriff aus dem Munde Westerwelles: Auf dem Bundesparteitag im Jahr 2000 in Nürnberg

---

61   Rösler, Philipp: Was uns fehlt, abrufbar unter: http://www.fdp-nds.de/fdp_nds/files/was_uns_fehlt.pdf (eingesehen am 11.12.2008).
62   Vgl. Westerwelle (Anm. 38).
63   Sarcinelli in einem Interview mit Sebastian Hille: „Fünf Fragen an: Ulrich Sarcinelli", in: Das Parlament, 09./16.06.2008.

sprach er davon, dass „Herzensbildung und Nächstenliebe" „liberale Kategorien"[64] seien. Zwei Jahre später bekannte Westerwelle ganz philosophisch:
„Fleiß, Disziplin, Höflichkeit und Herzensbildung" sind „der Kern meines
Seins"[65]. Und auf dem Dreikönigstreffen 2004 schließlich skizzierte Westerwelle eine Partei der „Herzensbildung und der Nächstenliebe"[66]. Doch seinen Parteifreunden reichen solche begrifflichen Einstreuungen nicht, schließlich würden sie sonst nicht immer wieder eine sympathischere FDP fordern. Ein von
mehr Emotionalität geprägtes Auftreten werden Rösler und Co. unter Westerwelle aber wohl nicht mehr erleben können, der den Ruf nach weniger Nüch-
ternheit auch als Kritik an seinem Führungsstil begriff: „Die gefühlige ‚Knuti-
sierung' der deutschen Politik, die wir im letzten Jahr erlebt haben, ist nicht mein
Ding"[67].

Stattdessen wird Westerwelle wohl auch in Zukunft mit einer Formel für
sich und seine Partei werben, die beim Bundesparteitag 2008 in großen Lettern
auf Rednerpult und Videowand prangte und so die Hauptbotschaft der Liberalen
in die Wohnzimmer der Republik tragen sollte: „Mehr Netto für alle". Denn:
„Die Netto-Frage ist die wahre Frage dieser Republik [...]"[68]. Die „Netto-
Parole" zieht sich mittlerweile durch die letzten zehn Jahre FDP-Politik. So
stellte der FDP-Finanzexperte Hermann Otto Solms im April 1999 ein Steuermodell unter dem Motto „Mehr Netto für alle" vor.[69] Zur Bundestagswahl 2002
dann trat die FDP mit dem Slogan „Mehr Netto, mehr Bildung, mehr Arbeit"
an[70], und im August 2005, d. h. kurz vor der letzten Bundestagswahl, polterte
Westerwelle: „Nur die FDP geht mit dem Ziel in die Auseinandersetzung: mehr
Netto für die Bürger"[71]. Auch das, was der Parteichef zwei Jahre später ausrief,
klang ähnlich: „Mehr Netto vom Brutto ist das Gebot der Stunde"[72]. Das Jahr
2008 begann mit derselben Leier: In seiner Neujahrsansprache, veröffentlicht

---

64   Zit. nach Pragal, Peter: Die Entdeckung der Nächstenliebe, in: Berliner Zeitung, 19.06.2000.
65   Zit. nach Haselberger, Stephan: Guido am Sonntag. Spitzenpolitiker im Wahlkampf, in: Die
     Welt, 05.09.2002.
66   Zit. nach o. V.: ‚Das wird in Deutschland auf jeden Fall hart.', in: Stuttgarter Zeitung,
     19.01.2004.
67   Westerwelle in einem Interview mit Thorsten Jungholt und Joachim Peter: „Ampelkoalition ist
     kompletter Unsinn.", in: Die Welt, 04.01.2008.
68   Westerwelle (Anm. 15).
69   Vgl. o. V.: „Solms will drastische Steuervereinfachung: Vorstandsantrag für FDP-Parteitag
     vorgestellt", in: Associated Press Worldstream, 28.04.1999.
70   Vgl. z. B. Kohrs, Ekkehard: Die 18 fest im Visier FDP, in: General-Anzeiger Bonn,
     08.07.2002.
71   Zit. nach Kreutzmann, Susann: Die Idee der Freiheit, in: Associated Press Worldstream,
     16.08.2005.
72   Zit. nach Seith, Anne: Mehr Netto vom Brutto ist das Gebot der Stunde, in: Spiegel Online,
     25.09.2007, abrufbar unter: http://www.spiegel.de/wirtschaft/0,1518,507624,00.html (eingese-
     hen am 10.10.2008).

beim Internetportal *YouTube*, stieg Westerwelle bereits nach sechs Sekunden in sein altbekanntes Thema ein: „Für Sie als Bürgerinnen und Bürger muss zuallererst die Netto-Frage beantwortet werden. Was nutzt Ihnen ein höherer Brutto-Mindestlohn, wenn Ihnen der Staat immer weniger Netto übrig lässt? Mehr Netto vom Brutto, das ist unser entscheidendes Ziel im neuen Jahr [...]"[73]. Natürlich: Parteien sind Interessenformationen; sie müssen für ihre Vorstellungen in der Öffentlichkeit werben, wollen sie die Bürgerinnen und Bürger als Wähler bzw. Mitglieder gewinnen. Und um diese Interessen praktisch umsetzen zu können, müssen Parteien wiederum eine Regierungsbeteiligung anstreben. Dass die FDP als „Steuersenkungspartei" immer wieder ihre Forderung nach „Mehr Netto für alle" wiederholt, ist deswegen nicht nur legitim, sondern sogar geboten. Nach all den Jahren – und insbesondere nach nun einer guten Dekade in der Opposition – klingt diese Formel indes abgegriffen und langweilig.

Betrachtet man hingegen ein immer wichtiger werdendes Medium für die Parteien, erweisen sich die Liberalen ungleich einfallsreicher und kreativer, moderner und innovativer: Die FDP setzt stärker als die übrigen bundesdeutschen Parteien auf das Internet, um ihre Mitglieder und Sympathisanten zu mobilisieren.[74] Die liberalen Internetangebote sind dabei immer so ausgerichtet, dass der Einzelne im Mittelpunkt steht. Fachmännischer formuliert: Man will „*consumer oriented campaigning*"[75] betreiben, so FDP-Bundesgeschäftsführer Hans-Jürgen Beerfeltz. Seit August 2005 existiert beispielsweise die Kommunikationsplattform *my.fdp*, bei der im Juli 2008 36.072 Nutzer registriert waren[76] und die nach eigenen Angaben Deutschlands „erfolgreichste politische Online-Community"[77] darstellt. Darüber hinaus machen sich die Liberalen das Internet zunutze, um mit den Bürgerinnen und Bürgern in einen Dialog zu treten. Derjenige, der überflüssige Vorschriften und komplizierte Verwaltungsverfahren bekämpfen möchte, kann sich unter *wirmachenseinfacher.de* nicht nur über die parlamentarischen Initiativen der FDP-Bundestagsfraktion zum Bürokratieabbau informieren, sondern auch den Liberalen mitteilen, „welche Gesetze und Rege-

---

73 FDP: Neujahrsansprache von Dr. Guido Westerwelle, abrufbar unter: http://www.youtube. com/watch?v=Ap3O3FcuQyk (eingesehen am 10.10.2008).

74 o. V.: „FDP-affine Bürger schätzen die Dialogfähigkeit des Internets am meisten", abrufbar unter: http://www.fdp-bundespartei.de/webcom/show_article.php/_c-554/_nr-684/_p-1/i.html (eingesehen am 12.12.2008).

75 Zit. nach Meier, Christian: my.fdp setzt neue Standards, in: elde. Liberale Depesche, . Das Magazin der Liberalen, Jg. 4 (2008) H. 4, S. 14.

76 Vgl. Rimscha, Robert von: Die FDP ist die einzige Partei, die weiter wächst. Pressemitteilung vom 28.07.2008, abrufbar unter: http://www.fdp-bundespartei.de/webcom/show_websiteprog. php/_c-648/_lkm- 0/_nr-10852/bis-72/i.html (eingesehen am 14.10.2008).

77 Meier (Anm. 75).

lungen" er für „unnötig und zu kompliziert"[78] hält. Wer wiederum Spaß am
Diskutieren hat, konnte zwischen März und Oktober 2008 auf der Homepage
deutschlandprogramm.de an der Internetdebatte über das Programm der FDP
zur Bundestagswahl im September 2009 teilnehmen.

Daneben versuchen die Freien Demokraten, auch die Bürgerinnen und
Bürger anzusprechen, die es weniger anspruchsvoll mögen und „lieber schnell
zuschauen als lange lesen wollen"[79]. Für sie stellt die Partei bereits seit Februar
2006 Videos auf der Plattform *YouTube* online.[80] Am 3. Oktober 2008 beispielsweise, dem Tag der Deutschen Einheit, wurde dort ein Video von Guido
Westerwelle veröffentlicht, in dem dieser von dem Moment berichtete, in dem
er als Jugendlicher selbst an der Berliner Mauer stand. Um 22.37 Uhr des gleichen Tages war das Video bereits 715 Mal abgerufen worden. Ein weiteres
Beispiel für die Angebote der FDP bei *YouTube* ist das „*Internet-Kabarett*"[81]
der beiden FDP-Politiker Otto Fricke, Vorsitzender des Haushaltsausschusses
des Deutschen Bundestages, und Hermann Otto Solms, finanzpolitischer Sprecher der FDP-Bundestagsfraktion.

Die Nutzung des Internets war für die FDP ohne Frage ein wichtiger
Schritt. Denn erstens ist ein Großteil ihrer Mitglieder beruflich mobil und kann
sich daher nicht für immer an ein und denselben Ortsverband binden. Ihnen
bietet das Internetangebot ihrer Partei einfache und rasche, aber zugleich um-
fangreiche Kommunikations-, Kontakt- und Organisationsmöglichkeiten. Zweitens haben Ortsverbandsversammlungen massiv an Attraktivität eingebüßt.
Insbesondere junge Leute haben kaum mehr Verständnis für langwierige, träge
Verhandlungen und komplizierte Kompromisslösungen. Oft fehlt ihnen auch
einfach die Zeit Parteiversammlungen zu besuchen. Das Internet hingegen bietet
ihnen Tempo, aber auch die unverbindliche Möglichkeit des Kommens und
Gehens, wann man möchte. Drittens zählen die 18- bis 34-jährigen Wähler mit
höherem Bildungsniveau, die sich seit mehreren Jahren zur FDP hingezogen
fühlen, zu den fleißigsten Nutzern des World Wide Web, um politische Informa-

---

78   o. V.: „Gesetzesflut stoppen, Freiheit schaffen. Schreiben Sie uns.", abrufbar unter:
     http://www.wirmachenseinfacher.de/Service/2820b484/index.html (eingesehen am 14.10.
     2008).

79   Steegmans, Christoph: Die FDP-Bundestagsfraktion im Dialog mit den Bürgern, in: elde.
     Liberale Depesche. Sonderheft zum 59. Ordentlichen Bundesparteitag der FDP in München, S.
     7.

80   Vgl. hierzu auch ausführlicher o. V.: „Wie Westerwelle im Internet für die Kanzlerschaft
     probt", in: Hamburger Abendblatt, 02.01.2008.

81   Ebertz, Sara: Otto Fricke: „Die größte Gefahr eines Politikers ist die Eitelkeit." Der FDP-
     Politiker im Porträt, in: WZ-Newsline, 28.08.2008, abrufbar unter: http://www.wz-
     newsline.de/?redid=294011 (eingesehen am 03.10.2008).

tionen zu erhalten.[82] Aber auch die Zahl älterer Menschen, die das Internet benutzen, wächst. Viertens sind die Kosten für Internetkommunikation und -werbung vergleichsweise gering. Angesichts der beinahe chronisch klammen Haushaltskasse der FDP ist dies ein großer Vorteil. Und fünftens schließlich ergab eine Umfrage des Meinungsforschungsinstituts dimap im Juni 2007: Im Vergleich zu CDU/CSU, SPD, Linkspartei und Grünen sind die Anhänger der FDP die „mit Abstand interaktivsten Internetnutzer, die sich an Blogs und Foren beteiligen"[83]. Folgerichtig setzen die Liberalen auf die Dialogfähigkeit des Internets.

Doch ihre Hoffnungen sollten nicht zu groß sein. Erstens stehen die freidemokratischen Aktivitäten im Netz einem gesellschaftlichen Trend entgegen. Bundesgeschäftsführer Beerfeltz bezeichnete die FDP im Frühjahr 2008 als eine „Partei für den Einzelnen", die den Einzelnen „nicht nur weltanschaulich, sondern auch praktisch"[84] in den Mittelpunkt stelle. Untersuchungen des Heidelberger Sinus Sociovision-Instituts haben hingegen gezeigt, dass die in den 1980er Jahren eingetretene Individualisierung an Bedeutung verliert und stattdessen eine Art „Regrounding" beobachtet wird: Viele Menschen sehnen sich wieder nach Solidarität, Heimat und Familie, nach Konstanz, Verlässlichkeit und Struktur im Leben. Infolgedessen sind sie auf der Suche nach Bodenhaftung, nach Sinn und Werten, nach Ankerpunkten im sozialen Nahbereich. Das Internet dagegen ist schnelllebig, häufig oberflächlich und unpersönlich. Die Bedeutung von realen Sozialkontakten innerhalb der Ortsverbände ist demnach auch weiterhin nicht zu ersetzen. Manches Mal sind die dortigen Versammlungen sicherlich noch Ort von folgenlosen Diskussionen und abgehobenen Richtungsauseinandersetzungen; die Zusammenkünfte können aber auch identitätsstiftend und Anlass für freizeitliche Geselligkeit sein.[85] Letzterer Punkt scheint gerade für Frauen bedeutsam zu sein: So gaben weibliche FDP-Mitglieder bei der besagten Mitgliederbefragung häufiger als männliche Parteimitglieder das Treffen von Freunden als einen wichtigen Grund für eine FDP-Mitgliedschaft an.[86] Gerade zu einer Zeit, wo die Liberalen verstärkt Anstrengungen unternehmen, um die

---

82 Vgl. hierzu Initiative ProDialog: Moderne Wahlkampfkommunikation in Deutschland. Ergebnisse einer bundesweiten Repräsentativerhebung des Meinungsforschungsinstituts dimap, S. 4, abrufbar unter: http://www.prodialog.org/content/dialogwissen (eingesehen am 12.12.2008).

83 Ebd., S. 7f., S.11; bei der Ende 2006/Anfang 2007 durchgeführten Mitgliederumfrage der FDP gaben 83,4 Prozent der Befragten an, das Internet täglich zu nutzen, vgl. FDP-Bundesgeschäftsstelle (Anm. 14), S. 1f.

84 Zit. nach Bachmann, Lars/Horstick, Petra: Ihre Bedürfnisse sind Maßstab für unsere Arbeit, in: elde. Liberale Depesche, Jg. 4 (2008) H. 2, S. 11.

85 Zur Kommunikation in Ortsvereinen allgemein vgl. Wiesendahl, Elmar: Parteienkommunikation parochial. Hindernisse beim Übergang in das Online-Parteienzeitalter, in: Alemann, Ulrich von/Marschall, Stefan (Hrsg.): Parteien in der Mediendemokratie, Wiesbaden, 2002, S. 365 f.

86 Vgl. FDP-Bundesgeschäftsstelle (Anm. 14), S. 1.

Attraktivität einer Parteimitgliedschaft für Frauen zu steigern, ist dies beden-
kenswert.

Zweitens ist ein kritischerer Umgang mit den eigenen Internetangeboten er-
forderlich, damit Seiten wie *deutschlandprogramm.de* nicht zu „pseudodemo-
kratischer Spielerei"[87] werden. Den Bürgerinnen und Bürgern wurde hier zwar
Partizipation an der Programmdiskussion eingeräumt, aber erst das fertige Bun-
destagswahlprogramm der FDP wird zeigen, wie weit der Einfluss der Cyber-
Aktiven wirklich ging. Stellt er sich nur als minimal heraus, dann werden sich
vermutlich die meisten der an der Programmdebatte beteiligten Internetnutzer
überlegen, ob sie sich auf gleiche Weise ein weiteres Mal engagieren. Die entscheidende Frage wird somit sein, ob der Internetauftritt der FDP lediglich für
„Pseudopartizipation"[88] steht oder tatsächlich für einen „Öffnungs- und Demo-
kratisierungseffekt auf die innerparteiliche Willensbildung"[89] sorgt.

Drittens schließlich besteht die Gefahr, dass die „Internetpartei" FDP
zweierlei aus den Augen verlieren könnte: zum einen, dass Menschen mit geringer formaler Bildung bzw. geringem Einkommen im Internet unterrepräsentiert
sind[90], und zum anderen, dass deutlich mehr Männer (72,4 Prozent) als Frauen
(58,3 Prozent) das Internet nutzen, wobei sich die Schere zwischen Männern
und Frauen im Jahr 2008 wieder leicht geöffnet hat.[91] Angesichts der Tatsache,
dass die FDP mehr Frauen sowie „nicht nur Menschen mit dickem Portemon-
naie überzeugen [will]"[92], sind diese Eindrücke nicht zu unterschätzen. Zu erwarten ist zudem, dass sich in Diskussionsforen das asymmetrische Kommuni-
kationsverhalten fortsetzt, welches man auch bei Parteiversammlungen feststellen konnte: Beiträge liefern vor allem diejenigen, die über Sprach- und Argu-
mentationskompetenz verfügen, und das sind im Allgemeinen gerade die gesell-
schaftlich Bessergestellten.[93] Die Menschen, die nicht derart begünstigt sind,
werden sich deshalb erst gar nicht auf für sie ungewohntes Terrain – wie es die
Diskussion eines Wahlprogramms zweifelsohne ist – wagen. „Infolgedessen
werden Online-Debatten von einem äußerst kleinen unverwüstlichen Kern von
Dauerdebattierern dominiert, die den Großteil der schriftlichen Redebeiträge
liefern"[94]. Demokratisch ist das nicht.

---

87   Wiesendahl (Anm. 85), S. 385.
88   Ebd., S. 386.
89   Ebd., S. 384.
90   Vgl. (N)Onliner Atlas 2008. Eine Topographie des digitalen Grabens durch Deutschland. Eine
     Studie der Initiative D21, durchgeführt von TNS Infratest und unterstützt von zahlreichen
     Sponsoren, S. 16 f., abrufbar unter: http://www.old.initiatived21.de/fileadmin/files/ 08_NOA/
     NONLINER2008.pdf (eingesehen am 12.12.2008).
91   Vgl. ebd., S. 10, 15, 43.
92   Pieper (Anm. 35).
93   Vgl. Wiesendahl (Anm. 85), S. 374, 383.
94   Ebd., S. 383.

Kurzum: Das öffentliche Erscheinungsbild der FDP ist als ambivalent zu beurteilen. Die liberale Formel „Mehr Netto für alle" kann zwar als antiquiert bezeichnet werden, stellt aber so etwas wie das Markenzeichen der FDP dar. Dass ihre Botschaften in Zukunft weniger steif und sachlich, dafür emotionaler und verständlicher vermittelt werden, wie von einigen innerparteilichen Kritikern gefordert, ist deshalb nicht zu erwarten, zumindest nicht unter einem Parteivorsitzenden Westerwelle. Mit ihrem interaktiven Internetauftritt gehen die Liberalen hingegen innovative, zukunftsträchtige Wege. Doch diese haben Grenzen. FDP-Generalsekretär Niebel machte bereits darauf aufmerksam: „Und auch wenn wir [...] als FDP eine der modernsten Parteien bei Internetwahlkämpfen und direkter Kommunikation sind, können wir damit eins nicht ersetzen: den persönlichen Kontakt zu den Menschen"[95].

Guido Westerwelle: Problem oder Chance?

In einem Interview mit dem *Spiegel* im März 2008 erklärte Guido Westerwelle die langjährige Bindung an die Union offiziell für beendet. Auslöser war der Beginn der Koalitionsverhandlungen zwischen der CDU und den Grünen nach der Landtagswahl in Hamburg. Er vermutete, dass Angela Merkel ein weiteres Regierungsmodell für 2009 ausloten wolle und grenzte sich daraufhin vehement von der Union ab. Als beleidigte Reaktion solle man ihm das allerdings nicht auslegen – schließlich sei Politik lediglich die Durchsetzung von Inhalten und keine Ehe.[96] Am Ende der Öffnungswelle sämtlicher Parteien zueinander möchte er zuallererst vermeiden, dass der FDP nur eine Koalitionsoption zufällt, weil sie den richtigen Zeitpunkt verschlafen hat. Weiterhin sieht er seine eigene Position innerhalb der Partei als gefährdet an, wenn der Wiedereintritt der FDP in die Regierung aufgrund eigener strategischer Fehler scheitern würde.

Die FDP benötigt nun also einen Vorsitzenden, der nach seinem kategorischen „Nein" im Jahr 2005 zu einer Koalition mit den Grünen und der SPD während der Berliner Runde Anschluss findet an die verschiedenen Milieus und Lebenswelten der anderen Parteien. Doch Westerwelles Reden können sehr schneidend und aggressiv sein. Verlässlich verkündet er seine Thesen der Freiheit und die Wege zu mehr Leistungsgerechtigkeit, sozialem Aufstieg und mehr Netto vom Brutto.[97] Damit bedient er die Wünsche seiner Klientel, jedoch ver-

---

95 Dirk Niebel. Rede auf dem 37. Bundeskongress der Jungen Liberalen in Pforzheim, abrufbar
    unter: http://www.youtube.com/watch?v=XSSiDd4OZ-E (eingesehen am 03.11.2008).
96 Vgl. „Ich bin nicht beleidigt". Spiegel-Gespräch mit Guido Westerwelle, in: Der Spiegel,
    10.03.2008.
97 Zuletzt während seiner Rede auf dem Bundesparteitag der FDP 2008 in München. Vgl. hierzu
    Schütz, Hans Peter: Guido Westerwelle im Glück, in: Stern Online, 31.05.2008, abrufbar un-

mag es der Parteichef offenbar nicht, gefühlvoll und warmherzig zu wirken. Seine Auftritte dienen hauptsächlich dem polemischen Angriff, aber kaum der Überzeugung von seiner Person bzw. seiner Partei. Schlimmer noch: Viele Zuhörer fühlen sich abgestoßen, sie teilen mehrheitlich seine Meinung, doch die Atmosphäre zieht sie nicht in ihren Bann. Die Presse stürzt sich auf seine zum Teil sehr provokativen Ausführungen, sie dienen den Journalisten und Kommentatoren für Titelstorys, dicke Überschriften und Steigerung des öffentlichen Interesses am Thema. Für die FDP wiederum sind dies zwar dringend benötigte Schlagzeilen, jedoch stößt Westerwelle einzig bei den Mitgliedern und Delegierten seiner Partei auf viel Rückhalt und Zuspruch. Er ist seit vielen Jahren die unangefochtene Nummer Eins der FDP. Mit viel Fleiß, Disziplin und gekonnter Oppositionsredekunst hielt er die Partei seit 1998 als Generalsekretär und seit 2001 als Parteivorsitzender trotz der Machtferne im Bund stets im Lichte der Öffentlichkeit. Mit dieser Rhetorik allerdings wird Westerwelle kaum Brücken bauen bzw. seine politischen Gegner erwärmen können. Sollten sie auch hier und da Übereinstimmungen feststellen, bleibt dennoch beim kritischen Publikum diese gefühllose, leicht kalt anmutende Atmosphäre haften.

Dennoch, einen wandlungsfähigeren Politiker als Westerwelle gibt es in der medienfokussierten Welt der Politik kaum. Als Jungpolitiker gab er sich als Reformator seiner Partei. Wirbelte als Generalsekretär durch die Fernsehshows und verkündete den Neubeginn der FDP. Dann führte er einen amerikanisierten Wahlkampf und tourte mit seinem Guidomobil und dem Slogan „18 %" durch die Lande. Besuchte den Big-Brother-Container und versuchte sein jugendliches Antlitz zu nutzen, um Jungwähler von sich zu überzeugen. Der so geführte „Spaßwahlkampf" scheiterte und Westerwelle verkündete den Weg zurück zur Ernsthaftigkeit.[98] Seitdem geriert er sich als zukünftiger Außenminister und formuliert in wohlgesetzten Worten („Herr Minister, im Hinblick auf Ihre Ausführungen erlaube ich mir eine kurze Bemerkung") auf der Münchner Sicherheitskonferenz gegenüber dem US-Verteidigungsminister seine Position zu Afghanistan.[99] Was müsste also nun kommen? Der warmherzige Guido Westerwelle, der sich um die Schwachen der Gesellschaft kümmert, der Arbeitslosen mehr Geld verspricht? Das erscheint auf den ersten Blick unwahrscheinlich. Jedoch, die Wandlungsfähigkeit dazu besitzt er.

Westerwelles politische Biografie beschreibt ein einziges „Auf und Ab". Seine Erfahrungen hat er allesamt auf einer *Ochsentour* durch die Partei ge-

---

ter: http://www.stern.de/politik/deutschland/:FDP-Parteitag-Guido-Westerwelle-Gl%FCck/622238.html (eingesehen am 24.09.2008).

98   Vgl. Spier, Tim: Gaga-Wahlkampf im Guidomobil, in: Spiegel Online, 06.05.2007; abrufbar unter: http://www.spiegel.de/politik/deutschland/0,1518,481184,00.html (eingesehen am 24.09.2008).

99   Vgl. Gerwien, Tilman: Der Gernegross, in: Der Stern, 06.03.2008.

sammelt. Er kennt das Geschäft und ist härter geworden. Allerdings haftet an dem damaligen politischen „Leichtmatrosen"[100] immer noch der Nimbus der Verantwortungsferne. Ein Makel, der häufig langjährigen Oppositionspolitikern zu schaffen macht. Für die FDP bedeutete dies auch ein Novum, war man es doch gewohnt, an den Machttöpfen der Republik beteiligt zu sein – vor 1998 hatte man seit 1969 fast 30 Jahre lang einen Teil der Bundesregierung gestellt. Diese – eben auch rhetorische – Verantwortungsferne seit dem Antritt von Rot-Grün könnte nun wiederum eine Koalition auf Bundesebene mit der Regierungspartei SPD und auch mit den Grünen erschweren. Gerade bei der SPD, aber auch mehrheitlich bei den Grünen ist das Personal regierungserfahren und kennt die aktuellen Abläufe und das Netz der Berliner Kommunikation, gibt sich oft überaus pragmatisch und hat in den Ministerien noch hochrangige Parteisoldaten sitzen.

Das Image der Partei hat der Parteivorsitzende auf wenige formelhafte Sätze heruntergebrochen. Vorbei scheint die Zeit eines taktierenden Genschers, der mal sozialliberal, mal im Gefolge der Konservativen und mal mit den Neoliberalen zu überzeugen wusste. Heute heißt FDP nur noch „Steuern runter", und bei dem politischen Gegner wird FDP gleichgesetzt mit dem für die soziale Marktwirtschaft unheildrohenden Kampfbegriff des „Wirtschaftsneoliberalismus". Der radikale Duktus des FDP-Vorsitzenden in den Forderungen nach Staatsbeschneidung verschreckt jedenfalls über die inhaltlichen Differenzen hinaus auch in seiner Schärfe potenzielle Bündnispartner. Der bereits andiskutierte Umbruch bzw. eine programmatisch-personelle Öffnung erscheint vonnöten, will man diese formelhafte Identifizierung der Partei in der Öffentlichkeit auffächern.

Diesen Wandel will Westerwelle nun vollziehen. Er kritisiert die Kanzlerin, der er jahrelang – sogar aus der Opposition heraus – die Treue gehalten hat. Er will sich nicht mehr auf Koalitionsaussagen festlegen lassen. Die schwarz-grüne Koalition in Hamburg war der Weckruf, dass Westerwelles sechs bis zehn Prozent bei der nächsten Bundestagswahl von der CDU nicht mehr gefragt sein könnten. Und wenn, dann nur noch als mögliche drittstärkste Kraft in einer Jamaikakoalition oder in einer Ampel. Sein Ziel, Außenminister der Republik zu werden, erscheint ihm ernsthaft in Gefahr.[101] So tut er das, was auch seine Kollegen aus der Parteipolitik aktuell ebenfalls tun: Er versucht seine Partei nach allen Seiten koalitionsfähig zu machen. Sein Motto: Erfolgreich sei die Partei wie selten zuvor, die Themenpalette wird so dargestellt, dass sie jedem Bundesbürger etwas bieten kann, und in Zeiten der vielen Wortbrüche benötige der Wähler eine standhafte Alternative, die sich auf die Parole „Mehr Netto vom

---

100   Vgl. Bröcker, Michael: Was tun Herr Westerwelle?, in: Rheinische Post, 27.02.2008.
101   Vgl. Schmale, Holger: Muntere Farbenspiele, in: Berliner Zeitung, 15.09.2008.

Brutto" einschmelzen lässt. Der Wahlerfolg in Hessen zu Beginn des Super-
wahljahres 2009 sowie die guten Umfragewerte sind durchaus als Ergebnisse
seiner derzeitigen Strategie zu sehen.[102]
    Wie lange dieser Schachzug gut geht, hängt davon ab, ob er seine Partei an
die Macht im Bund zurückführen kann. Wird seine Partei nach der Bundestagswahl 2009 nicht Mitglied einer Regierung, könnte Westerwelle seinen Vorsitz
beim Dreikönigstreffen 2010 wahrscheinlich gleich kampflos abgeben. Die
ersten Zeichen dafür sind in der Öffentlichkeit schon gesetzt worden. Wolfgang
Gerhardt, Westerwelles direkter Vorgänger im Parteivorsitz und im Vorsitz der
Bundestagsfraktion, verbreitete bereits zum Dreikönigstreffen im Januar 2008
eine Denkschrift „Für mehr Freiheit und Fairness" in der FDP. In diesem
Grundsatzpapier forderte er einen neuen Politikstil der FDP-Spitze.[103] Und tatsächlich wurde im Hinblick auf den Bundesparteitag in München im Frühsommer 2008 vermehrt Kritik an Westerwelles Führungsstil, seinem politischen
Kurs und dem Umgang mit der Partei geäußert. Parteiinterne Hoffnungsträger
wie Philipp Rösler aus Niedersachsen oder Andreas Pinkwart aus Nordrhein-
Westfalen sprangen kurz aus ihrer Deckung, um gleich darauf wieder zurückzu-
tauchen. Westerwelles Auftreten und seine virtuos vorgetragene Parteitagsrede
in München werden sämtliche öffentlich geäußerten Zweifel an seinem Kurs
und seiner Person bis zur nächsten Bundestagswahl am 27. September 2009
verbannen. Der Parteichef steht somit als Repräsentant der FDP letztendlich
auch ziemlich allein da und vollständig in der parteiinternen Verantwortung, der
er sich vorerst durch die inhaltliche Verengung auf die Schlagwörter „Freiheit",
„Steuern" und „Wirtschaft" und die unermüdlich wiederholten Erfolgsnachrich-
ten entziehen kann. Dennoch bleibt die Gewissheit, dass die eigentlich wichtigen Auseinandersetzungen über Köpfe und Themen innerhalb der Basis weiter-
schwelen werden. Denn selbst wenn die Liberalen eine Vorfeldorganisation für
Migranten besitzen, einen ganzen Parteitag der Kultur und der Umweltpolitik
gewidmet haben[104], benötigt die FDP auch führende Köpfe, die für diese Politik
stehen. Als erfahrener Medienpolitiker sollte Westerwelle dies wissen.

---

102 Vgl. Walter, Franz: Projekt 18 lebt, in: Spiegel Online, 11.02.2009; abrufbar unter:
     http://www.spiegel.de/politik/deutschland/0,1518,606889,00.html (eingesehen am 02.03.
     2009).
103 Vgl. Reimold, Frieder: Der schlafende Löwe haut auf die Pauke, in: Associated World Press,
     03.01.2008.
104 So geschehen während des 57. Ordentlichen Bundesparteitags der FDP 2006 in Rostock.

„Der Stachel im Fleisch der FDP "[105]

Dass Westerwelle von dem Bundesvorsitzenden der Jungen Liberalen („JuLis"), Johannes Vogel, nicht mehr mit dem Vornamen angesprochen, sondern gesiezt wird, ist neben der seit Jahren geforderten thematischen Verbreiterung der FDP Anzeichen für den Versuch einer eigenständigen Profilierung der Nachwuchsgeneration. Für die über 30-Jährigen unter den JuLis gilt Westerwelle immer noch als „der Guido".[106] Der Guido, der von 1983 bis 1988 Bundesvorsitzender der Jungen Liberalen war und auch noch weit nach seinem Übertritt in den Bundesvorstand der FDP einen großen Anteil an der politischen und inhaltlichen Ausgestaltung hatte. Mit Guido Westerwelle, einem Mitbegründer der Jungen Liberalen, entfernte sich die 1980 gegründete neue Nachwuchsorganisation der FDP entscheidend von ihren innerparteilichen Nebenbuhlern, den jugendlichen Linksauslegern der Partei, den Jungdemokraten, und wurde 1983 zur offiziell anerkannten Jugendorganisation der FDP.

Die von Westerwelle gepflanzten Wurzeln prägten im Wesentlichen bis in die Anfänge des neuen Jahrtausends den zu einseitigen öffentlichen Auftritt der JuLis: wirtschaftsliberal und steuerpolitisch – genau wie die Mutterpartei. Seitdem ist namentlich vor allem Johannes Vogel zu nennen, der sich daran versucht, dass Stigma des in den Achtzigern erlangten Images, einer Jugendorganisation der angepassten Karrierepolitiker mit Kaschmirpullover, Sakko, Laptop und Aktentasche, abzulegen. Mit ihm, so die Botschaft, kehren die JuLis in ihr angestammtes Profil als „Stachel im Fleisch der FDP"[107] zurück. Die Jungen Liberalen wollen in Zukunft wieder vermehrt als unabhängiger Partner der FDP wahrgenommen werden, der programmatisch und im Erscheinungsbild einen deutlichen Unterschied zu den etablierten Größen aufweist. Dafür fordern sie neben der inhaltlichen Debatte mit sozialliberalem Schwerpunkt vor allem eine Besetzung der Themen mit neuem Personal.[108] Es scheint, als ob die junge Generation der Liberalen die thematische Neupositionierung als Notwendigkeit im Trend der Zeit sieht. Die koalitionstaktische Öffnung zu Grünen und Sozialdemokraten wird dabei genauso gefordert wie die Überdenkung der Parteimeinung

---

105 So sieht Johannes Vogel die Jungen Liberalen, deren Bundesvorsitzender er ist. Zit. nach Marinos, Alexander: Interview: Johannes Vogel – „Ich trauere dem Guido-Mobil nicht nach", in: Westdeutsche Zeitung, 30.07.2008.

106 Vgl. Fahrenholz, Peter: Auf der Suche nach dem sozialen Herzblut, in: Süddeutsche Zeitung, 06.08.2008; abrufbar unter: http://www.sueddeutsche.de/politik/164/305134/text/ (eingesehen am 27.10.2008).

107 Ebd.

108 Vgl. Averesch, Sigrid: Junge Liberale setzen auf SPD, in: Berliner Zeitung, 25.10.2008; Lohre, Matthias: Grün hinter den Ohren. Junge FDPler jenseits von Westerwelle, in: Die Tageszeitung, 01.06.2006, abrufbar unter: http://www.taz.de/1/politik/deutschland/artikel /1/ gruen-hinter-den-ohren/ (eingesehen am 27.10.2008).

zur Absage an den Atomausstieg oder der stärkeren Hervorhebung bürgerlich-
liberaler Werte.[109]

Das Potenzial, ihre Forderungen durchzusetzen und die Partei inhaltlich
neu auszurichten, ist vorhanden: Unter den Jugendorganisationen der kleineren
Parteien sind die JuLis die mit den meisten Mitgliedern. Ihre Entwicklung weist
seit 1985 steil nach oben – zur Jahresmitte 2008 stand ihr Saldo bei 9.521 Mitgliedern, Tendenz steigend.[110] Weiterhin sind in den Gremien der FDP sowie in
Kommunalparlamenten und Landtagen überdurchschnittlich viele Abgeordnete
ihrer Kohorte vertreten. In den Kommunen sind 118 Abgeordnete unter 30 Jahre
alt. In den Landtagen amtieren vier Vertreter aus der gleichen Altersgruppe.
Dem ausgeprägten Netzwerkgedanken[111] der Nachwuchspolitiker können derartige Unterstützungsmöglichkeiten in den höheren Gremien nur förderlich sein.
Jedoch, wie kam es zu dieser Stärke? Warum erscheint die FDP in einem so
jugendlichen Antlitz?

Die Begründung für diese Entwicklung ist in der Geschichte der FDP zu
finden. Unter Genschers Ägide erfolgte die koalitionspolitische „*Wende 1982*"
von der SPD zurück zur CDU. Zu dieser Zeit ist eine ganze Generation junger
Politiker, die jetzt im Alter von Westerwelle sein müssten, aus Protest gegen die
damalige Entwicklung aus der FDP ausgetreten oder ließ ihr Engagement ruhen.
Wer also mit derartigen Strukturproblemen zu kämpfen hat wie die FDP, muss
seine Position in der Parteienlandschaft auf andere Art und Weise behaupten.
Jugendlichkeit scheint in der Hinsicht ein probates und unumgängliches Mittel
zu sein. Mit einer jungen Avantgarde, so das unzweifelhafte Kalkül, ist man
fortwährend am Puls der Zeit und kann Entwicklungen bzw. neue gesellschaftliche Strömungen allein schon durch die Vertreter in den eigenen Reihen wahrnehmen und gegebenenfalls in inhaltliche Positionen umsetzen.[112] Die anhaltende Kritik der JuLis zeigt, dass von dieser Möglichkeit offenbar nicht genug
Gebrauch gemacht wurde.

Mit dem stets freundlichen und umgänglichen Vogel an der Spitze der Jungen Liberalen und dessen programmatischer Kehrtwende soll nicht nur sein
eigener Verband profitieren, sondern die FDP insgesamt. Der Bundesvorsitzen-

---

109 Vgl. o. V.: „‚Biblis könnte man abschalten.' Juli-Vorsitzender Johannes Vogel über Kraftwer-
ke, Koalitionen und Koch", in: Fuldaer Zeitung, 29.07.2008; vgl. auch Peter, Joachim: Liberaler Jungspund will die FDP- Größen ärgern, in: Welt Online, 28.07.2008, abrufbar unter:
http://www.welt.de/politik/article2256957/Liberaler-Jungspund-will-die-FDP-Groessen-
aergern.html (eingesehen am 27.10.2008).
110 Vgl. Christ, Sebastian: Die Jusos – eine zerrüttete Jugend: in: Der Stern, 17.06.2008, abrufbar
unter: http://www.stern.de/politik/deutschland/624103.html.de (eingesehen am 27. Oktober
2008).
111 Vgl. Fahrenholz (Anm. 106).
112 Vgl. Fröhlingsdorf, Michael/Schmid, Barbara/Steffen Winter: Youngster in der Politik, in: Der
Spiegel, 13.12.2004.

de geriet ins Amt, weil sein Vorgänger Jan Dittrich eine Pressemitteilung unter dem Titel „Alte, gebt den Löffel ab" an die Agenturen schickte – gemeint war, dass die Alten auf Kosten der Jungen leben würden. Den Posten musste Dittrich daraufhin abgeben.[113] Dennoch, die Botschaft war klar und änderte sich auch unter dem neuen Vorsitzenden nicht. Dem Leitprinzip, die Vertretung der Jugend in der großen Welt der Politik, versuchen sie treu zu bleiben. Nur, wie ist es tatsächlich um die Mitglieder der JuLis bestellt? Sind sie wirklich die selbsternannten Erneuerer, die typischen Repräsentanten für das jugendliche Wahlvolk?

Der Besuch von unterschiedlichen Veranstaltungen der JuLis lässt zumindest an dieser Hoffnung zweifeln. Auf den ersten Blick ist zunächst alles auf die Jugend ausgerichtet. Vor dem Bundeskanzleramt hing Vogel aus Protest gegen die Perspektivlosigkeit der nachwachsenden Generation auf dem Arbeitsmarkt kopfüber vom Kran.[114] Diese und andere aufsehenerregende Aktionen sind bei den JuLis seit jeher die Regel. Als die FDP zum Bundestagswahlkampf 2005 die Rückkehr zur Seriosität verkündete, verteilten die Jungen Liberalen humorvolle Flyer und Kondome auf Mallorca.[115] Ob die neuerliche Akzeptanz der FDP beim Wähler zwischen 25 und 35 Jahren bei den zurückliegenden Bundestagswahlen auf solche Spaßveranstaltungen zurückzuführen ist, kann nicht abschließend geklärt werden. Sicher ist hingegen, dass seit einigen Jahren wieder vermehrt Jugendliche ihren Weg in die Jugendorganisation der Freien Demokraten finden.

Dort angekommen, werden sie beispielsweise durch die Internetplattform „JuLi-Akademie" auf die Parteiarbeit vorbereitet. Neumitglieder lernen mithilfe von Videos und Diskussionsforen, „wie Pressemitteilungen geschrieben, Veranstaltungen organisiert oder Kassen verwaltet werden"[116]. Das Spitzenpersonal, welches auf diesem Wege geschult wird, findet dann auch zahlreich den Weg über die innerparteiliche Ochsentour in die Parlamente. Die dazu nötige eigene Profilierung geschieht auf Kosten der Mutterpartei. In den Schlagzeilen großer Presseorgane tauchen die Nachwuchspolitiker häufig erst dann auf, wenn sie Kritik an ihrer eigenen Partei üben. Bedeutende Spitzenpolitiker, wie Gerhard Schröder, Christian Wulff, Oskar Lafontaine oder auch Guido Westerwelle, haben dies bereits vorgemacht. Während öffentlicher Diskurse auf Bundeskongressen bekommen die Redner mit der lautesten Kritik am Bundesvorstand der

113 Vgl. hierzu Wondrak, Carola: „Steuern runter" – das ist der jungen FDP zu wenig, in: Frankfurter Neue Presse, 20.09.2008, abrufbar unter: http://www.fnp.de/fnp/welt/politik/rmn01.c.5167522.de.htm (eingesehen am 03.11.2008).

114 Vgl. Peter (Anm. 109).

115 Vgl. Kullmann, Kerstin: Kröten und Gummis, in: Der Spiegel, 25.07.2005.

116 Vgl. Boy, Ann-Dorit: Nachwuchsliberale entdecken das Internet, in: Spiegel Online, 05.10.2008, abrufbar unter: http://www.spiegel.de/netzwelt/web/0,1518,582172,00.html (eingesehen am 14.10.2008).

Mutterpartei den längsten Applaus. Wer am Rednerpult auffallen möchte, macht zuvorderst den anwesenden Delegierten klar, dass inhaltliche Eigenständigkeit sowie koalitionspolitische Unabhängigkeit für die Freien Demokraten besonders im Vordergrund stehen sollten, denn nur so gewinnt man leichter an Profil und kann sich in der Parteienlandschaft als eigene Kraft behaupten. Nebenbei gewinnt der Redner ebenfalls an Aufmerksamkeit für seine Person und kann den innerparteilichen Aufstieg leichter fortführen. Auch wenn an Daniel Bahr, dem einstigen Bundesvorsitzenden der JuLis und heute Mitglied des Deutschen Bundestages, von seinen aufstrebenden Nachfolgern Kritik aufgrund seines zu angepassten Verhaltens geübt wird, müsste auch der neuen FDP-Generation klar sein, dass Bahr nur den Weg für diese neuen Möglichkeiten der Opposition innerhalb der eigenen Partei geebnet hat. Denn erst Bahr gewöhnte die Mutterpartei wieder daran, dass die JuLis nicht nur als Unterstützer der Altvorderen funktionieren, sondern selbstständig Politik betreiben können.[117] Interessant ist zudem auch, dass ernsthafte Beschlüsse zur Forderung einer neuen inhaltlichen und personellen Strategie der FDP seit 2005 gänzlich ausblieben.[118] Die Notwendigkeit zur langfristigen Vorbereitung auf den Bundestagswahlkampf 2009 wäre allerdings gegeben. Ganz nach dem Motto der Vorgängergeneration, „Die Hand, die einen füttert, beißt man nicht"[119], verfahren also auch die Neuen. Einen anderen Weg können Vogel & Co., wenn sie ebenfalls dort landen wollen, wo Bahr sich bereits aufhält, in Westerwelles Partei auch nicht gehen.

Die Zielgruppe der JuLis, die Jugendlichen, ist mehrheitlich nicht politisch aktiv, interessiert sich nicht für die Steuerpolitik oder kann sich für eine Diskussion über den Atomausstieg kaum erwärmen. Die heutige Generation hat vielmehr damit zu tun, ihren eigenen Status in der Gesellschaft zu erlangen – vermehrt bekommen sie das Problem der sozialen Unsicherheit bereits in jungen Jahren zu spüren.[120] Die ranghohen Ämterträger der „Jungen" Liberalen wirken bei genauerem Hinsehen – nicht äußerlich – überhaupt nicht „normal" jugendlich; eher wie gestandene Jungunternehmer oder fast fertige Politiker, die das innerparteiliche System gut durchschaut haben und sich über eine gesicherte Existenz nie zu sorgen brauchten. Die Ansprache an die junge Generation beherrschen sie. Eine professionelle Vermarktung und Kommunikation via „Podcasts", „Weblogs" oder einem eigenen „YouTube-Channel" machen dies mög-

117 Vgl. Weber, Corina: Der Nachwuchs, in: Die Zeit, 06.06.2002.
118 Eine Übersicht der Beschlüsse findet sich unter http://inhalte.julis.de/recherche/kategorien/ (eingesehen am 03.11.2008).
119 So ein junges Mitglied der FDP-Bundestagsfraktion. Zit. nach Peter Joachim/Jungholt, Thorsten: Junge Wilde der FDP stecken im Karrierestau, in: Welt Online, 31.05.2008, abrufbar unter:http://www.welt.de/politik/article2051947/Junge_Wilde_der_FDP_ stecken_im_ Karrierestau.html (eingesehen am 28.10. 2008).
120 Vgl. Köcher, Renate: Schleichende Veränderung, in: Frankfurter Allgemeine Zeitung, 20.08.2008.

lich. Dennoch zeigt eine Übersicht ihrer Beschlüsse, also der Ausfluss ihrer inhaltlichen Arbeit, dass sie nicht vorrangig im direkten Interessengebiet der deutschen Jugend zu verorten sind. Die Liste der Beschlüsse zur allgemeinen Europapolitik oder Außen- sowie der Innenpolitik ist genauso lang wie die eigentlich anzunehmenden Kernthemen Kinder- und Jugendpolitik oder Bildungs- und Wissenschaftspolitik.

Doch insgesamt sind die Jungen Liberalen bemüht, sich nicht als Anhängsel der FDP zu präsentieren. Der hessische Landesverband der JuLis lehnte die Ideen von Roland Koch für den Umgang mit straffällig gewordenen ausländischen Jugendlichen zum Landtagswahlkampf in Hessen 2008 vehement ab.[121] Derlei Auffälligkeiten bringen durchaus auch langfristiges Prestige und die Wahrnehmung als eigene Gruppe innerhalb der FDP – dafür wird sogar in Wahlkampfzeiten quergeschossen. Das Konzept eines Bürgergeldes, mit dem alle sozialen Leistungen des Staates zusammengefasst werden sollen und dessen Verabschiedung auf dem Bundesparteitag der FDP in Köln im Jahr 2005, die Renaissance des Themas Bürgerrechte sowie die Ablehnung einer Wehrpflichtarmee schreiben sich die JuLis inhaltlich auf die Fahnen.[122] Dies ist wohl auch gerechtfertigt. Schließlich engagieren sich die Jungen Liberalen seit einiger Zeit deutlich intensiver in der Sozial- oder Bürgerrechtspolitik als die Mutterpartei. Leider fehlt dabei die explizit jugendliche Komponente. Die Vorbilder für diese im Trend der Zeit liegende Politik stammen aus einer weit zurückliegenden Epoche – aus der Zeit der sozialliberalen Ära.

Fazit

In den vorangegangenen Kapiteln wurden verschiedene Schlüsselfelder analysiert und interpretiert, die zeigen sollten, wie die FDP jenseits von Wahlerfolgen und Mitgliedergewinnen positioniert ist. Führt man die Ergebnisse der einzelnen Kapitel zusammen, dann lässt sich zunächst feststellen, dass ein Teil der Liberalen auf mehreren Ebenen – Programm, Frauenanteil an den Parteimitgliedern und in innerparteilichen Ämtern, Situation der FDP in Großstädten, das Erscheinungsbild der Partei in der Öffentlichkeit – Handlungsbedarf sieht. In der Tat: Inhaltlich konzentriert sich die FDP auf die Steuer- und Bürgerrechtspolitik, während beispielsweise die Sozial-, Umwelt- und Bildungspolitik zu kurz kommen. Es ist ebenso zutreffend, dass die FDP, was ihre Anziehungskraft auf Frauen und Großstädter betrifft, schwach erscheint. Trotzdem gilt gleichzeitig:

---

121   Vgl. Teevs, Christian: Koch vergrätzt Junge Liberale, in Spiegel Online, 10.01.2008, abrufbar unter: http://www.spiegel.de/politik/deutschland/0,1518,527830,00.html (eingesehen am 27.10.2008).
122   Vgl. Fahrenholz (Anm. 106).

Mit der Steuer- und Bürgerrechtspolitik verfügt die FDP über Themen, die zumindest ihrer Kernklientel sehr am Herzen liegen. Ihre Schwierigkeiten, bei Frauen und in Großstädten Zuspruch zu erzielen, erkennen die Liberalen als Problem und entwickeln Gegenmaßnahmen. Und auch wenn innerparteilich Änderungen am Auftreten der FDP gefordert werden, darf nicht übersehen werden, dass die Partei ein immer wichtigeres Mittel politischer Kommunikation, das Internet, vergleichsweise stark nutzt und damit den Gewohnheiten, Vorlieben und Ansprüchen ihrer Mitglieder und Anhänger nachkommt. Dieses Engagement wird Guido Westerwelle allerdings wenig nützen, wenn er die Liberalen nicht zurück an die Regierung im Bund führen kann. Die FDP wird sich wohl auf Dauer nicht mit der oppositionellen „Westerwelle-Rhetorik" begnügen. Die nachrückende Generation fährt zumindest inhaltlich bereits einen neuen Kurs und wird nach der Bundestagswahl im September 2009 weitaus intensiver in die Mutterpartei hineinwirken. Bis zur Bundestagswahl wirkt die disziplinierende Klammer einer notwendigen innerparteilichen Geschlossenheit im Wahlkampf; danach entscheidet sich, in welche Richtung die FDP sich entwickeln wird.

Trotz dieser mittelfristigen Zementierung der Partei auf laufende Prozesse sind langfristig genügend Handlungsmöglichkeiten vorhanden. So lag das Wählerpotenzial der FDP im Sommer 2008 bei erstaunlichen 40 Prozent, d.h. 40 Prozent der Wahlberechtigten hielten die FDP grundsätzlich für wählbar. Damit rangierten die Liberalen nicht weit hinter den „Volksparteien": Das Wählerpotenzial der SPD lag zur gleichen Zeit bei 51 Prozent, das der CDU bei 50 Prozent.[123] Wie kann die FDP ihr hohes Wählerpotenzial aktivieren? So müsste die zentrale Frage der Freien Demokraten in den kommenden Jahren lauten. Dass eine solche Diskussion unter Westerwelle stattfinden wird, ist jedoch unwahrscheinlich. Der Parteivorsitzende betonte nämlich selbstbewusst: „Die Arbeit der FDP kann so schlecht nicht sein, wenn wir bei den Wahlen regelmäßig hinzugewinnen. Ich gehe meinen Weg unbeirrt weiter"[124]. Eine weniger kühl und expertenhaft wirkende, stattdessen menschlicher und wärmer auftretende FDP, wie von innerparteilichen Kritikern regelmäßig gefordert, wird es demnach in naher Zukunft nicht geben. Westerwelle selbst sieht die FDP zwar als „Partei für das ganze Volk": „Wir Liberale sind eine Partei, die sich nicht an einige wenige wendet, sondern wir sind eine Partei, die wendet sich an das ganze Volk [...]. Liberale Politik ist nicht gut für eine bestimmte Geisteshaltung, ist nicht gut für eine bestimmte Einkommensklasse, ist nicht gut für eine bestimmte Gruppe in der Gesellschaft."[125]

---

123 Vgl. Schönenborn, Jörg: ARD-DeutschlandTrend Juli 2008. Preis-Galopp macht Deutschen Angst, abrufbar unter: http://www.tagesschau.de/inland/deutschlandtrend/ deutschlandtrend332.html (eingesehen am 01.09.2008).

124 Vgl. Anm. 67.

125 Westerwelle (Anm. 15).

Doch den Stimmen, die eine Öffnung der FDP zu den unteren Gesell-
schaftsschichten anmahnen, gibt er nicht nach. Zusammenfassend lässt sich
somit festhalten, dass sich in der FDP gegenwärtig zwei Blöcke von Politikern
gegenüberstehen: diejenigen, die etwas verändern wollen, und diejenigen, die
sich am Bestehenden orientieren und jegliche Kritik an ihrer Partei zurückwei-
sen. Das, was Goethes Faust sagte, passt daher auch zu der FDP der Jahre
2008/09: „Zwei Seelen wohnen, ach! in meiner Brust [...]."

Grün bleibt die Hoffnung?
Die Bündnisgrünen zwischen Harmonie und Krise

Christin Leistner / Katharina Rahlf

Anti-Parteien-Partei, Protestpartei, Regierungspartei, Oppositionspartei, Reformpartei – in ihrer noch nicht einmal 30-jährigen Geschichte wurden die Grünen schon mit vielen Etiketten versehen. Und obwohl derlei Bezeichnungen natürlich stets ein wenig kurz greifen, ja ganz bewusst auf einen Aspekt fokussieren und andere dabei außer Acht lassen, so ist der Wandel vom dezidierten Selbstverständnis als „Alternative" im ungeliebten Parteiensystem hin zu einer hoch professionalisierten und fest etablierten Kraft im ehemals verhassten politischen Gefüge doch faszinierend. Zumal die Grünen offensichtlich, trotz aller Friktionen, Abspaltungen und Konflikte weder eklatante Stimmverluste noch dramatische Mitgliederrückgänge zu verzeichnen haben. Anders als von einer „Krise der Volksparteien"[1] kann von einer „Krise der Grünen" kaum die Rede sein. Schlaglichtartig sollen in diesem Beitrag daher einige Aspekte näher beleuchtet werden, die im Vorfeld der Bundestagswahlen 2009 von besonderem Interesse sind – u.a. Anhängerschaft, Selbstverständnis, Koalitionsoptionen und Spitzenpersonal der Grünen. Ausgehend von der Analyse ihres gegenwärtigen Zustands soll insbesondere ein Blick auf die Zukunft der Partei geworfen werden. Ziel ist dabei keine Gesamtdarstellung der Partei und ihrer Geschichte in all ihren Facetten; vielmehr geht es darum, die Entwicklung der Grünen, die so anders als alle sein wollten und die den anderen mittlerweile so sehr ähneln, nachzuvollziehen, auch zu fragen, wodurch sie sich nach wie vor von den übrigen Parteien unterscheiden. Der Schwerpunkt liegt dabei auf all den Ambivalenzen, die so charakteristisch für die grüne Partei sind – zeigt sich bei der Betrachtung der Grünen doch schnell, dass viele Aspekte Widersprüchlichkeiten bergen, zumindest aber verschiedene Rückschlüsse zulassen.

---

1   Vgl. z.B. Walter, Franz: Die Union wankt im Schatten der SPD, in: Spiegel online, 24.09.2008, abrufbar unter: http://www.spiegel.de/politik/deutschland/0,1518,580163,00. html (eingesehen am 03.03.2009); Bannas, Günter: Die Krise der Volksparteien, in: Frankfurter Allgemeine Zeitung, 02.06.2007.

Die Grünen – Geschichte und Gegenwart

Um den gegenwärtigen Zustand der Grünen besser einordnen, auch bewerten zu
können, lohnt es sich, einen kurzen Blick auf die nun knapp dreißigjährige Geschichte der Partei zu werfen – denn erst dann erschließt sich das volle Ausmaß
des Wandels, aber auch, wie stark manche seiner Aspekte der Partei bereits von
Beginn an inhärent waren. Dabei geht es nicht um eine komplette Nachzeich-
nung der Parteiengeschichte – dies ist an anderer Stelle bereits ausführlich geschehen.[2] Vielmehr sollen einige Aspekte aus der Anfangszeit in Erinnerung
gerufen und die jüngste Entwicklung skizziert werden.

Ende der 1970er Jahre gründeten sich im Zuge der Umwelt- und Friedensbewegung zahlreiche Bürgerinitiativen, die sich nach und nach zu lokalen und
regionalen Wahlbündnissen zusammenschlossen. Nach ersten Erfolgen kandi-
dierten auch auf Länderebene „grüne" und „bunte" Listen – die allerdings auf
sehr unterschiedlichen Programmatiken basierten. In Groß-, besonders Universi-
tätsstädten traten eher die „bunten", also „linken" beziehungsweise „alternativen" Listen an, während es sich in ländlichen oder kleinstädtischen Regionen
der Flächenstaaten um „bürgerliche", wertkonservative Wahlbündnisse handelte.[3] 1979 schließlich vereinigten sich diese verschiedenartigen Bündnisse und
traten bei der Europawahl des Jahres als „Sonstige Politische Vereinigung DIE
GRÜNEN" an. Ein Jahr später, im Januar 1980 erfolgte in Karlsruhe die offizielle Parteigründung der Grünen – begleitet von heftigen Auseinandersetzungen der programmatischen Ausrichtung. Wenig verwunderlich, dass sich Wertkonservative und Bürgerinitiativler auf der einen, Linkssozialisten und einstige
Mitglieder von K-Gruppen auf der anderen Seite nur schwer auf eine gemeinsame Linie einigen konnten.

Nach turbulenten Jahren, vielerlei innerparteilichen Differenzen, der Vereinigung mit dem ostdeutschen Bündnis 90 und sukzessiven Erfolgen auf Länderebene, folgte im Jahr 1998 schließlich das, was als so genanntes rot-grünes
Projekt in die Geschichte eingegangen ist: die erste rot-grüne Koalition auf
Bundesebene. Unter der Führung Gerhard Schröders waren die Grünen als Juniorpartner in der Bundesregierung nun endgültig Teil des politischen Systems,

---

2   Probst beispielsweise teilt die bisherige Entwicklung der Grünen in fünf Phasen ein, in denen
     jeweils ein bestimmter innerparteilicher Prozess im Vordergrund steht: Formierungs- und
     Gründungsphase 1977-1980, Aufbau- und Etablierungsphase 1980-1983, Parlamentarisie-
     rungsphase 1983-1990, Restrukturierung, Vereinigung mit Bündnis 90, und Entwicklung zur
     Reformpartei 1990-1998, Von der Regierung zurück in die Opposition 1998-2005; vgl. dazu
     Probst, Lothar: Bündnis90/Die Grünen, in: Decker, Frank, Neu, Viola (Hrsg.): Handbuch der
     deutschen Parteien, Bonn 2007, S. 173-188, hier S. 173ff.
3   Vgl. dazu Probst (Anm. 2), S. 173.

selbst „Repräsentanten des Staates" geworden.[4] Doch die Regierungszeit stellte die Grünen vor eine Belastungsprobe: Zunächst sorgte die Debatte um den umstrittenen Kosovo-Einsatz für Aufruhr in Partei und Anhängerschaft. Der pazifistische Flügel fühlte seine Grundprinzipien verraten, ein Teil verließ die Partei. Wenngleich die Grünen diese Zerreißprobe letztlich bestanden, war dies doch ein wahrlich ungünstiger Einstand für den Zusammenhalt der Partei. Deutlich geschwächt mussten sie, angefangen mit der Abwahl in Hessen, in den folgenden Jahren eine Reihe von Landtagswahlniederlagen hinnehmen. Dieses Phänomen der Abstrafung von Regierungsparteien auf untergeordneter Ebene ist zwar allgemein bekannt und nicht allein grünen-typisch. Als jedoch der Afghanistan-Einsatz 2001 drohte, die Partei erneut zu spalten und Kanzler Schröder die Vertrauensfrage stellte, schien das Ende der rot-grünen Koalition gekommen. Doch durch einen unerwartet erfolgreichen Endspurt, in welchem vor allem die Ablehnung der Beteiligung am Irak-Krieg und die Einigkeit von Grünen und SPD in dieser Frage den Ausschlag gaben, gelang schließlich doch eine Wendung der Stimmungslage. Die Grünen konnten ihr Ergebnis von 1998 gar um über zwei Prozentpunkte auf 8,6 Prozent steigern – und gingen mit deutlich verbesserter Position gegenüber der SPD in die zweite Runde der rot-grünen Koalition. Überhaupt gelten die Bundestagswahlen 2002 als „elektoraler turning point"[5]: Während die SPD in der Folgezeit mit der Agenda 2010 heftigen Protest auf sich zog und deutliche Niederlagen erlebte, konnten die Grünen bei Landtagswahlen Stimmengewinne verzeichnen. Viel nützte ihnen dies allerdings nicht: In Folge der sozialdemokratischen Verluste wurden 2005 die letzten rot-grünen Landesregierungen in Schleswig-Holstein und Nordrhein-Westfalen abgewählt und es kam im September 2005 zu vorgezogenen Bundestagswahlen.

Zwar konnten die Grünen 2005 mit 8,1 Prozent ihr Ergebnis der vorherigen Bundestagswahl fast halten, dennoch stellten sie nur noch die kleinste Fraktion im Bundestag und mussten Abschied von der Regierungsbeteiligung nehmen. Nun wurde es zunächst ruhig um die Grünen, offenbar bereitete ihnen die abermalige Übernahme der Oppositionsrolle Schwierigkeiten, sie hatten sich mit der Zeit an ihren Status als Regierungspartei gewöhnt und agierten auch nach 2005 nicht selten so, als ob sie nach wie vor in Regierungsverantwortung stünden. Dabei galt es, eine Vielzahl grüner Traumata aufzuarbeiten – insbesondere die Beteiligung an militärischen Interventionen. Erst nach und nach gelangten diese schwelenden Konflikte an die Oberfläche, wurden offen ausgetragen. Eine weitere Zäsur stellte der Abgang Fischers aus der aktiven Politik im Jahr 2005 dar, der zu einer personellen Neu- und Umbesetzung zwang. Beides, Rückkehr in die

---

4   Vgl. Poguntke: Thomas: Die Bündnisgrünen nach der Bundestagswahl 2002: Auf dem Weg zur linken Fusionspartei?, in: Niedermayer, Oskar (Hrsg.): Die Parteien nach der Bundestagswahl 2002, Opladen 2003, S. 89-107, hier S. 91.

5   Vgl. Probst (Anm. 2), S. 177.

Opposition und der Wegfall Fischers als ton- und kursangebende Führungsfigur, setzten vielleicht keine komplette Abkehr, zumindest aber eine längst überfällige kritische Auseinandersetzung mit dem bisherigen realpolitischen Kurs in Gang.

Dies zeigte sich besonders deutlich beim Göttinger Sonderparteitag 2007. Hier flammten mit der Absage der Basis an den „Kurs der außenpolitischen Realpolitik á la Joschka Fischer"[6], der Weigerung, einer gemeinsamen Verlängerung von Isaf-Mandat und Tornado-Einsatz, zuzustimmen,[7] noch einmal längst überwunden geglaubte Flügelkämpfe, basisdemokratische und pazifistische Forderungen wieder auf. Dieses Votum der Basis, in den Medien zumeist als „Debakel", „Blamage"[8], „grüne Realitätsverleugnung"[9], gar als „gefährlicher Rückfall in fundamentalistische Zeiten"[10] gewertet, bewies zumindest eines: Ganz so realpolitisch dominiert und vollkommen den etablierten Parteien angeglichen sind die Grünen also offensichtlich nach wie vor nicht.[11] Vielleicht brauchte es diesen Aufruhr aber auch, um die Grünen wachzurütteln und fast verloren geglaubten Oppositionsgeist wieder zu erwecken. Denn in der Folgezeit steigerten die Parteispitzen ihre Bemühungen, die Basis zu integrieren und sie nicht mit allzu augenscheinlicher Machtpolitik zu verprellen, um einer erneuten Revolte vorzubeugen.

Partei der Wendig- oder Beliebigkeit?

Betrachtet man nun die Landtagswahlergebnisse der Grünen seit 2005, so zeigt sich ein „widersprüchliches Bild"[12]: Sowohl in Mecklenburg-Vorpommern und Sachsen-Anhalt als auch in Rheinland-Pfalz scheiterten sie an der 5-Prozent-Hürde. Auch in Nordrhein-Westfalen und Hamburg mussten sie Verluste hinnehmen. Auf der anderen Seite haben sie andernorts überdurchschnittlich gut

---

6   Vgl. Kleinert, Hubert: Abschied von Fischers Außenpolitik, in: Spiegel online, 17.09.2007, abrufbar unter: http://www.spiegel.de/politik/deutschland/0,1518,506072,00.html (eingesehen am 04.02.2009).

7   Vgl. z.B. Roßmann, Robert: Führungskrise bei den Grünen, in: Süddeutsche Zeitung, 17.09.2007.

8   Vgl. Kleinert (Anm. 6).

9   Vgl. Herzinger, Richard: Grüne Realitätsverleugnung, in: Die Welt, 17.09.2007.

10   Vgl. Malzahn, Claus Christian: Endlich Frieden am linken Stammtisch, in: Spiegel online, 15.09.2007, abrufbar unter: http://www.spiegel.de/politik/ausland/0,1518,505969,00.html (eingesehen am 20.03.2009).

11   Vgl. dazu z.B. Winkelmann, Ulrike: Grüne sind immer noch links, in: Die Tageszeitung, 24.04.2008.

12   Vgl. Probst (Anm. 2), S. 178; vgl. zu den Landtagswahlergebnissen im Einzelnen und sehr detailliert die Kurzanalysen der Forschungsgruppe Wahlen, abrufbar unter: http://www. forschungsgruppe.de/Studien/Wahlanalysen/Kurzanalysen/ (eingesehen am 04.04.2009).

abgeschnitten, so z.B. in Baden-Württemberg oder Berlin, wo sie 11,7 beziehungsweise 13,1 Prozent erzielten und ihr Ergebnis im Vergleich zur letzten Wahl um jeweils vier Prozentpunkte steigern konnten. Auch in Bremen, Bayern, Niedersachsen und Hessen zogen sie problemlos in die Landtage und konnten ihre Stimmanteile ausbauen. Insgesamt ist die derzeitige Lage der Grünen also zumindest elektoral höchst ambivalent. Zwar tun sie sich nach wie vor schwer, in Ostdeutschland Fuß zu fassen, sind nur in einem einzigen ostdeutschen Landesparlament, dem Sachsens, vertreten – allerdings können sie, nach einer langen Durststrecke, in den neuen Ländern Stimmenzuwächse verbuchen. Und nicht nur dort: Bei den meisten Landtagswahlen seit 2005 haben sie Prozente dazu gewonnen, konnten teilweise Rekordergebnisse erzielen – nichtsdestotrotz sind sie lediglich an zwei Landesregierungen beteiligt: in Bremen in einer rotgrünen, in Hamburg in einer schwarz-grünen Koalition. Was wiederum für Wendigkeit und Adaptionsfähigkeit, von Kritikern aber auch als machtgeleitete Beliebigkeit gedeutet wird.[13]

Besonders die Landtagswahl in Hessen am 18.01.2009 illustrierte eindrucksvoll, in welch paradoxer Situation sich die Grünen derzeit befinden. So erzielten sie hier mit 13,7 Prozent ein sehr gutes Ergebnis, das nicht nur ihr Vorjahresergebnis um rund sechs Prozentpunkte übertraf, sondern auch einen Rekord darstellt: das beste Ergebnis der Grünen bei Landtagswahlen in einem Flächenland überhaupt. Nur: Es nützte ihnen nichts. Zumindest dann nicht, wenn als eigentliches Ziel eine Regierungsbeteiligung anvisiert worden war. Eines zeigt das Beispiel Hessen aber deutlich: Vom Niedergang der Volksparteien CDU und SPD profitieren die kleinen Parteien. Mussten die Grünen beispielsweise im Vorjahr noch 66.000 Wähler an die SPD abgeben, konnten sie in diesem Jahr die doppelte Anzahl, 122.000 Wähler, von den Sozialdemokraten auf ihre Seite ziehen – der größte interparteiliche Austausch bei dieser Wahl.[14] Nach den so verheerend gescheiterten Koalitionsverhandlungen 2008 waren die Grünen diesmal auf Distanz zur SPD gegangen und hatten es gezielt darauf angelegt, deren Schwäche zum eigenen Vorteil zu nutzen, sich als „Stimme und Kraft der Vernunft"[15] von den übrigen „chaotischen Parteien" abzusetzen – was

---

13 Vgl. z.B. Beikler, Sabine: Zwei Farben Grün, in: Der Tagesspiegel, 26.01.2009; oder Stoltenberg, Helmut: Weltkind in der Mitte, in: ddp, 07.03.2008.

14 Vgl. dazu z.B. die Wählerwanderungsanalysen von Infratest dimap im Auftrag der ARD, abrufbar unter: http://stat.tagesschau.de/wahlarchiv/wid260/analysewanderung6.shtml (eingesehen am 12.02.2009); oder auch eine Analyse der Konrad-Adenauer-Stiftung, abrufbar unter: http://www.kas.de/wf/doc/kas_15503-544-1-30.pdf (eingesehen am 12.02.2009).

15 So äußerte sich beispielsweise Claudia Roth im Interview mit dem Deutschlandfunk „Nur starke Grüne verhindern schwarz-gelb" am 25.08.2008, abrufbar unter: http://www.claudiaroth.de/pressemitteilungen-2009/pressemitteilungen-2008/not_cached/inhalt/nur_starke_gruene_verhindern_schwarz_gelb-1/einzelansicht/?cHash=5a433cf0dc (eingesehen am 25.03.2009).

gelang. Außerdem waren die Grünen die einzige Partei, die Zuwächse aus allen Gruppen, den Anhängerschaften anderer Parteien sowie dem Nichtwählerlager verzeichnen konnte – was für eine erfolgreiche Öffnung in alle Richtungen spricht. Darüber hinaus ist der hessische Grünenchef und Spitzenkandidat Tarek Al Wazir laut Umfragen der beliebteste Politiker Hessens – auch personell liegen die Grünen also an der Spitze. Vieles gewonnen, aber keine Sieger – so könnte man die Lage der grünen Partei in Hessen derzeit charakterisieren. Trotz enormer Zuwächse kamen sie nicht an das Ergebnis der FDP heran, stellten somit nur die viertgrößte Fraktion im Landtag und mussten zusehen, wie die Freidemokraten in die Regierung einzogen. Gleichwohl bedeutet der Ausgang dieser Wahl eine Stärkung mindestens des grünen Selbstbewusstseins – und ein Wissen um das eigenen Potenzial.

Von der Anti-Parteien-Partei zur Reformpartei: Selbstverständnis und Programmatik

Die Geschichte der Grünen hat gezeigt: Von Beginn an war die Partei alles andere als eine homogene Gruppierung. Als Sammelbecken der Neuen Sozialen Bewegungen integrierte sie eine höchst heterogene Mitglieder- und Anhängerschaft. Wertkonservative und Bürgerliche auf der einen, Radikal-Ökologen und -Pazifisten sowie (ehemaligen) K-Gruppen-Mitgliedern auf der anderen Seite einte der Wunsch nach einer Veränderung der Gesellschaft und die Frustration über fehlende politische Repräsentation der eigenen Anliegen. Über die Vorstellungen, wie diese neue Institution, die gesuchte „neue Behausung", beschaffen sein sollte, mit welchen Methoden die Ziele umzusetzen seien, darüber herrschte allerdings nur selten Einigkeit. Ein besonders strittiger Punkt war die Frage nach dem Selbstverständnis der grünen Partei. Sollte sie sich als strikte Oppositionskraft verstehen, als „Anti-Parteien-Partei" – oder sollte sie versuchen, sich als „Reformpartei" zu etablieren, auch wenn dabei Konzessionen zu machen wären? Diese Konflikte zwischen „Fundis" und „Realos", die so prägend für die Grünen waren, stellten den Zusammenhalt der Partei mehrere Male vor harte Bewährungsproben. Vor diesem Hintergrund ist es erstaunlich, dass die Grünen „trotz zuweilen heftiger innerparteilicher Auseinandersetzungen eine einheitliche Organisationsstruktur aufrechterhalten"[16] konnten. Auch wenn es seit den 1990ern den Anschein hat, als habe der realpolitische Flügel endgültig die Oberhand gewonnen, als sei die Gefahr tiefgreifender Zerwürfnisse durch konsequenten Proporz gebannt, ist doch fraglich, ob die Grünen wirklich „die Zer-

---

16 Niedermayer, Oskar: Die Entwicklung des bundesdeutschen Parteiensystems, in: Decker, Frank/Neu, Viola (Hrsg.): Handbuch der deutschen Parteien, Bonn 2007, S. 114-135, hier S. 126.

splitterung des grünen Lagers frühzeitig überwinden"[17] konnten – zeigt doch u.a. das Beispiel Göttingen die noch immer existierende Unberechenbarkeit der Partei und ihrer Flügel.

Dennoch verzichtete kaum eine Darstellung der Grünen darauf, der Partei ihre fortschreitende Verbürgerlichung zu attestieren.[18] Sicher: Der Blick auf die Sozialstruktur hat gezeigt, dass die Grünen überproportional stark bei Hochgebildeten und Finanzstarken sind, sich unter ihren Anhängern vermehrt Selbstständige finden; auch wohnen ihre Wähler in den bürgerlichen Vierteln der Großstädte.[19] Überdies hat die Partei viel vom alten Radikalismus abgelegt, ist in mancherlei Hinsicht pragmatischer geworden, ebenso wie sich Spitzen in Duktus und Habitus den Vertretern anderer Parteien angenähert haben. Kurzum: Die Grünen haben sich etabliert und professionalisiert. Dennoch: Der Begriff der Verbürgerlichung suggeriert zuweilen, es handele sich hierbei um eine neuartige, ja überraschende Entwicklung. Gelegentlich übersehen wird dabei, dass die Grünen gerade zu Beginn einen starken konservativ-bürgerlichen Flügel besaßen, dass gerade die Neuen Sozialen Bewegungen, die vornehmliche Rekrutierungsressource der jungen grünen Partei, „aus der Mitte des Bürgertums selbst entstanden waren"[20]. Hinzu kommt, dass die Grünen-Gründer Anfang der 1980er Jahre (noch) nicht über hohe Einkommen verfügten, (noch) nicht im Erwerbsleben verankert waren – sich aber zu einem Großteil in universitärer Ausbildung befanden und es somit nur eine Frage der Zeit war, bis sie in eben diese Positionen vorrücken sollten – was mittlerweile geschehen ist. Somit kann die Partei auf eine lange bürgerliche Tradition zurückblicken,[21] die lediglich in Konkurrenz zu anderen Strömungen stand und zwischenzeitlich an den Rand gedrängt worden war. Statt „Verrat an" handelt es sich doch wohl viel eher um eine „Rückkehr zu" den grünen Wurzeln. Ganz abgesehen davon, dass bei der Diskussion über Zustand und Befindlichkeiten der grünen Partei generell die Tendenz besteht, die Begriffe zu vermischen. Dass oftmals „bürgerlich" und „links" einander gegenüber gestellt sowie „bürgerlich" und „konservativ" als Einheit verstanden werden, mag auf den ersten Blick zwar naheliegend und

---

17 Ebd.
18 Vgl. z.B. Probst, Lothar: Öko-Partei auf dem Weg zur Mitte, in: Welt online, 19.05.2007, abrufbar unter: http://www.welt.de/die-welt/article881443/Oeko_Partei_auf_dem_Weg_zur_ Mitte.html (eingesehen am 15.04.2009).
19 Vgl. z.B. Haas, Melanie: Innovation mit einer neuen bürgerlichen Partei? Die Grünen nach der Bundestagswahl 2005, in: Jun, Uwe/Kreikenbom, Henry/Neu, Viola (Hrsg.): Kleine Parteien im Aufwind. Zur Veränderung der deutschen Parteienlandschaft, Frankfurt a[m] Main 2006, S. 201-222, hier S. 209ff.; oder Kamann, Matthias/Neuman, Philipp: Grüne machen der CDU das bürgerliche Milieu streitig, in: Die Welt, 15.05.2007 sowie im Überblick die Wählerschafts-Analysen der Forschungsgruppe Wahlen (Anm. 12).
20 Haas (Anm. 19), S. 209.
21 Ebd.

nachvollziehbar sein, auf den zweiten Blick zeigt sich jedoch, dass diese Begriffe unterschiedlichen, auch voneinander unabhängigen Dimensionen angehören. Ein wenig mehr Sensibilität und Exaktheit wäre hier sicherlich angebracht.

Zweifellos haben sich die Grünen im Laufe der Jahre professionalisiert, haben sich, teils unter großem Protest aus den eigenen Reihen, dem Parteiensystem angepasst, haben Gepflogenheiten des politischen Alltagsgeschäftes übernommen. Es ist tatsächlich bemerkenswert, wie gewandt sie sich inzwischen auf der politischen Bühne bewegen, wie sehr sie mittlerweile in Duktus und Habitus ihren sozial-, christ- oder freidemokratischen Konkurrenten ähneln. Die einst abgelehnte Professionalität gilt ihnen nun geradezu als Tugend, die sie als positives Herausstellungsmerkmal für sich beanspruchen.

So war es zum Beispiel in Hessen zu beobachten. Während all der Wirren im Anschluss an die Landtagswahlen 2008, dem Chaos um Zu- und Absagen an Koalitionspartner, Wortbrüche und Widersprüchen feiern sie sich als die einzige Partei, die ohne Kompromisse ihr Wort gehalten habe, die einzig Sachlich- und Verlässlichkeit, ja eben Professionalität bewiesen habe.[22] Ebenso wie Professionalität für die Grünen zum Wert an sich geworden ist, sind auch andere vormals negativ konnotierte Begriffe mittlerweile positiv besetzt. So ist Regieren heute erklärtes Ziel und wichtiger als Opposition und auch Führung ist nicht mehr länger etwas per se Verwerfliches, sondern wird auch von Grünen-Politikern ohne kritischen Unterton verwendet, ja als Voraussetzung für funktionierende Politik betrachtet; ebenso wird Erfahrung – anders als früher, als man mit dem Rotationsprinzip der Etablierung des Berufspolitikertums konsequent entgegenwirken wollte – als elementare Voraussetzung eines „guten" Politikers betrachtet.[23] Doch auch „handwerklich" haben die Grünen hinzugelernt: In Hamburg beispielsweise beweisen sie erstens mit ihrer Begründung für die Genehmigung des Kohlekraftwerks Moorburg, wie eloquent auch sie sich mittlerweile in der Sprache der Politiker auszudrücken wissen. Zweitens zeigen sie, dass ihr Umgang mit Konflikten taktisch versierter geworden ist: anstatt die Basis in jeder Frage mit einzubeziehen, allzeit Transparenz zu praktizieren, finden die Verhandlungen nun weitgehend hinter verschlossenen Türen statt, besonders Streitigkeiten werden von der Öffentlichkeit abgeschirmt ausgetragen.[24] Ihre Ankündigung, im Bundesrat dem zweiten Konjunkturpaket zustimmen zu wol-

---

22 Vgl. z.B. o.V.: Bestes Ergebnis überhaupt, auf der Homepage der Grünen, 18.01.2008, abrufbar unter: http://www.gruene.de/cms/default/dok/266/266139.bestes_ergebnis_ueberhaupt.htm (eingesehen am 02.02.2009).

23 Vgl. z.B. Roth (Anm.15); oder „Von Becks Autorität ist nichts mehr übrig", Interview mit Renate Künast, in: Der Tagesspiegel, 01.06.2008 sowie „In der Krise ist ein geschlossenes Konzept nötig", Interview mit Renate Künast und Jürgen Trittin, in: Der Tagesspiegel, 11.01.2009.

24 Vgl. z.B. Volkmann-Schluck, Philip: Konjunkturkrise und Koalitionskrach, in: Hamburger Abendblatt, 20.12.2008.

len, gleichzeitig dem Vorhaben im Bundestag aber weiterhin ablehnend gegenüber zu stehen,[25] demonstriert zudem, dass inzwischen auch bei den Grünen mitunter machtstrategische Abwägungen gegenüber inhaltlichen Überzeugungen Vorrang haben. Wenn man all dies unter Professionalisierung fasst, so haben die Grünen in dieser Hinsicht in den letzten knapp dreißig Jahren eine rasante Entwicklung vollzogen. In puncto Professionalität jedenfalls stehen sie den übrigen Parteien in nichts nach.

Grüne Harmonie: Der Erfurter Parteitag

Ganz im Sinne ihrer „neuen Unabhängigkeit" fand die Partei auf dem Erfurter Parteitag im November 2008 auf einmal zu altem Pathos und Selbstverständnis als „Vordenker einer neuen Zeit" zurück. Ob es sich dabei aber tatsächlich um einen „Linksruck", um ein Aufflammen neuer Radikalität handelte, wie es in den Medien mehrfach lautete, ob die Partei tatsächlich „so links und so radikal wie lange nicht mehr"[26] war, ob es wirklich "ein bisschen [...] so [war] wie vor 20 Jahren: Am Rednerpult wird leidenschaftlich Opposition geübt, hinten im Saal sitzen strickende Männer"[27], das mag man allerdings bezweifeln. Die strickenden Männer jedenfalls waren gegenüber den sakko-tragenden Laptop-Besitzern klar in der Minderheit, und „radikales Linkssein" sieht gemeinhin auch anders aus. Anders als auf vielen Versammlungen der übrigen Parteien waren Frauen, zumal die 30-40 jährigen modernen Großstädterinnen, nicht gnadenlos unterrepräsentiert. Die jungen Männer kleideten sich bevorzugt „*légère-intellektuell*" in Hemd und Sakko, verströmten urban-akademisches Selbstbewusstsein. Auf den Tischen der Delegierten befanden sich fast genauso viele Laptops wie bei den Medien-Vertretern, Meldungen über verloren gegangene Blackberries und I-Phones unterbrachen immer wieder das Programm – modernste mediale Ausstattung statt Wolle und Stricknadeln. Auch sonst unterschied sich der grüne Parteitag nicht mehr wesentlich von anderen. In der „Catering- und Service-Halle" fand sich eine beeindruckende Präsenz von Pharma- und Wirtschaftskonzernen – die Gratis-Kekse wurden gegessen, diskutiert wurde kaum. Von asketischer Genuss-Verweigerung keine Spur, von grünenverträglichem nachhaltigen Konsum allerdings ebenso wenig. Sicherlich, auf direkte Nachfrage kritisierten auch Delegierte diese Entwicklung, laute Empörung suchte man aber vergebens. Bedeutet dies nun die endgültige Abkehr von

---

25 Vgl. Schuler, Katharina: Grün stoppt Gelb, in: Zeit online, 20.01.2009, abrufbar unter: http://www.zeit.de/online/2009/04/konjunkturpaket-mehrheit-bundesrat-kommentar (eingesehen am 26.02.2009).

26 Lepping, Claudia: Grüne Radikale, in: Stuttgarter Nachrichten, 17.11.2008.

27 Quadbeck, Eva: Grüne Kampfkraft, in: Rheinische Post Düsseldorf, 17.11.2008.

grünen Idealen oder ist es lediglich Ausdruck der längst überfälligen Anpassung an Realitäten? Fest steht: In Erfurt sind es jedenfalls die wenigen Iso-Matten-Träger, die lang- und grauhaarigen Ur-Grünen, die in diesem neugrünen Ambiente etwas verloren wirken.

Vielmehr befinden sich die Grünen offenbar auf einer Heil- und Sinnsuche nach neuer Authentizität, wobei es sich aber lediglich um eine Reminiszenz an die vermeintlich linke, auch radikale Vergangenheit handelt. Die allgegenwärtigen Rekurse auf Gorleben wirkten konstruiert und künstlich und auch ein wenig hilflos, als ob allein die Beschwörung dieses Ereignisses den Grünen zu neuer Kraft verhelfen könnte, als ob man nur mit aller Kraft an diesen neuen Mythos glauben müsse, dann werde schon alles gut.

Dieses Prinzip des „Mehr-Schein-als-Sein" offenbarte sich auch in der Ambivalenz der in Erfurt gefassten Beschlüsse: Sicherlich kann man auf den ersten Blick vieles als „links" einordnen, beim zweiten Hinschauen relativiert sich dieser Eindruck jedoch schon. Zum Beispiel erscheint der *Green New Deal* zunächst als höchst visionäres Projekt, das nicht weniger erfordert, als die komplette Umgestaltung der gesamten Welt. Befasst man sich jedoch eingehender damit, zeigt sich, dass es sich um ein höchst wohldurchdachtes Konzept handelt, dass sich bei allem Ehrgeiz stets im Rahmen der bestehenden Möglichkeiten bewegt. Auch der Beschluss *Energie 2.0* beinhaltet verschiedene Lesarten. Mitunter wird er als Ankündigung einer radikalen Energiewende aufgefasst, dabei handelt es sich um einen Kompromiss, der zwar hehre Ziele verkündet, in dem aber zahlreiche vage Formulierungen wie „soll" und „wird angestrebt" versteckt sind und der eine gemäßigte Variante eines weitaus radikaleren Antrags darstellt. Auch dem „Nein" zu Atom- und Kohlekraft gingen kontroversere Debatten voran, als es diese eindeutige Aussage erahnen lässt. Und die erstmals im Programm verankerte Unterstützung „friedenssichernder Militärmaßnahmen", mögen sie auch noch so vielen Kriterien genügen müssen, lässt sich nur schwerlich als „radikal linker" Beschluss bezeichnen. Als Resümee bleibt festzuhalten: Trotz des Mottos „Mehr Bewegen" und einiger durchaus mitreißender Reden wäre es vermessen, diesen Parteitag als „großen Aufbruch" und „Neu-Anfang" zu charakterisieren. Vielmehr schien vordergründiger Sinn und Zweck so etwas wie Harmonieherstellung, Einschwörung auf das gemeinsame Grüne. Und vor Wahlkampfzeiten ist dies für eine Partei sicherlich nicht das Schlechteste. Die Erfurter Mischung aus Vision und Pragmatismus funktionierte – und zeigt, wie professionell die grüne Partei mittlerweile agieren kann.

Die Mitglieder und Wähler der Grünen

Grundsätzlich erweist sich die Suche nach verlässlichen Informationen über Zahl und Struktur der Mitglieder der Grünen als schwierig[28]: Dies liegt, neben der verspäteten Professionalisierung der Parteiorganisation, zuvorderst an der Grünen-typischen Skepsis gegenüber allzu bereitwilliger Preisgabe von Auskünften über Personen und dem daraus folgendem Prinzip „Datenschutz vor Transparenz".[29]

In den Jahren nach ihrer Gründung stieg die Mitgliederzahl der Grünen kontinuierlich auf über 40.000 an, bevor sie 1992, nach einer großen Rücktrittswelle der Radikal-Ökologen und Öko-Sozialisten, auf gut 36.000 zurückfiel. Nach einem erneuten Anstieg erreichte sie im Jahre 1998 mit über 50.000 Mitgliedern ihren bisherigen Höhepunkt. Zu Beginn des Jahrtausends dann erfolgte, besonders als Reaktion auf den parteiintern höchst umstrittenen Kosovo-Einsatz, ein Mitgliedereinbruch, der die Zahl erneut auf unter 44.000 sinken ließ. Seit diesem Zeitpunkt jedoch weist die Mitgliederkurve der Grünen wieder tendenziell nach oben[30] – auch in der jüngsten Vergangenheit konnten sie einen Zuwachs verzeichnen: Im Dezember zählte die Partei rund 45.100 Mitglieder und erreichte damit den höchsten Stand seit 2001.[31] Auch in Ostdeutschland können sie seit 1990 Gewinne vorweisen.[32] Dies ist besonders bemerkenswert, galten die Grünen doch lange Zeit als „westdeutsche Regionalpartei"[33], ohne Aussicht, auch in den neuen Bundesländern Fuß fassen zu können.

Wenngleich auch Linkspartei und besonders FDP in jüngster Zeit wieder Mitgliederzuwächse verbuchen können – also kleine Parteien derzeit im Auf-

---

28 Siehe dazu z.B. Niedermayer, Oskar: Parteimitglieder in Deutschland. Version 2008, in: Arbeitshefte a. d. Otto-Stammer-Zentrum, Nr. 13, FU Berlin 2008, S. 2ff.
29 Vgl. z.B. Niclauß, Karlheinz: Das Parteiensystem der Bundesrepublik Deutschland, Paderborn 2002, S. 199.
30 Vgl. zu den Mitgliederzahlen z.B. die Angaben auf der Homepage der Grünen, abrufbar unter: http://www.gruene.de/cms/files/dokbin/64/64093.mitgliederentwicklung_19832005.pdf (eingesehen am 13.03.2009); oder Agci, Serkan: Bündnis 90/Die Grünen – Wählerschaft und Mitglieder. Dossier Parteien der Bundeszentrale für Politische Bildung, abrufbar unter: http://www.bpb.de/themen/9893FI,0,BProzentFCndnis_90 Die_GrProzentFCnen_Prozent96_WProzentE4hlerschaft_und_Mitglieder.html (eingesehen am 13.03.2009).
31 Vgl. z.B. o.V.: Grüne verzeichnen Mitglieder-Zuwachs, in: Zeit online, 17.12.2008.
32 Vgl. beispielsweise Niedermayer (Anm. 28), S. 24; oder Niedermayer, Oskar: Das fluide Fünfparteiensystem nach der Bundestagswahl 2005, in: Brettschneider, Frank/Niedermayer, Oskar/Wessels, Bernhard (Hrsg.): Die Bundestagswahl 2005: Analysen des Wahlkampfes und der Wahlergebnisse, Wiesbaden 2007, S. 9-35, hier S. 18.
33 Vgl. z.B. Poguntke, Thomas: Die Bündnisgrünen nach der Bundestagswahl 2002, in: Niedermayer, Oskar (Hrsg.): Die Parteien nach der Bundestagswahl 2002, S. 89-107, hier S. 101.

wind liegen[34] – verfügen die Grünen offenbar doch über einen besonders stabilen Mitgliederstamm. Von einem drastischen Mitgliederschwund jedenfalls, wie er besonders den Volksparteien SPD und CDU attestiert wird, kann bei den Grünen keine Rede sein.

Auch wenn Informationen über die Sozialstruktur der Mitglieder der Grünen weitaus spärlicher vorliegen als dies bei anderen Parteien der Fall ist, zwei Aspekte stechen sofort ins Auge. Zum Einen ist dies der hohe Anteil an weiblichen Parteimitgliedern, der seit dem verfügbaren Zeitraum bei 36-37 Prozent liegt – somit verfügen die Grünen über einen höheren Frauenanteil als CSU, CDU, FDP und SPD, werden in dieser Hinsicht nur von der Linkspartei übertroffen.[35] Zum Anderen besitzen die Grünen eine vergleichsweise junge Mitgliedschaft. Zwar sind hier Daten erst seit 2007 verfügbar, es lassen sich also (noch) keine Aussagen über den zeitlichen Verlauf treffen, aber derzeit sind 13,3 Prozent der Mitglieder unter 30 Jahren, 75,5 Prozent sind zwischen 30 und 59 Jahren alt und nur 11,4 Prozent der Mitglieder sind bereits über 60. Um Vergreisungsprozesse und Nachwuchsmangel, die den übrigen Parteien Probleme bereiten, müssen sich die Grünen demnach kaum Sorgen machen.[36]

Im Gegensatz zur Mitgliedschaft ist die Wählerschaft der Grünen einigermaßen gründlich erforscht. In der Gründungsphase gaben diejenigen, die sich von den etablierten Parteien nicht mehr genügend repräsentiert fühlten, die ihre Anliegen andernorts nicht (mehr) vertreten sahen, den Grünen ihre Stimme.[37] Obgleich die Grünen zu dieser Zeit auch wertkonservative, das heißt wenig revolutionäre Wähler anzogen, verstanden sich die meisten ihrer Anhänger doch als dezidiert „links" – zumal ein großer Teil dieser traditionell-bürgerlichen Klientel vom ihrer Ansicht nach allzu umstürzlerischen Gestus der Partei abgeschreckt wurde und sich anderen Gruppierungen zuwandte.[38] Somit war eine Wahl der grünen Partei, jedenfalls in der Anfangszeit, immer auch ein kleiner Protest gegen die bestehenden Verhältnisse, setzte bei den Wählern stets mindestens Ansätze eines alternativen Selbstverständnisses voraus. Sozialstrukturell bestand die Wählerschaft der Grünen in den 1980ern in erster Linie aus den jüngeren und gebildeten Angehörigen großstädtischer Milieus; überrepräsentiert waren Bewohner der Universitätsstädte, im ländlichen Raum hingegen konnten die Grünen nur wenige Wähler gewinnen – außer bei den Mitgliedern von Bür-

34   Vgl. z.B. allgemein und umfassend zu diesem Phänomen: Jun, Uwe/Kreikenbom, Henry/Neu, Viola (Hrsg.): Kleine Parteien im Aufwind. Zur Veränderung der deutschen Parteienlandschaft, Frankfurt am Main 2006; oder aktuell Walter, Franz: FDP im Aufwind, in: Spiegel online, 11.02.2009, abrufbar unter: http://www.spiegel.de/politik/deutschland/ 0,1518,606889,00. html (eingesehen am 11.02.2009).
35   Vgl. u.a. Niedermayer (Anm. 28), S. 30.
36   Vgl. ebd., S. 33.
37   Vgl. Probst (Anm. 2), S. 179.
38   Vgl. ebd.

gerinitiativen, die ein bedeutendes Unterstützungsnetzwerk und eine gewichtige personelle Ressource der jungen Partei darstellten.[39] Die Grünen jener Zeit rekrutierten ihre Wähler also insbesondere aus den „Neuen Mittelschichten", bei Arbeitern, Selbstständigen und über 60-Jährigen hingegen fanden sie kaum Unterstützung.[40]

Mit der Zeit hat sich das grüne Elektorat jedoch in seiner Zusammensetzung deutlich gewandelt:[41] Viele der ohnehin schon nicht zahlreichen Arbeiter wechselten zur Linkspartei oder in das Nichtwählerlager, was die Wählerschaft der Grünen noch homogener hat werden lassen. Ohne Zweifel sind die Grünen nach wie vor die Partei der (angehenden) Akademiker – das Bildungsniveau ihrer Wähler ist im Vergleich zu allen anderen Parteien das höchste. Partei der Beamten beziehungsweise Lehrerpartei – dieses Etikett stimmt allerdings nur noch bedingt. Denn nicht nur verfügen Grüne-Wähler über überdurchschnittlich hohe Einkommen, auch der Anteil der Selbstständigen ist deutlich gestiegen.[42] Es dominieren inzwischen die mittleren Jahrgänge: Viele der ursprünglichen Anhänger sind der Partei treu geblieben und mit ihr gealtert, auch in Zukunft werden die Grünen in höheren Altersklassen punkten – ein Phänomen, welches unter dem Namen „Ergrauen der Grünen" bekannt ist.[43] Doch genau wie bei den Mitgliedern zeigt sich auch bei den Wählern, dass die Grünen eben keine Generationenpartei sind, erzielen sie doch regelmäßig auch bei den Jüngeren überdurchschnittliche Ergebnisse, können zuweilen sogar in der jüngsten – und nicht nur zwangsläufig in der typisch grünen mittleren – Altersklasse den höchsten Wähleranteil verzeichnen.[44]

Welche Konsequenzen ergeben sich nun aber aus dieser typisch grünen, eben jener hochgebildeten, gutverdienenden, verhältnismäßig jungen und tendenziell weiblichen Klientel?

Will man die Grünen im bundesrepublikanischen Parteiensystem verorten, so besetzen und repräsentieren sie „den libertären Pol der in den achtziger [Jahren] neu aufkommenden kulturellen Konfliktlinie zwischen libertären und autoritären Wertesystemen"[45]: Im Zuge des sogenannten Wertewandels, der Ver-

---

39   Vgl. z.B. Klein, Markus/Falter, Jürgen W.: Der lange Weg der Grünen, München 2003, S. 19f.
40   Vgl. Probst (Anm. 2), S. 179.
41   Vgl. ebd.
42   Vgl. exemplarisch Haas (19), S. 210; oder Kamann/Neumann (Anm. 19).
43   Vgl. z.B. schon früh Bürklin, Wilhelm/Dalton, Russell J.: Das Ergrauen der Grünen, in: Klingemann, Hans-Dieter/Kaase, Max (Hrsg.): Wahlen und Wähler. Analysen aus Anlass der Bundestagswahl 1994, Opladen 1994, S. 264-302; oder aktueller Geis, Matthias: Die Grünen ergrauen, in: Die Zeit, 30.03.2000; sowie Roth, Dieter/Jung, Matthias: Ablösung der Regierung vertagt. Eine Analyse der Bundestagswahl 2002, in: Aus Politik und Zeitgeschichte, Jg. 52 (2002) H. 49-50, S. 3-17.
44   Vgl. dazu als Übersicht die Kurzanalysen der Forschungsgruppe Wahlen (Anm. 12).
45   Niedermayer (Anm. 16), S. 125.

drängung materialistischer durch postmaterialistische Werte als Auswirkung von allgemein-gesellschaftlicher Wohlstandsmehrung und steigendem Bildungsniveau, verlor die klassische Rechts-Links-Achse, besonders bei den Jüngeren, als Konfliktlinie an Relevanz. Neben sie beziehungsweise an ihre Stelle trat eine neue Konfliktlinie, libertär vs. autoritär, auch der Gegensatz zwischen Ökonomie und Ökologie wurde nun zur bestimmenden Frage in Sachen politischer Positionierung.[46] Eines der herausstechenden Merkmale der gegenwärtigen postindustriellen Gesellschaft ist der Anstieg von sowohl Chancen als auch Risiken eines jeden Individuums. Diese neue „Multi-Optionalität" der Moderne allerdings wird von jedem Individuum „je nach konkreter Lebenswelt und mentalen Kapazitäten [...] unterschiedlich erfahren und verarbeitet", und zwar „entweder in Form einer Öffnung hin zu kultureller Vielfalt oder in Form einer schutzsuchenden Schließung und Zuflucht zu autoritären Werten"[47]. Da die Grünen-Anhänger über eben die entscheidenden Ressourcen – ausreichende finanzielle Ausstattung und hohen Bildungsstand –verfügen, um sich dem Wandel zu öffnen, das heißt von den veränderten Umständen zu profitieren, handelt es sich bei ihnen eindeutig um die Chancen-Nutzer, eben die Modernisierungsgewinner.[48] Allerdings neigten sie – und mit ihnen die grüne Partei – in ihrer Geschichte nicht selten dazu, diese eigenen Fähigkeiten auch bei anderen vorauszusetzen und zu überschätzen. Dieses Verkennen der Realität hatte dann mitunter ein hilfloses Unvermögen zur Folge, tatsächliche Gegebenheiten antizipieren, geschweige denn angemessen auf unwillkommene Entwicklungen reagieren zu können. Mittlerweile jedoch hat sich wohl auch diese nicht zu leugnende Blauäugigkeit größtenteils gelegt, haben auch die Grünen Abschied genommen von den idealistisch-naiven Träumen einer hochindividualisierten multikulturellen Gesellschaft.

Lange schon galt die Partei unter Kritikern als Luxuspartei, die die nicht überlebensnotwendigen Wohlfühlthemen besetze, die man sich in prosperierenden Zeiten leisten könne, die aber keine Antworten auf die wirklich wichtigen Fragen habe. Mittlerweile bezieht sich dieses Etikett aber auch auf ihre Anhängerschaft – die Grünen als Partei der Oberschichten, der wohlhabenden Postmaterialisten, einer, wenn man so will, abgehobenen Elite. Woraus dann wiederum der Vorwurf resultiert, sie seien nicht anschlussfähig an andere Bevölkerungsschichten; insbesondere ermangele es ihnen an eingängigen, griffigen und verständlich formulierten Konzepten.

In einem pluralistischen Mehrparteiensystem, in dem die einzelnen Parteien kaum je über einen begrenzten Stimmanteil hinauskommen, sie nur für ein

---

46   Vgl. z.B. Haas (Anm. 19), S. 207ff.
47   Niedermayer (Anm. 16), S. 125.
48   Vgl. dazu beispielsweise Raschke, Joachim/Wiesendahl, Elmar: Der schöne Schein von Hamburg, in: Frankfurter Rundschau, 22.04.2004.

bestimmtes Bevölkerungssegment attraktiv sind, tun sie hingegen gut daran, sich auf ihre vorhandene Klientel zu konzentrieren beziehungsweise bei ihrem Tun und Lassen die Erwartungen ihrer Anhänger zu berücksichtigen. Für die Grünen ergibt sich daraus eine zentrale Schlussfolgerung: Sicherlich sind ihre Konzepte oft kompliziert, haben sie meist keine simplen Lösungen oder griffigen Parolen bei der Hand. Doch angesichts der Tatsache, dass die wenigsten Probleme einfach sind und einfache Lösungen nahe liegen, muss dies nicht grundsätzlich von Übel sein. Dass die Grünen über eine entsprechende, eben gebildete, politisch interessierte und kritische Klientel verfügen, ist zu allererst ein Vorteil. Im Übrigen trägt die Partei den Nutzen davon, ihren Anhängern auch gewisse Zumutungen abverlangen zu können, wenn sie nur einleuchtend erklärt werden. Denn vermutlich schätzt ihre Klientel an ihnen gerade ihre Komplexität, das Abwägen der Pro- und Contra-Argumente und würde eine Reduzierung auf simple Schlagworte alles andere als begrüßen. Zudem verfängt bei der neubürgerlichen Klientel offenbar ein ganz bestimmter Wahlkampf- und Politikstil: Der Wunsch nach argumentativer Überzeugung ist groß, Polemik und Polarisierung werden hingegen abgelehnt. Insofern muss eine Orientierung an diesen Bedürfnissen nicht zwangsläufig in mehr Langeweile und Anpassung münden, sondern kann – im Gegenteil – sogar einen „Qualitätssprung für die politische Kultur"[49] bewirken.

Politische Führung bei den Grünen – ein konfliktreiches Terrain

Führung und die Grünen – das ist ein höchst kompliziertes und selten harmonisches Verhältnis. Die Partei konstituierte sich explizit als basisdemokratische Kraft, die mit Rotationsprinzip, Trennung von Amt und Mandat und Kollektivspitzen alles daran setzte, Konzentration auf einzelne Personen sowie Ämteranhäufung und die Institutionalisierung von politischer Führung zu verhindern. Lange währte das alles jedoch nicht. Spätestens mit dem Einzug in den Bundestag begann die Rebellion gegen das Rotationsprinzip – auch grüne Abgeordnete fanden Gefallen an ihren Positionen, waren nicht bereit, sie bereits nach zwei Jahren wieder aufzugeben. Zumal Zweifel an Praktikabilität und Sinn dieses permanenten Wechsels aufkamen. Und dass sich der Fokus der Aufmerksamkeit nun mal auf bestimmte Personen richtete, dass diese auch mitunter gezielt das öffentliche Interesse auf sich zogen, dagegen kann auch eine noch so basisdemokratische grüne Partei nichts ausrichten.

---

49 Edmundts, Corinna: Parteien müssen radikal umdenken, auf: www.tagesschau.de, 29.01.2009, abrufbar unter: http://www.tagesschau.de/inland/landtagswahlen10.html.

Wiederum einige Jahre später schienen dann die Skepsis gegenüber der
Personenzentrierung endgültig passé und die Grünen alle einstigen Vorsätze
über Bord geworfen zu haben: Joschka Fischer als autoritäre Führungsfigur
schlechthin ist mit seinem Aufstieg zum Leitwolf der Grünen geradezu ein Paradebeispiel der Personalisierung. Dieser Prozess gipfelt schließlich in dem
Slogan: „Zweitstimme ist Joschka-Stimme"[50] – stärker kann man den Fokus
kaum auf eine Person legen. Als Fischer im Jahr 2005 dann abtrat, hinterließ er
die Frage nach seiner Nachfolge. Während die einen sich nun anschickten, seinen Platz einzunehmen, zogen andere vor, die Leerstelle weiterhin unbesetzt zu
lassen, sich quasi von der „Fischer-Ära" zu erholen und auf alte Werte rückzu-
besinnen, auch die Abneigung gegenüber einem allzu autoritären Führungsstil
wiederzubeleben.[51] Zwischen diesen Positionen sowie unter den Anwärtern
selbst entbrannte eine scharfe Auseinandersetzung, die mal in die eine, mal in
die andere Richtung ausschlug. Die Erwartung jedenfalls, dass die „schwerste[n]
Kämpfe in der Opposition nicht auf programmatischer, sondern auf personeller
Ebene zu erwarten sind"[52], hat sich offensichtlich bewahrheitet.

Bei Betrachtung von Lebenslauf und Karriere der grünen Spitzenpolitiker
fallen einige bemerkenswerte Gemeinsamkeiten ins Auge: Erstens haben vier
der fünf Parteispitzen[53] – Kuhn, Künast, Trittin und Özdemir – zum selben Zeitpunkt, nämlich um 1980, ihr Engagement bei den Grünen begonnen, sind also
seit dem Bestehen der Partei aktiv, haben meist auch die turbulenten Grün-
dungszeiten miterlebt. Zweitens fällt das Geburtsdatum wiederum von vier der
fünf Personen in die Mitte der 1950er Jahre – Roth, Kuhn und Künast wurden
1955 geboren, Trittin ein Jahr früher. Die derzeitigen Spitzenkräfte gehören also
größtenteils derselben Generation an, sind zur selben Zeit sozialisiert und von
denselben Ereignissen geprägt worden.[54]

Des Weiteren haben sie allesamt – bis auf Roth, die über eine Annonce zu
den Grünen kam – einen ähnlichen Weg an die Spitze der Partei absolviert:
Engagement in einem Landesverband, Einzug in den jeweiligen Landtag, über
die Landesliste schließlich Wahl in den Bundestag und Übernahme eines hohen

---

50 Vgl. z.B. Chauvistré, Eric: Bequeme Methode, in: Die Tageszeitung, 16.08.2002.
51 Vgl. z.B. Haas, Melanie: Statt babylonischer Gefangenschaft eine Partei für alle Fälle? Bünd-
    nis 90/Die Grünen nach der Bundestagswahl 2005, in: Brettschneider, Frank/Niedermayer,
    Oskar/Wessels, Bernhard (Hrsg.): Die Bundestagswahl 2005: Analysen des Wahlkampfes und
    der Wahlergebnisse, Wiesbaden 2007, S. 101-133, hier S. 107f. und S. 114ff.
52 Ebd., S. 129.
53 Claudia Roth und Cem Özdemir als Parteivorsitzende; Fritz Kuhn und Renate Künast an der
    Spitze der Fraktion sowie Jürgen Trittin (mit Renate Künast) als Spitzenkandidaten für die
    Bundestagswahl 2009.
54 Ausnahmen bilden Roth, die zwar zum Geburtsjahrgang der „Mittfünfziger" zählt, aber erst
    Mitte der Achtziger zu den Grünen gestoßen ist, sowie Özdemir, der rund ein Jahrzehnt später
    als die übrigen vier geboren wurde – sich allerdings ebenso wie sie bereits während der Grün-
    dungszeit bei den Grünen engagierte, nur dabei eben zehn Jahre jünger war.

Amtes innerhalb der Bundespartei, sind also über die Landes- auf die Bundesebene gelangt.

Bei allen fünf handelt es sich um erfahrene Profi-Politiker, die eine über
20-jährige Karriere in der Partei hinter sich und währenddessen verschiedene
Ämter auf unterschiedlichen Ebenen bekleidet haben. Auch Özdemir ist kein
Politikneuling – ganz im Gegenteil, hatte er sich doch nach der Bonusmeilen-
und Privatkreditaffäre 2002 nur eine „vorübergehende Auszeit" genommen, um
dann wieder ins politische Geschäft einzusteigen. Wenn er auch zehn Jahre
jünger ist als die übrigen – von einer wirklichen Verjüngung und Erneuerung
der Parteispitze kann, entgegen dem Tenor zahlreicher Medienkommentare,
keine Rede sein. Dabei wäre durchaus Potenzial zu einer tatsächlichen Verjüngung, das heißt zu einer Besetzung der Spitzenpositionen mit neuen Gesichtern,
vorhanden. Dies zeigt sich beispielsweise an dem guten Ergebnis für den 24-
jährigen Arvid Bell zur Parteiratswahl, der mit seinem Appell an „mehr Sanft-
heit" in der Politik begeistern konnte.[55] Auch ein letztlich zwar gescheiterter
Antrag auf Einführung einer „Neuenquote"[56] wurde immerhin von 40 Prozent
der Delegierten unterstützt.[57] Eine Verjüngung der Parteispitze, ein wirklicher
Generationswechsel würde demnach durchaus begrüßt werden. Allerdings erscheint eine derartige personelle Erneuerung derzeit unwahrscheinlich, denn die
jetzige erste Garde erweckt nicht den Eindruck, als ob sie gewillt sei, bald abzu-
treten. Offenbar ist es so etwas wie ein *Joschka-Komplex*, der hier zum Tragen
kommt: Fischer als selbsternannter, omnipräsenter Spitzengrüner duldete keine
Konkurrenz neben sich, duldete auch nicht den Aufstieg seiner eigentlichen
Protegés. Und so konnten sie allesamt erst nach seinem Abtreten aus dem Schatten des Übervaters heraustreten– mit einigen Jahren Verspätung. So ist es auch
kein Wunder, dass jetzt die vormals blockierte Elite, nachdem sie sich endlich
an der Spitze etabliert hat, diese Positionen genießt und nicht so bald schon
wieder Platz für Nachrückende machen möchte.[58]

Was aber bedeutet die aktuelle Besetzung der Spitzenpositionen für die inhaltliche Ausrichtung der Grünen, besonders im Hinblick auf die Bundestagswahl 2009? Für einen tatsächlichen „Linksruck" und „neue Radikalität" sprechen natürlich das sehr gute Wahlergebnis Claudia Roths sowie die Abwahl
Kuhns aus dem Parteirat auf dem Erfurter Parteitag 2009. Doch nach Verkün-
dung des Ergebnisses herrschte nurmehr stumme Ratlosigkeit. Offenbar hatte

---

55   Vgl. z.B. Kutschke, Johanna: Sehnsucht nach Wechsel, in: Zeit online, 17.11.2008, abrufbar
     unter: http://www.zeit.de/online/2008/47/gruenenparteitag-abschluss (eingesehen am 03.03.
     2009).
56   Bei den Europawahlen sei demnach mindestens einer von drei Listenplätzen mit einem Kandi-
     daten zu besetzen, der noch nie einem zu wählenden Parlament angehört hat.
57   Vgl. z.B. Kutschke (Anm. 55).
58   Vgl. dazu z.B. Haas (Anm. 51), S. 116.

aber kaum einer damit gerechnet, dass eine solche Absicht, wenn sie kollektiv verfolgt wird, zu realen Konsequenzen führen kann.

Dass sich ein vermeintlicher Linksruck jedenfalls durchgängig in den Parteiratswahlen niederschlug, davon kann keine Rede sein: Auch wenn Trittin das zweitbeste Ergebnis einfuhr – die meisten Stimmen auf sich versammeln konnte der Vorsitzende der hessischen Grünen, Tarek Al-Wazir, ein Realpolitiker *par excellence*. Andererseits fiel das Ergebnis Özdemirs im Vergleich zu weitaus pessimistischeren Prognosen im Vorfeld überrauschend gut aus. Und auch wenn Trittin und Roth nach wie vor zu den Linken zählen, auch Künast einst dem linken Flügel zugerechnet wurde, das Wahlkampfspitzenduo aus zumindest vormals „Linken" besteht – radikale „Fundis" sind sie alle nicht (mehr), die Utopisten definitiv in der Unterzahl. Vielmehr handelt es sich bei ihnen mittlerweile sämtlich um mehr oder weniger realistische Pragmatiker, von denen die Mehrheit bereits über Regierungserfahrung verfügt und die inzwischen allesamt den Wunsch nach Regierungsbeteiligung bekunden. Überhaupt: „Regierungsfähigkeit" - dieser Begriff, der einst innerhalb der Grünen höchst umstritten war, ist mittlerweile bei der Grünen-Spitze durchweg positiv besetzt. Oft ist es gar Stolz, der mitschwingt, wenn festgestellt wird, dass die Grünen mittlerweile ihre eigene Regierungsfähigkeit nicht mehr beweisen müssten, sie in diesem Punkt inzwischen sogar andere Parteien übertreffen.[59] Alle Spitzenpolitiker jedenfalls schließen sich den derzeit angesagten Slogans „Inhalte vor Macht" an, nehmen keine Partei von der scharfen Kritik aus. Das heißt zwar zum einen, dass ein Verbleib in der Opposition einer Regierungsbeteiligung „um jeden Preis" vorgezogen würde, zum anderen besagt es aber auch, dass Bündnisse mit keiner Partei innerhalb des demokratischen Spektrums – also auch mit der Union – mehr ausgeschlossen sind. Mit einer Konzentration auf Inhalte agieren die Eliten höchst geschickt – gelingt es ihnen doch so, einerseits die grüne Basis und deren offensichtliches Bedürfnis nach Authentizität und Kompromisslosigkeit zu befriedigen, andererseits halten sie sich so alle Türen und Machtoptionen offen.[60] Dementsprechend künstlich wirken die Beschwörungen des *Geist[s] von Gorleben*, denen sich die gesamte Spitzenriege anschließt; besonders wenn ein solcher Appell aus dem Mund eines so dezidierten Realopolitikers wie Özdemir stammt, der während der dortigen Proteste so offensichtlich fehl am Platz wirkte.

Von Anfang an stand die derzeitige Spitzenkonstellation unter schwierigen Vorzeichen, da sich alle fünf unter Fischer in Wartestellung befanden, nach seinem Abtreten gleichzeitig nach oben drängten, was ein gegenseitiges Belauern zur Folge hatte: Man beobachtete argwöhnisch, wer denn den Anschein

---

59   Vgl. z.B. Roth (Anm. 15).
60   Vgl. z.B. Winkelmann, Ulrike: Ideenfreie Selbstgenügsamkeit, in: Die Tageszeitung, 22.01.2009.

machte, den Spitzenplatz einnehmen zu wollen, um ihn gegebenenfalls noch aufhalten zu können – keiner wollte einen anderen vorbeiziehen lassen, in der Angst, ein weiteres Mal den Kürzeren zu ziehen.[61] Insgesamt betrachtet verfügen die Grünen derzeit über eine Führungsspitze aus erfahrenen Profi-Politikern, die sich gegenseitig scharf beobachten, was eine unerwünschte Machtkonzentration bei einer Person verhindert und die die verschiedenen Flügel innerhalb der Partei repräsentieren und integrieren, vor allem aber: deren unterschiedlichen Fähigkeiten sich im Idealfall wechselseitig ergänzen. Allerdings sind in diesem Führungskollektiv, gerade weil es aus so ambitionierten, wenig unterordnungsfreudigen Persönlichkeiten besteht, Meinungsdifferenzen und Konkurrenz geradezu vorprogrammiert.

Neue Koalitionsoptionen

Wo aber stehen die Grünen vor der Bundestagswahl 2009? Mit der Etablierung der Linkspartei als fünfter Fraktion im Bundestag sowie den Stimmverlusten von Union und SPD hat sich nicht nur endgültig ein Fünf-Parteien-System durchgesetzt, auch die Mehrheitsverhältnisse haben sich eklatant verändert. Bei der gegenwärtigen Diskussion um das so genannte „fluide Parteiensystem"[62] nehmen die Grünen eine zentrale Rolle ein. Schließlich führt an ihnen – erachtet man auch eine fruchtbare Zusammenarbeit von FDP und Linkspartei an der Seite von SPD oder Union (vorerst) für illusorisch – kaum ein Weg vorbei. Für die Grünen bedeutet diese neue Multioptionalität natürlich zum einen eine Erweiterung ihres Spielraums, zum anderen erhöht sich damit aber auch die Gefahr der Beliebigkeit.[63]

Ein beliebtes Sujet der Presse sind derzeit schwarz-grüne Koalitionen..[64] Besonders seit Mai 2008, als das Plenum der Hamburger Bürgerschaft die erste schwarz-grüne Koalition auf Landesebene besiegelte. Diese Option hatten sowohl CDU als auch Grüne bereits im Vorfeld der Wahl ins Auge gefasst; die GAL war ohne jede Koalitionsaussage in den Wahlkampf gezogen, hatte sich somit prinzipiell alle Möglichkeiten offen gelassen.[65] Ganz neu waren diese Überlegungen für Hamburg nicht, existierten doch bereits seit 2004 in den Bezirken Altona und Harburg schwarz-grüne Koalition, denen eine erfolgreiche,

61 Vgl. Seils, Christoph: Joschkas Erben, in: Zeit online, 23.11.2007, abrufbar unter: http://www.zeit.de/online/2007/48/bg-gruene (eingesehen am 04.01.2009).
62 Z. B. Niedermayer (Anm. 32).
63 Vgl. z.B. Beikler, Sabine: Zwei Farben Grün, in: Der Tagesspiegel, 26.01.2009.
64 Vgl. Geis, Matthias: Pas de deux, in: Die Zeit, 01.03.2008.
65 Vgl. z.B. Meyer, Peter U.: Der schwarz-grüne Flirt, in: Hamburger Abendblatt, 24.04.2007.

unaufgeregte, ja „geräuschlose"[66] Zusammenarbeit attestiert wurde. Natürlich blieb auch in Hamburg eine kleine Revolte der Basis nicht aus. Kurz vor der Wahl erteilt die GAL per Vorstandsbeschluss aufgrund fehlender gemeinsamer inhaltlicher Basis eine Absage an eine Koalition mit der CDU. [67] Obwohl die Annäherungen an die CDU sehr vorsichtig vonstatten gegangen ist, zumindest anfangs noch die inhaltlichen Differenzen betont worden waren,[68] zeigt sich hier ein typisches grün-schwarzes Phänomen: „Während GAL und CDU längst gelernt haben, parlamentarisch zusammenzuarbeiten, sind sich die politischen Milieus der grünen und schwarzen Basis nach wie vor fremd."[69] Als die Ergebnisse dann aber feststanden, die Verhandlungen konkreter wurden, überwog die „Erkenntnis, dass alles, was man im Vorfeld für unüberbrückbar gehalten hatte, jetzt, da die gemeinsame Macht in greifbare Nähe gerückt war, letztlich doch keine ganz so unüberwindliche Hürde darstellte"[70]. Beide Koalitionspartner überschlugen sich fast vor gegenseitigen Anerkennungsbekundungen, schwangen Lobeshymnen auf die verlässliche, „faire", auch tolerante Zusammenarbeit.[71] Kurze Zeit später stand jedoch bereits die erste Zerreißprobe an: Obwohl die Grünen noch mit dem Slogan „Moorburg verhindern" in den Wahlkampf gezogen waren, blieb ihnen nichts anderes übrig, als unter dem Druck der CDU dem Bau des Kohlekraftwerkes zuzustimmen. Sie begründeten diese 180-Grad-Wende mit Machtlosigkeit gegenüber rechtlichen Verbindlichkeiten.[72] Auch wenn von Seiten der Basis heftige Kritik an diesem Wortbruch geübt wird,[73] letztlich tragen – bislang – die Grünen erstaunlicherweise keinen Schaden davon. Die schwarz-grüne Koalition findet weiterhin die Zustimmung der Wähler, unter den Grünen-Anhängern steigt der Anteil der Befürworter im Vergleich zum Vorfeld der Wahl sogar an, sowohl CDU als auch GAL legen in Umfragen zu, bei einer Mitgliederbefragung stimmen trotz aller Empörung 90 Prozent für die Fortsetzung der Zusammenarbeit.[74] Insgesamt zeigt das Beispiel Hamburg,

---

66   Ebd.

67   Vgl. Kresse, Rebecca: 2008 – ein Jahr der Erkenntnis, in: Hamburger Abendblatt, 27.12.2008 oder vgl. Meyer, Peter U.: GAL will Schwarz-Grün nicht mehr, in: Hamburger Abendblatt, 06.02.2008.

68   Vgl. z.B. o.V.: Persönlich stimmt's, inhaltlich nicht – Hamburg vor Schwarz-Grün?, in: Hamburger Abendblatt, 24.02.2008.

69   Meyer (Anm 65).

70   Kresse (Anm. 67).

71   Vgl. z.B. „Große Koalition schwächt das Vertrauen in die Politik". Interview mit Ole von Beust, in: Die Welt, 03.07.2008.

72   Vgl. z.B. „Wir ticken sehr unterschiedlich". Interview mit Anja Hajduk, in: Berliner Zeitung, 01.08.2008 (laut der Grünen-Politikerin geht es bei dem Streitfall Moorburg in erster Linie „um eine saubere juristische Klärung").

73   Vgl. z.B. Hanisch, Dieter: Grüner wird's nicht, in: Der Tagesspiegel, 24.09.2008.

74   Vgl. Kresse (Anm. 67).

wie professionell die Grünen mittlerweile agieren, wie sehr auch sie sich inzwischen einst verpönte Methoden angeeignet haben.

Dies alles deutet darauf hin, dass der Graben zwischen Grünen und der bürgerlichen Union weit weniger tief ist als lange Zeit gemeinhin angenommen. Das hat natürlich damit zu tun, dass zum einen die Wählerschaft der Grünen zumindest zu einem Gutteil „leicht ‚ergraut' ist, politisch in die Mitte vorrückt und überwiegend aus gesellschaftlichen Leistungsträgern besteht"[75], was zu neuen Erwartungen an die Partei auch im Hinblick auf neue Koalitionsoptionen führt.[76] Zum anderen aber auch damit, dass ehemals urgrüne Werte mittlerweile mehrheitsbildend in der Gesamtgesellschaft geworden sind. Nicht nur die Grünen sind bürgerlicher, auch die Bürgerlichen sind grüner geworden.[77] Vor allem bei Umwelt- und Verbraucherschutz und in der Familienpolitik sind grüne Vorstellungen im Bürgertum heutzutage mehrheitsfähig; und besonders auf diesen Gebieten sind klassische bürgerliche Parteien angreifbar, da ihnen die Grünen hier in puncto Kompetenzzuschreibung voraus sind.[78] Auch die entsprechenden Wählergruppen (Jüngere, akademische Großstadtbewohner, insbesondere Frauen) werden von der CDU wenig, von den Grünen umso mehr erreicht – insofern könnte ein Kurs der Ergänzung für beide Seiten profitabel sein.[79] Außerdem ergeben sich für die Grünen an der Seite der Union komfortablere Profilierungsmöglichkeiten als neben der SPD, werden doch Sozialdemokraten und Grüne in der Außenwahrnehmung nach wie vor oft eng beieinander gesehen. Beide eint zudem eine gewisse „Skepsis gegenüber Staatsgläubigkeit"[80], der Wunsch nach Selbstaktivierung des Bürgers.[81] Auch der Gedanke des Konservatismus, des Bewahrens, ist beiden Seiten inhärent, bildet er doch die Klammer zwischen grünem Umweltschutz und christlich motiviertem Schutz der Schöpfung. Und so lässt sich eine Linie von *Union=Konservativ=Bewahren =Umweltschutz=Grün* ziehen.[82] Besonders zu einer weiteren Annäherung bei-

---

75 Probst (Anm. 2), S. 187.
76 Ebd.
77 Vgl. u.a. Haas, Melanie: Innovation mit einer neuen bürgerlichen Partei? Die Grünen nach der Bundestagswahl 2005, in: Jun, Uwe/Kreikenbom, Henry/Neu, Viola (Hg.): Kleine Parteien im Aufwind. Zur Veränderung der deutschen Parteienlandschaft, Frankfurt a.M. 2006, S. 201-222, hier insbesondere S. 201f.
78 Vgl. z.B. Kamann, Matthias/Neumann, Philipp: Grüne machen CDU bürgerliches Milieu streitig, in: Welt online, 14.05.2008.
79 Vgl. z.B. Haas (Anm. 19), S. 215f.; Kohrs, Ekkehard: Es grünt, in: General-Anzeiger, 24.06.2008.
80 Jesse, Eckhard: Schwarz-Grün ist die wahrscheinlichste Option, in: Hamburger Abendblatt, 26.02.2008.
81 Vgl. Haas (Anm. 19).
82 Vgl. z.B. „Pullover strickende Ökos". Interview mit Ole von Beust, in: Focus Magazin, 19.05.2008.

getragen hat sicherlich auch Angela Merkels Nachhaltigkeitspolitik[83] – auch
wenn diese mitunter nicht nur von Grünen als „inhaltsleer" und „scheinheilig"[84]
kritisiert wurde. Wenngleich die Wirtschaftskrise das Image der Kanzlerin als
Klimakämpferin und umweltpolitische Themen in den Hintergrund hat treten
lassen:[85] Zu Beginn des Jahres 2009 würden sich bei einer Direktwahl des Bundeskanzlers 42 Prozent der Grünen-Anhänger für Angela Merkel entscheiden –
fast genauso viele, wie für Steinmeier votieren würden.[86] Insofern besteht
durchaus Potenzial, dass sich grünes und klassisches Bürgertum weiterhin annähern, dass sich die diffuse Skepsis „auf der elektoralen Ebene in Form von gegenseitigen Abneigungen zwischen den Wählerschaften"[87], die sich mit erstaunlich „zäher Konstanz"[88] gehalten hat, in Zukunft entschärft.

Befragt man die Anhänger der Grünen nach ihrem Selbstverständnis, so definieren sich die meisten nach wie vor als „links", während Unions- und FDP-Anhänger sich weiter rechts im politischen Spektrum verorten.[89] Allerdings ist
dies wohl eher Ausdruck eines fast romantischen Selbstbildes und entspricht
weniger den gegenwärtigen Lebensbedingungen der grünen und schwarzen
Anhängerschaft. Immerhin, so kann man argumentieren, gibt es mittlerweile
zwischen grünem und schwarz- (gelbem) Bürgertum mehr „gemeinsame Lebensbereiche, Habitusformen [und] Lebensstile [...] als grüne Erfahrungsbrücken zur Alltagswelt der früheren sozialdemokratischen Kernwählerschaft und
heutigen Protestwählerschaft der Linkspartei in den Arbeiter- und Arbeitslosenquartieren bundesdeutscher Großstädte"[90]. Zumal sowohl auf Kommunal- und
mittlerweile ja auch Landesebene sowie unter den Spitzenkräften die Vorbehalte
zu einem Gutteil bereits abgebaut sind.

Ein schrittweises Vorgehen, bei dem eine Ebene als Versuchsfeld für die
nächsthöhere gilt: Dies ist ein typisches Muster in der Geschichte schwarz-

---

83 Vgl. z.B. Dehmer, Dagmar: Die Klimakanzlerin, in: der Tagesspiegel, 25.09.2007.
84 Vgl. z.B. Becker, Markus: Merkel entpuppt sich als Klima-Fossil, in: Spiegel online,
    11.12.2008 oder o.V.: Grüne kritisieren Klima-Schnecke Merkel, Homepage der Grünen,
    16.06.2008, abrufbar unter http://gruenes-klima.de/aktion/grune-kritisieren-klimaschnecke-
    merkel (eingesehen am 02.04.2009).
85 Infratest   dimap: DeutschlandTREND   Dezember   2008,   S.   20,   abrufbar   unter:
    http://www.infratest-dimap.de/uploads/media/dt0812.pdf.ARD (eingesehen am 05.03.2009).
86 Infratest dimap: DeutschlandTREND Januar 2009, S. 10, abrufbar unter: unter http://www.
    infratest-dimap.de/uploads/media/dt0901.pdf (eingesehen am 05.03.2009).
87 Niedermayer (Anm. 16), S. 131.
88 Walter, Franz: Wohin rückt die Republik, in: Spiegel online, 12.08.2007, abrufbar unter:
    http://www.spiegel.de/politik/deutschland/0,1518,499483,00.html   (eingesehen   am   03.01.
    2009).
89 Vgl. z.B. Biehl, Heiko: Parteimitglieder im Wandel. Partizipation und Repräsentation, Wiesbaden 2005, S. 188.
90 Walter, Franz: Der lange Weg nach Jamaika, in: Spiegel online, 13.07.2008, abrufbar unter:
    http://www.spiegel.de/politik/debatte/0,1518,426428,00.html (eingesehen am 04.03.2009).

grüner Koalitionen. So aufsehenerregend jede Überlegung dieser Art auf Bundesebene ist, so wenig spektakulär ist sie im kommunalen Bereich. Existieren hier doch bereits seit den 1980er Jahren Bündnisse zwischen CDU und Grünen. Geschlossen wurden sie meist ohne viel Aufmerksamkeit zu erregen und ebenso funktionierten sie auch: leise, unaufgeregt, skandal- und meist auch konfliktfrei. Es ist tatsächlich erstaunlich, wie einhellig die Beteiligten zu einer positiven Beurteilung der Zusammenarbeit kommen. Stets wird die Verlässlichkeit des Partners gelobt, man schätzt den höflichen Umgang miteinander, die sachliche, pragmatische Auseinandersetzung auch bei konfliktträchtigen Themen; ist gar überrascht, wie reibungslos Grüne und Schwarze kooperieren können. Während Grüne von den Sozialdemokraten oftmals Herablassung erfuhren, werden sie von der Union hofiert.[91] Wenngleich stets betont wird, dass es sich um berufliche, keine freundschaftlichen Kontakte handele. Offensichtlich aber sind hier die aktiven Kommunalpolitiker den vorrangig mit parteiinternen Angelegenheiten beschäftigten Parteimitgliedern ein Stück voraus, haben gelernt, die private von der politischen Ebene zu trennen, können gewisse habituelle Unterschiede akzeptieren beziehungsweise haben erkannt, dass diese unter Umständen gar nicht so groß sind wie gedacht – ein generelles Phänomen, sozialpsychologisch zu erklären durch die Formel: „Nähe schafft Vertrautheit und Sympathie."[92] Ebenso haben sich auf Landes- und Bundesebene die Parteispitzen enger angenähert als die Parteibasen.[93] Nicht selten fanden diese Verständigungsprozesse unter vier Augen statt, abgeschirmt von der (Partei-) Öffentlichkeit – wohl auch, um drohendem Protest vorzubeugen. Das Prinzip jedenfalls ist keineswegs neu: Auch bei ersten vorsichtigen Annäherungsversuchen zwischen Grünen und SPD „diente [...] die Landesebene aus bundespolitischer Sicht als Experimentierfeld, um die Funktionsfähigkeit von Koalitionen auszutesten."[94] Die kommunale als Vorreiter für die Landesebene und diese wiederum als „Probelauf für den Bund"[95] – plausibel erschient diese Überlegung allemal. Zumal die Grünen genau wie jetzt im Vorfeld der Bundestagswahl auch in Hamburg ohne Koalitionsaussage in den Wahlkampf gingen – und schließlich mit der CDU koalierten.

---

91 Vgl. z.B. Prantl, Heribert: Schwarz-Grün ist die Rache, in: Süddeutsche Zeitung, 18.04.2008.
92 Hierbei kommt der so genannte *mere-exposure-effect* zum Tragen, der besagt, dass wiederholte Begegnungen mit Objekten oder Personen die Einstellungen zu diesen verbessern; vgl. dazu z.B. grundlegend Zajonc, Robert B.: Attitudinal Effects of Mere Exposure, in: Journal of Personality and Social Psychology, Jg. 9 (1968) H. 2, S. 1-27.
93 Vgl. Geis (Anm. 64).
94 Niedermayer (Anm. 16), S. 125.
95 Jesse (Anm. 80).

Grün vs. Gelb

Bereits am Wahlabend im Januar 2009 gerierten sich die Freidemokraten in
Hessen als die großen Sieger, die nicht müde wurden, ihren Erfolg und die dadurch erlangte Machtfülle zu betonen. Schließlich verlor die Große Koalition
durch das schwarz-gelbe Bündnis in Hessen ihre Mehrheit im Bundesrat – „die
FDP regiert mit"[96] und kündigte prompt an, diesen Spielraum auch zu nutzen
und gegen das zweite Konjunkturpaket der Bundesregierung zu stimmen. Diese
allzu selbstsichere Machtdemonstration, diesen „Traum vom heimlichen mitre-
gieren, beendete ein überraschender Schachzug der Grünen"[97]: Sie kündigten
an, dass die beiden von ihnen mitregierten Stadtstaaten Bremen und Hamburg
dem Konjunkturpaket – trotz inhaltlicher Bedenken! – zustimmen würden, die
Bundesregierung also nicht länger das Veto der FDP fürchten musste. Ganz
offensichtlich „wollten [die Grünen] mit ihrem Coup demonstrieren, dass sie
auch noch da sind und dass sich die Regierung nicht in die Abhängigkeit der
FDP begeben muss"[98] und sie den Freidemokraten nicht kampflos das Feld
überlassen.[99] Auch wenn die FDP der erklärte Lieblingsfeind der Grünen ist
zumal sie elektoral in ähnlichen Gefilden wildern: all das ist natürlich in erster
Linie Rhetorik. Egal, wie schwierig eine Zusammenarbeit wäre: Stünden die
Grünen vor der Wahl, gemeinsam mit der FDP in ein Regierungsbündnis zu
gelangen oder in der Opposition zu bleiben, würden sie vermutlich die erste
Option vorziehen; ist doch auch für sie mittlerweile „Regieren" erklärtes Ziel.
Nur möglicherweise stellt sich ihnen diese Frage gar nicht – falls sich nämlich
alle Abgesänge auf herkömmliche Koalitionsvarianten als verfrüht erweisen
sollten und Union und FDP doch gemeinsam eine Mehrheit erzielen können.
Die Grünen mögen dann noch so viele Prozentpunkte hinzugewonnen haben –
ihnen bliebe wieder nur ein Pyrrhus-Sieg.

Grüne Aussichten

Wie aber stehen die Chancen der Grünen nun ganz konkret im Hinblick auf die
Bundestagswahl im kommenden Herbst? In Umfragen liegen sie derzeit bei ca.
10-11 Prozent[100] - und das relativ konstant. Auch die Finanzkrise hatte keinen

---

96   Vgl. z.B. Schuler (Anm. 25).
97   Ebd.
98   Ebd.
99   Vgl. o.V.: Grüne tricksen FDP beim Konjunkturpaket aus, in: Zeit online,20.01.2009, abrufbar
     unter: http://www.zeit.de/online/2009/04/konjunkturpaket-zustimmung-bremen-hamburg (ein-
     gesehen am 12.04.2009).
100 Vgl. z.B. das Politbarometer der Forschungsgruppe Wahlen von Februar 2009, abrufbar unter:
     http://www.forschungsgruppe.de/Studien/Politbarometer/Archiv/

drastischen Einbruch zur Folge. Wenngleich diese Werte deutlich über dem Ergebnis bei der Bundestagswahl 2005 liegen: Eine klare Aussicht auf eine Regierungsbeteiligung beziehungsweise eine starke Machtposition ergibt sich daraus noch nicht – erstens sind demoskopische Prognosen natürlich nur bedingt aussagekräftig, zweitens liegen die Grünen damit zur Zeit deutlich hinter der FDP. Wie stark zudem die Zweifel hinter dem optimistischen „Wir wollen regieren" tatsächlich sind[101], ob nicht auch immer noch Furcht vor allzu deutlichem Machtstreben eine Rolle spielt, darüber lässt sich ebenfalls streiten. Eines lässt sich aber konstatieren: Ob sich die Grünen nach der Wahl nun in der Regierung oder der Opposition wiederfinden – katastrophal für die Partei wären beide Optionen nicht. Sicher, erstere brächte Posten, Verantwortung, Handlungsspielräume etc. Letztere aber käme der Partei insofern zugute, als dass sie den begonnenen Kurs der Eigenständigkeit fortsetzen könnte und ihr eine weitere Legislaturperiode zur Verfügung stünde, sich als unabhängige Oppositionspartei zu profilieren.[102] Optimistisch stimmen kann die Grünen, dass ihre Anhänger eine sehr hohe Wahlabsicht von 71 Prozent äußern (nur bei Unions-Anhängern finden sich ähnlich hohe Werte). Allerdings sind sie auch diejenigen, die die größte Unsicherheit bekunden, welcher Partei sie tatsächlich ihre Stimme geben werden;[103] was für Wahlentscheidungen in letzter Minute spricht, abhängig von favorisierter Koalitionsoption und anderen Faktoren und was der Partei verlässliches Planen jedenfalls deutlich erschwert.

Fazit

In den vergangenen drei Jahren wurde oft bemängelt, die Grünen seien noch nicht in der Opposition angekommen, hätten die Zeit zwischen den Wahlen nutzen sollen, um sich stärker als eigenständige Kraft zu profilieren. Jedenfalls aber tun sie gut daran, ihren Oppositionscharakter zu betonen, wollen sie sich tatsächlich nicht auf Gedeih und Verderb als williger Koalitionspartner andienen; ist doch zum einen ein Verbleiben in der Opposition auch nach der Wahl nicht vollkommen ausgeschlossen, zum anderen schadet ihnen dieses Selbstbewusstsein auch mit Blick auf eine angestrebte Regierungsbeteiligung nicht. Schließlich müssen die übrigen Parteien in Zeiten, in denen Zweierkonstellatio-

---

Politbarometer_2009/Februar_2009/ (eingesehen am 04.04.2009); oder die Sonntagsfrage von Infratest dimap im Februar 2009, abrufbar unter: http://www.infratest-dimap.de/umfragen-analysen/bundesweit/ sonntagsfrage/ (eingesehen am 04.04.2009).

101 Vgl. z.B.: Gathmann, Florian: Grünen-Sieger Al Wazir drängt nach Berlin, in: Spiegel online, 21.02.2009, abrufbar unter: http://www.spiegel.de/politik/deutschland/0,1518,602376,00.html (eingesehen am 16.03.2009).

102 Vgl. z.B. Winkelmann (Anm. 11).

103 Vgl. Infratest dimap (Anm. 86).

nen jenseits der Großen Koalition nicht länger mehrheitsfähig sind, nolens volens Konzessionen an die Grünen machen.

Wie beschrieben, ist ein bisschen „Show-Radikalität" auch nötig, um sich von der Masse abzuheben; sind doch viele der Ideen, die früher als „grüne Spinnerei" abgetan wurden, mittlerweile zum gesellschaftlichen Mainstream geworden. Besonders auf dem Höhepunkt der Klimaschutzdebatte im Jahr 2008 liefen die Grünen Gefahr, auf ureigenem Gebiet, der Umweltpolitik, von den anderen Parteien eingeholt oder überrollt zu werden. Selbst der Atomausstieg, vermeintlich unantastbares Dogma grüner Politik, drohte angezweifelt zu werden – und das mit dem scheinbar grünen Argument der umweltfreundlichen Energiegewinnung.

Dieser Trend hat sich jetzt, während die Finanzkrise die Gemüter beschäftigt, wieder ein wenig geändert. Sparsamkeit ist angesagt, Umweltschutz als Selbstzweck gilt als verzichtbarer Luxus, kann höchstens als Mittel zur Energieeinsparung Gehör finden. Insofern könnten sich die Grünen derzeit eventuell als Vertreter einer nachhaltigen Wirtschaftspolitik profilieren – dafür müssten sie allerdings noch einiges tun, denn noch verfügen sie eindeutig auf dem Gebiet der Umweltpolitik über die höchsten Kompetenzwerte, nicht aber auf dem der Wirtschaftspolitik.

Angesichts der bevorstehenden Bundestagswahl waren dann auch die Ziele des Erfurter Parteitages ganz klar: Eindämmung von Flügelkämpfen, Einschwörung auf den Wahlkampf, kurz: Harmonisierung und dezidierte Kompromiss- statt Konfliktorientierung. Offensichtlich ist es mit einer angeblich zu beobachtenden neuen Radikalität nicht allzuweit her, handelt es sich eher um Radikalität auf dem kleinsten gemeinsamen Nenner. Diese scheint allerdings in der Lage, die sich selbst eher links verortende Basis der Grünen zu binden, ihr Bedürfnis nach Authentizität zu erfüllen, dabei aber genügend Platz zu lassen, um hinter den Kulissen die schwarz-grüne Annäherung und Wanderung der Grünen ins bürgerliche Lager weiter zu betreiben. Nicht zuletzt mag es sich bei diesem neuen, zuvorderst nach außen zur Schau gestellten, neuen linken Selbstbewusstsein auch um einen verspäteten trotzigen Protest gegen Joschka Fischer handeln, der Entwicklungen dieser Art lange Zeit erfolgreich und autoritär unterbunden hat.

Eines fällt jedoch auf: Egal, wie sich die Grünen verhalten, was sie auch tun oder lassen, Kritik wird immer laut. Entweder agieren sie zu visionslos, zu nüchtern-resigniert – oder aber sie verfallen in utopische Ewiggestrigkeit. Und immer zu abgehoben, mit einer Vorliebe für komplexe Formulierungen, die weder eingängig noch auf eine simple, allgemein verständliche Formel zu bringen sind. Vielleicht ist aber genau das der Preis, der für eine überdurchschnittlich gebildete, auch politikinteressierte und kritische Klientel zu zahlen ist? In der Tat gibt es für die wenigsten Probleme einfache Lösungen, hinter jedem

„Für" versteckt sich meist auch ein „Wider"; und ja, ökologisches Verhalten erfordert Nachdenken, oft auch Verzicht – und lässt sich häufig leichter mit ausreichenden Finanzen leben. Vielleicht würden eingängigere, auch eindimensionalere Formulierungen, ebenso wie eine straffere Führung neue Stimmen bringen – gleichzeitig aber würden sie die Stammklientel, die populistische Methoden ebenso vehement ablehnt wie offensives Autoritätsgebaren, mit großer Wahrscheinlichkeit irritieren, wenn nicht gar abschrecken – und das wäre für die Grünen sicherlich wenig erstrebenswert.

Die CSU
Der lange Abschied von einem Mythos

Stephan Klecha / Clemens Wirries

Die bayerischen Landtagswahlen vom 28. September 2008 bedeuteten eine tiefe Zäsur für die erfolgsverwöhnte christlich-soziale Regierungspartei Bayerns. Vom „Ende der Staatspartei", dem „Verlust der Einzigartigkeit Bayerns", sogar von einer „Revolution" im süddeutschen Freistaat war in der Presse die Rede.[1] Schließlich hatte die CSU mehr als vierzig Jahre lang die bayerische Staatsregierung gestellt, ohne dabei auf einen Koalitionspartner angewiesen zu sein. Die Wahlergebnisse der Partei lagen seit 1970 stets jenseits der 50-Prozentmarke und für eine absolute Mehrheit der Landtagsmandate hatte es schon seit 1962 gereicht. Bei Bundestagswahlen waren die Verhältnisse ähnlich, was die Machtposition der Partei – die programmatisch wie organisatorisch bereits seit ihrer Gründungsphase eine selbständige Kraft darstellte – innerhalb des Unionslagers ungemein stärkte. Selbst das jüngste Landtagswahlresultat von 43,4 Prozent der Gesamtstimmen, welches einem Verlust von 17,3 Prozentpunkten im Vergleich zur Wahl 2005 entspricht, steht noch immer exemplarisch für die enorme Integrationskraft der CSU, gleichwohl für das Nachlassen eben dieser kennzeichnenden volksparteilichen Charaktereigenschaft.

Auch die CSU ist also von jener Volatilität erfasst worden, wie sie die Politikwissenschaft schon seit längerem diagnostiziert, nachdem die Flüchtigkeit der Wählerreservoirs politischer Parteien in den vergangenen Jahrzehnten unübersehbar geworden ist.[2] Diese Entwicklung ist eine logische Reaktion auf die gesamtgesellschaftliche Realität, in der Loyalitäten und Traditionen in familiären wie beruflichen Sphären immer beweglicher geworden sind. Gerade die Sozialstruktur Bayerns hat sich in den vergangenen zwei Jahrzehnten besonders stark verändert. Vor allem gut ausgebildete Menschen aus allen Teilen der Bundesrepublik ließen sich in den ökonomischen Boomregionen des Landes nieder und stärkten dabei jene Milieus, in denen die CSU nicht unbedingt die Partei ist, der man bei politischen Wahlen ganz selbstverständlich die Stimme gibt.

---

1 Vgl. z.B. o.V.: Revolution in Bayern! in: Bild, 29.09.2008; Kister, Kurt: Ende der Staatspartei, in: Süddeutsche Zeitung, 29.09.2008.
2 Vgl. Neu, Viola: Die neue Unberechenbarkeit der Wähler, in: Politische Studien, Jg. 58 (2008) H. 417, S. 25- 33.

Gleichwohl hat die CSU in der Amtszeit Edmund Stoibers als Ministerpräsident gerade durch die Unterstützung dieser so hochflexiblen, anpassungsberei-
ten wie beruflich erfolgreichen Neubayern Ergebnisse erzielt, die mit jenen in
der Ära Strauß auf den ersten Blick durchaus vergleichbar sind und auf diese
Weise die langsame Erosion der Kernwählerschaften der Partei überdeckten. So
scheinen die Gründe für den jetzt erfolgten Absturz der einstigen „hegemonialen
Staatspartei" (Alf Mintzel) tiefer zu liegen. Kulturelle Bruchlinien und Unve-
reinbarkeiten zwischen Stadt und Land, den „kleinen Leuten", Landwirten,
Mittelstand und urbanem Bürgertum hat die Volkspartei CSU jahrzehntelang
verwischen können. Im Umfeld der bayerischen Landtagswahl 2008 sind gerade
diese „cleavages"[3] wieder deutlicher erkennbar geworden und die verlässlichsten Träger der Partei sind nun dabei, sich nach anderen Interessenvertretern
umzuschauen. Die offenbar unvermögenden politischen Führungsfähigkeiten
der beiden Hauptprotagonisten der Post-Stoiber-Ära, Erwin Huber und Günther
Beckstein, haben die voranschreitende Desintegration der Christsozialen erst
recht nicht aufhalten können.

Was die CSU lange auszeichnete, war der Zusammenhalt in der Partei, der
auch durch starke politische Führer personifiziert wurde. Gerade dem Charisma-
tiker Franz Josef Strauß gelang es auf hervorragende Weise, die manchmal
gegenläufigen Interessen und verschiedenen Machtzentren der Partei zu bündeln
und somit ihre Identität als breite bürgerliche Volkspartei zu sichern. Unter
seinen Nachfolgern meisterte auch Edmund Stoiber diesen Balanceakt, bis er
mit einer ganzen Reihe von überhasteten Reformen in verschiedenen Politikfeldern auf nachhaltigen Widerstand in der Bevölkerung stieß. Die sogenannte
„Affäre Pauli" nötigte ihn letztendlich zum Rücktritt, nachdem eine Nachfolge-
diskussion um den zunehmend immer eigensinniger und selbstherrlicher regierenden Ministerpräsidenten längst begonnen hatte. Das unrühmliche Ende Stoibers und die langfristigen Auswirkungen seiner Politik setzten nach und nach
jene Energien frei, die die Christsozialen zum Landtagswahlergebnis 2008 führten.

Seitdem ist in der Partei ein personeller und auch inhaltlicher Erneuerungs-
prozess im Gang. Doch hat sie auch unter dem neuen Vorsitzenden Horst Seehofer im Vorfeld der Bundestagswahl 2009 mit den Folgen der Regierung Stoiber zu kämpfen. Daher soll im vorliegenden Beitrag vor allem der Frage nachgegangen werden, ob die Schwäche der CSU bei der letzten Landtagswahl Ausdruck eines längerfristigen strukturellen Verlustes ihrer Hegemonie in Bayern
ist. Ausgangspunkt wird dabei der „Mythos CSU" sein, auf dem das Selbstverständnis der Partei bis zum Herbst 2008 beruhte. Dies legt den Blick auf die

---

3   Vgl. Lipset, Seymour Martin /Rokkan, Stein: Cleavage Structures, Party Systems and Voter
      Alignments. An Introduction, New York 1967.

Machtarchitektur der CSU frei, die im Zuge des Wahldebakels gut sichtbar geworden ist.

Mythos und Realität

Wohl von keiner politischen Partei in der Bundesrepublik Deutschland ist sowohl das selbst projizierte als auch das weithin in der Öffentlichkeit wahrgenommene Bild derart mit Mythen behaftet wie das der CSU.[4] Konstante überwältigende Wahlergebnisse, eine nachhaltige organisatorische Verankerung der Partei in allen Regionen Bayerns und natürlich die gelungene Transformation des Landes vom Agrarland zu einer prosperierenden Industrieregion sprechen für eine ausnehmend positiv besetzte Erfolgsgeschichte dieser Partei und der von ihr geführten Regierungen, so wie sie vor allem in Bayern selbst und von den Anhängern der CSU rezipiert wird.

Diese Lesart des „Mythos CSU" gipfelte in der vorgeblich unauflösbaren Einheit von Land und Partei, die auch in der ernsthaften politischen Wissenschaft vielfach konstatiert wurde.[5] Ein diesem Mythos diametral entgegengesetztes Bild hält sich hingegen bei politischen Gegnern der Partei, die sie als eine ultrakonservative bis autoritäre, polarisierende und klerikale Kraft wahrnehmen.[6]

Dabei stimmen weder das eine noch das andere Zerrbild mit der Realität überein, denn die Projektionen, die von der CSU vorhanden sind, resultieren immer noch aus der Zeit von Franz Josef Strauß. Dieser prägte als langjähriger Parteivorsitzender, Bundesminister in verschiedenen Ressorts und nicht zuletzt als Ministerpräsident Bayerns das Bild der Partei. Durch seine brillante Rhetorik, seine Fähigkeit, verbal zuspitzen und polarisieren zu können, seine Verstrickungen in zahlreiche Skandale brannte er sich in das kollektive Gedächtnis der deutschen Öffentlichkeit ein.[7] Der Politikstil und die politische Kultur, die sich unter Strauß in der CSU herausbildeten, sind in Teilen heute noch aufzufinden, auch wenn die populistischen Merkmale der Partei in der gegenwärtigen pluralistischen Gesellschaft Bayerns nicht mehr die frühere Wirkung erreichen. Doch

---

4   Vgl. Hein-Kirchner, Heidi: Politische Mythen, in: Aus Politik und Zeitgeschichte, Jg. 57 (2007) H. 11, S. 26- 31.

5   Vgl. z.B. Immerfall, Stefan: Die CSU. Faktoren ihrer Vorherrschaft und Stellung im Unionslager, in: Zeitschrift für Politik, Jg. 52 (2005) H. 4, S.381-396.

6   So wird es auf den Punkt gebracht von Lösche, Peter: Kleine Geschichte der deutschen Parteien, 2. Aufl., Stuttgart/Berlin/Köln 1994, S. 122.

7   Die kontroverse Position von Strauß wird dadurch bestätigt, dass bislang keine wissenschaftliche Biografie erschienen ist, die dem Anspruch der Neutralität gerecht werden könnte. Vgl. die zuletzt erschienene Arbeit: Finger, Stefan: Franz Josef Strauß. Ein politisches Leben, München 2005.

ist in der Realität die CSU immer mehr gewesen, als die Partei, die von ihren
Kontrahenten gerne auf ihre Führungsperson reduziert wurde, wie dies bei
Strauß und später bei Stoiber der Fall war.

Die CSU konnte sich über Jahrzehnte hinweg eine viel ausgeprägtere Integ-
rations- und Organisationsfähigkeit als andere Christdemokratien in den westdeutschen Ländern aufbauen.[8] Der lange Weg zur bayerischen Hegemonialpar-
tei verlief jedoch gerade in ihrer Gründungsphase nicht ohne innere Konflikte
und ernst zu nehmende Konkurrenz von außen. So wie sich die CDU in den
nordwestdeutschen Bundesländern bis in die späten 1950er Jahre der Konkurrenz kleinerer konservativer Regionalparteien erwehren musste,[9] machte in
Bayern die betont partikularistische, mittelständisch orientierte Bayernpartei, die
wie die Christsozialen selbst in den ländlichen katholischen Gebieten Ober- und
Niederbayerns ihre Hochburgen hatte, der CSU den ersten Platz im Parteiensystem streitig. Der programmatische Anspruch der CSU, als interkonfessionelle
Volkspartei zu wirken, wurde in den Nachkriegsjahren vom eigenen katholisch-
konservativen Flügel der Partei wie auch von der Bayernpartei in Frage gestellt.
Zudem waren in den protestantischen, teilweise stark industrialisierten Gebieten
Frankens sowohl die Sozialdemokratie als auch die FDP als Nachlassverwalte-
rin des Nationalliberalismus noch lange starke Mitbewerber der CSU gewesen.
Viele Vertriebene hatten zunächst in der rechtspopulistischen Partei WAV und
später in der Flüchtlingspartei BHE eine kurzlebige politische Heimat gefunden,
aber auch diese Wähler wurden bis in die 1960er Jahre hinein zu einem großen
Teil von der CSU absorbiert.

Die Integration dieser so unterschiedlichen Wählergruppen gelang durch
eine zielgerichtete Vertretung von Partikularinteressen, die einzelne Berufsgruppen und soziale Einheiten eng an die Partei banden. So übernahm die CSU
in der Regel die Forderungen der landwirtschaftlichen Verbandsorganisationen,
was ihre Position im ländlichen Raum festigte.[10] Zusätzlich begünstigte sie
gerade in der Provinz die enge Verbindung mit den Kirchen und dem katholischen Klerus. Die zahlreichen Heimat- und Brauchtumsverbände wie Schützen-
und Trachtenvereine boten einen weiteren Nährboden für ein geschlossenes
CSU-Milieu.

---

8   Zur Geschichte der CSU gelten nach wie vor die Werke von Alf Mintzel als Standard. Vgl.
     Mintzel, Alf: Die CSU, Anatomie einer konservativen Partei 1945-1972, Opladen 1975, Ders.:
     Geschichte der CSU. Ein Überblick, Opladen 1977, Ders.: Die CSU-Hegemonie in Bayern, 2.
     Aufl., Passau 1999. Für die neueste Geschichte der Partei vgl. Müller, Kay: Schwierige
     Machtverhältnisse. Die CSU nach Strauß, Wiesbaden 2004 und Kießling, Andreas: Die CSU.
     Machterhaltung und Machterneuerung, Wiesbaden 2004.

9   Vgl. Frank Bösch: Die Adenauer-CDU. Gründung, Aufstieg und Krise einer Erfolgspartei
     1945-1969, Stuttgart/München 2001, S.174-194.

10   Vgl. Balcar, Jaromír: Politik auf dem Land. Studien zur bayerischen Provinz 1945 bis 1972,
     München 2004.

Auch die Vertriebenen, deren „Recht auf Heimat" die Partei immer stark herausstellte, neigten zur Mehrheitspartei. Sprecher und Bundesvorsitzende der Sudetendeutschen Landsmannschaft kamen mehr als nur einmal aus den Reihen der CSU. Die christsoziale Affinität der traditionell weniger partei- und kirchengebundenen bürgerlichen Mittelschichten in den Städten wuchs mit der Teilhabe an den Früchten der expansiven Wirtschaftspolitik der Nachkriegsjahrzehnte. Selbst die gewerkschaftlich gebundene Industriearbeiterschaft neigte zu einem großen Teil zur CSU, zumal die Sozialdemokratie nur in den urbanen Ballungszentren um Nürnberg und München auf eine gefestigte Großorganisation zurückgreifen konnte. Eine weitere Brücke der CSU ins städtische Bürgertum war der im Takt mit dem ökonomischen Wachstum höchst effizient vorangetriebene Bildungs- und Wissenschaftssektor. Auch wenn die Versuche der CSU scheiterten, ihren Einfluss über Bayern hinaus noch weiter auszudehnen, sei es mit den Expansionsplänen einer bundesweiten „Vierten Partei" im temporären Umfeld des nie in die Tat umgesetzten Kreuther Trennungsbeschlusses von 1976 oder mit der Kanzlerkandidatur von Strauß bei der Bundestagswahl 1980, stand die Substanz der Partei in ihrem Stammland bis zur Landtagswahl im vergangenen Jahr nie wirklich in Frage. Lediglich nach dem Tod von Franz Josef Strauß im Jahr 1988 mehrten sich kurzzeitig die Befürchtungen der professionellen Politikbeobachter, die Partei könne nach dem Verlust der Integrationsfigur ihren Hegemonialstatus verlieren. Der wenig ausstrahlungskräftige Nachfolger von Strauß im Amt des Ministerpräsidenten, Max Streibl, galt vielen innerhalb und außerhalb der CSU als unzeitgemäße und provinzielle Figur. Auch der neue Parteivorsitzende Theo Waigel wurde als nicht sehr farbig charakterisiert. Bei verschiedenen Kommunalwahlen und der Europawahl 1989 erhielten die rechtsradikalen „Republikaner" um Franz Schönhuber erhebliche Stimmengewinne und die CSU fiel zum ersten Mal seit über drei Jahrzehnten unter die magischen 50 Prozent. Als Streibl schließlich über einen Bestechungsskandal, die sogenannte „Amigo-Affäre" stolperte, trat Edmund Stoiber 1993 seine Nachfolge an. Stoiber pflegte stets ein konfliktreiches Verhältnis zum Parteivorsitzenden Waigel. Nicht nur die politischen Umgangsformen zwischen dem ausgleichenden, sachlichen Waigel und dem eher polarisierenden Stoiber waren völlig gegensätzlich, sondern auch deren programmatische Ansichten. Stoiber versuchte sich deutlich gegenüber seinem Tandempartner in der Parteiführung als populistischer EU-Kritiker zu profilieren und beerbte Waigel als Parteivorsitzenden, der nach der verlorenen Bundestagswahl 1998 zurücktrat. Das Amt des Ministerpräsidenten und der CSU-Vorsitz lagen nun also wieder in der Hand einer Person.[11]

---

11   Anhand einer These von Peter Lösche prognostizierte Gerhard Hirscher die „Bonapartisierung" der „lose verkoppelten Anarchie" der CSU durch Edmund Stoiber, vgl. Hirscher, Gerhard: Die CSU nach den Wahlen 1998: Tendenzen zur „lose verkoppelten Anarchie", zur

Das berühmte Diktum von Franz Josef Strauß, dass konservativ sein heiße, an der Spitze des Fortschritts zu marschieren und auf dem Boden der bewährten Elemente der Vergangenheit das Bessere zu erkennen und zielstrebig zu verfolgen[12], steht bezeichnend für die programmatische Elastizität der CSU. Durchaus wendig, aber nicht beliebig haben es die Christsozialen immer geschafft, sich aus verschiedenen Ideologien zu bedienen und den Kitt ihrer Integrationskraft immer wieder neu anzumischen, was gleichzeitig Züge eines Vabanquespiels offenbarte. Ein beinharter Antikommunismus – fester Bestandteil eines jeden CSU-Wahlkampfes der Ära Strauß – musste sich demnach mit der Pflege bester Handelsbeziehungen Bayerns zu den führenden östlichen Weltmächten vertragen. Auch der ständige Rekurs der Partei auf ein christlich-konservatives Familienbild ist mit den wiederkehrenden außerehelichen Beziehungen des jeweiligen Vorsitzenden eigentlich nicht vereinbar. Die Spannbreite zwischen moralischem Anspruch und Wirklichkeit geht in der Realpolitik der CSU und in den Lebenswelten ihrer Hauptprotagonisten oft sehr weit auseinander, was nicht nur zu Strauß' Zeiten, sondern auch gerade in der Debatte um das Privatleben Horst Seehofers wieder erkennbar wurde.

Grundsätzlich bleibt festzuhalten, dass die CSU traditionelle konservative Werte wie Familie, Ehe, Religion, Traditionen und vaterländische Bekenntnisse zumindest auf dem Papier hochhält. Das schließt nicht aus, dass sich die Partei langsam aber stetig weiter an jene liberalen gesellschaftspolitischen Konzeptionen gewöhnt, die mittlerweile mehrheitlich akzeptiert sind. Zumindest sind entsprechende Passagen im aktuellen Grundsatzprogramm der CSU recht offen gehalten, so dass genügend Interpretationsspielraum bleibt.[13] Stoibers Kampf gegen eingetragene Lebenspartnerschaften vor dem Bundesverfassungsgericht, die Verteidigung der Kruzifixe in bayerischen Klassenzimmern und die Forderung nach der Einführung eines Betreuungsgeldes für nicht arbeitende Mütter prägten noch einmal das Bild einer zutiefst konservativen Partei. Dabei konnte durchaus der Eindruck erweckt werden, es handelte sich bei diesen Initiativen um ein letztes Aufbäumen alter Weltbilder. An der Basis der CSU, zumal in den Städten, zeigt man sich einer modernen Familienpolitik gegenüber aufgeschlossen. Der Ausbau von Kindergarten- und Betreuungsplätzen wie die Förderung

---

"Cäsarisierung" und "Bonapartisierung"?, in: Walter, Franz/Dürr, Tobias (Hrsg.): Solidargemeinschaft und fragmentierte Gesellschaft. Parteien, Milieus und Verbände im Vergleich, Opladen 1999, S. 419-448.

12 Dies sagte Strauß auf einer Wahlveranstaltung in Neustadt bei Coburg zur Kommunalwahl am 01.03.1978. Zit. nach "Von der Leidenschaft der res publica zu dienen" Franz Josef Strauß 1915-1988. Ausstellungskatalog der Hans-Seidel-Stiftung zum 20. Todestag von Franz Josef Strauß, München 2009, S. 31.

13 Vgl. CSU-Landesleitung (Hrsg.): Chancen für alle! In Freiheit und Verantwortung die Zukunft gemeinsam gestalten. Grundsatzprogramm der Christlich-Sozialen Union in Bayern, München 2007.

von Ganztagsschulen gehören dort längst zum programmatischen Portefeuille, anerkennt also sehr bewusst moderne Lebensläufe, in denen die Vereinbarkeit von Familie und Beruf beider Geschlechter von der Seite des Staates begünstigt werden sollte.[14] Auch im CSU-Regierungsprogramm zur Landtagswahl 2008 machte sich diese Entwicklung erstmals auf hochoffizieller Parteiebene bemerkbar. So wurde darin nicht der Einsatz für den Ausbau von Kindergartenplätzen versprochen, sondern sogar ein kostenfreies Kindergartenjahr. Im letzten Jahr machte schließlich der erste CSU-Landrat Schlagzeilen, der in Elternzeit gehen wollte, jene familienpolitische Maßnahme, die Landesgruppenvorsitzender Peter Ramsauer einmal als „Wickelvolontariat" verspottet hatte.[15]

Die letzte christsoziale Herrlichkeit unter Stoiber

Nachdem Edmund Stoiber bei der Bundestagswahl 2002 knapp verloren hatte, war der zweite Versuch eines CSU-Politikers gescheitert, das Kanzleramt für seine Partei zu erobern. Stoiber hatte vor allem mit massivem Rückenwind aus Bayern beinahe die rot-grüne Regierung Gerhard Schröders zu Fall gebracht. 4,3 Millionen Stimmen hatte die CSU auf sich vereinigen können. Bei keiner anderen Wahl war der Zuspruch für die christsoziale Partei so hoch wie bei dieser. Selbst Strauß kam nicht an diese Marke heran und trotzdem reichte es auch dieses Mal für den CSU-Vorsitzenden nicht.[16]

Nicht zuletzt aufgrund des holprigen Starts der Regierung Schröder sah sich Stoiber als Kanzlerkandidat im Wartestand und erhielt bei der Landtagswahl 2003 auch eine entsprechende Bestätigung, als es der CSU gelang, zwei Drittel der Mandate im Maximilianeum zu erobern. Stoiber wähnte sich auf dem Gipfel seiner Macht, besser und größer als sein Mentor Strauß. Hatte der Ministerpräsident in den Jahren davor schon einen ambitionierten Reformkurs eingeschlagen, erhöhte er das Tempo jetzt nochmals und wollte in allen Politikfeldern Bayern an der Spitze sehen. Unzählige Tabellen und Rankings ließ Stoiber in seiner gesamten Regierungszeit erstellen und legte ein ums andere Mal dar, wie phantastisch sein Land im Vergleich zum Rest der Bundesrepublik dastünde.[17]

In der Tat hatte Bayern eine beachtenswerte Wachstumsphase hinter sich. Seit Mitte der 1980er Jahre war das Land nicht mehr von Mitteln des Länderfinanzausgleichs abhängig und wies gegenüber den übrigen westdeutschen Län-

---

14 Vgl. Loerzer, Sven: Ein Herz für Kinder, in: Süddeutsche Zeitung, 18.08.2007.
15 Vgl. Paul, André: Lieber wickeln als verwalten, in: Die Zeit, 26.06.2008; Schneider, Jens: Gegen das „Wickelvolontariat", in: Süddeutsche Zeitung, 27.04.2006.
16 Vgl. Richter, Saskia: Die Kanzlerkandidaten der CSU. Franz Josef Strauß und Edmund Stoiber als Ausdruck christdemokratischer Schwäche? Hamburg 2004.
17 Vgl. Erhard, Rudolf: Edmund Stoiber, Aufstieg und Fall, Köln 2008, S. 48.

dern überdurchschnittliche Wachstumsraten in den 1990er Jahren auf. Damit einher ging eine Arbeitskräfteemigration, die die bayerische Wohnbevölkerung veränderte. Alleine zwischen 1998 und 2001 zogen 200.000 Einwohner mehr nach Bayern als Menschen das Land verließen. Im Jahr 2001 hatte Bayern gegenüber allen anderen Bundesländern einen positiven Wanderungssaldo.[18]

Starke Bevölkerungszuzüge waren für Bayern nichts Ungewöhnliches. Ein Teil der CSU-Hegemonie baute darauf auf, diese Zuzügler politisch, wirtschaftlich und kulturell zu integrieren, durch die Anknüpfung an die jahrzehntelange Sonderstellung des Landes. Der CSU gelang es, diese Form der Traditionspflege zu bewahren und zu modernisieren. Durch die Gleichsetzung der Interessen der CSU mit denen Bayerns trug die Partei massiv dazu bei, als *der* Repräsentant Bayerns wahrgenommen zu werden.[19] Erfolge im Modernisierungsprozess des Landes hefteten sich die Christsozialen selbstbewusst an. Misserfolge schob man auf externe Faktoren, wahlweise auf die CDU, einer sozialdemokratisch geführten Bundesregierung oder Europa.

Der wirtschaftliche Erfolg war für die CSU-Hegemonie lediglich eine notwendige, keineswegs aber eine hinreichende Bedingung. Vielmehr bedurfte es einer Integration in die gewachsenen und in Bayern ausgesprochen eigenständigen Traditionen. Doch in Zeiten gelockerter Milieus ist das auch in Bayern weitaus schwieriger zu leisten als in der Vergangenheit. Die klassischen Multiplikatoren, seien es Sportvereine, Geschäfte oder Kultureinrichtungen, haben an Bedeutung eingebüßt. Postmoderne Freizeitbeschäftigung drückt sich im Fitnessstudio ebenso aus wie im kommerziellen Musicaltheater. Wer die entwickelte Freizeitindustrie nutzt, ist Kunde und kein Mitglied eines Vereins oder einer Fördergesellschaft mehr. Damit fehlen aber die Netzwerke, die eine Integration der Hinzugekommenen erleichtern. Auch die Säkularisierung hat Bayern erfasst, was einer Partei mit religiösen Wurzeln stets Probleme bereitet.

Das heißt im Umkehrschluss aber auch, dass dementsprechend die Wahlsiege wie 2002 und 2003 weniger auf längerfristigen Grundüberzeugungen als vielmehr auf temporären Beurteilungen basierten. Stoiber unterschätzte, wie instabil sein Wahlergebnis war, als er zahlreiche Wahlversprechen bereits in der ersten Regierungserklärung 2003 in Frage stellte. Dafür ordnete er alles seinem zentralen Ziel unter, 2006 auf eine Neuverschuldung im Landeshaushalt zu verzichten. Die Staatsregierung sah sich gezwungen, kurzfristig erhebliche Reformen umsetzen, die weitreichende Folgen für die Infrastruktur im Freistaat hatten. Einer umfänglichen Verwaltungsreform fielen das angesehene Bayerische Oberste Landesgericht und einige Forstamtsstandorte zum Opfer. Das Blindengeld und das Landeserziehungsgeld wurden gekürzt, was ebenso wie die

---

18   Vgl. Böhme, Stefan/Eigenhüller, Lutz 2005: Vergleichende Analyse von Länderarbeitermärkten. Länderstudie Bayern, IAB-Regional, (2005) H. 1, S. 14.
19   Vgl. Immerfall (Anm. 5), S. 385 f.

Einschränkung der AIDS-Beratung dem sozialpolitischen Profil der CSU Schaden zufügte. Die Arbeitszeitverlängerung im öffentlichen Dienst brachte auch den bis dahin überaus loyalen Beamtenapparat gegen Partei und Staatsregierung auf.[20] Dieses und eine Reihe kleinerer Reformen brachten es mit sich, dass die CSU in kürzester Zeit eine ganze Reihe von Wählergruppen brüskierte.

Doch Stoiber wollte nicht nur bei der Haushaltspolitik glänzen, sondern auch die Spitzenstellung bei Technologie und Bildung erringen. Zum Symbol dieses Anspruchs sollte der Bau der wirtschaftlich fraglichen Transrapidstrecke vom Münchner Flughafen zum Hauptbahnhof werden, ebenso wie die rasche und überhastete Verkürzung der Schulzeit. Stoiber nahm sich jedoch keine Zeit, um die teilweise erheblichen Richtungswechsel in der CSU-Politik, innerhalb der Partei oder der Fraktion zu debattieren. Er wollte bewusst im Kontrast zu Gerhard Schröder, der seine Partei mühevoll auf die Agenda 2010 brachte, seine Führungsstärke beweisen, was die Medien auch entsprechend goutierten.[21] Die Politik sollte – anders als bei Schröder und seiner SPD – dieses Mal so umgesetzt werden, wie sie in der Staatskanzlei ausgearbeitet worden war. Doch die Reformanstrengungen Stoibers setzten nicht auf lange fällige Einsichten oder hatten einen besonderen Geist besessen: „Stoiber war nicht kreativ, er war exekutiv."[22] Die Landtagsfraktion vollzog deswegen inhaltlich nur mühevoll nach, was sich der Regierungschef und seine Adlaten ausgedacht hatten.

Beinahe alle gesellschaftlichen Gruppen hatten an der beschleunigten Reformpolitik der Staatsregierung Kritik anzubringen. Den Landtagsabgeordneten mit ihrer beträchtlichen Verankerung in ihren Stimmkreisen fiel es entsprechend schwer, den Kurs Stoibers zu akzeptieren. Doch sie boten Stoiber nicht die Stirn, da sie kein Bild der Zerstrittenheit liefern wollten, wie es der Regierung Schröder vorgeworfen wurde. Hieraus entstand eine höchst problematische Situation, weil die notwendigen internen Richtungskonflikte im Interesse der externen Konfliktfähigkeit unterblieben. Man konnte der Regierung Schröder kaum mangelnde Reformbereitschaft vorwerfen, wenn man sich selbst einem solchen Kurs widersetzen würde.

Entsprechend besaß der wachsende Reformunwillen der Landtagsfraktion keine Möglichkeit, sich zu entladen.[23] Die vorgezogene Bundestagswahl 2005 versprach Besserung. Stoiber wollte als Wirtschaftsminister in das Kabinett der Großen Koalition eintreten. Doch er verzichtete dann vollkommen überraschend und kehrte – als sei nichts gewesen – in die Staatskanzlei zurück. Leidlich über-

20 Vgl. Fahrenholz, Peter: Zumutungen aus der Reformwerkstatt, in: Süddeutsche Zeitung, 07.11.2003.
21 Vgl. Fahrenholz, Peter: Eine Kanzlerrede im Landtag, in: Süddeutsche Zeitung, 07.11.2003.
22 Vgl. Prantl, Heribert: Eine Trumpfkarte namens Edmund, in: Süddeutsche Zeitung, 27.09.2007.
23 Vgl. Issig, Peter: CSU aus dem Tritt, in: Welt am Sonntag, 21.11.2004.

stand er danach erste Debatten um seine Person, weil aus der Führung der CSU niemand offen aufbegehrte. Wer zu früh und zu deutlich Stoibers Kopf gefordert hätte, wäre Gefahr gelaufen, daran selbst zu scheitern. Genau das widerfuhr dann auch der Fürther Landrätin Gabriele Pauli, als sie Ende 2006 Stoiber zum Rückzug aufforderte. Während die Partei sich offiziell über Pauli echauffierte, war man insgeheim froh, dass endlich jemand aussprach, was viele dachten. Stoiber begann, sich gegen die in den Medien und der Partei blühenden Spekulationen um seine Zukunft zu wehren. Er forderte Loyalitätserklärungen der Parteiführung ein, die er pflichtgemäß bekam[24] und versuchte mit allen Mitteln der widerspenstigen Landrätin entgegenzutreten. Seine engsten Vertrauten griffen dabei auch auf Instrumente zurück, die den politischen Disput zu einer Spitzelaffäre werden ließen.[25] Nachdem nicht zuletzt deswegen der Versuch des Aussitzens scheiterte, waren offen wie verdeckt Zweifel an der Integrität und am Verstand der Kritiker gestreut worden.[26] Doch der Widerstand gegen Stoiber wuchs auch in der Landtagsfraktion, in der erste Stimmen aufkamen, die Gleiches dachten wie die fränkische Gegenspielerin des Ministerpräsidenten.[27] Edmund Stoiber erklärte schließlich auf der Klausurtagung der Landtagsfraktion seinen Rückzug.[28] Günther Beckstein und Erwin Huber, die 2003 noch um die Nachfolge Stoibers gewetteifert hatten, teilten die Posten des scheidenden Stoibers rasch unter sich auf, so dass ein lähmender Diadochenkampf unterblieb.

Stoiber hatte seinen Rückzug in Kreuth zwar angekündigt, doch bis zum Vollzug des Amtswechsels blieb noch ein gutes halbes Jahr. Diese Zeit nutzte er, um Rache für den erzwungenen Rücktritt zu nehmen. Innerhalb der Partei jedoch verlor Stoiber recht schnell an Einfluss: Weder sein Versuch, Thomas Goppel in das Amt des mächtigen oberbayerischen CSU-Vorsitzenden zu hieven, noch sein Bemühen, Horst Seehofer zu seinem Nachfolger als Parteivorsitzenden zu machen, glückten. Anders sah es in seiner Funktion als Regierungschef aus. Dort verkündete er noch ein milliardenschweres Investitionsprogramm, das seinen Nachfolger als Ministerpräsident, Günther Beckstein, band und diesem in seiner ohnehin kurzen Zeit bis zur Landtagswahl kaum Spielraum für eigene Akzente gab.[29]

Stoiber ließ für die neue Führungsriege der CSU damit nicht allzu viel Raum. Sein Ausscheiden aus dem Amt inszenierte er überdies umfangreich,

---

24 Vgl. Leersch, Hans-Jürgen: Parteiführung gibt Stoiber demonstrativ Rückendeckung, in: Die Welt, 05.01.2007.
25 Vgl. Erhard (Anm. 17), S. 128.
26 o. V.: Stoiber wirft Pauli Parteischädigung vor, 23.12.2006, abrufbar unter: http://www.spiegel.de/politik/deutschland/0,1518,456403,00.html (eingesehen am 26.03.2009).
27 Vgl. o. V.: CSU-Basis rückt von Stoiber ab, in: Süddeutsche Zeitung, 16.01.2007.
28 Vgl. Oberreuter, Heinrich: Stoibers Sturz. Ein Beispiel für die Selbstgefährdung der Macht, in: Zeitschrift für Parlamentsfragen, Jg. 39 (2008) H. 1, S.112-118.
29 Stroh, Kassian: Die letzte Offensive, in: Süddeutsche Zeitung, 03.04.2007.

indem er ein letztes Mal Bilanzen vorlegte und so sein Image als erfolgreicher Macher unterstrich. Somit legte er eine sehr hohe Hürde für seine Nachfolger auf. Sie mussten hieran zwangsläufig scheitern, denn in Stoibers letzten Amtsjahren waren einige Reformen und Projekte zu ausgesprochen problematischen „Zeitbomben" geworden.[30] Die Schulreform erzürnte die Eltern in immer stärkerem Maße. Der Transrapid, eines von Stoibers Lieblingsprojekten, entpuppte sich als unfinanzierbar. Die Bayerische Landesbank (BayernLB) hatte sich massiv verspekuliert. Auch wenn die Fehlentwicklungen bereits in Stoibers Ägide begonnen hatten, das Scheitern in diesen Projekten musste sich auch die neue Führung anlasten.

Erwin Hubers letzter Kreuzzug – Der Landtagswahlkampf der CSU

Hervorragende ökonomische Daten, geringe Arbeitslosigkeit, ein relativ ausgeglichenes soziales Gefüge[31] sowie – nicht zuletzt – ein geschlossen agierendes Führungspersonal und eine exzellent arbeitende PR-Maschinerie waren stets der Garant für einen Wahlerfolg der CSU gewesen. All das funktionierte jetzt plötzlich nicht mehr, obwohl zumindest die wirtschaftlichen Rahmenbedingungen nach wie vor gut waren. Die Leitfigur an der Spitze war einem Tandem gewichen, das gegenüber der Politik der Vorgängerregierung keine neuen Akzente setzten konnte. Weder konnten noch wollten sich die neuen Parteiführer Beckstein und Huber von Edmund Stoibers Regierungsstil und der Fortführung seines brachialen Reformprogramms politisch lossagen und sie vermochten es auch nicht, auf die Irritationen und Verunsicherungen, die es darüber in der bayerischen Öffentlichkeit gab, entsprechend zu reagieren.

Während des Wahlkampfes deutete sich immer mehr an, dass sich die Bayerische Landesbank am amerikanischen Immobilienmarkt verspekuliert hatte. Die Hypothekenkrise weitete sich zwar erst später zur Weltfinanzkrise aus, aber es zeichnete sich schon sehr früh ab, dass es das landeseigene Finanzinstitut besonders hart getroffen hatte. Der Bank konnten schon in den vergangenen Jahren riskante Finanzgeschäfte vorgeworfen werden, in die auch Parteigranden der CSU verwickelt waren.[32] Der Vorsitzende Erwin Huber galt schon

---

30   Vgl. Erhard (Anm. 17), S. 176.
31   Sämtliche Zahlen über die soziale und wirtschaftliche Entwicklung Bayerns sind auf der Homepage des Bayerischen Landesamtes für Statistik und Datenverarbeitung abrufbar unter: http://www.statistik.bayern.de (eingesehen am 01.04.2009). So lag z.B. die Arbeitslosenquote Ende August 2008 bei lediglich 4,5 Prozent. Das Bruttoinlandsprodukt wuchs im Berichtsjahr 2007 um 2,8 Prozent, eine Zahl, die nur wenige Tage vor der Wahl noch einmal auch für das erste Halbjahr 2008 bestätigt wurde.
32   Vgl. Ott, Klaus/Stadler, Rainer: Der Staat als Retter? Ausgerechnet der Staat? In: Süddeutsche Zeitung Magazin, (2008) H. 49.

im Vorfeld der Kampagne als diskreditiert, da er seine Mitverantwortung als Finanzminister über die merkwürdigen Praktiken der Bank versucht hatte zu verschleiern. Darüber hinaus machte er vor einem Untersuchungsausschuss des Landtags eine denkbar schlechte Figur.[33] Auch sonst harmonierten Huber und Beckstein im Wahlkampf nicht immer miteinander und machten mehrfach entgegengesetzte Aussagen zu einzelnen Themen. Zu guter Letzt machte auch noch Ministerpräsident Beckstein mit unbedachten Äußerungen von sich reden und stand zusätzlich vor dem Mentalitätsproblem, als fränkischer Protestant im katholischen Altbayern hinreichend anerkannt zu werden.[34]

Da man in der CSU-Landesleitung mit all diesen Schwierigkeiten offenbar nicht rechnete, hatte man sich für eine traditionelle Wahlkampfkonzeption entschieden. Die Verbindung von Tradition und Modernität, die vorgebliche Einheit von Land und Partei, eben der speziellen Bajuwarizität, sollten im Vordergrund stehen, die Politik der letzten Jahre und Jahrzehnte als eine einzige Erfolgsbilanz verkauft werden. Auf dem Wahlparteitag, der Mitte Juli in Becksteins Heimatstadt Nürnberg stattfand, wurde das Regierungsprogramm erwartungsgemäß mit überwältigender Mehrheit abgesegnet. Besonders starke ökonomische Issues, wie das Einkommensteuerkonzept Erwin Hubers und die Forderung nach einer allgemeinen Wiedereinführung der Pendlerpauschale ab dem ersten Kilometer, standen darin an erster Stelle. Mit diesen Forderungen sollte auch der bundespolitische Anspruch der CSU unterstrichen und die Verhandlungsposition in der Berliner Koalition gestärkt werden. Die 50 Prozent fest im Blick, prognostizierte Parteichef Huber für eine mögliche Staatsregierung ohne Beteiligung der CSU den Absturz Bayerns innerhalb weniger Jahre.[35] Dabei hatte die Partei zu diesem Zeitpunkt für einen kurzen Augenblick Grund zu mehr Optimismus, denn in einer Umfrage war sie gerade über die magische absolute Mehrheitsmarke geklettert. Das demoskopische Drohgemälde, sowohl von der Partei als auch von den Medien immer wieder aufgegriffen, passte so gar nicht zu den munteren Badespaß-Plakaten mit dem Slogan „Sommer, Sonne, Bayern".

Das 32 Seiten starke Regierungsprogramm, mit dem wenig innovativen Titel „Für ein starkes Bayern", unterschied sich inhaltlich nur geringfügig vom Vorgängerprogramm zur Landtagswahl 2003.[36] Wie bereits fünf Jahre zuvor

---

33 Vgl. Ott, Klaus: Stille Lasten, in: Süddeutsche Zeitung, 29.05.2008.

34 Vgl. Englisch, Roland: „Der Beckstein ist kein Verkehrter", in: Nürnberger Nachrichten, 26.08.2008.

35 Vgl. Englisch, Roland: CSU warnt vor dem „Absturz" Bayerns, in: Nürnberger Nachrichten, 21.07.2008.

36 Vgl. Für ein starkes Bayern. Regierungsprogramm 2008-2013, abrufbar unter:http://www. csu.de/dateien/partei/beschluesse/080719_regierungsprogramm.pdf (eingesehen am 20.02. 2009); Damit Bayern stark bleibt! Regierungsprogramm 2003-2008, http://www.hss.de/ downloads/CSU-Programm_LTW_2003.pdf (eingesehen am 20.02.2009).

enthielt das Dokument zwölf Gliederungspunkte, deren Themen – angefangen bei Arbeit und Wirtschaft bis hin zu Bayerns Stellung in Europa – sich zwar leicht in der Reihenfolge geändert hatten, im Ganzen aber das gleiche Muster aufwiesen. Lediglich die bereits angesprochene Pendlerpauschale und die Steuerreformvorschläge, die auch gleich zu Beginn des Papiers behandelt wurden, boten interessante wie populäre Ansatzpunkte. Vor allem mittlere Einkommensschichten sollten mit diesem Konzept (häufig *Huber-Tarif* genannt) angesprochen werden. Ferner machte die CSU einen Vorschlag für eine Reform der Erbschaftssteuer, die der Gesetzgeber aufgrund eines Urteils des Bundesverfassungsgerichtes bis zum Jahresende 2008 neu regeln musste. Die Partei setzte sich dabei für eine erhebliche Erhöhung der Freibeträge bei der Wertbemessung privater Grundstücke ein, die künftig von den Bundesländern selbst festgesetzt werden sollten. Der berechtigten Frage nach der sozialen Ausgewogenheit wurde mit dem Verweis auf die hohen bayerischen Immobilienpreise begegnet.[37] Vor allem aber sollten mittelständische Unternehmen und landwirtschaftliche Betriebe künftig von der Steuer verschont bleiben.

Die Forderung nach der Wiedereinführung der Pendlerpauschale begründete die Partei mit den langen Strecken, die gerade im ländlichen Raum auf dem Weg zum Arbeitsplatz zurückgelegt werden müssten. Etwas modifiziert, aber in dieselbe Richtung tendierend, forderte auch die bayerische SPD die Einführung eines nach dem Einkommen gestaffelten „Pendlergeldes". Weder der eine noch der andere Vorschlag der beiden Parteien, von denen aber nur derjenige der CSU breiten Raum im Wahlkampf einnahm, waren besonders glaubwürdig. Beide Parteien hatten schließlich im Bundestag für die Streichung der Pauschale votiert und als in der Woche vor dem Landtagswahltermin die Linke im Bundestag einen Antrag zur Wiedereinführung stellte, fehlten die CSU-Stimmen, da die Christsozialen sich darauf beriefen, niemals für einen Antrag der von ihnen so titulierten „Kommunisten" stimmen zu können. Auch Bundeskanzlerin Angela Merkel kritisierte vehement den CSU-Vorschlag und die CSU-Bundestagsabgeordnete Renate Blank kanzelte den Programmpunkt als „populistisches Gerede" ab und wies darauf hin, dass man erst ein entsprechendes neues Urteil des Bundesverfassungsgerichtes abwarten solle, da dort ohnehin eine Individualklage gegen die Streichung der Pendlerpauschale anhängig war.[38]

Der zweite Programmpunkt widmete sich dem Bereich Bildung, einer weiteren Achillesferse der Staatsregierung, obwohl auch in diesem Politikfeld viele Rahmenbedingungen nicht schlecht waren. In den PISA- und IGLU-Studien der letzten Jahre hatte Bayern im nationalen und internationalen Vergleich beson-

---

37   Vgl. Hägler, Max: Bayern will die Sondererbschaftszone, in: Die Tageszeitung, 28.06.2008.
38   Vgl. Stoffels, Arno: „Das ist nur populistisches Gerede", in: Nürnberger Nachrichten, 25.07.2008.

ders gut abgeschnitten[39] und auch die bayerischen Hochschulen hatten sich einen Spitzenruf erarbeitet, was die CSU verständlicherweise als ihren Erfolg reklamieren wollte. Des Weiteren wurde auf die angebliche Durchlässigkeit des Schulsystems verwiesen, welches gerade aufgrund seiner Dreigliederung der Sekundarstufen jedem Schüler individuelle Chancengerechtigkeit böte. Von den zumeist als negativ empfundenen Erfahrungen, die die Schulreformen der letzten Jahre mit sich gebracht hatten, war im Regierungsprogramm dagegen kein Wort die Rede. Denn gerade die Einführung des achtjährigen Gymnasiums in Bayern hatte – wie auch in anderen konservativ regierten Bundesländern – viel Unmut unter Schülern, den Eltern und Lehrern ausgelöst, da man die bisherigen Lehrpläne einfach in das nun engere Zeitschema eingepasst hatte.[40] Die übrigen Punkte – gewissermaßen Pflichtinhalte eines jeden CSU-Programms – sollten ebenfalls ganz die Erfolgsgeschichte der letzten Jahre untermalen. Die Förderung der Wirtschaft von der High-Tech-Industrie bis hin zum Agrarbereich, die niedrige Kriminalitätsrate, die Pflege des bayerischen Brauchtums, überhaupt die Lebensqualität Bayerns insgesamt wurden ein weiteres Mal gefeiert.

Ein wichtiger Punkt im öffentlichen Diskurs der Landtagswahlkampagne war das strenge Rauchverbot in sämtlichen öffentlichen Einrichtungen und Gastronomiebetrieben, welches in Bayern am 1. Januar 2008 in Kraft getreten war. Gerade in Bayern, das sich durch seine große, traditionelle Fest- und Wirtshauskultur auszeichnet, wurde das Gesetz von vielen Menschen als kultureller Einschnitt empfunden. Mehrere hundert Wirte waren im Zuge der Diskussion um das Gesetz aus der Partei ausgetreten beziehungsweise hatten vor der Kommunalwahl am 2. März 2008 zur Nichtwahl der CSU aufgerufen und der Partei den Zugang zu ihren Versammlungslokalen verwehrt. Ein *Verein zur Erhaltung der Bayerischen Wirtshauskultur* (VEBWK), der die Interessen der betroffenen Wirte und natürlicherweise auch ihrer rauchenden Gäste verteidigen wollte, stieß auf eine enorme Medienresonanz.[41] Um das Gesundheitsschutzgesetz zu umgehen, bestand für Wirte die Möglichkeit, entweder sogenannte „Raucherclubs" einzurichten oder „geschlossene Gesellschaften" zu deklarieren, ein Schlupfloch, das der VEBWK propagierte, da die Mitglieder des Vereins in

39 Vgl. z.B. PISA-Konsortium Deutschland (Hrsg.): PISA 2006 in Deutschland. Die Kompetenzen der Jugendlichen im dritten Ländervergleich, Münster 2008; Bos, Wilfried/Hornberg, Sabine/Arnold, Karl-Heinz u.a. (Hrsg.): IGLU-E 2006. Die Länder der Bundesrepublik Deutschland im nationalen und internationalen Vergleich, Münster 2008.

40 Vgl. Escher, Georg: Brisantes G8-Gutachten unter Verschluss, in: Nürnberger Nachrichten, 31.10.2008; das Bayerische Staatsministerium für Unterricht und Kultus bemühte sich mit einer Homepage um Aufklärung, abrufbar unter: http://www.g8-in-bayern.de (eingesehen am 09.03.2009).

41 Vgl. hierzu die Homepage des Vereins, abrufbar unter: http://www.vebwk.com (eingesehen am 09.03.2009). Nach eigenen Angaben hat der Verein 84.000 Mitglieder. Auch die Presse- und Fernsehberichterstattung wird auf der Homepage dokumentiert.

diesem Rahmen weiterhin rauchen durften. Vor allem die beiden kleineren bürgerlichen Parteien, die Freien Wähler und die Liberalen nahmen sich des Themas der Bedrohung der „Liberalitas Bavariae" dankbar an und platzierten sogar mehrere Funktionäre der erstarkten Wirte- und Raucher-Lobby auf ihren Listen für die Landtagswahl.

Im offiziellen Landtagswahlkampf der CSU selbst hätte das Thema Nichtraucherschutz eigentlich gar nicht vorkommen sollen. Auf Broschüren und im Wahlprogramm war keine Rede mehr von dem Gesetz, auf das einige CSU-Politiker, allen voran der Fraktionsvorsitzende Georg Schmid, nach der Verabschiedung besonders stolz gewesen waren. Denn es handelte sich hierbei um eine Reform, die nicht aus einem Aktenvermerk Stoibers oder seiner Nachfolger entstanden war, sondern seine Urheber in der Landtagsfraktion hatte, der man noch am ehesten zugetraut hätte, nahe am Ohr des Stammtisches zu sein. Im März hatte die Partei sich zu einer geringen Aufweichung des Gesetzes entschlossen, da die Stadt München Sicherheitsbedenken für das bevorstehende Oktoberfest angemeldet hatte.[42] So sollte zumindest noch bis Ende 2008 das Rauchen in Festzelten zulässig sein. Die geringfügige Novelle des Gesetzes war durch das enttäuschende Ergebnis der CSU bei der Kommunalwahl erheblich beschleunigt worden. Der Unmut über dieses Vorgehen blieb sowohl bei Gegnern als auch Befürwortern des Rauchverbots bestehen, da das Ganze wie ein Wahlgeschenk aussah, denn inmitten der Münchner Wiesnzeit lag zugleich der Landtagswahltermin.

Dies waren nicht die einzigen Missstimmungen, mit denen die Staatspartei konfrontiert wurde, denn die Folgen einiger Stoiberschen Reformen waren teilweise erst jetzt richtig zu spüren, vor allem im öffentlichen Dienst. Ausgerechnet die Polizisten, die dem einstigen „Law and Order"-Politiker Günther Beckstein früher wohlgesonnen waren, stöhnten unter der Polizeireform, in der viele Reviere unter dem Deckmantel des Bürokratieabbaus zusammengelegt wurden. Niedergelassene Ärzte gingen für eine Honorarreform auf die Straße, drohten sogar mit Streik. Die bislang zuverlässigste Klientel der CSU, die bayerischen Bauern, vor allem die Milchviehhalter kämpften in ihren Verbänden seit Jahren für gerechte Milchpreise und höhere Einkommen, vergeblich.

Von der bayerischen Staatsregierung geförderte prestigeträchtige Großprojekte, wie die geplante dritte Startbahn des Franz-Josef-Strauß-Flughafens in München, brachten aus Angst vor weiter zunehmendem Fluglärm die lokale Bevölkerung auf den Plan. Für die „Bewahrung der Heimat" demonstrierten Anfang September mehr als 10.000 Teilnehmer in der Landeshauptstadt.[43] Noch bedeutsamer für den Verlauf des Wahlkampfes und den Umgang der CSU-

---

42 Vgl. Auer, Katja: Zehn CSU-Abgeordnete bleiben auf Kurs, in: Süddeutsche Zeitung, 13.03.2008.
43 Vgl. Hübner, Bernhard: Gegen Startbahn Nummer drei, in: Die Tageszeitung, 08.09.2008.

Spitze mit den Bürgern aber war eine Wahlkundgebung in Freising wenige
Wochen zuvor, bei der Ministerpräsident Beckstein von mehr als 1000 Start-
bahngegnern empfangen wurde, die ihn gnadenlos auspfiffen. Beckstein machte
sich nicht mehr Freunde, als er die Protestierer als „undemokratische Störer
einer demokratischen Veranstaltung" bezeichnete. Später ging er noch weiter
und nannte sie Pfeifenköpfe.[44]

Die unglücklichste Entgleisung Becksteins aber war seine Feststellung,
„ein anständiger Bayer müsse CSU wählen", ein Satz, der wütende Proteste in
den Leserbriefspalten der Zeitungen provozierte.[45] Der Ministerpräsident war
schon vorher für seine zeitweiligen verbalen Aussetzer bekannt, die für die
Authentizität des kernigen Franken aber auch für eine gewisse Unbeholfenheit
standen und ihn bis in die Anhängerschaft der eigenen Partei hinein diskreditier-
ten. Als er dann auch noch bemerkte, man könne mit zwei Maß Bier noch Auto
fahren, erntete er nur noch Kopfschütteln und sogar Proteste der Bundesdrogen-
beauftragten.[46] Neben der Posse um Becksteins Ehefrau, die sich standhaft weigerte beim Oktoberfest ein Dirndl zu tragen, weshalb sie sich ernsthaften Angriffen der Frauenunion Oberbayerns ausgesetzt sah, waren dies die wenigen
Farbtupfer in der Endphase der Kampagne.[47]

Das demoskopische Damoklesschwert des konstanten Umfragetiefs unter
50 Prozent vor Augen, versuchte die Partei die Stimmung mit einem Bedro-
hungsszenario durch den eventuellen Einzug der Linkspartei in den Landtag zu
wenden. Erwin Huber sprach von einem „Kreuzzug", den die CSU gegen die
Linke führen müsse. Generalsekretärin Christine Haderthauer sekundierte dem
Vorsitzenden, indem sie die SPD bezichtigte, „Steigbügelhalter für Kader-
Geschwader" zu sein und auch in Bayern nach hessischem Vorbild eine Zusammenarbeit mit dieser Partei anzustreben. Zwar sollte damit die Mobilisierung der konservativen Stammwählerschaft durch die ideologische Profilschär-
fung gesichert werden, viel wichtiger aber waren hier arithmetische Gründe.[48]
Nach Befunden von Umfrageinstituten und parteinahen Politikwissenschaftlern
sollte das Risiko für einen Verlust der absoluten Mehrheit besonders hoch sein,
falls die Linke in den Landtag einzöge.[49] Die anachronistisch anmutende Rhetorik erinnerte an konservative Wahlkämpfe aus den Zeiten des Kalten Krieges
und war nur ein weiteres Merkmal eines vollkommen fehlgeschlagenen Pan-
nenwahlkampfes. Nach skandinavischem Vorbild wurde nun noch einmal die

44   Vgl. Stroh, Kassian: Freisinger pfeifen auf Beckstein, in: Süddeutsche Zeitung, 23.08.2008.
45   Vgl. o.V.: „Ein anständiger Bayer wählt CSU", in: Passauer Neue Presse, 02.08.2008.
46   Vgl. Böhm, Angela: Zwei Maß? Becksteins Irrfahrt, in: Abendzeitung, 16.09.2008.
47   Vgl. Böhm, Angela: Die Debatte ums Dirndl, in: Abendzeitung, 06./07.09.2008.
48   Vgl. Ramelsberger, Annette: „Wir führen einen Kreuzzug gegen die Linken", in: Süddeutsche
     Zeitung, 25.08.2008.
49   Vgl. Jesse, Eckhard: CSU zittert wegen der Linkspartei, in: Die Welt, 24.09.2008.

Anzahl der Wahlkampfauftritte erhöht und zigtausende Wahlbriefe, SMS und E-
Mails an Bayerns Bürger verschickt.[50] Dass die Briefe an vielen Orten für Kan-
didaten warben, die dort gar nicht antraten, war ein letztes peinliches Detail der
Kampagne.

Das Wahlergebnis

In den letzten Wochen vor dem Wahltermin hatten sich immer mehr die Umfrageergebnisse verfestigt, dass es bei entsprechender Arithmetik der CSU vielleicht doch noch gelingen könnte, die absolute Mehrheit – wenn nicht der
Stimmen, so doch wenigstens der Mandate im Landtag – knapp verteidigen zu
können.[51] Tatsächlich blieb die CSU lediglich zwei Sitze unter der Mehrheit im
Maximilianeum, in Stimmen gemessen hingegen verfehlte die Partei mit 43,4
Prozent diese Marke deutlich.

Die SPD als stärkste Oppositionspartei konnte aus der Schwäche der
Christsozialen abermals keinen Nutzen ziehen und stagnierte bei mageren 18,6
Prozent. Die Grünen bauten – wohl auch aufgrund ihres populären und eher
konservativen Spitzenkandidaten Sepp Daxenberger – ihren Stimmenanteil
weiter aus und erreichten 9,4 Prozent. Die beiden großen Sieger am Wahlabend
aber waren die Freien Wähler und die FDP, die mit 10,2 Prozent beziehungsweise 8,0 Prozent ihre bisherigen Ergebnisse vervielfachten.[52] Für die Liberalen endete somit eine langjährige außerparlamentarische Opposition und für die
Freien Wähler, die als Zusammenschluss kommunaler, parteiunabhängiger
Wählergemeinschaften sich erst vor wenigen Jahren zu einer Konstituierung als
Landespartei entschieden hatten, war es der erstmalige Einzug in den bayerischen Landtag.

Die Motivlage für die Nichtwahl der CSU war für viele Wähler klar. Sie
empfanden die Mehrheitspartei nicht mehr getreu ihrem Parteimotto „nahe bei
den Menschen", sondern abgehoben und weit entfernt von der Interessenvertretung der Bürger. Eine deutliche Mehrheit wünschte, vor allem die weiterhin der
CSU zugesprochene ökonomische Kompetenz im Blick, einen Ministerpräsi-

---

50 Vgl. Kain, Alexander: Der „Schweden-Plan" soll's richten, in: Passauer Neue Presse,
    17.09.2008.
51 Vgl. den Ländertrend Bayern von Infratest dimap, 15.09.-17.09.2008, abrufbar unter
    http://www.infratest-dimap.de/umfragen-analysen/bundeslaender/bayern/laendertrend/2008
    /september/ (eingesehen am 04.04.2009).
52 Vgl. Bayerisches Landesamt für Statistik und Datenverarbeitung (Hrsg.): Wahl zum Bayeri-
    schen Landtag am 28. September 2008. Endgültiges Ergebnis, Kennziffer B VII 2-4, München
    2008.

denten Beckstein, nur eben nicht ohne einen Koalitionspartner.[53] Daher verdanken die beiden kleineren bürgerlichen Parteien in erster Linie der Malaise der Christsozialen ihre Mandate. Sie erhielten die größten Stimmenzuwächse aus den Reihen ehemaliger CSU-Wähler, von denen nun 180.000 den Liberalen beziehungsweise 190.000 den Parteifreien ihre Stimmen gaben. Immerhin 130.000 bisherige CSU-Wähler wechselten in die Gruppe der Nichtwähler und selbst die SPD erhielt noch 80.000 Wähler aus dem schwarzen Lager.

Geographisch gesehen verlor die CSU besonders stark in ihren Hochburgen, den ländlichen, immer noch agrarisch geprägten Gebieten, wo ihnen in Gestalt der Freien Wähler schon lange ein stattlicher Konkurrent auf kommunaler Ebene erwachsen war. In vielen oberbayerischen Wahlkreisen, in denen bei der letzten Landtagswahl noch ein besonderer Heimvorteil für den damaligen Ministerpräsidenten Stoiber lag, verloren die Christsozialen 20,9 Prozent der Gesamtstimmen. Sowohl in der Landeshauptstadt als auch im Umland waren die Verluste gleichermaßen enorm, wobei in der Stadt und auch in den wohlhabenden Gemeinden um München herum vor allem die FDP mit zweistelligen Ergebnissen stark profitierte. Geringere Verluste hatte die CSU im Fränkischen zu verbuchen, wo Ministerpräsident Beckstein sich mehr als im Rest des Landes auf eine elektorale Hausmacht verlassen konnte. Aber auch dort erhielt die Partei in allen drei Regierungsbezirken mehr als 10 Prozent weniger als fünf Jahre zuvor.

Nach Alter und Geschlecht betrachtet, hat die CSU weiterhin einen relativ festen Rückhalt bei Wählern im Rentenalter. In dieser Altersgruppe waren die Verluste am geringsten und sie erhielt hier wieder deutlich mehr als 50 Prozent der Stimmen. In den jüngeren Altersgruppen hingegen waren die Verluste extrem. Von den Frauen unter 25 Jahren, die bei der Landtagswahl 2003 noch überdurchschnittlich mit 62 Prozent für die Christsozialen votiert hatten, entschieden sich gerade noch 37 Prozent für die Partei. In der entsprechenden männlichen Alterskategorie war das Bild nicht viel anders. Auch der „Gender Gap", der insgesamt weiterhin ausgeglichen ist, geht in den juvenileren Jahrgängen stark auseinander.[54] Wirft man einen Blick auf die verschiedenen Berufsgruppen, zeigt sich auch dort ein ausdifferenziertes Bild. Im öffentlichen Dienst ist der Rückhalt der CSU schon bei den letzten Wahlen unterdurchschnittlich gewesen. Jetzt rutschte die CSU bei den Beamten noch einmal um elf Punkte auf 31 Prozent ab, bei den Angestellten sank die Partei von 57 auf 36 Prozent. Bei den Selbständigen hielt sie sich mit 39 Prozent an der Spitze. Von

53 Diese und die folgenden Zahlen sind einem bearbeiteten Infratest dimap Wahlreport für den Parteivorstand der SPD entnommen, vgl. Landtagswahl Bayern 28. September 2008. Ergebnisse und Schnellanalysen auf Basis der Kurzfassung des Infratest dimap-Berichts für die SPD, abrufbar unter: http://www.meinespd.net (eingesehen am 4.04.2009).

54 Vgl. Louis, Chantal: Frauen wählen anders…, in: Emma, November/Dezember 2008.

dem Minusrekord von 22 Prozent in dieser Gruppe profitierte die FDP am meisten, die nun von 17 Prozent der Freiberufler bevorzugt wurde.

Landwirte galten bislang als die mit Abstand treueste Wählergruppe der Christsozialen. Bei den Landtagswahlen 2003 hatten die Bauern mit 91 Prozent der CSU ein überwältigendes Votum erteilt. Nach fünf Jahren blieb von diesen Stimmen nur noch gut die Hälfte übrig. Jeder vierte Landwirt war zu den Freien Wählern des Milchbauern Hubert Aiwanger gewechselt. Die Berufsgruppe der Landwirte mag auf den ersten, rein statistischen Blick nicht mehr so bedeutend sein, schließlich werden nur noch ca. 122.000 Höfe in der bayerischen Landwirtschaft bewirtschaftet.[55] Rechnet man sämtliche Beschäftigte in der Landwirtschaft einschließlich der Nebenerwerbslandwirte – die bereits seit Jahren die Mehrheit der Hofbesitzer ausmachen – zusammen, kommt man für das Jahr 2007 auf immerhin 318.000 Beschäftigte. Die meisten bayerischen Bauern leben von der Tierproduktion und sind damit auch die größten Milcherzeuger in der Bundesrepublik. Gerade die Milchquoten waren in den letzten Jahren ein Zankapfel in der Landwirtschaftspolitik, die laut den Planungen der EU-Kommission künftig wegfallen sollen und die Milchbauern um ihre Einkünfte bangen ließen. Der Konflikt, bei dem es auch zu Milchstreiks und zahlreichen wütenden Protesten kam, weitete sich im Jahr 2008 immer mehr aus.[56] Viele Milchproduzenten traten aus dem Bayerischen Bauernverband aus, der bislang sowohl personell als auch programmatisch besonders eng mit der CSU verknüpft war.[57] Die Landwirtschaft hat nach wie vor einen prägenden kulturellen Stellenwert in den dörflichen Gesellschaften des ländlichen Raumes. Protestlagen machen sich hier leicht nicht nur in einer Berufsgruppe bemerkbar, was das CSU-Resultat in diesem Bereich vortrefflich erklärt. Vor allem die Freien Wähler, die die bäuerlichen und ländlichen Interessen bei der Landtagswahl für viele Wähler glaubhaft vertreten konnten, zogen ihren Nutzen aus der schwierigen Situation.

Der CSU gingen bei der Landtagswahl 2008 nicht die Ränder verloren, wie zu den Hochzeiten der „Republikaner". Es ist der Kern, die bisherige Mitte der Partei, die plötzlich nicht mehr mitzieht. Gerade die besonders treuen, die verlässlichsten Wähler entfremdeten sich durch die Stoibersche Politik, vernachlässigte Lobbyarbeit und längerfristige Vertrauensverluste von der Partei. Auch ein ungeklärter Konflikt zwischen „alter" und „neuer" Mitte spiegelt sich im Wahlergebnis der CSU. Während zahlreiche Angehörige der mittelständischen,

---

55 Vgl. Bayerisches Staatsministerium für Landwirtschaft und Forsten (Hrsg.): Bayerischer Agrarbericht 2008, S. 28 ff., abrufbar unter: http://www.agrarbericht.bayern.de (eingesehen am 4.04.2009).

56 Vgl. Bayer, Gudrun: Eine bittere Bilanz des zehntägigen Milchstreiks, in: Nürnberger Nachrichten, 12.07.2008.

57 o.V.: Milchbauern werfen Mitgliedsbücher hin, in: Nürnberger Nachrichten, 15.07.2008.

handwerklich wie bäuerlich orientierten Schichten auf dem Lande zu den Freien Wählern wechselten, liefen die gut ausgebildeten, energischen, betriebsamen Bürger in den Städten und im wohlhabenden Münchner Umland vermehrt zur FDP über. Der Stimmenzuwachs für die Liberalen kam nicht völlig unerwartet, da die Partei sich im Schatten der großkoalitionären Bundesregierung hervorragend als bürgerliche Alternative hatte profilieren konnte.

Dass es in vielen sozialen Gruppen schon seit Jahren gärte, zeigt vor allem ein Blick auf die Beteiligungsraten, die seit Jahren bei sämtlichen Wahltypen auch in Bayern zurückgegangen waren. Freie Wähler oder auch kleinere konservative Parteien wie die ÖDP erzielten vor allem im ländlichen Raum schon lange gute Ergebnisse. In den Städten waren es Wechselwähler, die sich nicht nur intern im rot-grünen Lager bzw. im bürgerlichen Lager freier bewegten als früher, sondern häufiger zwischen den Blöcken hin- und herschwebten. Bei der Landtagswahl 2003 büßte vor allem die SPD an Stimmen erheblich ein und erlitt ein historisch schlechtes Resultat. Nun war es die CSU, deren Stimmensockel, der bei Landtagswahlen so lange stabil gewesen war, so sehr einbrach. Und es gibt für alle Parteien noch weiten Spielraum nach unten, was ein Blick auf die letzten Europawahlen beweist.

Zustand der Machtzentren

Die Ausnahmestellung der CSU begründete sich nicht nur auf einstmalig stabile Mehrheiten, sondern auch auf ihre spezifische Organisation und die damit zusammenhängende Sonderstellung im Bundestag. Die Partei besteht aus vier Machtzentren: der Landesleitung, der Landtagsfraktion, der Landesgruppe und der Staatskanzlei.[58] Das Besondere an der Machtarchitektur der CSU ist, dass die Machtzentren miteinander zwar kooperationsfähig sind, dass sie aber sich gleichermaßen belauern, ihre Macht gegeneinander abgrenzen und mitunter widerstreitende Positionen beziehen. Solche mehrpoligen Strukturen sind in allen Parteien anzutreffen, wobei es in der Regel eine Verlagerung der Macht zu den Parlamentsfraktionen und Mandatsträgern gibt.[59]

Die Besonderheit der CSU liegt vor allem darin, dass sie als Regionalpartei keinen föderalistischen Aufbau besitzt, also es „nur" zwei zentrale Fraktionen gibt, die mit der Landesregierung und der übrigen Parteiorganisation um Einfluss streiten. Damit werden Konflikte einerseits sehr viel berechenbarer, andererseits ist das Nebeneinander von Landesgruppe und Landtagsfraktion ausgesp-

---

58   Vgl. Kießling (Anm. 8).
59   Vgl. Poguntke, Thomas: Parteiorganisationen in der Bundesrepublik Deutschland: Einheit in der Vielfalt, in: Gabriel, Oscar W./Niedermayer, Oskar /Stöss, Richard (Hrsg.): Parteiendemokratie in Deutschland, 2. aktualisierte Aufl. Bonn 2001, S. 253-273.

rochen belebend, weil die Kontroversen unmittelbar miteinander ausgetragen werden müssen. Diese spezifische mehrgliedrige Aufstellung hat sehr maßgeblich die Erfolge der CSU in den letzten Jahrzehnten begründet. War ein Machtzentrum geschwächt, konnten die anderen diese Schwäche ausgleichen, ohne Rücksicht auf weitere Machtzentren nehmen zu müssen. Beim Tod von Franz Josef Strauß und beim Rücktritt von Max Streibl erwies sich diese Form der Parteiorganisation als geradezu hervorragend, um auch personelle Krisen zu meistern.

Auch boten die verschiedenen Machtzentren trotz personeller Verflechtungen sehr unterschiedliche Handlungsarenen für den politischen Nachwuchs. Die Landesleitung wurde für viele Generalsekretäre zum politischen Sprungbrett. Die Landtagsfraktion galt als Seismograph in die Bevölkerung hinein. Die Landesgruppe in Bonn beziehungsweise Berlin hatte nebst ihrer Minister eine Brückenfunktion zur CDU und half bei der Umsetzung der politischen Agenda in Bayern. Die Staatskanzlei und damit der Ministerpräsident repräsentierten in besonderer Weise Bayern und die Einheit von CSU und Land, ganz gleich ob er wie Strauß und Stoiber den Parteivorsitz innehatte oder sich wie Goppel, Streibl und zeitweilig Stoiber in der Partei einem in der Landesgruppe verankerten Politiker unterordnen musste.

Dieses System polyzentrischer Personal- und multipolarer Politikentwicklung hat in den letzten Jahren erhebliche Risse bekommen. Ursächlich dafür war eine wesentliche Verlagerung der Machtressourcen zu Stoibers Zeit als Parteivorsitzender und Ministerpräsident.

Stoiber hatte sich seinen Aufstieg an die Spitze der Staatsregierung mühevoll erarbeiten müssen. Die Partei und die Landtagsfraktion hatten ihren früheren Generalsekretär dabei lange Zeit eher zurückhaltend unterstützt. Doch Fleiß, Engagement und Wirkung Stoibers in der Öffentlichkeit trugen dazu bei, dass er Stück für Stück Anerkennung in beiden Machtzentren erlangte. Diese Art der Aufwertung ging eindeutig zu Lasten der Landesgruppe, aus deren Reihen der Parteivorsitzende Theo Waigel seine eigenen Ambitionen auf das Amt des Ministerpräsidenten aufgeben musste und zudem den Parteivorsitz an Stoiber abgab. Darüber hinaus verlor die Landesgruppe mit dem Gang in die Opposition 1998 massiv an Bedeutung. Ohne Minister und exekutive Macht war sie gegenüber der Staatskanzlei geschwächt. Hier waltete Stoiber uneingeschränkt und verfügte über ein Netzwerk talentierter und loyaler Mitarbeiter. Gestützt auf diese Machtzentren musste er sich jedoch mit der Landtagsfraktion arrangieren, die von seinem früheren Rivalen Alois Glück angeführt wurde und bei der Ausgestaltung der Politik mitredete. Eine Machtverschiebung in Richtung Staatskanzlei und im Speziellen in Richtung Stoiber war also bereits 1998 deutlich zu erkennen. Dennoch existierte weiterhin ein produktives Spannungsverhältnis zwischen den Machtzentren, das 2002/2003 endgültig zugunsten der Staatskanzlei aufgelöst wurde.

In der Landesleitung waren die Folgen von Stoibers Wahlsieg 2003 recht rasch zu spüren. Ins Franz-Josef-Strauß-Haus zog nach der Landtagswahl 2003 mit Markus Söder als Generalsekretär ein überaus talentierter Politiker ein, der aber eine entscheidende Schwäche besaß: Er war Stoiber überaus loyal ergeben. Söders Fähigkeit lag darin, die Partei stramm auf den Kurs ihres Spitzenmanns zu trimmen. Ein eigenständiges Profil der Partei konnte sich so nicht entwickeln. Daran änderte erst recht die Wahl Erwin Hubers zum CSU-Vorsitzenden nichts, denn dieser war zuvor in der Landespolitik Ausführender der Politik Stoibers gewesen. Überdies war der Niederbayer Huber als neuer Finanzminister unter Günther Beckstein mittelbar in die problematischen Geschäftsgebaren der Bayerischen Landesbank involviert.

Mit der Wahl von Horst Seehofer zum Parteivorsitzenden dann veränderte sich rasch das Erscheinungsbild der Landesleitung. So kann sich der Ministerpräsident mit Verweis auf das Ressortprinzip bei Problemen im Verwaltungsapparat leichter aus der Affäre ziehen als der ehemalige Fachminister Huber. Mit Karl-Theodor zu Guttenberg und nach dessen Wechsel in das Bundeskabinett mit dem Duo aus Alexander Dobrindt und Dorothee Bär setzte Seehofer wieder Bundespolitiker als Generalsekretäre ein, um den bundespolitischen Einfluss der Landesleitung zu stärken und um eine möglichst unabhängige Position der Generalsekretäre zu gewährleisten. Seehofer nutzte die Paralyse nach der Wahlniederlage 2008 rasch, um in einigen Teilen den Bezirksproporz aufzubrechen. Insgesamt hat die Landesleitung damit wieder an eigenständigem Gewicht gewonnen. Allerdings wird sich zeigen müssen, ob die raschen Wechsel an der Spitze nicht die Organisationskompetenzen schwächen, die vor allem bei der Europawahl gefordert sind, um in Bayern die bundesweit geltende Sperrklausel wieder zu überwinden.

Weitaus geschwächter ist die Landtagsfraktion. Sie wurde im Endeffekt Opfer des Wahlsiegs 2003. Bei derart üppigen Mehrheiten kam es nicht mehr auf Befindlichkeiten Einzelner an. Als die Fraktion 2005 kurzzeitig gefordert war, Stoibers Nachfolge zu regeln, zog die drohende Kampfkandidatur von Erwin Huber und Günther Beckstein eine Lagerbildung in der Fraktion nach sich. Korrespondierend mit den unterschiedlichen Profilen der beiden Aspiranten verliefen die Lagergrenzen auch entlang der konfessionellen Unterschiede zwischen Katholiken und Protestanten, zwischen Alt-Bayern und Franken sowie zwischen den ländlichen und den urbanen Bereichen des Freistaats.[60] Dabei hatte die CSU fast zwanzig Jahre gebraucht, bis sie diese Unterschiede in ihrer

---

60   Vgl. Erhard (Anm.17), S. 75.

Partei ein wenig eingeebnet hatte. Sie brachen nun ein wenig unvermittelt wieder auf.

Nach der Wahlniederlage 2008 wurde die Agonie in der Landtagsfraktion deutlich. Die Landtagsfraktion stand von außen wie von innen unter beträchtlichem Druck. Aus Teilen der Partei wurde ihr vorgeworfen, das Desaster mit verursacht zu haben, weil sie lange Stoibers Kurs gebilligt, ja sogar verschärft habe. Weil überdies die Wahlergebnisse zwar insgesamt eine herbe Niederlage für die CSU darstellten, sich aber regional das Ergebnis stark ausdifferenzierte, schoben sich die unterschiedlichen landsmannschaftlichen Interessengruppen in der Landtagsfraktion gegenseitig die Verantwortung zu.

Die Landtagsfraktion war zudem als Machtzentrum der CSU weitgehend ausgeschaltet worden, weil sie nun einer Koalition mit der FDP unterworfen war. In der Alleinregierung konnte die Fraktion offen und selbstbewusst über Positionen und Vorhaben streiten. Als Teil einer Koalition musste sie nun im Rahmen der getroffenen Koalitionsvereinbarung und mit Blick auf die Interessen des Koalitionspartners entscheiden. In Zeiten üppiger Mehrheiten waren es die Abgeordneten zudem gewöhnt, sich im Interesse ihres Stimmkreises einen Alleingang leisten zu können. In den Schlussabstimmungen im Landtagsplenum hatte es dort regelmäßig Abweichler in der Fraktion gegeben. Auch wenn die Mehrheit mit der FDP zusammen wieder recht großzügig ist, werden sich die Freidemokraten solche Einzelvorstöße wohl zukünftig verbitten. Auch erforderte die Koalition nun eine Verdopplung der Abstimmungsprozesse. Das wiederum bindet erhebliche Ressourcen in der Landtagsarbeit. Die Abgeordneten werden sich entsprechend weniger auf ihren Stimmkreis konzentrieren können. Die CSU droht an dieser Stelle weitere schwere Einbußen hinnehmen zu müssen.

Die neue Regierungskoalition hat auch eine veränderte Rolle der Staatskanzlei zur Folge. Diese war stark auf Edmund Stoiber zugeschnitten und passte nicht so recht zu Günther Beckstein. Jener wollte auch nicht der dominierende Vorstandsvorsitzende der Bayern AG sein, als der sich Stoiber sah. Doch wurde von der Staatskanzlei erwartet, dass sie weiterhin die Führung vorgab, während Beckstein zögerlich abwartete. Er arbeitete weiterhin mit Stoibers Vertrauten in der Staatskanzlei zusammen und verzichtete auf eine Kabinettsumbildung. Seehofer hingegen nutzte rasch seine Chance für eine andere Machtarchitektur mit seinem engen Vertrauten, dem oberbayerischen Bezirksvorsitzenden Siegfried Schneider als neuem Chef der Staatskanzlei. Innerhalb der Koalition muss dieser die Fäden zusammenhalten und Seehofer den Rücken freihalten. Seehofer ist letztlich in seinem Amt als CSU-Vorsitzender frei genug, um in Richtung Berlin zu wirken, während er als Ministerpräsident – wie die Fraktion – auf den Koalitionspartner Rücksicht nehmen muss. Von der Schwäche der Landtagsfraktion, der teilweisen Neutralisierung der Staatskanzlei und der Stärkung der bundespolitischen Vertretung in der Landesleitung profitiert vor allem die CSU-Landes-

gruppe im Deutschen Bundestag, nachdem ihr die letzten Jahre eher abnehmen-
de Bedeutung attestiert wurde. Zudem hatte sie mit Michael Glos einen Wirtschaftsminister in ihren Reihen, dessen fehlende Fachkompetenz und Lustlosig-
keit am Ministeramt in der Wirtschaftskrise 2008/2009 allgegenwärtig wurden.
Auch mit Horst Seehofer, der vor seiner Wahl als Parteivorsitzender als Enfant
terrible der CSU sowohl in München wie auch in Berlin mehr geduldet als ge-
liebt wurde, sowie mit dem eher drögen Landesgruppenchef Peter Ramsauer,
verzeichnete man erhebliche personelle Probleme.

Nach der verlorenen Landtagswahl erwies sich die Landesgruppe jedoch
als ausgesprochen handlungsfähig. In die Lethargie und Agonie der übrigen
Machtzentren hinein konnte sie mit Horst Seehofer rasch einen Parteivorsitz-
kandidaten präsentieren. Die dadurch möglichen Ministerwechsel mit den neuen
Bundesministern Ilse Aigner und letztlich auch Karl-Theodor von und zu Guttenberg brachten nicht nur einen Generationenwechsel, sondern sorgten auch für
positive Schlagzeilen in der Öffentlichkeit. Waren zuvor Seehofer und Glos eher
zufällig zu ihren jeweiligen Ministerposten gelangt, waren die Berufungen Aig-
ners und Guttenbergs logische Konsequenzen ihrer Stellung in der Partei wie
ihrer jeweiligen Fachkompetenz. Für die Landesgruppe war das Debakel der
Landtagswahl ein regelrechter Befreiungsschlag. Die Hoffnung auf eine christ-
liberale Mehrheit im Herbst 2009 und dem damit zwangsläufig steigenden Einfluss der CSU in der Bundesregierung sorgt in der Landesgruppe für ein lange
vermisstes Hochgefühl.

Deutlich wird, dass die späten Stoiberjahre zu einer Schwächung der
Machtzentren Landesleitung und Landtagsfraktion geführt haben. Mit Stoibers
Abgang war zudem die Staatskanzlei nicht mehr das entscheidende Machtzent-
rum in der CSU, ohne das ein anderes an ihre Stelle gerückt wäre.

Fazit

Ist nun also auch die CSU im „Herbst der Volksparteien" (Franz Walter) ange-
langt? Hat die einst erfolgreichste christdemokratische Partei einer europäischen
Region ebenso ihre Identität, ihre Sinnstiftung und damit ihre Legitimation bei
der Wählermehrheit eingebüßt, wie dies anderen Volksparteien immer wieder
gerne vorgehalten wird?

Die CSU hat wie alle anderen Volksparteien auch in den vergangenen zwei
Jahrzehnten mit gesellschaftlichen Erosionsprozessen zu kämpfen. Nur aufgrund geschickter politischer Führung und hervorragenden ökonomischen und
sozialen Leistungsbilanzen konnte diese Entwicklung bis zur Landtagswahl
2008 nicht durchschlagen. Eine Zeit lang profitierte die Partei von den schwin-
denden Milieus sogar, schließlich wurde die Zwei-Drittel-Mehrheit Stoibers bei

der Landtagswahl 2003 auch von den flexiblen, gut ausgebildeten Leistungseliten in den Städten ermöglicht. Vier Jahre zuvor war besonders gut erkennbar, dass es sich nicht widersprechen musste, dem Reformer Stoiber und dem Reformer Schröder die Stimme zu geben. Bei der Bundestagswahl 2003 war es wieder diese unruhige, betriebsame Wählergruppe, die gerne das Modell Bayerns auf die ganze Bundesrepublik übertragen hätte, zumal unter einer Führungsfigur, von der sie sich nicht zuletzt eigene ökonomische Vorteile versprachen. Unter Beckstein und Huber verblassten diese Illusionen gewaltig und man wandte sich von der Staatspartei ab.

Lange war es der CSU in ganz herausragender Weise gelungen, eine Koalition ganz unterschiedlicher Milieus zusammenzuhalten. Doch damit hatten sich auch immer mehr Widersprüche aufgebaut. Die modernen Leistungseliten verlangen eine moderne Familien- und Gesellschaftspolitik. Die konservativen Wählerschichten sehnen sich nach stabilen und traditionellen Familienstrukturen. Die einen begehren eine traditionelle Landwirtschaftspolitik, die anderen setzen auf ökologischen Landbau. Die Stärke der CSU lag stets darin, diese Widersprüche zuzukleistern. Erziehungsurlaub für Väter wurde in Berlin als „Wickelvolontariat" abgetan, während sich in Deggendorf der CSU-Gemeinderat für den Bau neuer Kindertagesstätten engagierte. Das Ausländerrecht wurde in Talkshows als zu lasch angeprangert, zugleich genehmigte Bayern überdurchschnittlich viele Duldungen von Ausländern. Stoiber hatte, angetrieben von seinem Ehrgeiz, den Fehler begangen, diese Widersprüche der bayerischen Politik nicht mehr hinzunehmen. In der Haushalts-, Struktur-, Industrie- und Bildungspolitik schlug er nach seinem durchaus historischen Wahlsieg 2003 einen Kurs ein, der die CSU und ihre Wählerschaft überforderte. Die klassischen Frühwarnsysteme der Partei haben dabei versagt, die Zeichen dafür zu erkennen.

Mit der neuen Parteiführung um Horst Seehofer ist es jedoch nicht unwahrscheinlich, dass die CSU sich wieder konsolidieren kann. Der populäre, volksnahe Seehofer steht für einen sozialpolitisch ausgewogenen Kurs und gilt als glaubwürdiger Politiker. Im Gegensatz zu seinen Vorgängern Beckstein und Huber ist er zudem rhetorisch beschlagen, wobei ihm höchstens noch manchmal sein Sinn für sarkastischen Humor einen Streich spielen könnte. Seine Regierungsmannschaft in Bayern hat er stark verjüngt und weiblicher ist sie auch geworden. Der junge, alerte Bundeswirtschaftsminister Karl-Theodor von und zu Guttenberg gilt im Gegensatz zu seinem Vorgänger als mediengewandt und kann jene liberalen Großstadtwähler wieder ansprechen, die auf Wanderschaft gegangen sind. Und programmatisch hat die Partei tatsächlich einige Erfolge erzielen können. Die Erbschaftssteuerreform kam den Wünschen der CSU entgegen und die Pendlerpauschale wurde durch ein Urteil des Bundesverfassungsgerichts wieder in voller Höhe eingeführt. Eine kontinuierliche Unbeständigkeit, indem man sich zu den verschiedensten Themen nachdrücklich äußert, wie es der Seehofer-CSU bisweilen vorgeworfen wird, kann sich also bezahlt machen. Mit der Einebnung des fiskalen „Mittelstandsbauches" wurde im Rahmen der Konjunkturpakete zur Finanzkrise begonnen. Die CSU ist eine moderne Massenorganisation mit 163.000 Mitgliedern und auf die bayerische Bevölkerung umgerechnet, noch immer die potenteste Volkspartei Deutschlands. Man kann von der neuen Führung erwarten, dass sie künftig wieder offenere Diskussionen sowohl in der Spitze ihrer Machtzentren als auch an ihrer Basis führen wird, um ein weiteres Wahldebakel zu verhindern. Ob als Ergebnis dabei jemals wieder dauerhaft „50 Prozent + X" herauskommt, steht auf einem anderen Blatt Papier. Die Ressourcen hat sie auch künftig dazu.

Allerdings ist es nicht zwingend, dass die CSU sich nachhaltig erholt. Bemerkenswert ist nämlich, dass in den südlichen Nachbarländern Bayerns eine ähnliche Entwicklung stattgefunden hat. In den österreichischen Bundesländern Vorarlberg, Tirol und Salzburg hatte die Österreichische Volkspartei (ÖVP) stets ihre Bastionen, erzielte bis vor wenigen Jahren ebenso Ergebnisse weit jenseits der absoluten Mehrheit. Die integrative Kraft der Volkspartei ging dabei ganz wie in Bayern weit über ein katholisch-konservatives Kernmilieu hinaus und hatte dabei zahlreiche Vorfeldorganisationen, die diese Position zusätzlich absicherten. Auch in diesen Ländern konnten Parteien das lang aufgestaute Unbehagen in bestimmten gesellschaftlichen Bereichen kanalisieren, vor allem rechtspopulistische Gruppierungen wie FPÖ und BZÖ oder im Falle der Liste Fritz Dinkhauser eine Abspaltung der ÖVP entzogen so der Volkspartei ihr Fundament. Dass dieses auch in Bayern passieren kann, dafür sprechen die Wahlerfolge der FDP und der Freien Wähler, die einen Teil der Kernklientel der CSU bei den Landtagswahlen erreichten.

Die Zukunft der „anderen" Vergangenheit Erkundungen im Labor Ostdeutschland

Michael Lühmann

Ostdeutschland ist schon immer im Umbruch. Kontinuitäten und Selbstgewissheiten sind aufgrund der brüchigen Geschichte kaum auffindbar. Der Weg zur geglückten Demokratie war steinig, der Weg nach Westen noch länger und holpriger als der der Bundesrepublik.[1] Gesellschaftliche und historische Wandlungen fanden fast immer in Friktionen statt, nicht leise und graduell. Der Volksaufstand vom 17. Juni 1953, der Mauerbau 1961 und schließlich die Revolution von 1989 sind nur einige der Wegmarken diskontinuierlicher ostdeutscher Entwicklung.

Nur wenige bundesrepublikanische Wahrheiten lassen sich auf die Bundesländer jenseits des ehemals Deutschland und Europa trennenden Grenzstreifens übertragen. Mal gilt der Osten als hoffnungslos hinter der Moderne zurückgeblieben,[2] mal als Labor der Zukunft,[3] mal figuriert der Ostdeutsche als antimodern, mal als avantgardistischer Entrepreneur. Überhaupt scheint *der* Ostdeutsche, das noch unbekannte Wesen, irgendwie anders zu ticken: er wählt anders, konsumiert anders, hat eine andere Definition von Gerechtigkeit, vom Staat, von der Emanzipation, von der Ökologie. Er denkt bei Rotkäppchen an Sekt und nicht an die Gebrüder Grimm, bei ihm heißt die „Nivea-Creme" „Florena" und „Nutella" „Nudossi".

Indes, die ostdeutsche Gesellschaft ist tiefer in sich gespalten als dieses häufig wiederholte homogene Bild suggeriert. Denn der tiefe Graben verläuft gerade nicht zwischen Ost und West, sondern vielmehr quer durch die ostdeutsche Gesellschaft. Allerdings findet sich auch hier kein klassisch westlicher Konflikt. Nicht Kapital-Arbeit, nicht Materialismus und Postmaterialismus figurieren als Konfliktlinien, vielmehr findet sich der Widerstreit in Ostdeutschland auf einer Metaebene irgendwo zwischen der Beurteilung der Einheit und

---

1 Wolfrum, Edgar: Die geglückte Demokratie, Stuttgart 2006; Winkler, Heinrich August: Der lange Weg nach Westen, München 2000.

2 Vgl. Ahbe, Thomas: Hohnarbeit und Kapital. Westdeutsche Bilder vom Osten, in: Deutschland Archiv, Jg. 33 (2000), H. 1, S. 84-89; ders.: Nicht demokratisierbar. Westdeutsche Bilder vom Osten (II), in: Deutschland Archiv, Jg. 35 (2002), H. 1, S. 112-118.

3 Vgl. etwa Thumfart, Alexander: Ostdeutschland als Gegenwart einer gemeinsamen Zukunft. Ein Laborversuch, in: Busse, Tanja/Dürr, Tobias (Hrsg): Das neue Deutschland. Die Zukunft als Chance, Berlin 2003, S. 136-158; Engler, Wolfgang: Die Ostdeutschen als Avantgarde, Berlin 2002.

deren Folgen, mithin zwischen „Wende-Gewinnern" und „Wende-Verlierern"[4].
Viele dieser Reflexe finden sich vor allem in der Debatte um die eigene Vergangenheit, die, je länger die Diktatur zurückliegt, den Charme des Schrulligen
erhält, die Brutalität des Grenzregimes und des Überwachungsstaates aber aus-
grenzt oder auf der anderen Seite ein richtiges Leben im falschen System[5] nicht
zugeben will.

Oft ist den Ostdeutschen deshalb schon vorgeworfen worden, mit der Demokratie nichts am Hut zu haben,[6] ewig gestrig, unbelehrbar und überdies un-
dankbar zu sein. Scheinbar verfangen die Segnungen sowohl der Marktwirtschaft als auch der Demokratie im Osten nur teilweise. Allenfalls noch bei Teilen der technokratischen Elite, wie etwa Angela Merkel, konnte die Marktwirtschaft auch in ihren neoliberalsten Abgründen das Herz wärmen; ganz im Gegensatz zu den „gelernten" DDR-Bürgern wie Manfred Stolpe, die eine kleine
DDR konservieren wollten, sich kümmerten und die Fürsorgediktatur[7] mit
„menschlichem Antlitz" propagierten.

Doch woher soll der Glauben an die Marktwirtschaft bei gleichzeitigem
Niedergang der ostdeutschen Wirtschaft auch kommen, woher die demokratische Tradition nach 56 Jahren Diktatur? Während der Revolution von 1989 war
all dies vorhanden, der Geist der Demokratie ebenso wie der Glaube an die D-
Mark. Als der Staub sich aber legte, offenbarte sich, dass fast sechs Jahrzehnte
Diktatur und vier Jahrzehnte deutsche Teilung viel von dem zerstört hatten, was
die Basis der bundesrepublikanischen Demokratie- und Parteiengeschichte ausgemacht hatte – und die das Fundament einer ostdeutschen Erfolgsgeschichte
hätte werden können. Es kam bekanntlich anders.

Die Milieus, lange Zeit Grundfesten des gesellschaftlichen Zusammenle-
bens der alten Bonner Republik, sind im Osten nicht einfach nur erodiert, sondern zerstoben, destruiert durch die Zerstörungswut der zweiten deutschen Diktatur. Und doch überdauerten sie als Idee, als Geisteshaltung, die DDR. Etwa in
dem 1989 zwar kaum quantifizierbaren, dafür aber äußerst deutungsmächtigen
Überrest des bürgerlich-protestantischen Milieus. Angehörige dieses Restmi-
lieus bevölkerten am Ende der DDR die neuen Parteien, Bürgerbewegungen, die
Runden Tische und die vielen Bürgerinitiativen. Oder aber die hochqualifizier-

---

4   Vgl. zur Kritik am von Egon Krenz geprägten, in Ost wie West trotzdem populären Begriff der
     „Wende": Eppelmann, Rainer/Grünbaum, Robert: Sind wir die Fans von Egon Krenz? Die
     Revolution war keine „Wende" in: Deutschland Archiv, Jg. 37 (2004) H. 5, S. 864-869.
5   Thierse, Wolfgang: Das richtige Leben im falschen System. Wolfgang Thierse im Gespräch
     mit Ulrich Wickert. Stuttgart, Leipzig 2001.
6   Pergande, Frank: Der Sozialismus siegt. Chronik eines Kulturkampfes mitten in Deutschland,
     in: Frankfurter Allgemeine Zeitung, 25.10.2001.
7   Vgl. zum Begriff der Fürsorgediktatur: Jarausch, Konrad H.: Realer Sozialismus als Fürsorge-
     diktatur. Zur begrifflichen Einordnung der DDR, in: Aus Politik und Zeitgeschichte, Jg. 20
     (1998) H. 20, S. 33-46.

ten, im Revolutionsjahr Mittdreißiger der technischen Intelligenz, die Wendegewinner par excellence, die heute, falls sie Ostdeutschland nicht den Rücken gekehrt haben, ein Teil des revitalisierten Bürgertums stellen. Diese Wendepolitiker sind es, die in Ostdeutschland, so sie denn an den Altkadern in den Parteien vorbeikamen, in den ostdeutschen Landesverbänden Einfluss hatten und zum Teil noch haben.

Die ostdeutschen Parteien sind eher Zwitterwesen, traditionell dem Namen nach dem westlichen Pendant gleich, dafür allzu häufig zugleich auch ehemals staatstragende Produkte des alten Regimes, heißen sie nun Linkspartei, CDU oder FDP.[8] Oder aber sie existieren wie die Bündnisgrünen und in Teilen auch die ostdeutsche Sozialdemokratie wie ein Raumschiff, dem die Bodenstation, die Rückkopplung in sie tragende gesellschaftliche Zusammenhänge, fehlt.

Auf ewig im Umbruch?

Wie lange befindet sich eine Gesellschaft, ein politisches System, eine Demokratie am Anfang ihrer selbst, im Umbruch? Ostdeutschland, so schien es, bewältigte diesen Wandel mit Bravour, sortierte sich in nahezu unheimlicher Geschwindigkeit in das bestehende bundesrepublikanische System ein, übernahm das Wirtschafts-, Sozial- und Finanzsystem, die Verwaltungsstrukturen, das Parteiensystem. Die Dominanz der bürgerlichen Parteien 1990 überraschte viele Beobachter und das folgende Jahrzehnt sollte zeigen, dass diese Dominanz, wie so vieles, auch bloß ein Kind des Umbruchs war, eine Momentaufnahme, mehr nicht.

Auch der furiose Wahlsieg Schröders im Osten 2002, die Erkenntnis, dass man Wahlen in Ostdeutschland gewinnt, gelten seit dem Erstarken der Linken seit einigen Jahren auch nicht mehr viel. Schon wieder befindet sich der Osten im Wandel, doch erstmals scheinbar im Gleichschritt mit dem Westen. Nicht weil der Osten so modern und fortschrittlich ist, sondern weil sich in der alten Bundesrepublik eben jene Gewissheiten tradierter gesellschaftlicher Muster und Verbindlichkeiten in der Auflösung befinden, die am Ende der DDR schon nicht mehr existierten.

Was bedeutet das für Ostdeutschland im „Superwahljahr" 2009? Wo stehen die „großen" Parteien CDU, SPD und die Linke, wie werden sie sich weiter entwickeln und welche Folgen könnte das für die gesamtdeutsche Perspektive haben? Diesen Fragen soll im Folgenden nachgegangen werden ohne inhaltliche

---

8   Vgl. exemplarisch zur Vergangenheit der CDU: Lühmann, Michael: Verdrängte Vergangenheit. Die CDU und die Blockflöten, in: Deutschland Archiv, Jg. 42 (2009) H. 1, S. 96-104.

Vollständigkeit zu beanspruchen.[9] So werden weder die in Ostdeutschland „kleinen" Parteien FDP und Bündnis90/Die Grünen noch die rechtsextreme Bedrohung in Ostdeutschland thematisiert, da der nur geringe politische Einfluss der Liberalen und der Grünen sich künftig nur langsam steigern dürfte,[10] das Problem der rechtsextremen Herausforderung indes einen breiteren Rahmen bräuchte, der hier nicht zu leisten ist.[11] Auch soll an dieser Stelle keine weitere Geschichte des vermeintlich modernen ostdeutschen Wechselwählers geschrieben, noch die Frage der Modernität ostdeutscher Kampagnenparteien beleuchtet werden. Beide Untersuchungsebenen mögen ihre Berechtigung haben, ob sie aber für die Entwicklung der Parteien in Ostdeutschland aussagekräftiger sind als die an der historischen Rückschau ableitbaren Einstellungen, muss in Frage gestellt werden.[12]

Wenn in der ostdeutschen Gesellschaft ein Fixpunkt dominant ist, dann ist es die Einstellung zur eigenen Geschichte und deren Folgen.[13] Denn Ostdeutschland ist noch immer eine Umbruchsgesellschaft mit sich nur allmählich festigenden Gewissheiten. Der Vergleich mit den alten Bundesländern, der so häufig für die Beschreibung und Analyse ostdeutschen (Wähler-)Verhaltens herangezogen wird, hinkt ungemein. Denn die Bundesrepublik ist eine über sechs Jahrzehnte gewachsene geglückte Demokratie und besitzt nicht die Vergangenheit von annähernd sechs Jahrzehnten Diktatur.

Vielmehr müsste die Vergleichsebene der Ungleichzeitigkeit der deutschen (Teil-) Geschichten Rechnung tragen und trotz fortgeschrittener Angleichung

---

9 Umfassende Beiträge zu den ostdeutschen Parteiensystemen mit einer Vielzahl weiterführender Literatur finden sich etwa in: Jun, Uwe/Haas, Melanie/Niedermayer, Oskar (Hrsg.): Parteien und Parteisysteme in den deutschen Ländern, Wiesbaden 2008.

10 In den letzten fünfzehn Jahren gab es in den fünf ostdeutschen Bundesländern lediglich eine rot-grüne Minderheitsregierung und eine schwarz-gelbe Regierung, beide in Sachsen-Anhalt, wo die Wählerwanderungen seit 1990 sehr hoch sind und viel zum Bild des ostdeutschen Wechselwählers beigetragen hat. Indes besteht derzeit einzig in Sachsen die theoretische Möglichkeit einer schwarz-gelben Mehrheit, vgl. dazu die Zahlen: http://www.wahlrecht.de/umfragen/landtage/index.htm (eingesehen am 06.04.2009).

11 Zur ersten Orientierung verwiesen auf: Staud, Toralf: Moderne Nazis. Die neuen Rechten und der Aufstieg der NPD, Köln 2005; Stöss, Richard: Rechtsextremismus im Wandel, Berlin 2007.

12 Vgl. zu den Konjunkturen empirischer Transformationsforschung: Thumfart, Alexander: Bilanz der Einigungsbilanzen. Forschungs- und Meinungskonjunkturen der letzten 15 Jahre, in: Politische Vierteljahresschrift, Jg. 48 (2007) H. 3, S. 564-585.

13 Damit ist nicht die „Ostalgie" als solche gemeint, sondern ein an der ostdeutschen Vergangenheit abgeleitetes Bild der Jetztzeit, dass eine ostdeutsche Identitätsbildung ebenso einschließt, wie daraus resultierende Denk- und Handlungsweisen, die auch auf das Wahlverhalten Auswirkung haben können, was vor allem, etwas verengt, am Beispiel der PDS diskutiert wird. Vgl. dazu: Neller, Katja: DDR-Nostalgie. Dimensionen der Orientierungen der Ostdeutschen gegenüber der ehemaligen DDR, ihre Ursachen und politischen Konnotationen, Wiesbaden 2006.

der beiden deutschen Gesellschaften den Fokus bisweilen auf die frühe Bundesrepublik und die Jahre nach dem Zusammenbruch legen[14] oder aber sich Ver-
gleichsebenen bedienen, die besagte Ungleichzeitigkeit beider deutscher (Teil-)
Gesellschaften stärker beachten und den Blick noch eher auf die osteuropä-
ischen Umbruchsstaaten lenken.[15]

Dies kann an dieser Stelle nicht geleistet werden, soll aber dafür sensibili-
sieren, dass etwa die oft bemühte hohe „Aggregatvolatilität"[16] kein primär ostdeutsches Phänomen ist, sondern eines, dass in vielen anderen Umbruchsgesell-
schaften zu finden sein dürfte, in Osteuropa ebenso wie in der jungen Bundesrepublik.[17] Die hohen Verluste der Union 1998 und das schlechte Abschneiden
Merkels in Ostdeutschland 2005 sind eben nicht aus dieser hohen „Aggregatvolatilität" infolge mangelnder Parteienbindung ableitbar,[18] sondern der tiefe Ausdruck der Enttäuschungen der Umbruchsjahre. Diese Enttäuschung traf zwar auf
eine in der Tat noch nicht stark gebundene Wählerschaft, die aber – und auch
das darf nicht unterschätzt werden –, allabendlich über die Tagesschau in die
alte Bundesrepublik emigriert war und damit sehr wohl auch politische Sozialisationseffekte mitbrachte.

Tief eingerammte Pflöcke?

Am Anfang stand ein großer Irrtum. In Stein gemeißelt wurde diese Erkenntnis
bereits im März 1990, gerade ein halbes Jahr nach Beginn der friedlichen Revolution auf den Straßen Ostdeutschlands.[19] Die SPD blieb im traditionell roten
Mitteldeutschland meilenweit hinter den eigenen Erwartungen zurück, ebenso

---

14 Studien über die Bundesrepublik Deutschland der fünfziger Jahre zeigen, dass erst mit dem
Verschwinden der Loyalitäten gegenüber dem alten System die Identifikation mit dem neuen
politischen System ermöglicht haben, vgl. ebd., S. 62.

15 Vgl. etwa Birsl, Ursula/Lösche, Peter: Parteien in West- und Ostdeutschland. Der gar nicht so
feine Unterschied, in: Zeitschrift für Parlamentsfragen, Jg. 29 (1998) H. 1, S. 7-24.

16 Vgl. Arzheimer, Kai: Das Wahlverhalten. Besonderheiten in Ostdeutschland als Modell künf-
tiger gesamtdeutscher Entwicklungen, in: Bahrmann, Hannes/ Links, Christoph (Hrsg.): Am
Ziel vorbei. Die deutsche Einheit – eine Zwischenbilanz. Berlin 2005, S. 60-74.

17 Wie Konrad Adenauer mit seinem patriarchalen Stil und seinem Verzicht des Rekurses auf die
deutsche Schuldfrage den Bedürfnissen der Nachkriegsgesellschaft nahezu ideal entsprach, so
stellten sich erst Helmut Kohl und dann auch Gerhard Schröder – mit Erfolg – als „Kümmerer
der ostdeutschen Seele" ins ostdeutsche Schaufenster.

18 Ein Rückgriff auf Parteibindungen würde in Anbetracht des im Prinzip nicht existenten plura-
len Parteiensystems der DDR am ehesten noch auf die Sozialisationseffekte der Weimarer Republik ableitbar sein, was z.B. bei den über Sechzigjährigen SPD-Wählern auch messbar ist,
vgl. zu den Zahlen: Decker, Frank/Viola, Neu (Hrsg.): Handbuch der deutschen Parteien,
Bonn 2007, S. 388.

19 Vgl. zur Revolution 1989, auch zum Begriff der „friedlichen Revolution" äußerst brillant:
Kowalczuk, Ilko- Sascha: Endspiel. Die Revolution von 1989 in der DDR, München 2009.

hinter den Prognosen der politischen Kommentatoren. 21,9 Prozent[20] für die
Partei der Arbeiter in einer vermeintlich arbeiterlichen Gesellschaft[21] und eine
Dominanz der CDU und der FDP in einer scheinbar entbürgerlichten DDR[22]
drehte vieles auf den Kopf, was doch als historisch und politologisch gesicherte
Erkenntnis galt.[23]

In der Tat war das Wahlergebnis alles andere als erwartbar, kein Ausdruck
der Revitalisierung längst verschütteter Milieus. Denn die Einheitsfrage über-
strahlte die ostdeutschen Wahlen des Jahres 1990 deutlich, der Lafontaine-
Malus und der Einheitskanzler-Bonus präkonfigurierten den Urnengang unübersehbar.[24] Auch in der Folge gab es kaum aus der Sozialstruktur und Milieubin-
dung ableitbare Wahlergebnisse. Seitdem gilt der ostdeutsche Wähler positiv
gewendet als modern und sachorientiert, wird als Prototyp des rationalen Wählers chiffriert[25] oder negativ gewendet als sprunghaft, der Parteienbindung und
langfristiger Traditionsanbindung abhold und deshalb als höchst volatil. Und
Volatilität ist ja irgendwie auch höchst modern.[26]

Indessen zeichneten sich unabhängig von dieser dominierenden Einschätzung schon früh die Strukturen ab, die heute das Bild der ostdeutschen Parteienlandschaft und des ostdeutschen Wählers aufzeigen – und die einstigen Befunde
teilweise konterkarieren. Zum einen war das rote Mitteldeutschland schon am
Ende der Weimarer Republik bei weitem nicht mehr so rot wie man noch Anfang der neunziger Jahre glaubend machen wollte. Die Nationalsozialisten fanden vor allem dort ihre Einfallstore, wo dereinst die Sozialdemokratie stark, das

---

20   Im vermeintlich roten Sachsen und Thüringen kam die SPD sogar nur auf 15,9 Prozent der
     Stimmen, die Allianz für Deutschland aus CDU, DSU und DA hingegen auf 58,1 Prozent.
21   Vgl. Engler, Wolfgang: Die Ostdeutschen. Kunde von einem verlorenen Land, Berlin 1999, S.
     173 ff., vgl. zur zum Teil heftigen Kritik an Engler u.a. Hedwig Richter: Rezension zu: Engler,
     Wolfgang: Die Ostdeutschen. Kunde von einem verlorenen Land. Berlin 1999. In: H-Soz-u-
     Kult, 08.09.1999, abrufbar unter http://hsozkult.geschichte.hu-berlin.de/rezensionen/id=116
     (eingesehen am 23.11.2008).
22   Großbölting, Thomas: Entbürgerlichte die DDR? Sozialer Bruch und kultureller Wandel in der
     ostdeutschen Gesellschaft. in: Hettling, Manfred/Ulrich, Bernd: Bürgertum nach 1945, Ham-
     burg 2005, S. 407-432.
23   Es wurde gar die Umkehrung der für die alten Länder relevanten Muster des Wählerverhaltens
     diskutiert. Vgl. zu den Deutungsmustern der Umkehrung, Normalisierung oder Differenzie-
     rung ostdeutschen Wahlverhaltens: Arzheimer, Kai/ Falter, Jürgen W.: „Goodbye Lenin?"
     Bundes- und Landtagswahlen seit 1990: Eine Ost-West-Perspektive, in: Falter, Jürgen
     W./Gabriel, Oskar W./Weßels, Bernhard (Hrsg.): Wahlen und Wähler. Analysen aus Anlass
     der Bundestagswahl 2002. Wiesbaden 2005, 244-283, hier S. 244f.
24   Dieter Roth spricht von einem „issue voting in fast reiner Form"; vgl. Roth, Dieter: Die Wah-
     len zur Volkskammer in der DDR. Der Versuch einer Erklärung, in: Politische Vierteljahres-
     schrift, Jg. 31 (1990) H. 3, S. 369-393, hier: S. 371.
25   Vgl.: Thumfart (Anm. 3).
26   Vgl. Walter, Franz: Baustelle Deutschland. Politik ohne Lagerbindung, Frankfurt am Main, S.
     7f.

lebensweltliche, organisatorische Netz aber nicht so dicht geknüpft war wie in den Industriequartieren der großen Städte.[27] Noch schwerer wog in der Folge allerdings die geistige, symbolische, rituelle und sprachliche Enteignung der Sozialdemokratie durch die Einheitssozialisten der Moskauer Kader um Walter Ulbricht.[28] Am Ende der DDR mag es eine stark arbeiterlich verfasste Gesellschaft gegeben haben, mit dem alten sozialdemokratischen Milieu hatte dies allerdings fast nichts mehr gemein. Das wurde umso anschaulicher, da die ostdeutsche Sozialdemokratie eben nicht aus dem arbeiterlichen, sondern aus dem kirchlich-protestantischen Milieu wiederbegründet worden war.

Auch das bürgerliche und das ohnehin nur brüchige liberale Milieu besaßen nach dem Massenexodus in Richtung der Nationalsozialisten in der antibürgerlichen und antiliberalen Grundhaltung des SED-Regimes nur geringe Reaktivierungskräfte. Während das Bürgertum in der Bundesrepublik in personellen Kontinuitäten scheinbar wie „Phönix aus der Asche"[29] wieder auferstand, sich gar in eine bürgerliche Gesellschaft verwandelte,[30] ist diese Kontinuitätslinie in Ostdeutschland massiv unterdrückt worden.[31]

Denn das bürgerliche Milieu war bereits der Verlierer der „zweiten deutschen Diktatur", denn im Gegensatz zur bundesrepublikanischen Entwicklung, die dem Bürgertum und der Bürgerlichkeit als Habitus eine Renaissance in der Adenauerzeit bescherte,[32] wurde die moralische Last der Verbrechen Hitlers in der DDR politisch aufgeladen im bürgerlichen Milieu verortet. In der Tat hatte Hitler dort viele seiner fanatischen Anhänger gefunden. Der Kampf gegen das Bürgertum in der DDR aber verselbständigte sich schnell zu einem Angriff auf die letzten verbliebenen Werte des Bürgertums. Enteignungen, Entfernung aus wichtigen gesellschaftlichen Positionen, ideelle und materielle Entwertung von bürgerlichen Berufswegen, Verweigerung von Karrierewegen, Verbot von bür-

---

27 Vgl. Walter, Franz/Dürr, Tobias/Schmidtke, Klaus.: Die SPD in Sachsen und Thüringen – zwischen Hochburg und Diaspora, Bonn 1993.

28 Ebd.; vgl. zu den Folgen: Schlieben, Michael/Walter, Franz: Freital – Von der roten Stadt zur toten Stadt?, in: Busse, Tanja/Dürr, Tobias (Hrsg.): Das neue Deutschland. Die Zukunft als Chance, Berlin 2003, S. 219- 239.

29 Wehler, Hans Ulrich: Deutsches Bürgertum nach 1945. Exitus oder Phönix aus der Asche?, in: Geschichte und Gesellschaft, Jg. 27 (2001) H. 4, S. 617-634. Vgl. zur Debatte: Hettling (Anm. 22); Camman, Alexander: Auf der Suche nach dem Bürger. Ein aktueller Literaturbericht, in: Vorgänge, Jg. 44, H. 2, S. 94- 104.

30 Vgl. Kocka, Jürgen: Bürger und Bürgerlichkeit im Wandel, in: Aus Politik und Zeitgeschichte, Jg. 58 (2008) H. 9-10, S. 3-9; Conze, Eckart: Eine bürgerliche Republik? Bürgertum und Bürgerlichkeit in der westdeutschen Nachkriegsgesellschaft, in: Geschichte und Gesellschaft, Jg. 30 (2004) H. 3, S. 527-543.

31 Vgl. Großbölting, Thomas: Bürgertum, Bürgerlichkeit und Entbürgerlichung in der DDR. Niedergang und Metamorphosen, in: Aus Politik und Zeitgeschichte, Jg. 58 (2008), H. 9-10, S. 17-25.

32 Wehler (Anm. 29).

gerlichen Vereinen, Interessenvertretungen und Zeitungen und beständige öffentliche Diskreditierung waren die häufigsten Varianten dieses Entwertungs-
kampfes des „Arbeiter- und Bauernstaates" gegen bürgerliche Überreste in der
DDR.

Dennoch überlebten Reste des bürgerlichen Milieus die zweite deutsche
Diktatur, auch Orte des Liberalismus überdauerten die Zeit des Antiliberalis-
mus. Während die enormen Wahlerfolge der FDP insbesondere im Bezirk Halle
von der Revitalisierung liberaler Zentren zeugen mögen,[33] vermag es Uwe Tellkamp literarisch äußerst eindrucksvoll, die Beharrungskräfte und die Geistes-
welt bildungsbürgerlicher Resistenz am Beispiel des Dresdener Bürgertums im
Villenviertel rund um die Turmstraße nachzuzeichnen.[34] Es sind eben auch dies
die Traditionslinien, die etwa die Dominanz der Christdemokraten in Sachsen
ausmachen, deutlich erkennbar an der Stärke des bürgerlichen Lagers gerade in
Dresden. Am besten erhalten blieb indes das katholische Milieu im Eichsfeld,
bis heute Basis und Bastion der thüringischen CDU.[35] Und dennoch vermochten
es die Überreste der Milieus kaum, 1989/90 sinnstiftend Einfluss zu nehmen,
denn bis sie die geraubte Sprache wiederfanden, hatte ein anderer die Zeichen
der Zeit erkannt: Helmut Kohl.

Der Machtarithmetiker Kohl fand, früher als die Revolutionäre der ersten
Stunde, die richtige Ansprache und so wurde die CDU zum großen Nutznießer
der ersten gesamtdeutschen Wahlen. Die SPD und das Bündnis90, die einzige
„echte" Opposition gegen den SED-Staat, hatte das Nachsehen. Davon sollten
sich beide Parteien lange nicht erholen. Wer allerdings glaubte, die Wahlergebnisse von 1990 könnten auf Bundesebene tiefen Pflöcken gleich die Parteienlandschaft und die Wählerschaft ordnen und sortieren, musste bereits 1994 erste
Zweifel hegen und sah sich vier Jahre später gänzlich widerlegt.[36] Denn bereits

---

33   Im Bezirk Halle kam der Bund Freier Demokraten auf 10 Prozent der Stimmen (gegenüber 5,4
     Prozent in der restlichen DDR). Nicht unterschätzt werden darf hierbei die lokale Rückbin-
     dung insbesondere Hans- Dietrich Genschers zu seiner Geburtsstadt Halle, indes dürfte allein
     dieser Konnex kaum erklärungsmächtig für die generell starke FDP in Sachsen-Anhalt sein.
     Denn andere Zentren des Liberalismus, wie etwa Zittau, überlebten die DDR nicht; vgl. Dürr,
     Tobias: „Hochburg der Demokratie" zwischen Weimarer Republik und Einheitssozialismus.
     Liberal-Demokratisches Milieu in Zittau, in: Jahrbuch zur Liberalismusforschung, Baden-
     Baden 1998, S. 33-54.
34   Tellkamp, Uwe: Der Turm. Geschichte aus einem versunkenen Land, Frankfurt am Main
     2008, vgl. Wunnicke, Ruth: Uwe Tellkamp „Der Turm". Eine literarische Quelle für bürgerli-
     che Lebenswelten in der DDR, in: zeitgeschichte-online, März 2009, abrufbar unter:
     http://www.zeitgeschichte- online.de/portals/_rainbow/documents/pdf /Tellkamp%20(FIN).
     pdf (eingesehen am 04.03.2009).
35   Vgl. Dietmar Klenke: Das Eichsfeld unter den deutschen Diktaturen. Widerspenstiger Katholi-
     zismus in Heiligenstadt, Duderstadt 2003.
36   Dem entgegen stehen die teils erstaunlich kontinuierlichen Wahlergebnisse in Sachsen, Thü-
     ringen und Brandenburg, auch die ein Indiz für die Anbindung persönlicher Erwartungen an
     die „ostdeutschen" Patriarchen Stolpe, Biedenkopf und Vogel, vgl. zu dieser Wahrnehmung:

1998 überflügelte die SPD die Union bei den Bundestagswahlen deutlich, nachdem das bürgerliche Lager in Ostdeutschland bereits bei den vorherigen Bundestagswahlen die Mehrheitsfähigkeit verloren hatte – und seitdem nicht wiedererlangte.

Der Swing begann also bereits Mitte der Neunziger Jahre, als das kleine Wirtschaftswunder Ost, das ohnehin nur ein „jobless growth" war, abnahm, als die Wachstumsraten sanken und die Arbeitslosenzahlen stiegen. Kohl verlor zwischen 1994 und 1998 massiv den Nimbus des Heilsbringers. In dem Maß, in dem die Union im Osten an Zustimmung verlor, gewann gleichermaßen die SPD beständig hinzu.[37] Das Wort von den „blühenden Landschaften" bleibt das Kainsmal, an dem sich Kohl messen lassen musste. Statt prosperierender Wirtschaft blühten die Landschaften in den alten Industrierevieren der ehemaligen DDR. Sie überwucherten das, was im kollektiven Selbstbild der Ostdeutschen für den sicheren Arbeitsplatz stehen mochte, gleichwohl es kaum Zukunft hatte. Aber eben da verstand die christdemokratische Bundesregierung es nie, die richtige Ansprache zu finden, obwohl man mit Bernhard Vogel und Kurt Biedenkopf zwei Ministerpräsidenten in den eigenen Reihen hatte, die genau jene Balance zwischen düsteren Zukunftsaussichten und Anerkennung der ostdeutschen Lebensleistung als Zukunftsversprechen gefunden hatten. Was 1990 noch funktionierte, den Markt, die soziale Marktwirtschaft und vor allem die D-Mark am Wahlabend zur Abstimmung zu stellen, reichte am Ende des Booms in Ostdeutschland nicht mehr aus. Erschwerend kam für die Union in der *alten* Bundesrepublik noch hinzu, dass mit der Wiedervereinigung die einende Figur des Antikommunismus an Strahlkraft verloren hatte, was auch durch vehemente „Rote-Socken-Kampagnen" nicht mehr ausreichend aufgefangen werden konnte.[38]

Und so kam es, dass im Dämmerlicht der Ära Kohl die SPD erstmals dort zur stärksten Partei wurde, wo sie nach Tradition und Sozialstruktur mit großem Abstand stärkste Kraft hätte sein müssen. Hätte da nicht die heutige Linkspartei im Weg gestanden, die ihr seit 1990 entscheidende Teile der Wählerschaft streitig gemacht hatte. Diese hatte sich in der Zwischenzeit zur zweiten sozialdemokratischen Partei Ostdeutschlands gemausert, und war dabei – im Gegensatz zur SPD – in der ostdeutschen Gesellschaft verankert geblieben.

Lühmann, Michael: Sehnsucht nach dem starken Mann, in: Zeit online, 15.4.2008, abrufbar unter: (eingesehen am 12.04.2008).

37   Vgl. Bösch, Frank: Macht und Machtverlust. Die Geschichte der CDU, Stuttgart/München 2002, S. 227f.

38   Vgl. ebd.

Schröder-Effekt oder kontinuierlicher Wandel?

Das Jahr 1998 war auch wieder so ein Umbruchjahr. Für die Bundesrepublik ging am Abend des 27. Septembers die sechzehn Jahre währende Ära Kohl zu Ende und mit Gerhard Schröder zog ein irgendwie neu-mittiges Versprechen in das Kanzleramt ein. Wenn auch etwas verspätet, griffen nun die Enkel Willy Brandts nach der Macht, die ihnen die Wucht der Deutschen Frage des Jahres 1990 noch kurzfristig entrissen– und die den Machtwechsel noch um zwei Legislaturperioden verschoben hatte. Doch im Herbst der Ära Kohl wandten sich die Deutschen – Ost wie West – in einer konzertierten Aktion vom Altkanzler ab und dem neuen Kanzler in spe, Gerhard Schröder, zu.

An der Oberfläche hatte das natürlich gerade in Ostdeutschland viel mit enttäuschten Hoffnungen und Versprechungen zu tun. Doch untergründig hatte diese Verschiebung schon längst begonnen. Bereits bei der Bundestagswahl von 1994 erreichte die PDS knapp 20 Prozent der Stimmen, auch die SPD legte um sieben Prozentpunkte auf nunmehr 31,5 Prozent der Stimmen zu, während die Union leicht verlor. Schon damals zeigte sich, dass das bürgerliche Lager keine Mehrheit mehr hatte, denn die FDP, ebenso wie die Bündnisgrünen, stürzten ins Bodenlose; allein die Liberalen sanken von 12,9 Prozent auf 3,5 Prozent der Stimmen. Der Osten Deutschlands wurde infolge dessen zum Dreiparteienland, die „kleinen Parteien" flogen aus fast allen Landtagen heraus.[39] Das strukturelle Patt war perfekt, denn noch galt die PDS als Nachfolgepartei der SED, mithin unter moralischen Gesichtspunkten als nicht regierungsfähig[40] - eine Einschätzung, die erst über viele Jahre geschliffen wurde.

Und so waren mit der SPD und der CDU nur zwei Kontrahenten übrig. Die Wähler in Ostdeutschland entschieden pragmatisch, verhalfen der CDU in Sachsen und Thüringen zu absoluten Mehrheiten, ebenso der SPD in Brandenburg. Die beiden übrigen Länder wurden unter den Ministerpräsidenten Höppner und Ringstorff zu Experimentierfeldern der Koalitionsfähigkeit, da sich dort, wohl auch in Ermangelung veritabler Zugpferde wie Biedenkopf, Stolpe oder Vogel, keine der beiden Parteien klar durchzusetzen vermochte.[41]

Ende gut alles gut, hätte man Mitte der Neunziger Jahre meinen können. Wer hätte denn erwartet, dass sich nach sechsundfünfzig Jahren Diktatur die alte Bonner Parteiendemokratie binnen fünf Jahren so klar durchzusetzen vermochte. Einzig die PDS forderte dieses Bild noch heraus, doch wurde die – und selbst

---

39   Vgl. zu den Zahlen: Decker (Anm. 18).
40   Mit Ausnahme des heftig umstrittenen Magdeburger Modells, vgl. hierzu Wollkopf-Dittmann, Elrid: Das „Magdeburger Modell". Zwischen parlamentarischem Alltag und öffentlicher Darstellung, in: Klaus- Bernhard, Roy (Hrsg.): Wahlen 2002 in Sachsen-Anhalt. Ausgangsbedingungen, Handlungsrahmen, Entscheidungsalternativen, Opladen 2002, S. 31-46.
41   Vgl. Lühmann (Anm. 36); Ross, Jan: Patriarchendämmerung, in: Die Zeit, 14.03.2002.

im Jahr 2002 sprach noch sehr viel für diese These – als Phänomen des Übergangs gedeutet, dass sich mit der Entfernung zur DDR und aufgrund der starken Überalterung der Wählerschaft schon von selbst erledigen würde. Es kam bekanntlich anders.

Der eigentliche Moment des Umbruchs wurde allerdings, wie schon erwähnt, 1998 mit der Wahl Schröders offenbar. Die CDU verlor auf 1994 nochmals, diesmal aber deutliche 11,2 Prozentpunkte, selbst die FDP büßte erneut Stimmen ein. Das bürgerliche Lager in Ostdeutschland kam nur noch auf etwa 30 Prozent (gegenüber 54,7 Prozent zur Bundestagswahl von 1990). Die SPD überrundete die CDU mühelos und holte allein mehr Stimmen als FDP und CDU zusammen und hielt mit 35,1 zu 21,6 Prozent die PDS noch deutlich auf Distanz.[42]

Sicher spielte die Personalie des Kandidaten, insbesondere die enttäuschten Erwartungen an Kohl auf der einen und die geweckten Hoffnungen von Schröder auf der anderen Seite, eine gewichtige Rolle, im Westen der Republik ebenso wie im Osten. Erstmals seit 1990 verweigerten die ostdeutschen Arbeiter der CDU die Gefolgschaft, wanderten sie in großen Scharen zur SPD, in kleineren Gruppen bereits zur PDS. Konnte die CDU 1990 zur Überraschung vieler 52 Prozent der Arbeiter auf sich vereinen, waren es acht Jahre später gerade noch 23 Prozent, wohingegen die SPD von 25 auf 44 Prozent anzog. Aber auch die Angestellten und Beamten wurden fahnenflüchtig. Wählten diese 1990 noch zu 50 Prozent das bürgerliche Lager, waren es bei der Schröder-Wahl nur noch 28 Prozent. Einzig bei den Selbständigen, den Landwirten sowie bei den Katholiken konnte die Union ihre Anteile halten, gar ausbauen. Welch Ironie der Geschichte, dass eben genau jene Gruppierungen am Ende des real existierenden Sozialismus keine tragfähige Mehrheit mehr hervorbringen konnten, in einem Land, das die Selbständigkeit nahezu abgeschafft und die Entkirchlichung unumkehrbar befördert hatte.

Markierte das Jahr 1998 in vielerlei Hinsicht den Umbruch in Ostdeutschland, schien die Wiederwahl Schröders im Jahr der Oderflut 2002 das Ende eines Prozesses abzuschließen, der Ostdeutschland endgültig zum sicheren sozialdemokratischen Hinterland machte. Denn trotz der verheerenden, wenngleich länderspezifischen, Einbrüche der SPD bei den Landtagswahlen in Sachsen und Thüringen 1999 und in Sachsen-Anhalt 2002, erzielte die SPD bei der Bundestagswahl 2002 mit 39,8 Prozent ihr bestes Ergebnis. Umgekehrt proportional dazu verhielten sich die Stimmverhältnisse für die Union. Und doch kam 2005 wieder alles anders.

Zur Wahl stand erneut Gerhard Schröder, die CDU schickte mit Angela Merkel gar eine Ostdeutsche ins Rennen und die Linke stellte neben Gregor

---

42 Vgl. zu den Zahlen hier und im Folgenden: Decker (Anm. 18), S. 181 ff.

Gysi mit Oskar Lafontaine einen Spitzenkandidaten auf, dem viele Ostdeutschen 1990 noch zutiefst misstraut hatten. Dennoch war der Gewinner in Ost wie West nicht der beliebte Chefsache-Ost-Kanzler oder die ostdeutsche Kanzlerkandidatin, sondern die Linkspartei.PDS des Oskar Lafontaine. Während die CDU ihren Abwärtstrend mit 25,3 Prozent im Osten weiter bestätigte, die Stimmen aber überwiegend im bürgerlichen Lager blieben, fiel die ostdeutsche Sozialdemokratie wieder hinter ihr 1994er Ergebnis zurück und fand sich knapp über 30 Prozent in der tiefen Depression wieder. Die PDS, 2002 nicht mal mehr mit Fraktionsstärke im Bundestag vertreten, zog indes als Linkspartei.PDS im Osten nach Stimmen mit der Union gleich.[43]

Aber immerhin: Waren die Wandlungen im Wahlverhalten in Ostdeutschland meist ostdeutsche Phänomene, zuletzt 2002 – wo allein der Osten die bürgerliche Mehrheit in der alten Bundesrepublik verhinderte – so scheint dieser neuerliche Umbruch, erstmals ein gesamtdeutsches Phänomen zu sein. Während sich im Osten die kleinen Parteien mehr und mehr etablieren und auch immer häufiger in die Landtage einziehen, wenngleich sie daraus keinerlei Einfluss auf die Regierungsbildung haben, hat sich die Linke im alten Bundesgebiet eingerichtet. Viel spricht dafür, dass zumindest seit 2005 eine stabile Wählerschaft im Osten Deutschlands existiert, mithin der Anpassungsprozess Ostdeutschlands weit vorangeschritten ist, die Zeit des Umbruchs allmählich einer Ankunft in der gesamtdeutschen Realität weicht – bei aller noch existierenden Ungleichheit durch die Ungleichzeitigkeit beider deutscher (Teil-) Gesellschaften.

Was aber bedeutet das für den Osten Deutschlands? Drei Parteien auf Augenhöhe, mit noch immer unterschiedlichen regionalen Hochburgen, die eigentlich alle nicht mehr miteinander koalieren wollen und zwei kleine Parteien, die aufgrund dieser Kräfteverhältnisse beide nur fünftes Rad am Wagen sind. Wie sehen sie aus, die Perspektiven von SPD, CDU und Linke im „Superwahljahr" 2009?

Die ostdeutsche Sozialdemokratie - Aufbruch aus der Umklammerung?

Burgstädt, Mittelsachsen, Parteitag der sächsischen SPD. Im Umkreis von 100 Kilometern könnte man zu einer historischen Tour d'Horizon an die Wurzeln der deutschen Arbeiterbewegung aufbrechen, durch Traditionsorte der deutschen Sozialdemokratie wie Leipzig oder Erfurt wandeln. Und doch, hier in Burgstädt parkt die Tradition nur auf dem Parkplatz. Es ist ein cremegelber Volvo mit Dresdner Kennzeichen, das letzte Auto Herbert Wehners.

---

43 Vgl. auch die pointierte Einschätzung von Berg, Stefan: Konterrevolution im Osten, in: Der Spiegel, 20.09.2004.

Drinnen im Tagungsgebäude benötigen die Genossen indes Hilfe in Sachen Tradition, ohne Liedzettel in der Hand schreitet hier fast niemand Seit' an Seit'. So richtig traditionell wird es eigentlich erst mit der ebenso hochbetagten wie redseligen Tochter Anna Zammerts, die aus dem Leben ihrer Mutter zwischen Sozialdemokratie, Gewerkschaft, Arbeiterwohlfahrt, Gestapo-Terror, Emigration und gescheiterter Wiedereingliederung im Nachkriegsdeutschland berichtet. Als der Lebensweg dieser tapferen und kämpferischen Sozialdemokratin vor den Delegierten entfaltet wird, bekommt man erstmals auf dem Parteitag eine Idee davon, was den Traditionsbestand dieser Partei ausmachen könnte.

Auch der auf Kurzbesuch weilende Parteivorsitzende Franz Müntefering ist bemüht, der Abwesenheit von Tradition abzuhelfen, beschwört die Geburt der Sozialdemokratie in Leipzig, die Durchsetzung des freien, geheimen und gleichen Wahlrechts, Bad Godesberg und immer wieder Willy Brandt. Beim Traditionsbestand der ostdeutschen Sozialdemokratie, für die er ganze zwei Sätze übrig hat, offenbart er dafür inhaltliche Schwächen, verwechselt Gründungsakt und Gründungsaufruf der ostdeutschen SDP.[44] Man könnte den Unmut einiger Genossen darüber als kleinmütig bezeichnen, wäre diese Situation nicht bezeichnend für das Verhältnis der vermeintlich großen Mutter zu ihrer wenn nicht ungeliebten, so doch nicht immer verstandenen Tochter.

Stramme Sozialdemokraten, eingefleischte Gewerkschafter, wenigstens ein Stand des DGB oder der IG Metall – Fehlanzeige. Dafür laufen auf dem Parteitag einige herum, die so aussehen, als hätten sie einhundert Kilometer westlich beim Grünen-Bundesparteitag in Erfurt mitmachen wollen. Man erkennt sie noch immer, diese protestantischen Individualisten, die parallel zum vierzigsten Jahrestag der DDR die SDP wiederbegründet und in ihrem Gründungsdokument als erste den verfassungsrechtlich geltenden Führungsanspruch der SED kassiert hatten.

Auch auf dem Parteiabend ist die Revolution wieder ein Thema – unter den Älteren, den Ost-68ern,[45] die dabei waren, 1989 und davor. Und man merkt, dass der Traditionsbestand sich doch fundamental von dem unterscheidet, was Müntefering am nächsten Morgen als sozialdemokratische Geschichte deklariert. Es entsteht der Eindruck einer Partei, die noch immer tief gespalten ist über das, was doch längst zusammengewachsen sein sollte. Da sind auf der einen Seite noch Überreste, Anknüpfungspunkte an alte sozialdemokratische Traditionsbestände. Es gibt sie noch, die Mitglieder, deren Eltern sie zu strammen Sozialdemokraten erzogen haben, darauf lassen die seit 1990 durchweg

44 Vgl. zur Gründungsgeschichte der ostdeutschen SDP: Dowe, Dieter: „Wir wollen ein Hoffnungszeichen setzen...". Die Gründung der Sozialdemokratischen Partei in der DDR, Bonn 1999.

45 Vgl. Lühmann, Michael: Geteilt, ungeliebt, deutungsschwach? Die 68er-Generation der DDR, in: Deutschland-Archiv, Jg. 41 (2008) H. 1, S. 102-107.

überproportionalen Stimmanteile bei über Sechzigjährigen schließen. Scheinbar hat sich gerade in der am Beginn der DDR so euphorischen Aufbaugeneration[46] ein Restbestand sozialdemokratischen Denkens erhalten können – trotz Zwangsvereinigung und SED-Diktatur.

Auf der anderen Seite sind die Jungsozialisten die dominanteste Gruppe, auf dem Parteitag, beim Parteiabend, im Vorstand. Sie geben der Partei nach der Jahrtausendwende und der verheerenden Wahlniederlage von 2004 ein neues, junges Gesicht. Wer deswegen aber einen radikalen Linksruck in der sächsischen SPD erwarten würde, sieht sich gleichwohl getäuscht. Natürlich sind ihre Anträge radikaler, linker als die des Ortsverbandes Olbernhau aus dem pietistischen Erzgebirge. Aber einen auf Bundeskongressen gestählten Linken wie bei den westlichen Jusos suchte man an diesem Abend vergebens. „Die gehen doch gleich zur Linken" versichert einer der regierungspragmatischen Jusos selbstsicher, nicht ohne zu leugnen, dass man die auch gar nicht so gern dabei haben wollte.

Die Abkehr von der Ideologie ist nicht bloß bei den Jusos in Burgstädt erkennbar, sondern ein generelles, nicht nur auf Ostdeutschland zutreffendes Phänomen. Viel spricht dafür, dass die „Wendekinder" – schneller als oft suggeriert wird – eine gesamtdeutsche Identität angenommen haben und dabei die Gewissheiten ihrer Eltern, sei es der prosperierende Sozialstaat, sei es die Steuerungsfähigkeit des Staates abgelegt und den neoliberalen Selbstverantwortungsimpetus geradezu in sich aufgesogen haben. Ob dieser Trend anhält, dürfte indes mit der Länge und Intensität der Wirtschaftskrise 2008/09 zusammenhängen, die an diesen Grundfesten ebenso rüttelt, wie das Krisenjahr 1973 mit Ölpreiskrise, Inflation und erstmals wieder stark steigender Arbeitslosigkeit. Denn dort wurden die Machbarkeitsphantasien der sechziger Jahre erstmals gebrochen.[47] Gleichsam zerfiel in der DDR die Grundlage für die Einheit von Wirtschafts- und Sozialpolitik, dem sozialpolitisch prosperierenden Erfahrungsraum der 45-60-Jährigen Ostdeutschen, die bis heute die stärksten Wählerkohorten der Linkspartei stellen.

Doch zurück zur SPD in Ostdeutschland. Die Umfragen sehen sie irgendwo zwischen 35 Prozent in der Hochburg Brandenburg und achtzehn Prozent in

---

46 Vgl. zum Konzept der DDR-Generationen und zur Aufbaugeneration: Ahbe, Thomas/Gries, Rainer: Gesellschaftsgeschichte als Generationengeschichte. Theoretische und methodologische Überlegungen am Beispiel der DDR, in: Schüle, Annegret/Ahbe, Thomas/Gries, Rainer (Hrsg.): Die DDR aus generationengeschichtlicher Perspektive. Eine Inventur, Leipzig 2006, S. 475-571; Wierling, Dorothee: Geboren im Jahr Eins. Der Jahrgang 1949 in der DDR, Versuch einer Kollektivbiographie, Berlin 2002.

47 Vgl. neben vielen: Jarausch, Konrad H.: Verkannter Strukturwandel. Die siebziger Jahre als Vorgeschichte der Probleme der Gegenwart, in: Ders. (Hrsg.): Das Ende der Zuversicht? Die Siebziger Jahre als Geschichte, Göttingen 2008, S. 9-26.

der sächsischen Diaspora.[48] Dennoch geht es der ostdeutschen Sozialdemokratie, betrachtet man deren Perspektive, ausgesprochen gut – und das nicht nur weil die SPD im Westen so schlecht dasteht. Denn an ihr wird kaum eine Koalitionsbildung vorbei kommen können; außer in Sachsen, wo es für schwarz-gelb oder Jamaika reichen könnte, gibt es nur rot-rote oder schwarz-rote Regierungsoptionen und seit dem Hessen-Debakel scheint klar, dass keine dieser Optionen ausgeschlossen wird – da gibt sich die ostdeutsche Sozialdemokratie ganz pragmatisch. Überhaupt ist der Pragmatismus dort besonders ausgeprägt; zum einen, weil die SPD im Osten Deutschlands inzwischen – außer in Thüringen – in der Regierungsverantwortung ist. Zum anderen aber – und das unterscheidet sie fundamental von den altbundesrepublikanischen Sozialdemokraten – weil sie trotz der größeren historischen wie räumlichen Nähe inzwischen geringere Berührungsängste gegenüber der Linkspartei hat.

Das liegt vor allem auch an der Linkspartei selbst, die sich von der reinen Nachfolgepartei der SED zur pragmatischen linken Sozialdemokratie mit Machtanspruch gemausert hat, die gleichwohl noch immer durch problematische Parteikader gerade unter der Generation der 89er Sozialdemokraten und bei einigen Bündnisgrünen heftigste Aversionen auslöst. Allerdings verändert der personelle Wandel – am deutlichsten sichtbar in der sächsischen SPD –, der immer mehr jüngere Wendekinder in die eigenen Reihen trägt, dieses Denken. Bei der jungen Generation der Nachwendekinder gelten derlei Argumente und Ressentiments nicht mehr viel. Der Feind, da gleicht man sich der alten Sozialdemokratie in der Bundesrepublik an, heißt CDU und FDP. Die Alternativlosigkeit zwischen Abgrenzung zur Linkspartei und ewiger Juniorpartnerschaft zur Union tut da ihr Übriges. Denn die moralische Nibelungentreue einiger ostdeutscher SPD-Landesverbände, die radikale Absage an die vormalige PDS durchzuhalten, hat den jeweiligen Landesverbänden mehr geschadet als genutzt – die Einbindung in Regierungsverantwortung indes, wie in Berlin oder Mecklenburg-Vorpommern hat die Linke entzaubert und die SPD gestärkt.

Die Schlussfolgerung ist eindeutig: Kein ostdeutscher Landesverband schließt Koalitionen mit der Linken aus, vielmehr haben es Reinhard Höppner in Sachsen-Anhalt und Harald Ringstorff in Mecklenburg-Vorpommern, auch gegen heftigen Widerstand in der eigenen Partei, bereits vorexerziert. Trotzdem lässt sich ein deutlicher Wandel festmachen. Waren Höppners und Ringstorffs Tolerierungs- und Koalitionsmodelle noch umstrittene Testballons, die beide letztlich scheiterten, geht es im Wahljahr 2009 um eine ganz neue Qualität der Zusammenarbeit beider Parteien. War Mitte des Jahrzehnts noch die Große Koalition vielfach gewollt und die Linke zum Schmuddelkind erkoren worden, so hat sich diese Sichtweise innerhalb der Sozialdemokratie, auch nach der

---

48 Vgl.: http://www.wahlrecht.de/umfragen/landtage/index.htm (eingesehen am 17.03. 2009).

hessischen Lehre des Jahres 2008, grundlegend gewandelt. Hatte Platzeck 1999 noch in Stolpes Auftrag Regine Hildebrandt innerparteilich lahmgelegt, weil sie sich offen für die PDS und gegen die CDU aussprach,[49] hatten sich Wolfgang Böhmer (CDU) und Jens Bullerjahn (SPD) noch 2006 in Sachsen-Anhalt schon vor dem Wahlabend die Treue geschworen und hatte Christoph Matschie noch 2008 gegen die linksparteifreundliche Fraktion in der SPD harte Geschütze aufgefahren,[50] vollzog sich im Laufe des Jahres 2008 ein Schwenk, der die Wahlkampfgeschütze um 180 Grad auf die Kanzlerinnenpartei richtet.

Als sich in Burgstädt ein Genosse sichtlich erregte, dass man sich der Linkspartei andiene und dass man nur unter Vorbedingungen (keine Stasi-Kader, Aufarbeitung der Vergangenheit, etc.) mit dieser Partei koalitionsfähig sei, stand ihm eine kühl-pragmatische Mehrheit gegenüber, die ihn noch zwei Jahre zuvor breit unterstützt hätte. Man stehe nur noch für die eigenen Inhalte, alles andere sehe man nach dem Wahlabend, dekretierte der noch junge Generalsekretär der sächsischen SPD in die Mikrophone. Das fand eine so überwältigende Mehrheit, dass die folgenden Änderungsanträge zum vorbehaltlichen Umgang mit der Linkspartei per Tagesordnungsbeschluss sogleich kassiert wurden.

Und auch in Thüringen und Brandenburg sind die Distanzierungsbeschlüsse nur noch rhetorisches Wahlkampfgeplänkel, die am Wahlabend selbst wohlfeil sein dürften. Denn das einzige, was die Genossen unter der Hand eigentlich ausschließen möchten – als Juniorpartner der Linkspartei zu agieren – bröckelt und wird schon längst nicht mehr in jedes bereitstehende Mikrophon diktiert.

Nach der Hessen-Wahl des Frühjahrs 2008 hatte diese Debatte auch den Westen der Bundesrepublik erreicht, nach dem Einzug der Linken in mehrere westdeutsche Landtage schien das lang vertraute Vierparteiensystem obsolet; die Lager waren, so sie die Linkspartei zu exkludieren trachteten, nicht mehr mehrheitsfähig. In Sachsen kann man darüber indes nur schmunzeln. Bereits seit 2004 sieht man sich mit den Realitäten eines Sechs-Parteien-Parlaments konfrontiert. Beiden klassischen Bonner Lagern wird die Machtperspektive durch die Stärke der damaligen PDS auf der einen und die der NPD auf der anderen Seite geraubt. Die Große Koalition blieb folglich die einzige Option – in vier der fünf Ländern ist sie bereits realisiert, in Thüringen steht sie vor der Tür, weil der dortige SPD-Spitzenkandidat Matschie zu der Fraktion gehört, die einen Ministerpräsidenten der Linken unbedingt verhindern wollen. Und doch wird selbst dieses Szenario immer wahrscheinlicher, wenn die SPD in Sachsen und

---

49   Vgl. Möller, Barbara: Matthias Platzeck: Die fehlerlose Karriere des SPD-Chefs in spe, in: Hamburger Abendblatt, 03.11.2005.

50   Vgl. Lühmann, Michael: Showdown in Erfurt, in: Die Zeit, abrufbar unter: http://www.zeit.de/online/2008/07/spd-thueringen (eingesehen am 12.2.2008).

Thüringen es nicht vermag, aus der tiefen Depression auszubrechen, in die auch die CDU allmählich hineinrutscht.

Auf der Suche nach dem Bürgertum? – Die Union nach Kohl

Dresden im Oktober 2008. Es ist ein geschichtsträchtiger Ort, den sich die Kanzlerin auserkoren hat, um die Perspektiven der CDU in Ostdeutschland zu verhandeln. Es ist fast zwei Jahrzehnte her, dass hier, am 4. Oktober 1989, die ersten großen, noch gewalttätigen Auseinandersetzungen zwischen Ausreisewilligen und Oppositionellen auf der einen und der hochgerüsteten Staatsmacht auf der anderen Seite eskalierten.[51] Nur wenige Tage später bildete Leipzig den Auftakt zur Massenerhebung des ostdeutschen Volkes, die friedliche Revolution nahm unumkehrbar ihren Lauf. Gerade zwei Monate später war es Helmut Kohl, der wiederum in Dresden vor einem Heer aus Deutschland- und Sachsen-Fahnen zum umjubelten Kanzler der Einheit stilisiert wurde. Das Bild Helmut Kohls vor den Dresdner Massen gehört zu jenem wirkmächtigen Kanon nahezu ikonographischer Darstellungen, die sich im Mythos des Einheitskanzlers verdichten. Immer in der Nähe der Kanzlerin ist auch Arnold Vaatz, einer aus der „Gruppe der 20", die die friedliche Revolution in Dresden maßgeblich absicherten, indem sie in Dialog zu den Machthabern traten.

Hier nun an diesem geschichtsträchtigen Ort kommt 19 Jahre später die CDU zusammen, um sich als *die* ostdeutsche Partei selbst zu feiern. Doch der Schein trügt, der Putz bröckelt schon lange und immer heftiger. Holte der sächsische Quasi-König Kurt Biedenkopf 1999 noch 56,9 Prozent der Stimmen, fürchtet die Union inzwischen, unter die 40 Prozent-Marke zu rutschen. Der Chemnitzer CDA-Vorstand Harald Krause hat dafür eine auf den ersten Blick plausible Erklärung: „Das Bürgertum ist ein Riesenproblem, weil es fast nichts mehr davon gibt."[52]

Es mag eine Ironie des Schicksals sein, dass nur drei Tage später, im Frankfurter Römer mit Uwe Tellkamp der Autor des Roman-Epos „Der Turm" mit dem „Deutschen Buchpreis 2008" ausgezeichnet wird. Darin entfaltet Tellkamp ein Sittenbild des Dresdner Bildungsbürgertums, zugleich ein monumentales Panorama der DDR am Ende ihrer selbst. Tellkamp setzt den Überresten des ostdeutschen Bildungsbürgers ein vitales Denkmal und beweist einmal mehr, dass es neben der technischen Intelligenz als aufgeklärtem Neu-

---

51 Vgl. u.a. Richter, Michael/Sobeslavsky, Erich: Die Gruppe der 20. Gesellschaftlicher Aufbruch und politische Opposition in Dresden 1989/90, Köln 1999.
52 Christ, Sebastian: CDU kuschelt mit den Ostdeutschen, in: Der Stern, 10.10.2008.

Bürgertum auch noch genügend Spuren bürgerlicher Traditionen im klassischen Sinne gibt.[53]

Doch ist es nur das vermeintliche Fehlen des Bürgertums, das die CDU des Jahres 2009 vor den ostdeutschen Wahlen in Angststarre versetzt? Natürlich hat die Ost-CDU, gemessen an der alten Bundesrepublik, wenige Wähler aus dem Bürgertum, auch weil das bürgerliche Lager sich im Osten seit 1945 in der Defensive befand, vielfach dem vermeintlich besseren Deutschland den Rücken kehrte. Und doch ist der Erfolg der Union in der ersten Dekade nach der Revolution beachtlich gewesen und das nicht weil das Bürgertum zurückkehrte oder eine Renaissance erlebte, sondern weil die CDU überdurchschnittlich stark war bei Wählergruppen, die sie im Westen schon lange nicht mehr in derart hohem Maße binden konnte: bei den Arbeitern. Diese allerdings sind ihr nach und nach von der Stange gegangen, bis 2002 vor allem zur SPD, seitdem immer häufiger zur Linken.

Auch der Tagungsort des Perspektivkongresses gibt Aufschluss über das Missverständnis zwischen der ostdeutschen CDU und der dortigen Bevölkerung. Da steht Angela Merkel in einem dieser High-Tech-Glaspaläste, rechts von ihr ein in Montage befindliches Flugzeug der EADS-Elbe-Flugzeugwerke, wo vor vier Jahrzehnten das ehrgeizige Flugzeugbauprogramm der DDR kollabierte, und funkt in das Land: Seht her, hier wird etwas geschaffen. Nur deckt sich dieses Bild nicht mit der Lebenswelt der Ostdeutschen, die in den entvölkerten Landstrichen der Lausitz, im Osten Mecklenburg-Vorpommerns oder in der sachsen-anhaltischen Provinz noch immer mehr Verfall denn Aufbruch gewärtigen.

Doch nicht nur die ostdeutsche Union und die Kanzlerin, die schon 2005 keine Antworten für Ostdeutschland finden konnte – und es auch nicht wollte – haben die „Partei der Deutschen Einheit" jenseits der Elbe in Misskredit gebracht. Auch die Hintzes und Rühes, die Erfüllungsgehilfen Kohls, haben viel Porzellan zerbrochen. Die „Rote-Socken-Kampagne" dürfte nur das sinnbildlichste Trennungszeugnis zwischen westdeutscher und ostdeutscher Wirklichkeit der Bonner CDU-Zentrale gewesen sein.

Merkel hat das inzwischen verstanden. Deshalb lässt sie in Dresden unter dem Motto „Geteilt. Vereint. Gemeinsam. Perspektiven für den Osten Deutschlands." nach einem für den ostdeutschen Wähler zurechtgeschnittenen Außenauftritt suchen. Sie hat lernen müssen, dass nicht alle Ostdeutschen so unsentimental auf das zurückblicken können, was einen großen Teil ihrer Lebenserfahrung ausmacht, wie die ehemalige Physikerin am Zentralinstitut in Berlin-Adlershof. Und so sagt sie inzwischen so schöne Sätze wie den von den Geschwistern, die auch in der DDR gezankt haben, Geburtstage feierten oder in

---

53   Vgl. auch: Wunnicke (Anm. 34).

den Urlaub fuhren. Doch bei der Kanzlerin ist es eher eine akzeptierende Geste, mehr nicht. Sie mag das nicht, sie kann das nicht, für sie ist das Sentimentale weit weg; die Zukunft, derer sie in der Nische geharrt hatte, ist ihr wichtiger als eine Vergangenheit auf der Warmhalteplatte.[54]

Und doch muss die Kanzlerin, die ostdeutsche CDU, immer wieder solche Ansprachen wählen, will sie noch auf einen grünen Zweig kommen, zumal neben der Anhängerschaft und potentiellen Wählern auch eine ganz beachtliche Reihe an Mitgliedern nicht erst seit 1990 in der Union politisch tätig sind.[55] Die CDU unter Kohl hat es vermocht, diese unbequeme Vergangenheit der Blockflöten erfolgreich auf die SED-Nachfolgepartei abzuwälzen. Doch in Dresden auf dem Perspektivkongress wird offenbar, dass dazu auch ein gewisser Selbstbetrug gehört. Wenn die Kanzlerin stolz lächelnd den Saal betritt, umrahmt von Stanislaw Tillich, dem Ministerpräsidenten Sachsens und seinem Thüringer Kollegen Dieter Althaus, beides Altkader aus Ost-CDU Zeiten – ebenso wie ihre ersten Förderer in der CDU, Lothar de Maizière und Günter Krause – entsteht schon ein bitterer Beigeschmack.

Dabei war Merkel dereinst, mit Volker Rühes Unterstützung als Reformerin angetreten, die versucht hatte, die Altkader zurückzudrängen. Doch seit sie 1991 dafür bei der Wahl zur Landesvorsitzenden in Brandenburg scheiterte, ist Merkel vorsichtiger und defensiver geworden.[56] Sie vermeidet schon lange den offenen Konflikt und hier in Dresden, wo die alten Seilschaften eine mächtige Basis unterhalten, blickt sie, wie so oft, lieber nach vorn.

Da sieht sie auch die CDU, ganz vorn. Schließlich ist Angela Merkel von da gekommen. Als sie 1990 vom Demokratischen Aufbruch kommend in die CDU wechselte, stellte diese, außer in Brandenburg, in den neuen Ländern überall den Ministerpräsidenten, verhalf die ostdeutsche CDU Helmut Kohl zu stabilen Mehrheiten. Doch seit dem Rückzug der Patriarchen Biedenkopf und Vogel sind selbst die letzten Hochburgen der Union im Osten geschliffen, die Zeiten komfortabler absoluter Mehrheiten sind der Angst gewichen, Ergebnisse nur noch im Bereich „40 minus x" zu erreichen. Noch schlechter sieht es für die Union aus, wenn man den Orakeln um die Sonntagsfrage traut, die für Ostdeutschland eine konstante Führung der Linken vor Union und SPD prognostizieren.

---

54 Ähnlich auch Heinz Bude, der allerdings im gesamten Kabinett Merkel durch das Zurücklassen der Nachkriegszeit eine zukunftsorientierte Generation verortet haben will, vgl. Bude, Heinz: Die Neorealisten, in: Die Zeit, 19.01.2006.

55 Knapp 40 Prozent der CDU-Abgeordneten im sächsischen Landtag waren schon vor 1989 Mitglied der CDU, in der Landesregierung finden sich neben aus der alten Bundesrepublik stammenden Unionsmitgliedern nur Altmitglieder, vgl. Lühmann (Anm. 8).

56 Vgl. ebd., S. 99f.

Die CDU glaubt nun, mit dem Perspektivpapier für Ostdeutschland eine Antwort gefunden zu haben – und macht doch immer dieselben Fehler. Wenngleich die Rhetorik des Papiers nicht mehr so ganz an die Rote-Socken-Kampagne erinnert, hat es doch – wie so oft – die gleiche Stoßrichtung.[57] Einleitend die Erinnerung an SED-Unrecht, gefolgt von Jubelarien auf Adenauer, den Einheitskanzler Kohl und das beständige Erinnern an die Versäumnisse der SPD im Revolutions- und Einheitsjahr.[58] Einer kurzen Eloge auf die Wiedervereinigung folgt dann eine mehrseitige Suada gegen begangenes DDR-Unrecht, Ostalgie und die Rolle der SED-Nachfolger. So richtig und wichtig eine kritische Aufarbeitung der Vergangenheit der DDR ist, es wird die Gräben zwischen der CDU und den Ostdeutschen nicht zuschütten helfen, solange die Partei es nicht schafft, die Lebensleistung der Ostdeutschen – auch in Anbetracht der eigenen Vergangenheit – ohne den erhobenen moralischen Zeigefinger anzuerkennen.

Indes, die CDU des Jahres 2009 vermag es schon lang nicht mehr, wie noch Anfang der 1990er Jahre, die ostdeutsche Gesellschaft in ihrer gesamten Breite zu integrieren. Zu sehr hat sich das Versprechen der blühenden Landschaften abgeschliffen, zu sehr hat die vom Kalten Krieg geprägte Bonner Kampfrhetorik jene verprellt, die der DDR inzwischen stärker verbunden sind als einem Gesamtdeutschland, in dem sie das Gefühl haben, in einer Zweiklassengesellschaft in der unteren Klasse zu leben. Zu sehr hat die CDU auf die Leistungsträger in Ostdeutschland gesetzt, in der Hoffnung, das Erhardsche Wirtschaftswunder eins zu eins auf Ostdeutschland übertragen zu können. Höhepunkt dieses Diskurses war der Leipziger Parteitag, der mit seinen marktradikalen Forderungen zum Sinnbild für die Entfremdung der Union von Ostdeutschland wurde. Denn als Opfer eben dieses radikalen Marktes sehen sich viele Ostdeutsche, die der Union längst den Rücken gekehrt haben.

Die Linke vor der Entzauberung?

Und viele von ihnen, glaubt man den Wählerwanderungsbilanzen des Jahres 2005, gingen zur Linkspartei. Wahlentscheidend war, in Ost wie West gleichermaßen, die Frage der sozialen Gerechtigkeit. Die Linke als gesamtdeutsche Hüterin des Sozialstaats. So zumindest der Plan der Gründungsväter der Linken, Oskar Lafontaine und Gregor Gysi. Dass die neue Einheit links der SPD so

---

57   Vgl. den Beschluss des CDU-Parteitages 2008 in Stuttgart: Geteilt. Vereint. Gemeinsam. Perspektiven für den Osten Deutschlands, abrufbar unter: http://www.stuttgart08.cdu.de/wp-content/uploads/2008/12/081202-beschluss-b1.pdf (eingesehen am 20.12.2008).

58   Vgl. zur Kritik an der Position der SPD: Sturm, Daniel Friedrich, Uneinig in die Einheit: die Sozialdemokratie und die Vereinigung Deutschlands 1989/90, Bonn 2006.

schnell herzustellen sei, war anfänglich umstritten.[59] Offenbar wird die innere
Spaltung der Linken aber nur an wenigen Stellen. Der Erfolg ist bisher der veritabelste Kitt der Partei – auch in Ostdeutschland.

Dass es unter der Oberfläche aber noch immer heftige Spannungen gibt,
wurde auf dem Bundesparteitag in Cottbus im Mai 2008 offenbar. So sehr dieses Treffen vor allem der Außenwirkung dienen sollte, so sehr sich die Strategen
um Einigkeit mühten, zeigten kleinere, heftigere Eruptionen auf dem Parteitag
wie stark es untergründig brodelt. Da war zum einen die schallende Ohrfeige für
Lafontaine, der vor allem von den ostdeutschen ehemaligen PDSlern nicht als
unumstrittener Parteiführer anerkannt wird und mit nur 78,5 Prozent der Delegiertenstimmen gewählt wurde. Denn „Lafontaine hat zu viele Ostpragmatiker
spüren lassen, was er von ihnen hält: nichts."[60]

Doch für den Eklat sorgte nicht er selbst, sondern seine Lebensgefährtin
Kerstin Müller, als sie ein Familienbild ins Mikrophon dekretierte, das den
ostdeutschen Delegierten wie ein Rückfall ins Bayern der 50er Jahre vorkommen musste. Als Kerstin Müller ein für Ostdeutsche vollkommen antiquiertes
Rollenmodell entwickelte und das Plenum dies mit Pfiffen quittierte, während
die Parteitagsregie im Anschluss an die Debatte im Hintergrund auf Großbildleinwand die Werbekampagne für Kita-Plätze einspielte, um den Affront gegen
Müller – und implizit auch gegen Lafontaine – zu verstärken, wurde deutlich,
dass hintergründig ganz grundsätzliche Fragen nicht geklärt sind. Und Kerstin
Müller diente dazu, ein Exempel zu statuieren.[61]

Was auf dem Parteitag nur auf den Gängen formuliert wurde, um die heile
Welt zu wahren, birgt enormen Sprengstoff. Besonders die Regierungspragmatiker aus dem Osten, die viele Bürgermeister und Landräte stellen, in Kreistagen
und Stadträten in verschiedensten Konstellationen täglich Politik betreiben, die
vielen westdeutschen Parteigenossen die Tränen in die Augen treiben würde, tun
sich schwer mit Lafontaines Radikalrhetorik. Auch das vor dem Parteitag kolportierte und ins Grundsatzprogramm aufgenommene Investitionsprogramm mit
einem Volumen von über 50 Milliarden stößt bei denselben Pragmatikern auf
wenig Gegenliebe. „Die große politische Linie zu entwerfen alleine reicht nicht"
mokierte sich etwa der Landesvorsitzende der sachsen-anhaltischen Linken,
Matthias Höhn, denn im Gegensatz zur westdeutschen Realität, sitzen Politiker

---

59 Vgl. etwa Micus, Matthias: Stärkung des Zentrums. Perspektiven, Risiken und Chancen des
Fusionsprozesses von PDS und WASG, in: Tim Spier/Butzlaff, Felix/Micus, Matthias u.a.
(Hrsg.): Die Linkspartei. Zeitgemäße Idee oder Bündnis ohne Zukunft, Wiesbaden 2007, S.
185-237.
60 Reinecke, Stefan: Bloß keinen Streit, in: Die Tageszeitung, 26.05.2008.
61 Vgl. Eubel, Cordula: Frau Müller überzieht, in: Der Tagesspiegel, 26.05.2008.

der Linken in seinem Land an wichtigen Schaltstellen und die „müssen das im Alltag umsetzen."[62]

Dass dieser Streit nicht ausgestanden ist, zeigten die Personaldebatten im Vorfeld und auf dem Europa-Parteitag der Linken im März 2009 erneut.[63] „Hinter der harmonischen Fassade toben heftige Kämpfe. Die Linkspartei ist tief in Ex-PDS und Ex-WASG gespalten." urteilt etwa die *tageszeitung* und konstatiert „eine tiefe Kluft zwischen Reformisten und Radikalen." Opfer dieses Richtungsstreits war neben der europafreundlichen PDSlerin Sylvia-Yvonne Kaufmann auch der ostdeutsche Parteiintellektuelle André Brie, der Lafontaines SPD-Hass immer wieder den Willen zur Kooperation mit der SPD insbesondere in Ostdeutschland entgegengesetzt hat.

Das alles erinnert ein wenig an die Grünen, an den Widerstreit der Flügel in den achtziger Jahren. Am Ende dieser Geschichte zog der eine Flügel aus, der sich heute vielfach bei der Linken wiederfindet. Und zehn Jahre nach der ersten Regierungsbeteiligung auf Bundesebene zeigt sich, zeitlich versetzt zur vorderen Parteiriege, dass die Bürgerkinder auch in ihrer Wählerschaft wieder da angekommen sind, wo sie herkamen, im bürgerlichen Lager.[64] Nun dürfte dieser Prozess bei der Linken noch lange auf sich warten lassen und eine Ankunft im bürgerlichen Lager erscheint auch eher unwahrscheinlich. Aber schon die Erkenntnis, dass die Reformer mit ostdeutschem PDS-Hintergrund schon so reden wie linke Sozialdemokraten,[65] zeigt einen Weg auf, der weit weg ist von dem, was in einigen westdeutschen Landesverbänden verhandelt wird.

Die innerparteiliche Ruhe dürfte in dem Moment vorbei sein, wenn die Linke außer in Berlin, wo ihre Regierungsbeteiligung die Wähler vertreibt, in weiteren deutschen Landtagen in Regierungsverantwortung kommt. Die Entmystifizierung der Linken, wie sie etwa Harald Ringstorff in Mecklenburg-Vorpommern betrieben hat, ist Gift für eine Partei, die bisher programmatische Brückenschläge vermeidet. Das Pulver, welches das linke Projekt durch pragmatische Regierungsarbeit sprengen könnte, liegt vor allem in Ostdeutschland. Hier, wo die relativ homogene ehemalige PDS – und eben nicht das heterogene

---

62   Reinecke, Stefan: „Man muss sagen, woher das Geld kommt", in: Die Tageszeitung, 26.5.2008.

63   Vgl. Ders: EU-Parteitag der Linkspartei. Die Wessis übernehmen das Ruder, in: Die Tageszeitung, 2.3.2009.

64   Vgl. Walter, Franz: Wie sich die Grünen neu erfunden haben, in: Spiegel Online, abrufbar unter: http://www.spiegel.de/politik/deutschland/0,1518,590086,00.html (eingesehen am 23.11.2008).

65   Vgl. zur immer offeneren Annäherung von SPD-Linken und Ost-Pragmatikern etwa: Brackel, Benjamin von: Rot-rote Annäherung. Die Cappuccino-Connection von Berlin, in: Spiegel online, abrufbar unter: www.spiegel.de/politik/deutschland/0,1518,612204,00.html (eingesehen am 15.03.2009).

Konglomerat linker Vielgestaltigkeit à la WASG – die Verantwortung trägt, dürften inhaltliche Kompromisse mit der SPD wesentlich leichter fallen.

Zudem fordert die Öffnung in den Westen das Selbstverständnis der Partei heraus. Der Linken droht ihr Wesenskern, einer ihrer originären Identifikationspunkte zu verblassen: Als Volkspartei des Ostens gleichsam als Kontrapunkt zum „Westen" – in dem sich vielgestaltige Negativzuschreibungen bündeln – wahrgenommen zu werden. Den ostdeutschen Landesverbänden ist dies durchaus bewusst, schon deshalb ist man bemüht, den Einfluss eines Oskar Lafontaine mit einem schlechten Wahlergebnis zumindest symbolisch einzuschränken.

Überdies hebt die Westausdehnung wieder Themen aufs Tableau, die man mit der Entmachtung der Kommunistischen Plattform eigentlich als erledigt betrachtet hatte. Nun bietet man innerparteilich wieder denen eine Plattform, nach deren Meinung die SED-Herrschaft aufgrund moralischer Überlegenheit durchaus auch im rechtsfreien Raum agieren durfte. Die neuen Sympathiebekundungen für Egon Krenz mögen davon ebenso zeugen wie die Äußerungen des Thüringer Linke-Spitzenkandidaten Bodo Ramelow, der den „politischen Begriff des Unrechtsstaates" für die DDR in Frage stellt.[66] Das mag zwar der Wählermobilisierung dienen, doch in der öffentlichen Wahrnehmung dürfte es die Partei wieder zurückwerfen.

Wie die Linke mit diesen aufgeworfenen inneren Spannungsfeldern, Regierungspragmatismus vs. Totalopposition, Ost-Identität vs. gesamtdeutsche Beliebigkeit, Reform vs. Revisionismus – um nur die wichtigsten zu nennen – umzugehen gedenkt, wird mitentscheidend für die Zukunft der Partei sein. Denn als dritte politische Kraft auf Augenhöhe in Ostdeutschland wird sie sich der Verantwortung des Regierungshandelns stellen, auch um im nächsten Schritt 2013 auf Bundesebene koalitionsfähig zu werden. Dabei einen Großteil der Partei – auch und gerade im Westen – mitzunehmen und gleichzeitig die ostdeutsche Basis nicht zu stark zu schleifen dürfte Crux und das erklärte Ziel sein.

Epilog - Nach dem Umbruch das Patt ?

Die drei großen Parteien in Ostdeutschland – Union, SPD und Linke – scheinen in der Tat in einer Patt-Situation gefangen. Keiner will mehr so recht mit dem Anderen und doch wird in Ostdeutschland kaum ein Weg an einer Großen Koalition vorbeigehen, wobei die Linke ganz dezidiert auch als „große" Partei betrachtet werden muss. Künftig werden wir es also jenseits der Elbe mit eher linken oder eher konservativeren großen Koalitionen unter Einbeziehung der

---

66 Vgl. „Die DDR war kein Unrechtsstaat", stz-Interview mit Bodo Ramelow, in: Südthüringer Zeitung, 26.02.2009.

SPD zu tun haben. Doch die Stärke der PDS-Nachfolger ist zugleich das größte Handicap für eine Normalisierung zwischen den Parteien. Denn kein SPD-Landesverband will den ersten Ministerpräsidenten der Linken küren; doch muss die SPD die Linke in Koalitionen zwingen, will sie diese entzaubern und wieder auf Distanz bringen. Überhaupt liegt vieles in den Händen der Sozialdemokraten, solange die CDU die Linke – wovon zunächst einmal auszugehen ist – auf Landesebene weiter links liegen lässt.

Ändern wird sich diese Konstellation auf lange Sicht wohl kaum. Nach dem Abgang der letzten Patriarchen in Ostdeutschland sind absolute Mehrheiten nahezu unmöglich. Weder Platzeck, noch Tillich oder Althaus scheinen in der Lage zu sein, die Pattsituation aufzulösen. Und auch in den beiden Bindestrichländern Sachsen-Anhalt und Mecklenburg-Vorpommern steht kein Kandidat vom Format eines Kurt Biedenkopf, Bernhard Vogel oder Manfred Stolpe zur Verfügung. Zudem verschwinden die kleinen Parteien keineswegs. Doch finden die Wanderungen analog zu den Altbundesländern innerhalb der Lager statt und verwandeln, im Falle des immer möglichen Einzugs rechter Parteien in ostdeutsche Landesparlamente, den Drei-Parteien-Patt in ein unübersichtliches Sechs-Parteien-System.

Indes, selbst die drei populären Ministerpräsidenten der Nachwendezeit hätten den Patt im Osten nicht aufhalten können. Denn gerade in den nachwachsenden Generationen ist der Bedarf an patriarchalen Kümmerern kaum noch existent. Während die Kinder der „Fürsorgediktatur"[67] noch äußerst empfänglich für den landesväterlich-kümmernden Politikstil der Patriarchen waren, wird diese Mentalität, dass belegen die Shell-Jugendstudien recht eindeutig, bei den unter 35-Jjährigen Post-Wende-Kindern kaum noch nachgefragt.[68] Eigenverantwortlichkeit, Individualität und eine geringe Erwartungshaltung an den Staat treiben die jungen Wähler immer häufiger ins bürgerlich-liberale Lager, sei es nun grün oder gelb nuanciert. Der vorsorgende – und eben nicht der nachsorgende – Sozialstaat der in Ostdeutschland dominierenden Steinmeier-Platzeck-SPD[69] wärmt bei den unter 35-Jährigen das Herz. Während die 25-34-Jährigen der Generation des New-Economy-Booms vor allem dem neoliberalen Freiheitsversprechen Guido Westerwelles vertrauen, setzen die 18-24-Jährigen Kinder der Mediengeneration auf das rot-grüne Projekt Joschka Fischers und Gerhard Schröders. Das konservative Angebot der Union und das anders nuancierte, aber nicht minder konservative Versprechen der Linken ist in diesen Alterskohorten kaum noch mehrheitsfähig – in den älteren Generationen hingegen

---

67   Vgl. zum Begriff der Fürsorgediktatur: Jarausch (Anm. 7).
68   Vgl.: Shell Deutschland Holding (Hrsg.): Jugend 2006. Eine pragmatische Generation unter Druck, Frankfurt/Main 2006.
69   Vgl. Platzeck, Matthias/ Steinbrück, Peer/Steinmeier, Frank-Walter (Hrsg.): Auf der Höhe der Zeit. Soziale Demokratie und Fortschritt im 21. Jahrhundert, Berlin 2007.

haben die alten staatstragenden Parteien CDU und Linke eine komfortable Mehrheit.[70]

Gleichzeitig haben sich in den letzten Jahren die Zustimmungsraten zu den Parteien im Osten Deutschlands auf einem gleichbleibenden Niveau eingependelt, trotz unterstellter geringer Parteibindung und hoher Volatilität. Die Linke und die Union kämpfen um die Vormachtstellung im Osten, gefolgt von der etwas, aber nicht deutlich abgeschlagenen SPD. Zusammen vereinen die drei ostdeutschen Volksparteien, zählt man die SPD ob ihrer Schwäche im Süden Ostdeutschlands mit dazu, konstant über 80 Prozent auf sich. Das wäre dann immerhin, nachdem man lange Zeit versuchte, die Zukunft der deutschen Parteien-Moderne im Osten zu verorten, vom Stimmenanteil eine Schubumkehr in Richtung Renaissance der Volksparteien – ausgerechnet im Osten Deutschlands.

Wohin aber werden sich die Parteien in Ostdeutschland entwickeln? Die SPD ist inzwischen –und das ist doch dann immerhin ein Sieg über die jüngste Geschichte – doch noch zur wichtigsten Regierungspartei, zur conditio sine qua non in Ostdeutschland geworden. Die Kaltschnäuzigkeit, aber auch die programmatische Offenheit nach links und rechts der jeweiligen Landesverbände wird viel darüber entscheiden, welche Partei den Osten künftig, neben der SPD, mitprägen wird. Zudem scheint es auch, dass sie trotz der Stärke der Linken im Osten, die Talsohle der eigenen Bedeutungslosigkeit in Sachsen und Thüringen durchschritten haben dürfte, nicht zuletzt durch die Regierungsbeteiligung in Sachsen seit 2005. Denn die hat vor allem anderen eines bewiesen: Nicht der Stimmenanteil, sondern die Scharnierstellung zwischen der Linken und der Union eröffnete der SPD selbst mit dem historisch schlechten Wahlergebnis von 2005 in Sachsen nahezu selbstverständlich den Weg auf die Regierungsbank. Dabei steht ihr nicht mal ihre eigene Geschichte im Weg, an der sie sich im Westen der Republik messen lassen muss, denn deren Gewissheiten besitzt die ostdeutsche SPD nicht. Sie ist in den neuen Bundesländern eine eher traditionslose Partei, eignet sich daher ideal als pragmatische Scharnierpartei. Ob dies aber schon den Ausbruch aus der Umklammerung markiert, bleibt abzuwarten.

Auch die Union wird, so die SPD ihre innere Hemmschwelle überwindet und zunehmend Bündnisse mit der Linken eingeht, vor erhebliche innere Diskussionen gestellt werden. Denn kaum vorstellbar ist, dass die CDU, die sich noch Anfang der 90er Jahre als natürliche ostdeutsche Regierungspartei sah, rot-roten Bündnissen auf Dauer den Vorzug lässt und sich auf der Oppositionsbank einrichtet. Dann gewänne Böhmers Appell aus dem Sommer 2008, langfristig über Kooperationen mit der Linken nachzudenken an Bedeutung,[71] bedenkt

---

70 Während CDU und Linkspartei bei der Bundestagswahl 2005 bei den über 45-Jährigen knapp 55 Prozent der Stimmen erreichten, kommen sie bei den 25-34-Jährigen nur auf 43 Prozent und bei den Erstwählern nur auf 38,4 Prozent. Vgl. zu den Zahlen: Decker (Anm. 18).
71 Vgl. Schlegel, Matthias: Flirten mit links, in: Der Tagesspiegel, 21.07.2008.

man, dass die Union auf kommunaler Ebene in Ostdeutschland schon seit einigen Jahren reibungslos mit den verschmähten SED-Nachfolgern kooperiert.[72] Auch deshalb wird die Union im Osten auf lange Sicht ihr konservatives Außenbild weiter abschleifen müssen, gleichzeitig wird aber die Linke zur SPD hin pragmatischer werden. Im gleichen Zuge dürften sich auch die ideologischen Gräben nicht nur zur Linken, sondern auch der Union allgemein zur ostdeutschen Gesellschaft langsam schließen lassen. Profitieren dürften von einer sozialeren, sich öffnenden Union indes vor allem die Liberalen, die gerade in Sachsen eine hohe Zustimmung erfahren. Doch die Wanderungssalden sind auch dort eher ausgeglichen und verschieben den Patt eher in bundesrepublikanische Verhältnisse zwischen bürgerliches und linkes Lager.

Wer indes von einem möglichen Reibungsverlust der Linkspartei profitieren wird, ist noch fraglich. Die Grünen sind bei den entscheidenden Wählerkohorten über 45 Jahren nach wie vor weit von der Fünf-Prozent-Hürde entfernt. Hier kommt zum Tragen, dass es die „silent revolution" (Inglehart) – einhergehend mit der Herausbildung einer postmateriellen Generation – zwar bis auf den Prenzlauer Berg schaffte, die DDR-Gesellschaft aber nicht zu durchdringen vermochte. Zudem kommt eine weitere ostdeutsche Besonderheit zum Tragen. Während die altbundesrepublikanischen Grünen die Annäherung ans bürgerliche Lager unter heftigen Diskussionen vollziehen, sind die Grünen im Osten schon immer im bürgerlichen Lager verankert gewesen. Nicht umsonst hatte Werner Schulz schon 1994 das Modell schwarz-grün für Sachsen diskutiert.[73] Zudem streiten sich neben den Grünen auch die Sozialdemokraten und die Union um jene protestantische Minderheit.

Noch deuten die Mehrheitsverhältnisse in Ostdeutschland nicht auf solche Konstellationen hin, bisher dominiert das seit 1994 bestehende Drei-Parteien-System. Und die Erfahrungen aus Berlin und Mecklenburg zeigen, dass auch die Sozialdemokratie kaum von Verlusten der Linken zu profitieren vermag, eher noch und das wäre in der Tat ein alarmierendes Signal, die rechten Parteien wie in Sachsen und Mecklenburg-Vorpommern.

Gleichwohl wird eine Einbindung der Linkspartei in Regierungsverantwortung immer wahrscheinlicher. Ebenso erwartbar ist, dass ihr dies Wähler rauben wird. Überdies bergen Regierungsbeteiligungen, das zeigt die andauernde und nicht zu unterdrückende Kritik am Regierungsalltag der Linkspartei in Berlin, dank der Ausdehnung der Partei nach Westen erhebliche Sprengkraft für die Binnenperspektive der PDS-Nachfolger. Beides dürfte die Linke in den Jahren 2009 und fortfolgend erheblich belasten. Die sinkenden Umfragewerte des Jahres 2009 deuten dies – noch auf hohem Niveau – bereits an.

---

72 Vgl. Fels, Markus: Kuscheln mit Dunkelrot, in: Rheinischer Merkur, 21.08.2008.
73 Vgl. Geis, Matthias: Schwarz-grün in Sachsen?, in: Die Tageszeitung, 10.09.1994.

Für Opfer und Gegner des SED-Regimes wird die pragmatische Einbindung der Linken wohl nicht zu Unrecht ein schauerliches Szenario sein. Doch dürfte die Beteiligung der Linken auch auf Bundesebene nur eine Frage der Zeit sein und zugleich zur Normalisierung des deutsch-deutschen Verhältnisses beitragen. Erst dann wird sich die gesamte Bundesrepublik an ein Fünf-Parteiensystem ohne Scheuklappen gewöhnen können. Denn knapp dreißig Prozent der ostdeutschen Wähler weiter von der Mitbestimmung auf der großen politischen Bühne fernzuhalten dürfte, bei aller gebotenen Skepsis gegenüber den historischen Implikationen, auch nicht der Königsweg der Demokratie sein, die zu stärken doch eigentlich alle Parteien angetreten sind.

Und doch ist die Linkspartei in Ost und West äußerst erfolgreich, der jähe Absturz steht nicht bevor. Und so wird die fortgeschrittene Entdämonisierung der Linken im Osten deshalb wohl bald auch von denen vorangetrieben werden, die sich für die Ausgrenzung der Partei am intensivsten eingesetzt haben; der Union. Der Osten Deutschlands wird mithin noch auf längere Sicht das koalitionstaktische Experimentierfeld der gesamtdeutschen Parteien bleiben und darf deshalb dann doch wieder als modern gelten.

Mitten in Deutschland
Eine Annäherung an die von den Parteien stets umworbene Mitte

Stine Harm

Die Mitte trägt seit jeher das Versprechen in sich, den harmonischen Ausgleich der Extreme, die einvernehmliche Synthese widerstreitender Anschauungen in sich zu bergen. Die räumliche Mitte ist das Zentrum und der Ausgangspunkt, die gesellschaftliche Mitte der Garant für Stabilität und die politische Mitte verhindert das Erstarken radikaler Positionen. Die hohe, der Mitte zugeschriebene Relevanz ist offensichtlich: Als Moderator wirkt sie auf ausgeprägte rechte oder linke, die Demokratie gefährdende Überzeugungen ausgleichend.[1] Seit Aristoteles das Übermaß in jeglicher Hinsicht als Gefahr für den Staat geißelte, gilt die große Mitte als das Rückgrat für die beste aller Staatsformen. Aus den vernünftigen und tugendhaften Mittleren des Aristoteles wurde in der „Sattelzeit" der Mittelstand, der sich über die Mittelklasse zur nivellierten Mittelschicht formwandelte. Dieser wird, neben der ausbalancierenden Wirkung auf das Politische, in den hochentwickelten Industriestaaten inzwischen auch eine ökonomische Bedeutung beigemessen. Die gebildete, fleißig nach Aufstieg strebende Mittelschicht treibe durch ihre Leistungsfähigkeit und Innovationsbereitschaft das Wirtschaftswachstum an und bringe somit unsere Gesellschaft insgesamt voran.[2]

Daher verwundert es nicht, dass Parteien besonders gern mit der Mitte-Begrifflichkeit operieren. Denn die Mäßigung suggerierende Mitte ist nicht nur funktional, gilt jenen als unentbehrlich für die Demokratie und soziale Marktwirtschaft, vielmehr stellt sie in der Bedeutung von Mehrheit auch satte Wahlgewinne in Aussicht. „Partei der Mitte" wirkt immerhin auf zwei Drittel der Bevölkerung ausgesprochen attraktiv.[3] Wer die Macht erringen will, muss die

---

1 Vgl. exemplarisch Altmann, Rüdiger: Die Mobilisierung der Mitte. Was sich nach Adenauer gewandelt hat, in: Politische Meinung Jg. 21 (1976) H. 164, S. 19-26, hier S. 23; Fischer, Peter: Mitte, Maß und Mäßigkeit. Zur Idee und Relevanz eines gesellschaftlichen Mittebezuges, Hamburg 2007, S. 312f.

2 Vgl. Werding, Martin: Die Mittelschicht macht reich, in: Frankfurter Allgemeine Sonntagszeitung, 14.12.2008.

3 Köcher, Renate: Die Sogwirkung der Linkspartei, in: Frankfurter Allgemeine Zeitung, 20.12.2008.

Mitte erobern. Das klingt für Parteistrategen auch deshalb so attraktiv, weil sich beinahe 60 Prozent der (West-)Deutschen selbst in der Mitte verorten.[4] Doch was ist das für eine Mitte? Sind Wähler mittleren Alters, mittleren Einkommens und einer mittleren Bildung gemeint, oder wird eine politische Mitte zwischen rechts und links imaginiert? Und ist die Mitte, die sich die Parteikommunikatoren seit zehn Jahren auffallend oft gegenseitig abspenstig machen, eben die, in der sich mehr als die Hälfte der Bundesbürger wiederfinden?

Der Wettbewerb um die Mitte

Das politische Gerede von der Mitte ist alt und die „Neue Mitte" war auch keine genuine Erfindung der Sozialdemokratischen Partei unter Lafontaine. Bereits auf dem Dortmunder Wahlsonderparteitag der SPD im Oktober 1972 prägte Brandt diese Begrifflichkeit in einer von Klaus Harpprecht verfassten Rede. Schon damals wurde der Terminus nicht präzise ausdefiniert dennoch gelang es Brandt, damit ein spezifisches Lebensgefühl einzufangen.[5] Für den Parteivorsitzenden war die „Neue Mitte" Substanz und Standort nicht einer Partei, sondern eines Regierungsbündnisses, dessen wichtigstes Ziel es sei, mehr Freiheit und Gerechtigkeit für die bisher Benachteiligten zu schaffen.[6]

Den Beginn der gegenwärtigen Mitte-Konjunktur markiert der Bundestagswahlkampf der SPD 1998. Mit der Mitte, die Schröder und seine Partei plötzlich wiederentdeckten, war nicht mehr ein Regierungsbündnis, sondern eine Allianz zwischen den Stimmbürgern und der SPD gemeint. Im Wahlprogramm wird deutlich, wie sich die Sozialdemokraten diese Wähler vorstellten: leistungsfähig, flexibel, gut ausgebildet, eigenverantwortlich und initiativ. Es waren die so genannten „hoch qualifizierten und motivierten Leistungsträger" der Gesellschaft, um die man für dieses politische Projekt warb, engagierte Mittelständler, mutige Existenzgründer, Informatiker, Ärzte und Ingenieure, erfindungsreiche Techniker und Wissenschaftler. Zusammengenommen waren sie – in den Augen der Parteistrategen – die Mehrheit der Gesellschaft. In seiner Rede auf dem Leipziger Parteitag im April 1998 ergänzte der designierte Kanzlerkandidat Gerhard Schröder, dass er mit der „Neuen Mitte" nicht nur um Angehörige der „wissenschaftlich-technischen Intelligenz", sondern auch um die

---

4   Statistisches Bundesamt (Hrsg.): Datenreport 2008. Ein Sozialbericht für die Bundesrepublik Deutschland, Bonn 2008, S. 178.

5   Zur grundsätzlichen Bedeutung dieser Rede vgl. Walter, Franz: Der Kanzler und seine Intellektuellen, in: Ders.: Träume von Jamaika. Wie Politik funktioniert und was die Gesellschaft verändert, Köln 2006, S. 87-92, hier S. 89f.

6   Brandt, Willy: Perspektiven der neuen Mitte. in: Hildegard Hamm-Brücher (Hrsg.): Auftrag und Engagement der Mitte, Eckwerte der Demokratie in der Bundesrepublik, München 1974, S. 245-252, hier S. 248f.

Kernklientel der Christdemokraten, um den Mittelstand kämpfen werde.[7] Angelernte Arbeiter, Arbeitsuchende oder Jugendliche ohne Ausbildung wurden nur angesprochen, sollten nur teilhaben, wenn sie unbedingten Leistungswillen und Einsatzbereitschaft zeigten, statt sich mit ihrer Situation abzufinden. Nur wenn sie sich anstrengten, seien sie transferleistungsberechtigt, dies gebiete die Fairness gegenüber den eigentlichen Stützen der Gesellschaft, den Sozialstaatsfinanzierern. Und genau um die ging es den Sozialdemokraten vornehmlich. Ihnen sollte das Gefühl gegeben werden, dass sich ihr Engagement lohne, dass sie als Kostenträger des Wohlfahrtssystems fair behandelt würden. An Faule und Unwillige sollte das Geld der Mitte-Bürger nicht verschwendet werden.[8] In aller Schärfe wurde schließlich im so genannten Schröder-Blair-Papier formuliert, dass das „Sicherheitsnetz aus Ansprüchen in ein Sprungbrett in die Eigenverantwortung" umgewandelt werden solle. Die Ausweitung der Chancengleichheit sollte dabei – sozusagen als Gerechtigkeitskorrektiv – immer im Blick behalten werden.[9]

Die Christdemokraten wollten nicht tatenlos bei der Entlehnung der traditionell von ihr gebrauchten Begrifflichkeit zuschauen. Zumal sich scheinbar die Wähler in der von den Sozialdemokraten gezeichneten Mitte wiederfanden. So bereuten die CDU-Strategen vielleicht, dass sie ihre zaghafte Propaganda von 1994 für eine „Koalition der Mitte" vier Jahre darauf nicht ausgebaut hatten. Denn schließlich waren sie seit 1949 mitten in der Gesellschaft verankert, konnten Katholiken und Protestanten, Arbeiter und Großunternehmer zusammenbinden. Das wollte man sich von der politischen Konkurrenz nicht nehmen lassen. Daher warb die Union seit 1998 verstärkt mit ihrem Standort „Mitten im Leben". Doch so richtig kam die Kampagne erst 1999 mit den Erfurter Leitsätzen in Schwung. Die CDU beschrieb sich darin selbst als „Volkspartei der Mitte". Sie beanspruchte diesen Status aufgrund ihrer historischen Führungsrolle bei Wiederaufbau, Wirtschaftswunder, der Wiedervereinigung sowie Sozialen Marktwirtschaft und auch in Zukunft werde sie diese Rolle übernehmen, weil sie für Geborgenheit, Heimat, Zukunft, soziale Sicherheit und Absicherung in einer sich veränderten Welt stehe.[10] Während die SPD also mit ihrer Mitte zunächst die gesellschaftlichen Leistungsträger anvisierte, verstand die CDU dar-

---

7   Rede Gerhard Schröders auf dem Leipziger Parteitag, 17.04.1998, abrufbar unter: http://www.april1998.spd-parteitag.de/schroeder.html (eingesehen am 19.02.2009).

8   Arbeit, Innovation und Gerechtigkeit, SPD-Programm für die Bundestagswahl 1998, Beschluss des außerordentlichen Parteitags der SPD am 17. April 1998 in Leipzig, abrufbar unter: http://www.april1998.spd-parteitag.de/programm/ (eingesehen am 20.01.2009).

9   Schröder-Blair-Papier, Der Weg nach vorne für Europas Sozialdemokraten, Ein Vorschlag von Gerhard Schröder und Tony Blair, abrufbar unter: http://bnla17.landshut.org/spdvib/041199/original.htm (eingesehen am 20.02.2009).

10 Erfurter Leitsätze – Aufbruch '99, abrufbar unter: http://www.cdu.de/doc/pdfc/12pt_erfurter_leitsaetze.pdf (eingesehen am 05.10.2005).

unter ihre Funktion als Volkspartei. Diese Selbstbezeichnung unterstrich den Anspruch, die Gesamtbevölkerung schichtübergreifend anzusprechen und ihre Interessen auszugleichen.

Doch die Sozialdemokraten wollten ihre Begriffshoheit über die Mitte nicht abgeben. Der damalige Generalsekretär der Partei, Franz Müntefering, buchstabierte 2001 in der Frankfurter Rundschau durch, „warum für die CDU in der Mitte kein Platz ist".[11] Die Union stünde nicht mitten im Leben, ihre Anhängerschaft sei überaltert und sie habe keinen Anschluss an die mittleren Generationen gefunden. Außerdem sei die „Partei des Kalten Krieges" in der Vergangenheit verhaftet geblieben und habe so jegliche Legitimation für die zukünftige Gestaltung der Gesellschaft verloren. Für Müntefering war die Mitte nun nicht mehr von der Union besetzt, sondern befand sich im Radius der „linken Volkspartei", denn ehemals typisch linke Prinzipien und Haltungen, wie beispielsweise die Bereitschaft zum zivilgesellschaftlichen Engagement oder die Analyse der politischen Probleme von ihrer Ursache her, seien im breiten Bewusstsein der Öffentlichkeit angekommen. Somit stehe die SPD strukturell und habituell in der Mitte der Gesellschaft. Die Sozialdemokraten schienen nun unter der Mitte nicht mehr nur die Subjekte der Neuen Mitte zu verstehen, sondern – ebenfalls wie die CDU – einen politischen Standort, der auf Grund seiner zentralen Positionen für eine breite Wählerschaft attraktiv sei.

Wenige Tage nach Müntefering stellte der Christdemokrat Wolfgang Schäuble in einer Replik in derselben Zeitung klar, dass für ihn Mitte nicht Beliebigkeit und Pragmatismus pur nach SPD-Art sei, sondern Pluralismus, Toleranz, Subsidiarität und Eigenverantwortung bedeute. Und weil Schäubles Partei eine auf diese Werte begründete Volkspartei sei, wirke sie zur Mitte hin integrierend.[12] Sowohl SPD als auch CDU waren nun darum bemüht, den Ort der Mitte mit Substanz zu füllen, mit zivilgesellschaftlichem Engagement auf der einen und eigenverantwortlicher sowie toleranter Werthaltung auf der anderen Seite. Dass jenes dieses nicht ausschloss, thematisierten die Parteivertreter in ihrer politischen Rhetorik nicht.

Auch der damalige nordrhein-westfälische Landesvorsitzende der CDU, Jürgen Rüttgers, warf mit einem Namensartikel ebenfalls in der Frankfurter Rundschau weiter Holz auf das Mitte-Feuer. Er verschrieb der Union, dass sie über die kulturelle Mitte die politische Mehrheit zurückerobern und sich als runderneuerte Partei für verschiedene Biografien und Lebenswege öffnen müsse.[13] Rüttgers offenbarte mit diesem Statement, dass Mitte für ihn nicht an konk-

---

11   Müntefering, Franz: Warum für die CDU in der Mitte kein Platz ist, in: Frankfurter Rundschau, 05.02.2001.

12   Schäuble, Wolfgang: Das soll Mitte sein?, in: Frankfurter Rundschau, 09.02.2001.

13   Rüttgers, Jürgen: Neue Mitte oder Politik der Beliebigkeit, in: Frankfurter Rundschau, 14.02.2001.

rete Eigenschaften oder Wertvorstellungen gebunden sei, sondern schlicht ein Synonym für die Mehrheit der Wähler darstelle. Und diese sei nicht allein durch vermeintlich allgemeingültige Werte zu erreichen, sondern müsste auch durch einen breiten Mix an politischen Repräsentanten angesprochen werden.

Im Bundestagswahlkampf 2002 arbeitete die CDU weiter an ihrer Mitte-Begrifflichkeit. Man sprach davon, dass sich die Leistungsbereitschaft der „schweigenden Mehrheit" wieder lohnen müsse und nahm für sich in Anspruch, aus der Mitte des politischen Spektrums und aus dem Zentrum der Gesellschaft heraus zu agieren.[14] So unterstrichen die Christdemokraten einerseits weiterhin ihre volksparteiliche Mitteinterpretation und glichen sich andererseits gleichzeitig der sozialdemokratischen Mitte-Vorstellung an, indem nun auch sie verstärkt Leistungsträger und die ihnen zustehende Belohnung thematisierten. Aus Angst, der jeweils andere große politische Konkurrent könne mit seinem „Mitte-Sprech" größeren Zulauf erzielen, kupferten CDU und SPD untereinander nicht nur den Begriff, sondern auch dessen nebulöse inhaltliche Füllungsversuche ab und verloren sich so in Unklarheiten, Allgemeinplätzen und Verwechselbarkeiten. Denn auch die SPD versuchte es 2002 zunächst wieder mit der Mitte – was 1998 erfolgreich war, sollte sich nun ein zweites Mal bewähren. Sie startete den Wahlkampf mit dem Kongress „Die Mitte in Deutschland". Bereits in seiner Presseerklärung zu dieser Konferenz stellte Müntefering klar, dass CDU/CSU nicht die Mitte seien. Die Sozialdemokraten hingegen hätten alles, um die „rote Mitte" in Deutschland abzudecken: angefangen vom Mitte-Prototyp Gerhard Schröder, der sich mit Leistung und Ausdauer in die Mitte gekämpft habe, über ein Programm der Mitte, welches die Familie und eine effektive Beschäftigungspolitik in den Vordergrund stelle, bis hin zu einem Wahlkampf der Mitte, in dem man „auf dem Weg der Mitte in die Zukunft gehen" werde.[15] In seinem dortigen Redeauftritt versuchte der Bundeskanzler, die sozialdemokratische Mitte zu konkretisieren als Bündnis zwischen Arbeitnehmerschaft und aufgeklärtem Bürgertum, das von Leistung und Gemeinsinn getragen werde. Er begriff Mitte als eine Art Lebensgefühl und trennte erstmals im Jargon der Partei die politische von der gesellschaftlichen Mitte.[16]

Das attributive Mitte-Wirrwarr der SPD sollte noch gesteigert werden, als Olaf Scholz 2003 mit der „solidarischen Neuen Mitte" versuchte, eine Synthese zwischen der politischen und, wie er es nannte, soziologischen Mitte herzustel-

14 Vgl. Leistung und Sicherheit, Zeit für Taten, Regierungsprogramm 2002/2006 von CDU und CSU, abrufbar unter: http://www.cdu.de/doc/pdfc/regierungsprogramm-02-06-b.pdf (eingesehen am 05.01.2009).

15 In Deutschland ist die Mitte rot, Presseerklärung des SPD-Generalsekretärs Franz Müntefering zum Kongress „Die Mitte in Deutschland", 12.02.2002.

16 Rede des SPD-Parteivorsitzenden, Bundeskanzler Gerhard Schröder anlässlich des Kongresses: Die Mitte in Deutschland am 20.02.2002 in Berlin, abrufbar unter: http://www.spdfraktion.de/cnt/rs/rs_datei/0,,3200,00.pdf. (eingesehen am 03.02.2009).

len. Für Scholz waren die Vertreter der „solidarischen Neuen Mitte" die studier-
ten Nachkommen der hart arbeitenden „kleinen Leute", von denen er nun ein
auf Zusammengehörigkeitsgefühl gründendes Eintreten füreinander einforderte.
Der damalige Generalsekretär der SPD kritisierte so auch indirekt die bisherige
Konnotation des vielfach verwendeten Schlagwortes. In eine ähnliche Richtung
zielte der Beitrag von Erhard Eppler im März 2008 auf dem hessischen Landes-
parteitag der SPD. Eppler forderte hier Solidarität für die verletzte, verunsicherte und verängstige Mitte, die vor einer bestimmten Form des Kapitalismus ge-
schützt werden müsse.[17]

Unter Verzicht auf jegliche Erklärungen und Begründungen füllte die Sozialdemokratie nach 2002 neuen Wein in alte Schläuche und vollzog eine Kehrtwende von der Neuen Mitte, der Allianz zwischen der Partei und der selbstbewussten „wissenschaftlich-technischen Intelligenz", hin zur hilflosen und ver-
zagten Mitte. Auch wenn diese Umdefinition nur die Entwicklung der Partei
nachvollzog, war sie doch eher misslungen. Daher gab man den Mitte-Begriff
gänzlich auf. Im Hamburger Grundsatzprogramm sprach man stattdessen von
der „solidarischen Mehrheit" und verstand darunter diejenigen, die die Werte
und Ziele der Sozialdemokratie teilten sowie in Gewerkschaften, Vereinen,
Verbänden, Kirchen, sozialen Bewegungen und Netzwerken Engagierte, die
eine bessere und gerechtere Gesellschaft wollten.[18] Bereits acht Monate zuvor
hatte der damalige Parteivorsitzende Kurt Beck in der Tageszeitung Die Welt
erläutert, was er konkret unter dieser „solidarischen Mehrheit" verstand: Eine
von Einkommen, Sozialmilieu oder Schicht unabhängige Mehrheit, die die Idee
einer gerechten Bürgergesellschaft mit wechselseitigen Solidaritäten vereint.[19]
Auch Hubertus Heil und Siegmar Gabriel schlossen sich der „Mehrheits-
Vokabel" an und grenzten diese sogar bewusst von der „Neuen Mitte" ab. Die
Mehrheit seien Meister, Techniker, Facharbeiter, Angestellte, Kaufleute, Hand-
werker, Krankenschwestern oder Beamte, die Produkte und Dienstleistungen
mit ihrer Intelligenz, ihrem Geschick, ihrem Können und ihrem Engagement
weltweit erfolgreich gemacht hätten und eben keine „Neue Mitte-Mischung",
kein Amalgam aus Internet und Börse.[20]

Im Gegensatz zu den Erklärungen rund um die „Neue Mitte" ist bei der
„solidarischen Mehrheit" kaum noch von Leistung oder Leistungsgerechtigkeit
die Rede, dafür wird aber umso mehr die Wichtigkeit der Chancengleichheit

---

17 Vg. Ulrich, Bernd: Im Land der Opfer, in: Die Zeit, 10.04.2008; Eppler, Erhard: Kleine ver-
    zichten und Große kassieren, in: Die Zeit, 17.04.2008.
18 Vgl. Hamburger Programm, Das Grundsatzprogramm der Sozialdemokratischen Partei
    Deutschlands, beschlossen auf dem Hamburger Bundesparteitag der SPD am 28. Oktober
    2007, abrufbar unter: http://www.spd.de/de/politik/grundsatzprogramm/index.html #Hambur-
    ger_Programm (eingesehen am 02.01.2009).
19 Beck, Kurt: Die bürgerliche Mehrheit sitzt in keinem Lager, in: Welt, 18.02.2008.
20 Gabriel, Siegmar: Links sein. Politik für die Mehrheit, Zürich 2008, S. 24.

betont. Daneben hat in diesem Zusammenhang auch die Solidarität einen völlig neuen Stellenwert erhalten. Noch im Schröder-Blair-Papier und auf dem Mitte-Kongress wurde Solidarität immer nur im Zusammenhang mit (Eigen-)Verantwortung benutzt – auch diese assoziative Beziehung hat sich in der „solidarischen Mehrheit" aufgelöst. Doch das neue sozialdemokratische Führungs-duo Frank-Walter Steinmeier und Franz Müntefering interessieren sich weder für die „Neue Mitte" noch die „solidarische Mehrheit". Der Kanzlerkandidat Frank-Walter Steinmeier erklärte auf dem Außerordentlichen Parteitag im Oktober 2008 in Anspielung auf die CDU-Kampagne, dass er nicht wisse, was eine „bürgerliche Mitte" sei und versprach gleichzeitig schlicht, eine Politik für die Mehrheit zu machen – in seinen Augen Menschen, die sich gegen die Vorstellungen von oben und unten zur Wehr setzen.[21]

Demgegenüber blieb die CDU bei der Mitte. Im hastig zusammengeschusterten Wahlprogramm von 2005 reklamierte man erneut für sich, die „Volkspartei der Mitte" zu sein.[22] Dass sie als Christdemokraten nahe an der Lebenswirklichkeit der Menschen seien, lieferte die argumentative Begründung für diesen Anspruch.[23] Die CDU versprach eine auf festen Werten gründende „Politik der Mitte".[24] Darunter begriff sie Heimat, Familie, Nationalstolz, Fortschritt, Freiheit, Eigenverantwortung und Subsidiarität. Auch im neuen Grundsatzprogramm wurde der Alleinanspruch auf die alle Schichten des Landes integrierende, für sozialen Aufstieg offene Mitte betont.[25] Und für diese Mitte wollte sie wirtschafts- und sozialpolitische Handlungskonzepte entwickeln, in deren Zentrum die Familie stehe, die den Bürgern die virulente Angst vor dem Abstieg nehmen und ihre bürgerlichen Werte und Tugenden stärken sollte.[26] Allerdings sollte jener Mitte nicht, wie es Eppler forderte, Solidarität zuteilwerden, sondern sie sollte diese aus sich selbst heraus immer wieder neu bereitstellen. Als Ge-

---

21 Die Rede ist abrufbar unter: http://www.frank-walter-steinmeier.de/_pdf/081018 _rede_ bpt_steinmeier (eingesehen am 10.03.2009).

22 Vgl. Regierungsprogramm 2005-2009, Deutschlands Chancen nutzen. Wachstum. Arbeit. Sicherheit, abrufbar unter: www.regierungsprogramm.cdu.de/download/ regierungsprogramm-05-09-cducsu.pdf (eingesehen am 13.02.2009).

23 Vgl. Rede des Generalsekretärs Ronald Pofalla MdB vor dem Bundesausschuss vom 20. Februar 2006, abrufbar unter: http://www.cdu.de/doc/pdfc/06_02_20_GS_ Rede_ Bundesausschuss.pdf (eingesehen am 11.12.2008).

24 Vgl. Erfurter Erklärung 10.01.2009, Beschluss des Bundesvorstandes, abrufbar unter: www.cdu-halle.de/aktuell/090110-Erfurter-Erklaerung.pdf (eingesehen am 05.02.2009).

25 Vgl. Grundsätze für Deutschland, Entwurf des neuen Grundsatzprogramms, Antrag des Bundesvorstandes der CDU Deutschlands an den 21. Parteitag am 3./ 4. Dezember 2007 in Hannover, abrufbar unter: http://www.grundsatzprogramm.cdu.de/doc/070701-leitantrag-cdu-grundsatzprogramm-navigierbar.pdf (eingesehen am 10.10.2008).

26 Vgl. Wiesbadener Erklärung der CDU Deutschlands vom 05.01.2008 Deutschland stärken. Politik der Mitte fortsetzen, abrufbar unter: www.angela-merkel.de/080105-wiesbadener-erklaerung.pdf (eingesehen am 03.09.2008); Röttgen, Norbert: Der bürgerlichen Mehrheit Heimat geben, in: Die Welt, 25.02.2008.

gendienst müsse der der Mitte inhärente „bürgerliche Leistungsgedanke" wieder ausreichend honoriert werden.[27]

Während also die CDU seit zehn Jahren unbeirrt darauf beharrt, die Mitte zu repräsentieren und die SPD im Laufe des Jahres 2007 den Mitte-Begriff wieder freimachte, bemächtigte sich dessen die FDP, zumal den Liberalen die christdemokratische Mitte zu weit nach links gerückt war, die Union sich mit ihren Vorstellungen über Mindestlohn und Gesundheitsfonds von der Sozialen Marktwirtschaft entfernt hatte.[28] Dabei konnte sich die FDP, ähnlich wie die CDU, auf eine jahrzehntealte Mitte-Tradition berufen. Die liberale Mitte speiste sich hingegen nicht aus dem Volksparteianspruch, sondern aus zwei völlig anderen Quellen: der linksliberalen Tradition und der Rolle der FDP im bundesdeutschen Parteiensystem. So sah sich der so genannte linksliberale Flügel der Freien Demokratischen Partei als Repräsentant des alten Mittelstandes soziologisch, politisch und kulturell bereits in der Gründungsphase der Bundesrepublik in der Mitte der Gesellschaft und scheute ebenso die rechten wie linken Extreme. Über die soziologische Platzierung der Parteimitglieder hinaus fand die Mitte eine Begründung in der Funktion der Partei, denn die Liberalen positionierten sich in der Mitte des Parteiensystems und boten sich überdies in den Regierungskoalitionen stets als Korrektiv an.[29] Und obwohl der FDP mit dem Auftauchen der Grünen beziehungsweise spätestens mit der Etablierung des Fünf-Parteien-Systems ihre „Scharnierfunktion" abhandenkam, wird ihr in Umfragen noch immer der Mitte-Status zuerkannt.[30] In diesem Sinne basiert die verstärkte Umwerbung der Mitte seit 2008 auf hergebrachten liberalen Traditionen.

Und auf diese nahmen die Freien Demokraten durchaus Bezug, als sie, mit ihrer intensiv im ersten Halbjahr 2008 beworbenen Kampagne „Die Mitte stärken", betonten, dass sie im Zwischenraum von rechts und links bleiben und „Kurs halten" wollten.[31] Sie inszenierten sich verstärkt als Anwalt derer, die „den Karren ziehen" und die vom Wirtschaftsaufschwung nichts spüren würden, obwohl ihr Fleiß der Motor eben jenes Booms sei.[32] Wie bereits die Volksparteien zuvor versuchte auch die FDP, sich ein Bild von der gesellschaftlichen Mitte zu machen. Diejenigen, die morgens aufstehen, ihre Kinder versorgen, zur Arbeit gehen und Steuern zahlen, diejenigen, die Leistung bringen, eine gute Ausbildung erreichen und sich ihr privates Glück auf gesichertem wirtschaftli-

27 Vgl. Röttgen (Anm. 26).
28 Vgl. Guido Westerwelle im Interview, in: Passauer Neue Presse, 04.12.2007.
29 Vgl. Lösche, Peter/Walter, Franz: Die FDP. Richtungsstreit und Zukunftszweifel, Darmstadt 1996, S. 26, 37.
30 Vgl. Köcher (Anm. 2).
31 Vgl. Strategische Eckpunkte 2008, Hannover, 09.11.2007, Mehr Freiheit wagen, abrufbar unter: http://www.liberale.de/webcom/show_download.php?wc_c=653&wc_cat=14 (eingesehen am 05.11.2008).
32 Vgl. Guido Westerwelle im Interview, in: Saarbrückener Zeitung, 19.12.2007.

chen Fundament selbst erarbeiten wollen, ob Arbeitnehmer oder Arbeitgeber, Vorgesetzte, Belegschaften oder Auszubildende, sie alle seien die Mitte Deutschlands. Und eben diese, von Union und SPD „vergessene bürgerliche Mitte" wolle in ihren Augen mehr Freiheit, fordere Leistungsgerechtigkeit sowie mehr Netto und sei bereit, Verantwortung zu übernehmen.[33] Stattdessen sei sie unter der Großen Koalition durch neue Belastungen, die Mehrwertsteuererhöhung und geringere Nettolöhne unter Druck geraten. Um diesen Menschen die Unsicherheit zu nehmen, fordert die FDP daher eine Senkung sowie Vereinfachung der Steuer- und Abgabenlast, Bürokratieabbau, Flexibilisierung des Arbeitsrechtes und eine Stärkung der mittelständischen Tugenden, wie Mut, Kreativität, Verantwortungsgefühl und Leistungsbereitschaft.[34]

Gerade im Hinblick auf das anstehende Superwahljahr 2009 war die CDU allerdings nicht gewillt, sich den Mitte-Begriff durch die FDP abnehmen zu lassen. Daher betonten sie nochmals auf dem Stuttgarter Parteitag im Dezember 2008 „Die Mitte sind wir" und nur aus der Mitte könne Deutschland erfolgreich gestaltet werden.[35] Erneut versprachen sie in der „Erfurter Erklärung" im Januar 2009 eine „Politik der Mitte".[36] Und obwohl die CDU seit mehr als einer Dekade auf der Mitte-Klaviatur spielt, ist es ihr weder gelungen, die Mitte genau zu beschreiben, noch konnte die Partei klarstellen, welche Mitte sie zu hofieren beziehungsweise zu besetzen glaubte.

Über was für eine Mitte reden wir?

Diese Ungenauigkeit plagt nicht die CDU allein. Die Sozialdemokraten vermochten ebenso wenig hinreichend zu erklären, was sie sich unter einer politischen, soziologischen oder wahlweisen neuen Mitte vorstellten. Auch die Mitte der Liberalen blieb unklar. Einerseits ist sie für alle leistungsbereiten Arbeitnehmer offen, andererseits wird sie als bürgerliche Mitte umschrieben, für die eine mittelstandsfreundliche Politik im Vordergrund steht. In der Hoffnung, die fluide Mitte zu erreichen, wechselten die Parteien deren Adjektive jährlich aus und scheuten vor Konkretisierungen und der damit eng zusammenhängenden

---

33 Vgl. „Die Mitte stärken!" Kampagne der FPD, abrufbar unter: http://www.fdp-bundespar tei.de/webcom/show-articlephp/c-1076/-lkm-743/i.html (eingesehen am 23.02.2008).

34 Vgl. Westerwelle, Guido, in: Die vergessene bürgerliche Mitte, in: Die Welt, 03.03.2008; Beschluss des FDP-Präsidiums, Liberales Manifest für den Mittelstand, abrufbar unter: http://www.liberale.de/webcom/show_article.php/_c-567/_nr-2147/ i.html (eingesehen am 21.01.2009).

35 Vgl. Beschluss des 22. Parteitages der CDU Deutschlands: Die Mitte. Deutschlands Stärke, 30.11.-02.12.2008 in Stuttgart, abrufbar unter: www.cdu.de/doc/pdfc/081202-beschluss-a-klima-umwelt-verbraucherschutz.pdf (eingesehen am 04.01.2009).

36 Vgl. Erfurter Erklärung (Anm. 24).

Exklusion zurück. Gelang es den Parteien, mit diesen – sich teilweise ergänzenden, widersprechenden aber vor allem diffusen - Konzepten die Mitte zu erobern? Und überhaupt, wie könnte diese Mitte gefasst werden?

In der wissenschaftlichen Literatur gibt es verschiedene Wege, sich einer wie auch immer beschaffenen Mitte zu nähern. Zum Ersten lässt sich die Mitte ökonomisch bestimmen. Die Berechnungsgrundlage hierfür bildet meist das Einkommen. So befindet sich dann die Mitte zwischen dem oberen und unteren Einkommensquintil. Ein Einkommensquintil ist ein Fünftel der nach der Höhe des Einkommens gereihten Arbeitnehmer. Einfacher ausgedrückt: Verdient jemand zwischen 70 und 150 Prozent des Durchschnittseinkommens, also zwischen 16.579 und 35.526 Euro brutto im Jahr, gehört er nach der Definition des Deutschen Instituts für Wirtschaftsforschung zur Mitte.[37]

Im Jahr 2008 sind zahlreiche Studien erschienen und teilweise im Armuts- und Reichtumsbericht der Bundesregierung gebündelt worden, deren Ergebnis unter „Deutschlands Mittelschicht schrumpft!" verschlagwortet wurde.[38] Man sah nicht nur das Durchschnittseinkommen und somit das Einkommen der Mitte in seiner gesamten Breite sich verringern, sondern auch die Zahl der zur Mitte geschlagenen Einkommensbezieher kleiner werden: So machte das Deutsche Institut für Wirtschaftsforschung 1986 noch 63 Prozent der Haushalte in der Mitte aus, während es 2006 nur noch 54 Prozent waren.[39] Das mediale Krisenecho, welches durch derartige Untersuchungen ausgelöst wird, passt zum Alarmismus, der durchaus nicht neu ist, wenn die Mittelschicht glaubt bedroht zu sein. Die meisten Journalisten erwähnten nicht, dass gleichzeitig die einkommensstarke Schicht gewachsen war. Das heißt, während es zwar einerseits immer schwerer wird, in die Mitte aufzusteigen (da die Einkünfte der Bevölkerung aus dem unteren Einkommensquintil ebenfalls zurückgingen), stiegen einige aus der Mitte in die einkommensstarke Schicht auf, die zwischen 1986 und 2006 von 17 auf 21 Prozent wuchs.

Die wirtschaftliche Situation allein sagt wenig über die deutsche Mitte aus. Rückschlüsse auf die politische Einstellung oder ihre Wertpräferenzen lassen sich daraus nicht ziehen. Daher kann sich den Mittleren auch über sozioökonomische Parameter genähert werden. Ein von der Herbert-Quandt-Stiftung finanziertes Projekt über die „gesellschaftliche Mitte" hat diesen Weg beschrit-

---

37 Diese Angabe, auf dem Median des realen Bruttoeinkommens basierend, gilt pro Kopf und erhöht sich entsprechend bei Lebensgemeinschaften oder Familien. Vgl. Lebenslagen in Deutschland, 3. Armuts- und Reichtumsbericht der Bundesregierung, S. 13, abrufbar unter: http://www.bmas.de/coremedia/generator/26896/lebenslagen__in__deutschland__der__3__ar muts__und__reichtumsbericht__der__bundesregierung.html (eingesehen am 04.12.2008).

38 Vgl. beispielsweise Ochsner, Thomas: Deutschlands Mittelschicht schrumpft, in: Süddeutsche Zeitung, 20.11.2008.

39 Vgl. Wiguny, Bettina/Nienhaus, Lisa: Mitten in Deutschland, in: Frankfurter Allgemeine Sonntagszeitung, 19.05.2008.

ten. Die Forscher einigten sich darauf, dass diejenigen mit einer gehobenen Qualifikation, einer leitenden beruflichen Position oder Expertenstatus sowie dienstleistender Tätigkeit zur gesellschaftlichen Mitte gezählt werden. Diese Form der Mitte umfasst derzeit rund 45 Prozent der Bevölkerung und ist somit erheblich kleiner als die rein ökonomische Mitte. Und es gibt noch einen Unterschied zwischen den beiden Mitten: Während die ökonomische Mitte kleiner wird, ist diese gesellschaftliche Mitte von 34 Prozent im Jahr 1984 um über zehn Prozentpunkte gewachsen. Allerdings stagniert dieses Wachstum seit den 1990er Jahren.[40] Zusätzlich betrachteten die Forscher des Quandt-Projektes Personen, die zwar das Bildungskriterium erfüllen, denen aber eines der anderen beiden Merkmale fehlt. Menschen also, die mindestens Realschulabschluss mit abgeschlossener Berufsausbildung, typischerweise aber einen Hochschulabschluss vorweisen können, die aber erstens, einer manuellen Tätigkeit beziehungsweise gar keiner Profession nachgehen oder aber die zweitens, nicht in einer leitenden oder selbstständig arbeitenden Position tätig sind. Diese Personen werden als der untere Rand der Mitte umschrieben, deren Anteil sich im Untersuchungszeitraum von sechs auf 16 Prozent erhöht hat.[41]

In einem letzten Schritt untersuchte die Forschungsgruppe, ob die gesellschaftliche Mitte, eine von ihrer soziodemografischen Situation her relativ homogene Gruppe, eine spezifische Mentalität und Weltsicht hat, die sie von anderen Bevölkerungskreisen unterscheidet, insbesondere in Bezug auf ihre Leistungsorientierung, ihre Bereitschaft zu gesellschaftlichem Engagement, ihr Sicherheitsbedürfnis, ihre Risikobereitschaft, ihre Vorstellung von einem ausgewogenen Verhältnis von staatlicher Fürsorge und Eigenverantwortung. Angesichts der vorher gewählten Kriterien überrascht es wenig, dass die Mentalität dieser sozioökonomischen Mittelschicht keinen spezifischen Gehalt hat und eher den Einstellungen und Befindlichkeiten der Oberschicht ähnelt.[42] Schließlich haben die Forscher von Beginn an eine Mitte im Blick gehabt, deren Wurzeln sie im Bürgertum des 19. und frühen 20. Jahrhunderts sahen, Menschen mit einer höheren (nicht mittleren!) Bildungsqualifikation, mit einem – im Vergleich zum Durchschnittseinkommen – größeren Gehaltsscheck und mit entsprechendem Sozialkapital. Die Ausgangsbasis ihrer Untersuchung bildeten die

---

40 Werding, Martin/Müller, Marianne: Globalisierung und Gesellschaftliche Mitte., in: Herbert-Quandt-Stiftung (Hrsg.): Zwischen Erosion und Erneuerung. Die gesellschaftliche Mitte in Deutschland, Ein Lagebericht, Bad Homburg von der Höhe 2007, S. 104-161, hier S. 140f.

41 Menschen mit einem Bruttoarbeitseinkommen von mehr als 6000 € monatlich oder Selbständige und Freiberufler mit mehr als zehn abhängig Beschäftigten fallen dieser Definition nach oben hin aus der Mitte heraus. Vgl. Müller, Marianne/Werding, Martin: Zur Lage der gesellschaftlichen Mitte in Deutschland, in: ifo-Schnelldienst 60 (2007) 9, S. 24-31, hier S. 27.

42 Vgl. Köcher, Renate: Demoskopische Annäherung an die Mentalität der Mitte, in: Herbert-Quandt-Stiftung (Hrsg.): Wege zur gesellschaftlichen Mitte – Chancen, Leistung, Verantwortung. Sinclair-Haus-Gespräche 28, Bad Homburg von der Höhe 2008, S. 16-31, hier S. 16, 22.

eigenverantwortlich und selbstständig arbeitenden Ärzte, Apotheker, Lehrer und Rechtsanwälte, quasi das Bildungsbürgertum der Republik mit seiner spezifischen Lebensführung – der Mittelstand des Handels und des Handwerks wurde in dieser Definition bewusst außen vor gelassen.[43] Diese so umschriebene Mitte habe dann auch kein Recht, sich über erhöhte finanzielle und soziale Lasten zu beklagen, da ihr Arbeitslosigkeitsrisiko in den letzten zwanzig Jahren konstant auf einem äußerst niedrigen Niveau verharrte.[44] Doch sind diese einfachen Zahlen geeignet, um die vielfach registrierten und beklagten Ängste der deutschen Mitte abzubügeln?

Sowohl bei der ökonomischen als auch bei der sozio-ökonomischen Mitte wird die Zugehörigkeit ausschließlich über die Erwerbstätigkeit definiert. Rentner werden hier ebenso ausgeschlossen wie beispielsweise halbtags arbeitende Frauen mit Kindern. Immerhin sind rund 40 Prozent aller 15- bis 64-jährigen Frauen mit Kindern im Haushalt gar nicht erwerbstätig.[45] Daher könnte eine Mitte auch über die soziale Lage, ähnliche Lebensstile und die verwandten Wertprioritäten ermittelt werden. Sowohl das Sinus-Sociovision-Institut als auch die Forschungsgruppe um Michael Vester arbeiten mit dieser Methode. Das Sinus-Modell teilt die Bevölkerung auf einer so genannten Schichtachse in Oberschicht, Mittelschicht und Unterschicht auf Basis des Bildungsgrades, des Einkommens und der Berufsgruppe ein. Zusätzlich wird auf der Wertachse die Modernität der Grundorientierung vermerkt, von traditionellen Werten wie Pflichtgefühl und Ordnung über moderne Werte wie Genuss, Individualisierung und Selbstverwirklichung bis hin zur Neu-Orientierung, die mit Experimentierfreude, Leben in Paradoxien und Multioptionalität charakterisiert wird. Das größte, genau in der Mitte der beiden Achsen befindliche Milieu ist nach diesem Schema die „Bürgerliche Mitte" mit einem Anteil von derzeit 15 Prozent. Grob gesagt, kann die bürgerliche Mitte als statusorientierter, moderner Mainstream verstanden werden, es sind Menschen, die nach beruflicher und sozialer

---

43 Nolte, Paul/Hilpert, Dagmar: Wandel und Selbstbehauptung. Die gesellschaftliche Mitte in historischer Perspektive, in: Herbert-Quandt-Stiftung (Hrsg.): Zwischen Erosion und Erneuerung. Die gesellschaftliche Mitte in Deutschland, Ein Lagebericht, Bad Homburg von der Höhe 2007, S. 12-101, hier S. 32, 67.

44 Hradil, Stefan: Die Angst kriecht die Bürotürme hinauf... . Gesellschaftliche Mitte und drohender Statusverlust in der „Dienstleistungsgesellschaft", in: Herbert-Quandt-Stiftung (Hrsg.): Die Zukunft der gesellschaftlichen Mitte in Deutschland, Sinclair-Haus-Gespräche 26, Bad Homburg von der Höhe 2006, 34-43, hier S. 38; Hradil, Stefan/Schmidt, Holger: Angst und Chancen. Zur Lage der gesellschaftlichen Mitte aus soziologischer Sicht, in: Herbert-Quandt-Stiftung (Hrsg.): Zwischen Erosion und Erneuerung. Die gesellschaftliche Mitte in Deutschland, Ein Lagebericht, Bad Homburg von der Höhe 2007, S. 163-226, hier S. 168.

45 Vgl. Engstler, Heribert/Menning, Sonja: Die Familie im Spiegel der amtlichen Statistik. Lebensformen, Familienstrukturen, wirtschaftliche Situation der Familien und familiendemographische Entwicklung in Deutschland, Bundesministeriums für Familie, Senioren, Frauen und Jugend (Hrsg.), erw. Neuauflage, Berlin 2003. S. 106.

Etablierung sowie gesicherten und harmonischen Verhältnissen streben.[46] Trotz des illustrativen Namens der bürgerlichen Mitte, sind hier nicht die Neubürgerlichen oder Bildungsbürger alten Typs gemeint, die sich in den gesellschaftlichen Leitmilieus wiederfinden, sondern Menschen mit mittlerer Bildung, mittlerem Einkommen, mittleren beruflichen Positionen und einer Werteinstellung, die sich in der Mitte zwischen den Extremen befindet.

Fügt man die Studien über die ökonomische, die gesellschaftliche und die bürgerliche Mitte zusammen, legt man diese drei Bilder übereinander, ergibt sich – zugegebener Maßen mit ein wenig Fantasie – eine Folie der Bevölkerungsmitte in Deutschland mit ihren eigenen Werten, mit typischen Vorstellungen über Familie und Beruf, mit ihren spezifischen Symbolen, Identitäten, Selbstzuschreibungen, ihren Befindlichkeiten, aber auch mit ihren Erwartungen an die Politik. Eine Mitte, die von ihren historischen Erfahrungsschätzen ebenso gezeichnet ist wie von den gegenwärtig allseits beschriebenen Pressionen. Eine Mitte, deren Eigenschaften an dieser Stelle vielleicht etwas enumerativ aneinandergereiht werden, deren Paraphrase aber womöglich der Hälfte der Bevölkerung näher kommt, die sich selbst als Mitte einstufen. Eine mehr nach Lebensführung und Habitus charakterisierte Mitte, in der sich vom Feuerwehrmann und Frührentner über den Landwirt bis hin zur Hausfrau und Abteilungsleiter viele Menschen wiederfinden – sozusagen eine durchschnittliche Mitte.

Diese deutschen Durschnitts-Mitte-Menschen wohnen nicht in Hamburg oder Berlin, sondern in der Provinz. Auf dem Land oder in Kleinstädten mit weniger als 100.000 Einwohnern lebten sie entweder schon immer in dem Haus ihrer Eltern oder sind bei der Suche nach einem Eigenheim für ihre junge Familie dort angekommen. Aus diesem, gerne als Heimat bezeichneten Umfeld, dem sie sich zugehörig und verbunden fühlen, ziehen sie nur ungern wieder weg, außer wenn in ihrem Wohnumfeld eine anerkannte Bildungseinrichtung für ihre Kinder fehlt oder wenn die Grenzen zum nächstgelegenen sozial schwächeren Viertel fließend werden. Denn die Mitte braucht eine homogene Nachbarschaft, als Platz für soziale Kontakte aber auch als Rückversicherung für ihren eigenen Lebensweg.[47] Abweichungen nach oben oder unten werden von der Mitte eher als störend wahrgenommen. So führen jene einem tagtäglich vor Augen, was man nie erreichen wird, während andere den schlechten Umgang für ihre Kinder bedeuten.

---

46 Vgl. zu den Milieueinteilungen beispielsweise: Wippermann, Carsten: Wege zur Gleichstellung heute und morgen. Sozialwissenschaftliche Untersuchung vor dem Hintergrund der Sinus-Milieus 2001, (Hrsg.): Bundesministerium für Familie, Senioren, Frauen und Jugend, Berlin 2001.

47 Vgl. Sinus Sociovision (Hrsg.): Soziale Segregation und sozialer Raum, Zusammenfassung wichtiger Ergebnisse, Eine Studie im Auftrag des vhw-Bundesverband für Wohneigentum und Stadtentwicklung e.V., Heidelberg 2008.

Überhaupt nehmen Kinder und Familie bei den Durchschnitts-Mitte-Menschen einen zentralen Platz ein. Sie suchen größtenteils heile harmonische Familienstrukturen, die Rückhalt und Schutz vor den raueren Praktiken der Außenwelt bieten, Stabilität und Ruhe garantieren; sie schaffen sich einen privaten Raum, mit kooperativen Beziehungsstrukturen und guten intergenerationellen Kontakten. Die Mitte rebelliert im Allgemeinen nicht gegen ihre Eltern, setzt sich von diesen auf der Suche nach dem richtigen Leben nicht ab, sondern misst sich an dem von ihnen in Zeiten des wirtschaftlichen Aufschwungs erreichten Lebensstandard. Im Übrigen müssen die im zweiten, dritten und vierten Lebensjahrzehnt stehenden Mediokristen häufig auf ihre (Schwieger-) Mütter und Väter zurückgreifen. Omas und Opas springen bei der Kinderbetreuung ein oder helfen bei finanziellen Engpässen aus. Schließlich findet sich in der Altersgruppe zwischen 55 und 64 Jahren der größte Anteil Vermögender. Somit sind die zwischen 1940 und 1950 Geborenen auch ein Garant der Sicherheit, nach der sich die Mitte so sehnt. Was wäre die gesellschaftliche Mitte in Deutschland, wenn sie nicht auf deren Ressourcen zurückgreifen könnte? Und was bedeutet es für die Zukunft der heutigen Mitte-Kinder, wenn ihre Eltern die Mittel der Großeltern aufgebraucht haben?

Indes machen sich die Mitte-Eltern derzeit überwiegend erstmal Gedanken um die Erziehung und Ausbildung ihrer Kinder. Obwohl sie selbst die staatlichen Einrichtungen besuchten, geben sie heute ihren Nachwuchs nur noch ungern in die Obhut der selbigen. Idealerweise bleibt die Mitte-Mutter zu Hause bei ihren Kindern. Nur wenn – und dies komme, laut den Klagen der bedrängten Mitte, immer häufiger vor – das Einkommen des Mannes nicht reicht, verdienen die Frauen dazu. Und auch nur während dieser Stunden bringen sie ihre Kinder halbtags in die Kita. Die 50 Stunden in der Woche arbeitende Mutter, die für Ganztagesbetreuung plädiert und ihren Haushalt anderen überlässt, wird von der Mitte gemeinhin despektierlich als karrieregeile Rabenmutter verachtet.[48] Die viel beschriebenen Patchwork-Familien und Doppelverdienerpaare sind immer noch ein städtisches Phänomen. Die Mitte hingegen verweilt im klassischen Modell, versucht es zumindest. Sie will für ihre Kinder da sein und ist ständig darum bemüht, sie zu unterstützen, zu fördern, ja vielleicht auch zu überfordern. Es beginnt schon mit Kursen für die ganz Kleinen. Babymassage, Wassergewöhnung, Delfi, PEKiP – die Frühförderung unter Anleitung dient auch der Selbstvergewisserung, die Entwicklung ihrer Kinder optimal unterstützt zu haben. Englisch im Kindergarten ist ein Muss, das gilt auch für die musikalische

---

48   Vgl. Henry-Huthmacher, Christine: Eltern unter Druck, Zusammenfassung der wichtigsten Ergebnisse der Studie, abrufbar unter: www.kas.de/upload/dokumente/2008/02/ 080227_ henry.pdf (eingesehen am 02.03.2008). Walther, Kathrin/Lukoschat, Helga: Kinder und Karriere: Die neuen Paare, Eine Studie der EAF im Auftrag der Bertelsmann Stiftung, Gütersloh 2008.

Früherziehung und den Sportverein. Auch die Schullaufbahn ihrer Kinder begleiten die Eltern beziehungsweise Mütter minutiös. Sie schauen den Lehrern engagiert im Elternrat über die Schulter, kontrollieren die Hausaufgaben ihrer Kinder, fahren sie – falls sie den Leistungserwartungen nicht gerecht werden – zur Nachhilfe. Überhaupt stellen sie sich verunsichert beinahe täglich die Frage, ob sie ihre Söhne und Töchter auch hinreichend auf das Leben vorbereiten, ihnen die nötigen Grundsteine des Lebens legen und gleichzeitig noch eine gute Kindheit bieten. Sie suchen jeden Tag aufs Neue nach der richtigen und guten Erziehung. Dabei fällt es ihnen schwer, eigene Vorstellung zu entwickeln, vielmehr orientieren sie sich an Vor- und Gegenbildern.

Gleichzeitig erwartet die Mehrzahl der Eltern, dass sich die Investitionen in ihre Kinder auch auszahlen und stellt unbemerkt höchste Anforderung an deren Aufnahmebereitschaft und Leistungsvermögen: Dreisprachig, Abitur und anschließendes Studium – alles darunter wäre eine Enttäuschung, denn in den Augen der Mitte-Eltern garantieren nur höchste Bildungszertifikate Planungssicherheit und einen angemessenen Platz in der Arbeitswelt. Und von dieser hat die Mitte eine genaue Vorstellung. Denn nicht nur an ihre Familie, sondern auch an ihren Arbeitsplatz stellt sie höchste Anforderungen. Sie erwarten eine gerechte Entlohnung, auch im Bezug auf die finanzielle Gleichstellung von Mann und Frau, und einen sicheren Arbeitsplatz. Neben dem Monetären werden auch ideelle Wertemaßstäbe angelegt: So ist die Mitte nur zufrieden, wenn sich hinreichende Aufstiegsoptionen im Unternehmen anbieten, sie wollen eine Arbeit, die Spaß macht und ihnen ein Stück Lebenszufriedenheit bringt. Darüber hinaus sollte ihre Stellung soziales Ansehen generieren und nicht zu viel an Lebenszeit beanspruchen.[49]

Die durchschnittliche Mitte möchte vornehmlich weder Arbeit mit nach Hause nehmen, noch 24 Stunden erreichbar sein, denn ihre Freizeit will sie aktiv gestalten und genießen. Zielstrebig und tüchtig arbeitet sie, wenn sie es nicht durch Erbschaft erlangt hat, auf Eigenheim oder Eigentumswohnung hin. Hat sie sich diesen Lebenswunsch erfüllt, blickt sie zufrieden und stolz auf das Erreichte, richtet sich darin behaglich und liebevoll ein. Dabei läuft man zwar nicht jeder Neuerung nach oder setzt gar avantgardistische Trends, doch achtet man bei Renovierungen auf aktuelle Farben, bei Neuanschaffungen auf zeitgenössische Stile. Man gibt sich modern und aufgeschlossen.[50] Das eigene Heim wird vor allem praktisch und schön eingerichtet. Billig braucht es nicht zu sein.

---

49   Vgl. Wippermann (Anm. 46); Wippermann, Katja/Wippermann, Carsten: Entgeltungleichheit
     zwischen Frauen und Männern. Einstellungen, Erfahrungen und Forderungen der Bevölkerung
     zum "gender gap", Bundesministerium für Familie, Senioren, Frauen und Jugend, beauftragt
     und durchgeführt: Sinus Sociovision (Hrsg.), Osnabrück 2008.
50   Vgl. Walter, Franz: Baustelle Deutschland. Politik ohne Lagerbindung, Frankfurt am Main, S.
     24f.

Relaxsessel oder Heimkinosystem laden zum Entspannen ein, Essbereich und großzügiges Wohnzimmer bieten Platz für die Freunde, die man gerne zum Geburtstag oder gemeinsamen Abendessen einlädt.[51]

Doch die Durchschnitts-Mitte ist gemeinhin nicht hedonistisch, sondern engagiert und solidarisch – zumindest in ihrem direkten Umfeld. Sie arbeitet im Sportverein, bei der freiwilligen Feuerwehr, in Bürgerinitiativen oder dem Karnevalsverein mit. Viele sind ehrenamtlich tätig, meist innerhalb kirchlicher Strukturen.[52] Der Mediokrist ist zwar größtenteils formales Kirchenmitglied, hat aber kaum Berührungspunkte mit der Liturgie und Religion an sich. Er akzeptiert die Werte nur dort, wo die Kirche das Vereins- und Dorfleben mitbestimmt, also in Kindergärten oder Bildungsstätten.[53] So beteiligt er sich nicht am Kinderkleidermarkt der Heimatgemeinde, weil 15 Prozent des Erlöses an die Renovierungskasse des Kirchturms gehen, sondern weil er hierdurch das Verkaufen gebrauchter Kleidung beziehungsweise durch die Möglichkeit des preiswerten Erwerbens derselbigen seinen Eigennutz im Blick hat. Auch das Engagement im Sportverein ist nicht ausschließlich altruistisch, denn schließlich trainieren die Väter hier meist ihre eigenen Söhne; beim Renovieren des Dorfgemeinschaftshauses packen alle selbstverständlich mit an, denn zum 50. Geburtstag ist dort die Saalmiete wesentlich günstiger als beispielsweise im Restaurant. Das Engagement der Durchschnitts-Mitte begründet sich also durchaus auf rationalen und eigennützigen Motiven.

Der bundesrepublikanische Durchschnitts-Mitte-Mensch hat neben diesen spezifischen Vorstellungen über sein Familien- und Berufsleben einen signifikanten Erfahrungshorizont, der ihn prägt und gleichzeitig die Folie für die Generierung seiner Werte und Eigenschaften bietet. Die leistungs- und anpassungsbereite Mitte ist größtenteils zwischen 1950 und 1970 sozialisiert worden und hat die daraus gewonnenen Mentalitäten an ihre Kinder weitergegeben. Diese „karge Mitte", deren optimistische Stimmung besser war als ihre eigentliche Lage[54], wirkt noch immer fort. In jenen Jahren ging es aus ihrer Perspektive mit Deutschland ständig nur voran. Wirtschaftswachstum, Vollbeschäftigung,

---

51 Vgl. Weber, Stefan: Treffpunkt Wohnzimmer, in: Süddeutsche Zeitung, 19.01.2009.
52 Roth, Dieter/Kornelius, Bernhard: Politische Partizipation in Deutschland, Empirische Bestandsaufnahme der Forschungsgruppe Wahlen e.V. im Auftrag der Bertelsmann Stiftung, abrufbar unter: http://www.politische-bildung-schwaben.net/content/view/36/61/ (eingesehen am 02.02.2009); Käsker, Kristina: Kitt der Gesellschaft, in: Süddeutsche Zeitung, 13./14.12.2008.
53 Vgl. Milieuhandbuch „Religiöse und kirchliche Orientierung in den Sinus Milieus 2005", Forschungsergebnisse von Sinus Sociovision für die Publizistische Kommission der Deutschen Bischofskonferenz und die Koordinierungskommission Medien im Auftrag der Medien-Dienstleistung GmbH, Heidelberg 2005.
54 Nolte, Paul: Zwischen Erosion und Erneuerung: Die gesellschaftliche Mitte Deutschlands, in: Herbert-Quandt-Stiftung (Hrsg.): Die Mitte als Motor der Gesellschaft – Spielräume und Akteure, Sinclair-Haus-Gespräche 27, Bad Homburg von der Höhe 2007, S. 12-23, hier S. 16.

Ausbau des Sozialstaates, Bildungsrevolution, Lohnerhöhungen, Reduzierung der Arbeitszeiten und technischer Fortschritt – es war ein kontinuierlicher Aufstieg in allen Bereichen. Man trotzte den Krisen der siebziger Jahre, wehrte sich gegen linken Terrorismus und kämpfte sich aus den Rezessionen wieder heraus. Und wenn dies alles nichts half, kompensierte die Ausdehnung der staatlichen Subventionen, die Eigenheimförderung, Pendlerpauschale oder kostenlose Hochschulbildung für die breite Masse, finanzielle Einbußen. Der Mitte gelang im Zuge der Modernisierung eine beachtliche Metamorphose: Mussten ihre Mütter noch mit der väterlichen Lohntüte von Woche zu Woche haushalten und sie die Schuhe ihrer Geschwister abtragen, gab es Fleisch nur ein bis zwei Mal in der Woche und hatte längst nicht jedes Geschwisterkind sein eigenes Fahrrad, besitzen sie heute Autos, Fernseher, Laptops, Handys und fahren jedes Jahr in den Urlaub. All das zusammen, der Sozialstaat und die distinktiven Konsumgüter sind die Symbole der durchschnittlichen Mitte. Wohneigentum, Zweitwagen, der Konsum hochwertiger Markenprodukte helfen ihnen, sich auszuweisen und abzugrenzen. Und diese Symbole der Mitte sind eng mit ihrer Aufstiegsgeschichte verknüpft.

Doch jener Erfahrungshorizont ist blasser, durch anderes Wissen oder auch Imaginationen verändert worden. Die Mitte musste lernen, dass gehobene Bildungszertifikate nicht mehr automatisch eine gute Anstellung garantieren, dass sie auch mal zwischendurch arbeitslos sein kann – auch wenn dies selten von Dauer ist. Sie musste es annehmen, sich nicht stolz auf ihren Lorbeeren auszuruhen, sondern sich lebenslang weiterzuqualifizieren. Sie musste begreifen, dass die Rente nicht sicher ist und sie, aber vor allem ihre Kinder für die Zeit nach dem Ausscheiden aus dem Beruf selbst vorsorgen müssen. Sie sah zu, wie die Leistungen ihres Sozialstaates gestutzt wurden. Studiengebühren, Wegfall der Eigenheimzulage oder die Anhebung der Sozialversicherungsbeiträge waren schuld daran, dass der Mitte in den letzten Jahren weniger Geld für ihre Statussymbole zur Verfügung stand.

Zusätzlich veränderte sich noch eine weitere, für die Identität der durchschnittlichen Mitte evidente Konstante ihres Erfahrungshorizontes. Jahrzehntelang waren die Mediokristen gewohnt, dass sich ihre Bemühungen, ihre Leistungsanstrengungen auszahlten. Sie setzten auf das Funktionieren eines meritokratischen Systems, nachdem Chancengleichheit, persönliches Talent und Leistungsbereitschaft zum Erfolg führen. Sie nahmen Kürzungen der Sozialtransfers oder des Nettolohnes hin, passten sich der gewandelten Arbeitswelt an. Sie wurden Leiharbeiter, führten Wochenendbeziehungen oder erduldeten Doppelbelastungen – alles in der Hoffnung, dass sich ihr Einsatz auszahlen und ihr Engagement belohnt werde, sei es finanziell, sei es durch einen sicheren Arbeitsplatz oder durch die gesellschaftliche Anerkennung. Doch all dies gilt nun nicht mehr. Zumindest empfindet es ein großer Teil der Mitte so. Die Bundesre-

publik hat sich, entgegen den Reden über eine nivellierte Mittelstandsgesell-
schaft in den siebziger Jahren, doch als eine geschichtete, relativ undurchlässige
Gesellschaft entpuppt, in der es, durch die sich verengenden Chancen im Zuge
von Umstrukturierungen und Rezessionen, immer schwieriger wird, für jeden
Leistungsbereiten eine entsprechende Belohnung zu gewährleisten.

Durch diesen imaginierten oder tatsächlichen Druck ist die Mitte ängstlich
und unsicher geworden. Individualisierung, der Wandel der Familien und wider-
sprüchliche Rollenmodelle zählen ebenso zu den Repressalien wie die bereits
erwähnten Sozialreformen, Steuererhöhungen, Subventionseinschränkungen
und Veränderungen der Arbeitswelt. Auch die neue Erfahrung der temporären
Arbeitslosigkeit oder die wachsende Zahl der Bekannten, die durch Scheidung
oder Langzeitarbeitslosigkeit abgehängt wurden beziehungsweise nach langen
Ausbildungszeiten den Sprung in die Arbeitswelt nicht schaffen, belasten die
Mitte in der Regel stark. Megatrends wie die Globalisierung und Individualisierung legen einen lähmenden Nebel der Handlungsunfähigkeit über die Mitte, sie
verliert den Glauben an die Steuerungsmöglichkeiten ihrer sie umgebenden
Prozesse und verfällt zum Teil in eine fatalistische Starre. Die Kontingenz bietet
sich ihnen jetzt nicht mehr als ein Bündel von Chancen dar, sondern nur noch
als ein Zuviel an Alternativen. Die Lebenszufriedenheit der labilen Mitte sinkt.
Und weil die alte Identität bröckelt, die vormaligen Symbole abgenutzt sind,
begeben sich die Durchschnitts-Mitte-Menschen verstärkt auf die Suche nach
Sicherheit, Orientierung, Entscheidungshilfen, ja nach dem Sinn des Lebens.[55]
Die Begeisterung bei Papstmessen und Kirchentagen, der neue Enthusiasmus
für den Dalai Lama oder die wachsende Zahl der Bücher, die dem Leser das
richtige Leben erklären wollen, sind nur einige Zeichen dieser verzweifelten
Sinnsuche.

Haben die Parteien ihre Mitte gefunden?

Zusätzlich wird die Mitte aus der Politik mit Erfolgsmeldungen und Anspruchs-
denken überfrachtet. Die Regierungssprecher verkündeten zwischen 2006 und
2008 eine gute Nachricht nach der anderen. Die Geburtenrate sei gestiegen, die
Arbeitslosigkeit gesunken, die Wirtschaft gewachsen und die Steuerreform habe
zu massiven Entlastungen geführt. Und tatsächlich: 2006 wuchs die deutsche
Volkswirtschaft um 2,9 Prozent und im Jahr darauf betrug das Plus immerhin
noch 2,5 Prozent. Das waren gute Zeiten für die deutsche Wirtschaft.[56] Doch

---

55 Vgl. Walter, Franz: Neue Panik in der Mitte, in: Internationale Politik, Jg. 63 (2008) H. 6, S.
    92-93.
56 Petersdorf, Winand von: In Deutschland stimmt die Balance nicht mehr, in: Frankfurter All-
    gemeine Sonntagszeitung, 09.03.2008.

von all dem schien die Mitte der Gesellschaft nichts zu merken, sie zog sich resigniert und enttäuscht zurück. Die Zufriedenheit mit der eigenen wirtschaftlichen Lage sank, obwohl langfristig betrachtet das frei verfügbare Einkommen anstieg.[57] Waren 2007 lediglich 56 Prozent mit der Einkommens- und Vermögensverteilung in Deutschland unzufrieden, teilten 2008 bereits 73 Prozent diese pessimistische Sichtweise.[58] Und glaubten 2006 noch 65 Prozent, dass unsere Gesellschaft im Wohlstand lebt, traf das im Sommer 2008, als kein Experte die Finanzkrise erahnte und an eine Rezession niemand dachte, nur noch auf 55 Prozent zu.[59] Die Politik verkündete ihre guten Nachrichten an der Lebenswelt der Durchschnitts-Mitte-Menschen vorbei.

Obgleich die Sozialdemokraten vom Herbst 1998 bis zum Frühjahr 2002 mit ihrer Neuen Mitte und dem daran gekoppelten Epos des gesellschaftlichen Aufstiegs durch individuelle Anstrengung die Uridentität und Basiserfahrung der durchschnittlichen Mitte ansprachen, beschrieben sie eigentlich mit den leistungsbereiten Ärzten und Rechtsanwälten jene, die mehr als der Durchschnitt verdienen und die die höchsten Bildungspatente erworben haben. Also Menschen, die eigentlich das Maximale anstatt des Mittleren erreicht haben, Elite statt Mittelmaß. Auf längere Sicht erhöhte das sozialdemokratische Vokabular von Innovation, Eigenverantwortung und Chancen, die ergriffen werden müssen, den Druck auf die Mediokristen. Einerseits fühlen sie sich als Mitte, von der ja die Sozialdemokraten beständig sprachen, andererseits verdienen sie nicht überdurchschnittlich, haben keine Einser-Diplome und Doktor-Titel, dafür zwei Teamchefs und Abteilungsleiter in der betrieblichen Hierarchie über sich. Familie und Wohneigentum machen sie nur bedingt flexibel, im Beruf treffen sie selten wichtige Entscheidungen eigenverantwortlich. Weil ihr mittiges Leben nicht der Leichtigkeit der Neuen Mitte entspricht, haben sie den Eindruck, hinterher zu hinken, etwas verpasst zu haben, schlechter zu sein als andere. Sie fühlen sich zurückgesetzt. Die Sozialdemokraten stellten sich die Mitte zu leistungsfähig und verantwortungsbereit, zu agil und innovativ vor. Schließlich bekam die durchschnittliche Mitte Furcht vor einem ständigen Überfordertwerden. In der Folge wählten Arbeiter und Angestellte bei der Bundestagswahl 2002 seltener die Sozialdemokraten als noch 1998, sie verloren in diesen Segmenten sechs beziehungsweise fünf Prozentpunkte der Stimmen. Auch in der mittleren Altersgruppe der 35 bis 44-Jährigen mussten sie ein Minus von knapp fünf Prozent hinnehmen.[60]

---

57 Köcher (Anm. 42), S. 17.
58 Schäfer, Ulrich: Deutsche zweifeln am Kapitalismus, in: Süddeutsche Zeitung, 17.06.2008.
59 Umfrage des Ipos-Instituts, Bericht in der Welt, o.V.: Die riesige Angst vor dem sozialen Abstieg, in: Die Welt, 19.07.2008.
60 Hilmer, Richard: Bundestagswahl 2002, Eine zweite Chance für Rot-Grün, in: Zeitschrift für Parlamentsfragen, Jg. 34 (2003) H. 1, S. 187-219, hier S. 204.

Eine zusätzliche Belastung für das Verhältnis zwischen der Mitte und der SPD waren seit 2004 die Reformen rund um die AGENDA 2010. Schließlich sah man sich als Opfer betriebsbedingter Kündigungen nach kurzer Zeit auf derselben Stufe wie diejenigen, die bereits seit Jahren in keinem geregelten Beschäftigungsverhältnis mehr standen oder nie hatten arbeiten wollen. Dass der Staat nach 25 Jahren Berufstätigkeit lediglich für ihren Grundbedarf aufkommen sollte, machte sie fassungslos. In der Folge verloren die Sozialdemokraten 2004 und 2005 auf Landes- und Bundesebenen überdurchschnittlich viele Wähler in der mittleren Altersgruppe.[61] Auch diejenigen mit mittleren Bildungsabschlüssen und Berufen versagten der SPD bei der Bundestagswahl 2005 ihre Stimme. Im Vergleich zu der vorangegangenen Bundestagswahl wurden sie nochmals von fünf Prozentpunkten weniger Arbeitern und drei Prozentpunkten weniger Angestellten gewählt, auch im Segment der mittleren Bildung mussten sie vier Prozentpunkte abgeben.[62] Während die Partei die Mitte verlor, entschieden sich vermehrt Wahlberechtigte mit ausgesprochen hoher beziehungsweise niedriger Kaufkraft sowie mit einem hohen Status für die einstmalige Arbeiterpartei.[63]

Mit ihrer Bemühung, alle gesellschaftlichen Schichten unter dem Begriffszelt der Neuen Mitte zu vereinen, vergaß die Partei, dass sich die Mitte schon immer durch Abgrenzung und Ausschließung formierte, sowohl nach oben als auch nach unten.[64] Die Mittleren brauchen die Differenz, um sich selbst zu vergewissern, ihren Ort zu finden, ihre Identität zu bestimmen. Die sichtbare Armut gibt ihnen das Gefühl, besser zu sein, mehr erreicht, die Möglichkeiten genutzt zu haben; die überbezahlten Manager und bürgerlichen Eliten hingegen dienen sowohl als Mahnmal der Habgier wie auch als Vorbilder, die Werte und Lebensweisen bereitstellen. Gerade weil sich die Mitte erst in diesem Spannungsfeld konstituiert, gelang es den Sozialdemokraten nicht wie geplant, auf dem Weg der Mitte in die Zukunft zu gehen. Denn die durchschnittliche Mitte hat keine eigenen Zukunftsentwürfe oder Visionen, sie lebt vielmehr aus der Vergangenheit. Sie kann sich die Zukunft nur wie die guten alten Zeiten vorstellen, als es aufwärts und voran ging. Schwächelndes Wachstum, Stagnation oder gar Regression stürzt die Mitte in Panik und Ratlosigkeit.

Ebenso wie die SPD verfehlte die CDU die durchschnittliche Mitte. Einerseits mag sie zwar deren Befindlichkeiten getroffen haben mit ihrem Versprechen, Heimat, Geborgenheit und Absicherung in einer sich veränderten Welt

---

61   Vgl. Wahlergebnisse in Deutschland 1946-2008, Forschungsgruppe Wahlen e.V., Mannheim 2008.
62   Vgl. Infratest-dimap (Hrsg.): Wahlreport. Bundestagswahl 2005, Berlin 2005.
63   Vgl. Hoff, Benjamin/Twardowski, Steffan: Schwarz-gelb und rot-grün verlieren die Wahl, Sieg der Linkspartei.PDS, Ergebnisse der Bundestagswahl vom 18. September 2005.
64   Vgl. Nolte/Hilpert (Anm. 43), S. 21.

bereitzustellen, andererseits verschreckte und überlastete auch sie die Mitte mit der Forderung nach mehr Eigenverantwortung, Subsidiarität und Solidarität. Das christdemokratische Konzept einer Bürgergesellschaft, in der jeder Einzelne in einer lokalen Gemeinschaft Selbstverantwortung übernimmt, Eigeninitiative ergreift und der Staat sich auf seine Kernaufgaben beschränkt[65], überfordert die Mitte schlicht. Denn sie stehen zwischen halb sechs und halb sieben auf, frühstücken mit den Kindern, die sie anschließend in den Kindergarten bringen oder zur Schule fahren, bevor sie sich selbst durch den Berufsverkehr quälend auf den Weg zur Arbeit machen. Wurden die Kinder betreut durch den Nachmittag gebracht und haben sie mit ihrer Familie Abendbrot gegessen, sind sie einfach erledigt. Einmal die Woche schaffen sie es noch zum Fußball oder zur Gymnastik. Die Beteiligung im Ortsverein, die ihnen letztlich selbst zugutekommt, die Konzentration auf ihren eigenen „Nahbereich"[66], bewältigen die durchschnittlichen Mitte-Menschen noch nach Feierabend und am Wochenende. Doch große Projekte oder die Aufgaben eines sich zurückziehenden Staates zu übernehmen, das ist dann doch etwas zu viel Freiheit für die Mitte. Hätten sie so viel Energie, neben Vollzeitjob und Familie noch an diversen Aktionen teilzunehmen, sich mehrfach einzubringen, wären sie nicht Mitte, sondern gehörten zu einer kleinen, elitären Gruppe von hochleistungsfähigen, kraftvollen, dynamischen und organisierten Bürgern. Der Durchschnitts-Mitte jedoch fehlt es schlicht an Zeit, Kraft und Lust, sie will sich auch auf die gute Erfüllung der staatlichen Aufgaben verlassen können und sich nicht zwanghaft engagieren müssen. Auch darum flüchtete die Mitte nach den Leipziger Beschlüssen vor der CDU. Desgleichen machten sich die Christdemokraten in jüngster Vergangenheit bei der durchschnittlichen Mitte durch ihre dilettantischen Reformen am Bildungswesen unbeliebt. Die Verkürzung der Schulzeit bis zum Abitur, das damit verbundene Durcheinander, die Aufregungen und Mehrbelastungen verärgerten die Mitte, die übermäßig viel Wert auf die gute Schulausbildung ihrer Kinder legt.[67]

Darüber hinaus verlangt die Union, ebenso wie die Sozialdemokratie mit ihrer beckschen Vorstellung von der Mehrheit, dass sich die Mitte solidarisch gegenüber den unteren sozialen Lagen verhält. Doch dies bedeutet eine zusätzliche Strapaze für die nicht übermäßig belastbare Mitte. Haben sie doch ohnehin das Gefühl, dass sich ihre wirtschaftliche Situation verschlechtert und sie die Opfer der Globalisierung und des Wandels der Arbeitswelt sind. Wie sollen sie

---

65 Vgl. Starker Bürger, starker Staat, Zur Fortentwicklung unserer gesellschaftlichen und gesamtstaatlichen Ordnung, Diskussionspapier der CDU-Präsidiumskommission "Spielraum für kleine Einheiten", 09.10.2000, www. cdu.de/doc/pdfc/diskpapier-starke-buerger-staat-3.pdf (eingesehen am 12.08.2005).

66 Vgl. Sinus Trendforschung Deutschland: Trendreport Teil 1, Die aktuellen Linien der soziokulturellen Entwicklung, Heidelberg 2008.

67 Vgl. Walter, Franz: Im Herbst der Volksparteien. Eine kleine Geschichte von Aufstieg und Rückgang politischer Massenintegration, Bielefeld 2009, S. 47.

unter diesen Umständen noch für Schwächere eintreten und andere unterstützen? So wünscht sich die Mehrheit zwar eine Regierung, die sich für eine Gesellschaft einsetzt und in der Solidarität zählt[68], allerdings denkt die Mitte – und da hatte Erhard Eppler dann wahrscheinlich gar nicht so Unrecht – zunächst an ihren eigenen Vorteil und danach altruistisch.

Die CDU wollte in den letzten Jahren nicht nur Politik für die Mitte machen, sondern auch eine Volkspartei der Mitte sein. Doch dieser Anspruch muss zunehmend in Frage gestellt werden, wenn beinahe 50 Prozent ihrer Mitglieder über 60 Jahre alt sind und der Arbeiteranteil unter den Mitgliedern zwischen 1993 und 2006 um über 200 Prozent zurückgegangen ist, während sich die Quote der gehobenen und höheren Beamten sowie Angestellten im selben Zeitraum nahezu verdoppelte.[69] Konnte die Union bei der Bundestagswahl 2002 mit der ihr zugeschriebenen Wirtschaftskompetenz noch in der Mitte punkten, als die Bekämpfung der Arbeitslosigkeit das wahlentscheidende Thema war, und neun Prozentpunkte bei den Arbeitern, fünf Prozentpunkte bei den Angestellten und sechs Prozentpunkte in der mittleren Altersgruppe im Vergleich zur 1998 hinzugewinnen[70], verspielte sie dieses Plus 2005 wieder. Besonders ihre Ankündigung der Mehrwertsteuererhöhung verschreckte die Mitte. Die auffallend schlechten Zustimmungswerte unter den jüngeren Altersgruppen zeigen, dass es den Christdemokraten nicht gelang, wie von Schäuble ausgemalt, zur Mitte hin integrierend zu wirken. So hat die CDU zwar immer noch im ländlichen Raum und den Kleinstädten ihre Hochburgen, ist also in den Siedlungsräumen der Mitte stark und zieht ebenso die Wähler der mittleren Kaufkraft an.[71] Jedoch verlor sie im Vergleich zu 2002 vier Prozentpunkte im Wählersegment der mittleren Bildung, sieben Prozentpunkte bei den Arbeitern und vier Prozentpunkte bei den Angestellten[72].

Sowohl 2002 als auch 2005 gewannen die Liberalen in genau diesen mittleren Segmenten leicht hinzu. Entsprechend legten sie 2002 bei den Arbeitern drei und den Angestellten zwei Prozentpunkte zu, einen ähnlichen Zuwachs erreichte sie auch in der mittleren Altersgruppe. Und 2005 wuchs ihr Anteil unter den Wählern mit einer mittleren Bildung um zwei Prozentpunkte. Die Freien Demokraten lagen mit ihrer Mittebeschreibung nicht ganz falsch, denn die Mitte fühlt sich tatsächlich von der Politik vergessen. Doch mit der „bürgerlichen Mitte"

---

68   Laut einer Umfrage von Infratest dimap wünschen sich 55 Prozent der Befragten Solidarität, während nur 34 Prozent die Leistungsorientierung bevorzugten. Vgl. Wahlreport (Anm. 62), S. 100.

69   Niedermayer, Oskar: Parteimitglieder in Deutschland, Version 2008, Arbeitshefte a. d. Otto-Stammer-Zentrum, Nr. 13, FU Berlin 2008, S. 4.; Neu, Viola: Die Mitglieder der CDU, Eine Umfrage der Konrad-Adenauer-Stiftung, Bonn 2007.

70   Vgl. Hilmer (Anm. 60), S. 204.

71   Vgl. Hoff/Twardowski, (Anm. 63), S. 10.

72   Vgl. Wahlreport (Anm. 62).

hatte die FDP eigentlich ihre angestammte Wählerklientel im Sinn und nicht die durchschnittliche Mitte. Die liberalen Forderungen nach Stärkung mittelständischer Tugenden wie Mut und Kreativität, nach Verantwortungsübernahme oder Flexibilisierung der Arbeitsrechte spricht die sicherheitsbedürftigen und nur bedingt risikobereiten Mediokristen mehrheitlich nicht an. Daher haben die Liberalen noch immer bei den sehr gut Ausgebildeten und den Selbständigen ihre größte Klientel. Die durchschnittliche Mitte hingegen kann mit vielen liberalen Forderungen kaum etwas anfangen. So ist ihnen beispielsweise das liberale Engagement für Bürokratieabbau fremd. Die Mitte mit ihren Lohn- oder Gehaltsabrechnungen ohne Nebeneinkünfte oder Kapitalerträge kann problemlos ihre Steuererklärung abgeben, sie sind geschult im Umgang mit Bafög-Anträgen oder Formularen für die Eigenheimzulage, bewältigen mit Leichtigkeit den Papierkram rund um die Abwrackprämie.

Insgesamt oszilliert die durchschnittliche Mitte, die die Demokratie mehrheitlich für die beste Staatsform hält, zwischen den Volksparteien. Allein an die Politik hat die Mitte, wie in all ihren Lebensbereichen, einen großen Anspruch. Sie erwartet Rahmenbedingen für die Vereinbarkeit von Beruf und Familie, ein funktionierendes, qualitativ hochwertiges Bildungssystem, eine für sie vorteilhafte Steuerpraxis mit Ehegattensplitting und Kinderfreibeträgen. Und bei aller auch von ihnen eingesehenen Notwendigkeit des Umbaus des Sozialstaates müssen ihnen die neuen politischen Konzepte erklärt, die Reformen in kleinen Schritten durchgeführt und auf Augenhöhe ausgehandelt werden. Darüber hinaus verlangt sie „werteorientierte Politik", den Einsatz für „Anstand und Moral".[73] Bei alldem muss ihnen die Politik das Gefühl geben, ihre Leistung ernst zu nehmen. Dabei geht es nicht um das von den Parteiprogrammen ins Visier genommene hochleistungsfähige Neubürgertum, das sich durch einen Spitzensteuersatz von ehemals 53 Prozent ungerecht behandelt fühlte, sondern um die Anerkennung der Lebensleistung der durchschnittlichen Mitte mit ihrer Aufstiegsgeschichte und familiären Orientierung. Bei der letzten Bundestagswahl schien die Mitte diese Wertschätzung zu vermissen, auch darum verloren sie die Volksparteien. Gewonnen wurden sie neben der FDP auch von der Linken.PDS. Sie legte sieben Prozentpunkte bei Arbeitern, vier Prozentpunkte unter den Angestellten und sechs Prozentpunkte im Segment der mittleren Bildung zu. Knapp 60 Prozent der Wähler entschieden sich im September 2005 aus einer positiven Grundüberzeugung für die jeweilige Partei, dem Wahlbündnis aus WASG und PDS gaben jedoch 53 Prozent ihre Stimme aus Enttäuschung.[74] Daher muss die Bindung eines Teils der durchschnittlichen Mitte an diese neue Partei keinesfalls langfristig sein.

---

73   Köcher (Anm. 3).
74   Vgl. Infratest dimap (Anm. 62).

Eine begehrenswerte Mitte?

Auch im Bundestagswahlkampf 2009 geht es, zumindest innerhalb des bürgerlichen Lagers, wieder um die Mitte. Und obwohl dieser im Allgemeinen zahlreiche positive Eigenschaften und Funktionen nachgesagt werden, erscheint die durchschnittliche Mitte hier nicht besonders sympathisch. Sie ist ängstlich, zehrt von den Ressourcen ihrer Eltern und ist völlig visionslos. Ihre Symbole definieren sich durch einen mittlerweile kaum finanzierbaren Sozialstaat und Konsumgüter. Ein Großteil ihres Lebens ist zweckorientiert. So geht es der durchschnittlichen Mitte beispielsweise ausschließlich um Ausbildung ihrer Kinder, während eine allumfassende, wertevermittelnde Bildung nur exzeptionell interessiert. Daher fehlt den durchschnittlichen Mitte-Menschen ein Telos beziehungsweise ein die Lebensführung bestimmender Wertekanon. Orientierung muss ihnen gegeben, handlungsleitende Grundsätze zur Imitation bereitgestellt werden. Der Mangel an eigenen Zukunftsvorstellungen führt zu ängstlichen und hoffnungslosen Reaktionen. Die durchschnittliche Mitte fühlt sich ausgeliefert und fordert besonderen Schutz ein. Dabei beteiligt sie sich kaum an einem staatlichen oder gesellschaftlichen Gefüge, das diesen Affekten entgegensteuern könnte, konzentriert sich lediglich auf ihren Nahbereich und wirkt am politischen System größtenteils durch beckmesserische Äußerungen sowie verbale Abwehr mit. Dies zeigt sich beispielsweise in der Ablehnung der schrittweisen Erhöhung des Renteneintrittsalters auf 67 Jahre bei gleichzeitiger Anerkennung der Notwendigkeit des Umbaus des Rentensystems.[75]

Darüber hinaus ist die durchschnittliche Mitte an dem Druck, unter dem sie nach eigenem Bekunden so leidet, mitbeteiligt. So wünscht sich noch immer knapp die Hälfte der Mitte, dass es ihren Kindern einmal besser gehen soll als ihnen selbst.[76] Bei der kolossalen, hinter ihnen liegenden Aufwärtsentwicklung stellt sich unvermeidlich die Frage, wie viel besser es denn noch werden muss. Ist die Mitte mit dieser überzogenen Erwartung nicht selbst eine treibende Kraft hinter dem immer höher, immer schneller, immer weiter?

Es bleibt zweifelhaft, ob solch eine Mitte in das Zentrum politischen Handelns gestellt werden sollte, indem vermehrt um sie geworben wird. Denn eine derart gestärkte Mitte birgt auch Gefahren. Die durchschnittliche Mitte als Hort des Mittelmaßes übertüncht nicht nur das Schöne und Außergewöhnliche und neigt dazu, alle anderen Positionen als peripher abzuqualifizieren, sondern formuliert auch umfassende Ansprüche auf eine überproportionale Zuweisung an

---

75 Vgl. Deutschland vor der demographischen Herausforderung, Ergebnisse einer im September 2004 durchgeführten repräsentativen Bevölkerungsumfrage im Auftrag des Bundesverbandes deutscher Banken, Mannheim 2004, abrufbar unter: www.bankenverband.de/ pic/artikelpic/ 112004/um0411_pg_demografie.pdf (eingesehen am 05.01.2009).

76 Vgl. Köcher (Anm. 42), S. 19.

Einkommen, Wohlstand, Prestige und sozialen Privilegien auf Grund der ihr zugeschriebenen positiven Funktionen.[77] Daher wäre es wünschenswert, wenn sich die Mitte-Ansprachen in der Zukunft auf die nachwachsende, bereits schemenhaft sichtbare Mitte konzentrierten. Auf die jungen Enkel der Mitte, für die lebenslange Planung und Sicherheit mittlerweile so weit entfernt sind, dass sie kaum eine Bedeutung haben. Sie blicken, trotz Unsicherheiten und temporären Krisen optimistisch und mit Selbstvertrauen in die Zukunft.[78] Nach dem Ableben der Baby-Boomer-Generation werden sie die wahrlich neue Mitte stellen. Doch solange von insgesamt 61,9 Millionen Wahlberechtigten die über 70-Jährigen mit 10, 4 Millionen das größte Wählerkontingent stellen, die 60 bis 70 Jahre Alten mit 85 Prozent die höchste, gleichzeitig die 21- bis 25-Jährigen die niedrigste Wahlbeteiligung aufweisen[79] und Mitte immer noch mit Mehrheit assoziiert wird, bleibt diese neue Mitte bedeutungslos.

---

77   Vgl. Lepsius, Rainer M.: Extremer Nationalismus, Strukturbedingungen vor der Nationalso-
     zialistischen Machtergreifung, Stuttgart, Berlin, Köln u.a. 1966, S. 14.
78   Vgl. Trendreport (Anm. 66); BRIGITTE-Studie "Frauen auf dem Sprung", erschienen in den
     Heften 8/08 bis 11/08.
79   Der Bundeswahlleiter. Wahl zum 16. Deutschen Bundestag am 18. September 2005, H. 4,
     Wahlbeteiligung und Stimmenabgabe der Männer und Frauen nach Altersgruppen, Statisti-
     sches Bundesamt (Hrsg.), Berlin 2006.

Die Graue Koalition
Wie Deutschlands Volksparteien altern

Oliver D'Antonio / Bettina Munimus

Das unbemerkte Ergrauen der Basis

Im politischen Alltag wird selten der Blick auf das Innenleben der untersten Ebene der Parteien gerichtet. Das Geschehen auf den politischen Tummelplätzen in Berlin und in den Landesmetropolen zieht vornehmlich das mediale Augenmerk auf sich. Daher wird nur gelegentlich Notiz davon genommen, dass diejenigen, die da in Wahlkampfzeiten unter Sonnenschirmen auf den Marktplätzen deutscher Städte und Gemeinden mit Informationsbroschüren oder roten Rosen für ihre Partei werben, häufig zu den älteren Mitgliedern der Gesellschaft gehören. Ob am Wahlkampfstand der Sozialdemokraten, beim monatlichen CDU-Stammtisch in einer lokalen Wirtsstube oder bei einer Informationsveranstaltung der Linken zur Sozialversicherung: Die über 50-Jährigen machen mit großem Abstand den Löwenanteil unter den anwesenden Mitgliedern aus.

Gerade bei den beiden großen, den so genannten Volksparteien CDU und SPD ist dieser Alterungsprozess eklatant. Die Mehrzahl ihrer Parteirepräsentanten zeichnet sich durch gestandene Lebensjahre aus, junge Gesichter trifft man selten. Die deutschen Volksparteien sehen an ihrer Basis ziemlich alt aus. Dieser seit längerem beobachtbare Trend der Alterung hat in den vergangenen zehn Jahren dramatische Formen angenommen. Die Regenerationskrise, in der sich alle Parteien anhaltend befinden, ist auf zwei Phänomene zurückzuführen, die beide Seiten ein und derselben Medaille sind. Während die jüngere Generation den Parteien mehrheitlich fern bleibt, altert der geschrumpfte Mitgliederbestand. Die beiden Volksparteien unterliegen diesem Schrumpfungs- und parallel stattfindenden Alterungsprozess in besonderem Maße. Die Ursachen sind mehrdimensional und reichen mehrere Jahrzehnte zurück: Neben allgemeinen Individualisierungstendenzen und gesellschaftlichem Wertewandel erodieren die sozialen Milieus der einstig mitgliederstarken Volksparteien. Vorfeldorganisationen, wie sie beispielsweise die Gewerkschaften für die SPD und die Kirchen für die CDU darstellten, brechen zunehmend als Rekrutierungsfelder weg. Zudem

greifen die Bürger nicht mehr in erster Linie auf die Parteien als „Informations-
vermittler und Weltdeuter" zurück.[1]

Während diese Prozesse wiederholt innerhalb der Sozialwissenschaft konstatiert und deren Folgen für die zukünftige Entwicklung der Parteien diskutiert
wurden, ist über die Auswirkungen der Alterung im Hinblick auf das Binnenle-
ben der Parteien nicht viel bekannt. Dieser Beitrag will die Konsequenzen aufzeigen, die sich für die deutschen Großparteien aus der altersstrukturellen Verschiebung ihrer Mitgliedschaft ergeben. Dabei fragt er nach der Bedeutung der
alternden Basis für die alltägliche Parteiarbeit vor Ort und für das Selbstverständnis und die Wahrnehmung von SPD und CDU als Volksparteien in den
Städten und Gemeinden der Bundesrepublik Deutschland. Wie sieht die parteipolitische Wirklichkeit an der Basis aus, wenn gerade in vielen Ortsvereinen
beziehungsweise Ortsverbänden die Altersgruppe der über 60-Jährigen dominiert? Für den Zugang zum Parteialltag an der Basis wurden die lokalen Strukturen von CDU und SPD sowie deren altersspezifische Vereinigungen beziehungsweise Arbeitsgemeinschaften in einer deutschen Großstadt gewählt.[2] Es wurden Forschungsgespräche mit Mitgliedern der Ortsverbände beziehungsweise -
vereine sowie der Senioren- und Jugendorganisationen von CDU und SPD geführt. Ebenso wurde die Möglichkeit genutzt, an Veranstaltungen der Parteien
teilzunehmen. Dieser Beitrag will keine generalisierbaren Erkenntnisse zu Tage
fördern, sondern zielt vielmehr darauf ab, Eindrücke von einem bislang stark
vernachlässigten Feld in der Parteienforschung zu gewinnen. Zu diesem Zweck
soll eine Skizze des örtlichen Parteilebens im Jahr 2008 unter den Bedingungen
einer alternden Mitgliedschaft gezeichnet werden.

Von der Mitgliederpartei zur Altenpartei ? – Die Alterung von CDU und SPD

Die deutschen Parteien – vor allem die Volksparteien CDU und SPD – altern
stärker und schneller als die Gesellschaft im Allgemeinen. 25,3 Prozent der
Gesamtbevölkerung waren 2007 60 Jahre und älter.[3] Mit Ausnahme von Bündnis 90/Die Grünen war der Anteil der Mitglieder in dieser Altersgruppe in allen
im Bundestag vertretenen Parteien deutlich größer. In der SPD waren 46,7 Prozent der SPD-Mitglieder 60 Jahre oder älter, in der CDU machte diese Perso-

---

1   Niedermayer, Oskar: Perspektiven für die Mitgliederpartei, in: Friedrich-Ebert-Stiftung
    (Hrsg.): Policy - Politische Akademie, Nr. 18, September 2007, S. 6.
2   Die in diesem Beitrag erforschte Großstadt liegt in den alten Bundesländern. Dass die Partei-
    strukturen in den neuen Bundesländern deutlich andere Züge aufweisen, ist den Verfassern
    bewusst. Aus forschungspraktischen Gründen musste jedoch auf eine Betrachtung der ostdeut-
    schen Parteistrukturen verzichtet werden.
3   Vgl. Statistisches Bundesamt: Bevölkerung und Erwerbstätigkeit. Bevölkerungsfortschrei-
    bung, Fachserie 1, Reihe 1.3, Wiesbaden 2008.

nengruppe 48 Prozent der Gesamtmitgliedschaft aus. Die FDP verzeichnete 34,9 Prozent ältere Mitglieder. Bündnis 90/Die Grünen sind die „jüngste" Partei: Im Jahr 2007 betrug der Anteil der Mitglieder, die 61 Jahre oder älter waren, 11,5 Prozent. Die „älteste" Partei zum Jahresende 2006 war Die Linke, in der annähernd drei von vier Parteimitgliedern 60 Jahre oder älter waren.[4] Unmittelbar verantwortlich für das Altern der Parteien ist in erster Linie, dass ihnen die „frische Blutzufuhr"[5] durch einen ausreichenden Zustrom an Jungmitgliedern fehlt. Vor allem die jüngere Generation interessiert sich für Parteien nicht mehr sonderlich. Der hier diagnostizierte Prozess der „Überalterung" steht demnach in einem Zusammenhang mit einer deutlichen „Unterjüngung" der beiden Volksparteien.

Der Ausgangspunkt der volksparteilichen Alterung liegt jedoch bereits einige Jahrzehnte zurück. Der Vergreisungsprozess ist für die Großparteien bereits seit einem Vierteljahrhundert zu beobachten. In wissenschaftlichen Untersuchungen der vergangenen Jahre wird die Alterung als ein Symptom der vermeintlichen Krise der Mitgliederparteien klar benannt. Elmar Wiesendahl spricht gar im Zusammenhang der Regenerationskrise vom „Altenheimcharme", der die Parteien umgibt.[6] Die nüchternen Zahlen für die Gesamtparteien und deren Jugendorganisationen bringen die Dramatik der Entwicklung zum Ausdruck. Noch 1990 zählte die Junge Union 250.000 Mitglieder, binnen 18 Jahren hat sich deren Zahl nahezu halbiert.[7] Auch in der SPD fehlt die Revitalisierung durch die Jungen. Im Jahr 1989 hatten die Jusos 172.000 Mitglieder, im Jahr 2008 sind es gerade einmal 70.000 (davon sind 55.000 Mitglied in der SPD). Den schlimmsten Verfall hatte die SPD-Jugend jedoch bereits in den 18 Jahren vor der Wende erlebt, denn 1972 waren noch rund 300.000 Mitglieder bei den Jungsozialisten organisiert.[8] Insgesamt liegt der Anteil der unter 29-Jährigen in der CDU heute bei lediglich 5,1 Prozent. Auch die Sozialdemokraten sind nur unwesentlich jünger. 5,8 Prozent der SPD-Gesamtmitgliedschaft sind heute unter 30 Jahre alt. Ebenfalls bemerkenswert ist die Entwicklung der mittleren Altersgruppe.[9] Auch diese nimmt seit Beginn der 1990er Jahre zugunsten der

---

4 Niedermayer, Oskar: Parteimitglieder in Deutschland. Version 2008, Arbeitshefte a. d. Otto-Stammer- Zentrum, Nr. 13, FU Berlin, 2008, S. 4.
5 Wiesendahl, Elmar: Mitgliederparteien am Ende? Eine Kritik der Niedergangsdiskussion, Wiesbaden 2006, S. 49.
6 Ebd., S. 61.
7 Vgl. Haungs, Peter: Die CDU: Prototyp einer Volkspartei, in: Mintzel, Alf/Oberreuter, Heinrich (Hrsg.): Parteien in der Bundesrepublik Deutschland, Bonn 1992, S. 196; Junge Union, abrufbar unter: http://www.junge-union.de/content/junge-union/portrait/ (eingesehen am 12.11.2008).
8 Vgl. Lösche, Peter/Walter, Franz: Die SPD. Klassenpartei. Volkspartei. Quotenpartei, Darmstadt 1992, S. 282; sowie telefonische Auskunft der Bundespressestelle der Jusos vom 27.11.2008.
9 Vgl. Niedermayer (Anm. 4), S. 4.

über 60-Jährigen kontinuierlich ab. Ein CDU-Mitglied ist im Durchschnitt 56,2 Jahre alt. Bei der SPD liegt das Durchschnittsalter bei 57 Jahren.

Tabelle 1: Altersstruktur der Mitglieder von CDU und SPD zwischen 1991-2007 (in Prozent)

	CDU			SPD		
	-29	30-59	60+	-29	30-59	60+
1991	6,8	63,1	29,2	9,9	65,0	25,2
1993	5,7	62,3	31,7	8,5	65,4	26,0
1995	5,2	59,8	34,5	7,4	65,2	27,4
1997	4,9	57,0	37,7	6,5	64,1	29,4
1999	5,5	53,7	40,4	4,6	58,9	36,5
2001	5,3	50,4	44,0	4,4	56,5	39,2
2003	5,4	48,6	45,7	4,6	53,2	42,2
2006	5,4	47,1	47,1	5,7	49,2	45,1
2007	5,1	46,5	48,0	5,8	47,5	46,7

Quelle: Niedermayer, Oskar: Parteimitglieder 2008

Dabei verteilen sich die Altersgruppen auf den einzelnen Ebenen der Parteien in unterschiedlicher Weise. Während die Ortsvereine und -verbände strukturell am ältesten sind, sind die älteren Mitglieder in den Landesvorständen und im Bundesvorstand nur noch selten vertreten.[10] So lässt sich für die hierarchische Repräsentanz der Altersgruppen festhalten: Je höher der Rang der Mandats- und Funktionsträger, desto jünger werden sie. Nach Nie u.a. nimmt die „age-participation relationship" folgenden Verlauf: „Participation rises in the early

---

10 Heinrich, Roberto/Lübker, Malte/Biehl: Parteimitglieder im Vergleich: Partizipation und Repräsentation. Kurzfassung des Abschlussberichts zum gleichnamigen DFG-Projekt, 2002, abrufbar unter: http://www2.politik.uni-halle.de/schuettemeyer/downloads/ppp-kurzfassung. pdf (eingesehen am 10.01.2009).

years, peaks in middle age, and falls in later years."[11] Damit haben auch politische Karrieren ein bestimmtes Zeitfenster, um zu reüssieren.

Alternde Revolutionäre und die neue „Generation Parteilos"

Für den anhaltenden Alterungsprozess der Parteien sind zunächst zwei wesentliche Erklärungsansätze denkbar. Zum einen wird der demographische, zum anderen der generationelle Wandel der Gesellschaft als mögliche Ursache für parteipolitische Vergreisung diagnostiziert. Der demographische Wandlungsprozess, der alle westlichen postindustriellen Gesellschaften in den vergangenen Jahrzehnten erfasste, ist in Wissenschaft und Publizistik eingehend untersucht und diskutiert worden, vor allem unter dem Blickwinkel der sozialstaatlichen Finanzierbarkeit und möglicher Verteilungskonflikte zwischen Jung und Alt.[12] Hinter dem Terminus des demographischen Wandels verbergen sich zunächst zwei statistisch auffällige Phänomene: Zum einen folgte auf die äußerst geburtenstarken Jahrgänge der 1950er und frühen 1960er Jahre (die so genannte Baby-Boomer-Generation) eine bis heute anhaltende Phase deutlich geburtenschwächerer Jahrgänge.[13] Zudem ist die durchschnittliche Lebenserwartung der in Deutschland lebenden Menschen deutlich gestiegen. Für die politischen Parteien wird dieser Wandel in erster Linie dadurch relevant, dass sich die Grundgesamtheit der Gesellschaft, aus der sie ihre Wähler mobilisieren und ihre Mitglieder rekrutieren, quantitativ zugunsten der älteren Jahrgänge verschiebt. Für die inhaltlichen Politikangebote, die Parteien den Bürgerinnen und Bürgern unterbreiten, ist dieser Wandel bereits heute von besonderer Bedeutung und dürfte in den nächsten Jahrzehnten weiter wachsen, da die Parteien, mit Rücksicht auf ihre Wahlchancen, die Interessen der wachsenden Gruppe älterer Wahlberechtigter verstärkt in ihre Programme einbeziehen müssen.[14] Eine tragfähige Erklärung für die beschriebenen Alterungsprozesse der Parteibasen von CDU und SPD kann die gesamtgesellschaftliche Alterung allein jedoch nicht

11   Nie, Norman H./Verba, Sidney/Kim Jae-On: Political Participation and the Life Cycle, in: Comparative Politics, Jg. 7 (1974) H. 6, S. 326.

12   Zu den statistischen Bevölkerungsprognosen und dem sich daraus speisenden Diskurs in Politik und Wissenschaft vgl. exemplarisch Statistische Ämter des Bundes und der Länder (Hrsg.): Demografischer Wandel in Deutschland, Heft 1, Bevölkerungs- und Haushaltsentwicklung, Wiesbaden 2007, abrufbar unter: https://www.ec.destatis.de/csp/shop/sfg/bpm. html.cms.cBroker.cls?cmspath=struktur,vollanzeige.csp&ID= 1021430 (eingesehen am 10.01. 2009).

13   Statistisches Bundesamt (Hrsg.): Datenreport 2006, Bonn 2006, S. 25.

14   Vgl. Walter, Franz: Linkspartei in ergrauender Gesellschaft, in: RLS Standpunkte, (2005) H. 18, abrufbar unter: http://www.rosalux.de/fileadmin/rls_uploads/pdfs/Standpunkte/ Standpunkte_05_18.pdf (eingesehen am 07.01.2009).

liefern. Zum einen entwickelt sich das Mitgliederaufkommen einer Partei nicht entsprechend gesamtgesellschaftlicher Strukturdaten, sondern ist eine Frage von politischer Attraktivität und der Sozialisation einzelner Personen oder sozialer Gruppen. Zum anderen sind in der Mitgliedschaft aller sechs Bundestagsparteien jüngere Altersgruppen im Vergleich zur Gesamtbevölkerung drastisch unterrepräsentiert.[15]

Die Alterung der Parteien ist vielmehr ein Phänomen, welches auf die unterschiedliche Sozialisation und den Wertewandel zwischen den heute lebenden Generationen zurückzuführen ist. Denn die, die heute in den Parteien altern, sind jene linksintellektuellen und postmateriellen Revolutionäre der Jahre 1968 bis 1983. Ihr fünfzehn Jahre dauernder Marsch von der APO über die SPD bis zum Einzug der ersten grün-alternativen Partei in den Bundestag war gleichzeitig der Höhepunkt der Massenmitgliedschaft und Jugendlichkeit der beiden deutschen „Kanzlerparteien". Die 68er und die in ihrem Gefolge in die Parteien strömenden Jahrgänge waren zwar nur eine kleine elitäre Bewegung innerhalb einer umfassenden Alterskohorte, die aber nichtsdestotrotz die Republik und ihre Parteien nachhaltig veränderten. Jene heute 55- bis 69-Jährigen stellen mit 23 Prozent in der SPD und 24 Prozent in der CDU die größte innerparteiliche Altersgruppe dar. Doch auch wer damals nicht in vorderster Front gegen den Schahbesuch und die Startbahn West protestierte, wurde in jenen Jahren von Bildungsrevolution und gesellschaftlichem Wandel erfasst. So profitierte auch die CDU von der allgemeinen Politisierung in Form von Mitgliederzuwächsen und einer deutlichen Verjüngung der Partei vor allem deshalb, weil diese Neumitglieder der „linken" Mobilisierung entgegentreten wollten. Parteiübergreifend unterscheiden sich diese heutigen „jungen Alten" jedoch maßgeblich durch ihre kollektiven Sozialisationserfahrungen von der „Kriegsgeneration". Die einen probten als Jugendliche und junge Erwachsene den Aufstand gegen die etablierten Gesellschaftsstrukturen der Bonner Republik, während die anderen die konservative Konterrevolution beleben wollten. Verbindendes Element innerhalb dieser Generationen jedoch ist, dass sie in Scharen in beide Großparteien strömten, diese formten und ihnen ein neues Profil verliehen. Auch heute, an der Schwelle zum Rentenalter, bestimmen sie maßgeblich die Geschicke der lokalen Parteistrukturen.

---

15   Die jüngeren Altersgruppen haben mit 7,2 Prozent der 18- bis 29-Jährigen und 10,1 Prozent der 30- bis 44- Jährigen deutlich seltener als die 45 Jahre alten und älteren diese Erfahrung vorzuweisen. Vgl. die Daten im Gender Datenreport des BMfSfJ, abrufbar unter: http://www.bmfsfj.de/bmfsfj/generator/Publikationen/genderreport/6-Politische-partizipation-und-buergerschaftliches-engagement/6-4-Frauen-und-maenner-in-der-institutionalisierten-inter essenvertretung/6-4-2-parteimitgliedschaften-und-parteiaemter.html (eingesehen am 12.01. 2009); Niedermayer, Oskar: Jugend und Parteien, in: Roller, Edeltraud/Brettschneider, Frank/van Deth, Jan W. (Hrsg.): Jugend und Politik: "Voll normal!", Der Beitrag der politischen Soziologie zur Jugendforschung, Wiesbaden 2006, S. 269-289, hier S. 278ff.

Die Parteien profitierten von dieser politischen Hochphase durch Mitgliederzuwächse erheblich. Ihnen war ein konservativer Bildungsbourgeois letztlich ebenso willkommen,[16] wie die jugendlichen missionarischen Eiferer der 1970er Jahre. Parteipolitisch zu partizipieren, sich bürgerschaftlich zu engagieren, avancierte gerade unter den damals Jungen zu einem Wert von höchster Priorität. Dieser Generation der „silent revolution", des stillen postmateriellen Wertewandels, setzte der US-amerikanische Soziologe Ronald Inglehart 1977 ein Denkmal,[17] nicht ahnend, dass die noch stilleren Gegenrevolutionäre gerade ins Schulalter kamen. Ein Kompaktwagen aus Niedersachsen wurde rund zwanzig Jahre später zum Sinnbild für die Generation der Töchter und Söhne der 68er. Die so genannte „Generation Golf" distanzierte sich von ihren hochpolitisierten Eltern ebenso nachhaltig, wie es diese zuvor von der Kriegsgeneration taten. Die ohnehin quantitativ kleineren Jahrgänge 1965 bis 1975 verabschiedeten sich nicht nur von postmateriellen Werthaltungen[18] zugunsten von Hedonismus und Karriere, sie sind auch – im Gegensatz zu ihren Eltern und Großeltern – immer weniger bereit, Zeit, Geld und Einsatz in die traditionellen Großorganisationen, wie Parteien, Gewerkschaften oder Kirchen zu investieren. Das parteipolitische Engagement geht seitdem kontinuierlich zurück.[19] Indes streben sie recht pragmatisch danach, sich in der postindustriellen und individualisierten Wissensgesellschaft so gut wie möglich einzurichten. Nur auf den ersten Blick erscheint es paradox, dass eben jene Jahrgänge der politisch Nicht-Engagierten mit Politik und Parteien durchschnittlich zufriedener sind als alle älteren Generationen.[20] Während ihre Eltern noch von der Unzufriedenheit mit Politik und Parteien und ihrem Willen, selbst vieles besser zu machen, in die Institutionen getrieben wurden, haben sich die 30- bis 45-Jährigen mit der modernen Dynamik- und Sachzwangrhetorik der Jahrtausendwende arrangiert und lassen diejenigen ihres

---

16   Vgl. Walter, Franz: Baustelle Deutschland. Politik ohne Lagerbindung, Frankfurt am Main 2008, S. 15 und S. 19.

17   Vgl. Inglehart, Ronald: The Silent Revolution. Changing values and political styles among western publics, Princeton/New Jersey 1977. Inglehart beobachtete in den westlichen Industriegesellschaften eine Ver schiebung der Wertepräferenzen von materiellen (physische und soziale Sicherheit) hin zu postmateriellen Werten (politisches und soziales Engagement, Ökologie, Frieden).

18   Vgl. Kaina, Viktoria/Deutsch, Franziska: Verliert die Stille Revolution ihren Nachwuchs? Wertorientierungen in Deutschland im Kohorten- und Zeitvergleich, in: Roller, Edeltraud/Brettschneider, Frank/van Deth, Jan W. (Hrsg.): Jugend und Politik: "Voll normal!", Der Beitrag der politischen Soziologie zur Jugendforschung, Wiesbaden 2006, S. 157-181, hier S. 168f.

19   Walter (Anm. 16), S. 22ff.

20   Abold, Roland/Juhász, Zoltán: Rückkehr in den Mainstream? Einstellungswandel der Jugend zu Demokratie und Parteiensystem, in: Roller, Edeltraud/Brettschneider, Frank/van Deth, Jan W. (Hrsg.): Jugend und Politik: "Voll normal!", Der Beitrag der politischen Soziologie zur Jugendforschung, Wiesbaden 2006, S. 77- 97, hier S. 83ff.

Alters, die parteipolitisch Karriere machen wollen, ungestört arbeiten. Visionen von einer besseren Welt sind der Vision von einem zufriedenen Privatleben gewichen. Und auch sie scheinen dabei eine gewisse Wirkungsmächtigkeit in Bezug auf die ihnen unmittelbar nachfolgenden Jahrgänge zu besitzen. So, wie die 68er vor allem die jüngeren Altersgruppen in den 1970er und frühen 1980er Jahre politisierten, prägt der Pragmatismus und die Partizipationsdistanz der „Generation Golf" heute auch die politische Kultur der Jahrgänge, die in den späten 1970er und in den 1980er Jahren geboren wurden.

Doch nicht nur die Muster politischer Partizipation veränderten sich durch die zwischen 1940 und 1960 Geborenen. Das Älterwerden dieser Jahrgänge wandelte auch gesamtgesellschaftlich das Bild vom Altern. Hatte man früher das durch negative Stereotype geprägte Bild gebrechlicher Greise vor Augen, so erscheinen die über 60-Jährigen dieser Tage alles andere als senil. Im Vergleich zu früheren Rentnergenerationen gelten sie in der Mehrzahl als fit und aktiv, haben eine bessere Bildung und höheres Einkommen, beteiligen sich durch bürgerschaftliches Engagement und gehören zur kaufkräftigsten Konsumentengruppe. Die gegenwärtige Generation im Ruhestand ist die reichste Rentnerpopulation, die es bisher in Deutschland gab.[21] Auch wenn sich durch ihre soziale Herkunft, die individuellen Lebensverläufe, ihren Status sowie ihre Bedürfnisse unterscheiden, empfinden viele Mitglieder dieser Altersgruppe in den beiden Parteien ihren Ruhestand keineswegs als eine „Zeit auf dem Abstellgleis". Das Autorentrio Bruns/Bruns/Böhme spricht von einer Altersrevolution, die keines Marsches durch die Institutionen bedarf: „Sie sind schließlich noch alle an der Macht, in einflussreichen Positionen und in den Köpfen der Menschen"[22]. Sie sind allerdings auch nicht mehr die großen Innovateure der parteipolitischen Arbeit vor Ort. Die Generation des Protestes ist weitgehend verbürgerlicht.[23] Die einstigen Aktivisten sind heute meist wohl situierte Pragmatiker.

Zwischen den saturierten 68ern und der neuen „Generation Parteilos" verläuft somit die zentrale Spaltungslinie zwischen den Generationen der Berliner Republik. Die politisierten und engagierten Jahrgänge der 68er und der grünalternativ Bewegten stehen in schroffer Abgrenzung zur Generation ihrer Kinder, die eine deutlich geringere Bereitschaft zu politischem und sozialem Engagement an den Tag legt. Diesem Wandel stehen die Parteien in den Städten und Gemeinden zu Beginn des 21. Jahrhunderts recht ratlos gegenüber, zumal eine Trendumkehr bislang nicht in Sicht ist.

---

21 Vgl. u. a. Schmidt, Manfred G.: Sozialpolitik in Deutschland. Historische Entwicklung und internationaler Vergleich, Wiesbaden 2005, S. 201.

22 Vgl. Bruns, Petra/Bruns, Werner/Böhme, Rainer: Die Altersrevolution. Wie wir in Zukunft alt werden, Berlin 2007, S. 123.

23 Vgl. Walter (Anm. 16), S. 20.

Wachsende Macht der Alten? Die Seniorenorganisationen von CDU und SPD

Angesichts dieses fundamentalen Wandels ihrer Alterstruktur stellt sich für CDU und SPD die Frage, ob die quantitative Mehrheit der über 60-Jährigen in den eigenen Reihen auch zu einer Verschiebung der innerparteilichen Machtverhältnisse zugunsten der Älteren geführt hat. Zumindest auf der Organisationsebene fand der beobachtete Alterungsprozess bereits seinen Niederschlag. Ende der 1980er Jahre beziehungsweise Anfang der 1990er Jahre wurde erstmals auf Bundesebene in beiden Parteien verstärkt über den steigenden Anteil der älteren Mitglieder diskutiert. Damals fand die Debatte noch unter dem Begriff „Vergreisung" statt. Neben dem Werben um neue, jüngere Mitglieder[24] waren CDU und SPD darauf bedacht, die älteren Anhänger zu binden und ihnen eigene Partizipationsmöglichkeiten anzubieten.

Im Jahr 1988 richtete die CDU als erste Partei auf Bundesebene eine eigene Vereinigung der Älteren unter Namen „Senioren-Union" ein. Bereits seit den 1970er Jahren wurden im Zuge der Parteiorganisationsreform der CDU mit der Absicht einer besseren Zielgruppenarbeit in den Landes- und Kreisverbänden erste Seniorenorganisationen gegründet.[25] Die Mitgliedschaft in der Senioren-Union ist eigenständig, das heißt, ein 60-Jähriges Mitglied der CDU ist nicht automatisch Angehöriger der Senioren-Union und umgekehrt. Trotz ihrer Selbstständigkeit bleibt die Senioren-Union, die mittlerweile in rund 360 Kreisvereinigungen organisiert ist, finanziell und infrastrukturell von der Mutterpartei abhängig. Gegenwärtig umfasst sie rund 55.400 Mitglieder. Der Altersdurchschnitt lag im Jahr 1994 bei 72,1 Jahren und ist seitdem auf 74 Jahren angestiegen. Rund 35 Prozent ihrer Mitglieder gehören nicht gleichzeitig der CDU an.[26] Doch die Mehrzahl der Mitglieder der Senioren-Union war Zeit ihres Lebens aktives CDU-Parteimitglied und hatte politische Führungspositionen meist auf lokaler Ebene inne. Die Wirkungsmächtigkeit der Unions-Senioren auf die öffentliche Meinung bekamen im Herbst 2003 der Vorsitzende der Jungen Union Philipp Mißfelder und im April 2008 der SPD-Bundestagsabgeordnete Jens Spahn zu spüren. Mißfelder und Spahn polemisierten seinerzeit gegen eine Gesundheits- respektive Rentenpolitik, die zu Lasten jüngerer Generationen gehe und lösten damit einen Sturm der Entrüstung in den Medien, vor allem

---

24 Die CDU gründete bereits im Jahr 1947 die Junge Union. Die Schüler Union wurde ebenfalls im Zuge einer gezielten Mitgliederwerbung im Jahr 1972 gegründet.

25 Nachdem im Jahr 1977 in Baden-Württemberg die erste Seniorenorganisation auf Landesebene gegründet worden war, wurde eine elfjährige Debatte darüber geführt, wie die Senioren innerhalb der Gesamtpartei repräsentiert werden können. Die Senioren-Union Bayern wurde im Jahr 1998 gegründet. Vgl. Worms, Bernhard: Seniorenpolitik als Herausforderung in der Opposition, in: Meyer-Hentschel Management-Consulting (Hrsg.): Handbuch Senioren-Marketing. Erfolgsstrategien aus der Praxis, Frankfurt am Main, 2000, S. 773-794, hier S. 791.

26 Der Vorstand und die Delegierten müssen jedoch Parteimitglieder der CDU sein.

aber in der Senioren-Union aus.[27] An Mißfelder und Spahn sollten Exempel statuiert werden: An den Alten komme keiner mehr vorbei, lautete die Botschaft. Seitdem ist der JU-Vorsitzende tunlichst darauf bedacht, sich mit den älteren Parteimitgliedern gut zu stellen.

Als die SPD-Parteistrategen Anfang der 1990er Jahre über den gesellschaftlichen Alterungsprozess im Allgemeinen und dem parteieigenen im Besonderen debattierten, hatten sie den Anspruch, den alternden, aber jung gebliebenen Mitgliedern der 68er-Generation eine geeignete Plattform für ihre Aktivitäten anzubieten. Zu diesem Zweck wurde auf Vorstandsebene eine Kommission zum demographischen Wandel einberufen und 1994 schließlich trat unter dem Vorsitz des damaligen Fraktionsvorsitzenden im Bundestag Hans-Ulrich Klose die erste Arbeitsgemeinschaft der Älteren (AG 60 plus) zusammen. Die Gründung war gleichzeitig eine Reaktion auf die bereits seit längerem stattfindenden Aktivitäten der CDU.[28] Da die Mitgliedschaft in der Arbeitsgemeinschaft SPD 60 plus – im Gegensatz zur Senioren-Union – automatisch allen Sozialdemokraten ab dem sechzigsten Lebensjahr übertragen wird, handelt es sich um die größte parteiinterne Gruppierung. Im Jahr 2007 waren 252.115 Mitglieder der SPD über 60 Jahre alt und somit automatisch der Arbeitsgemeinschaft zuzurechnen.[29] Aktiv beteiligen sich hingegen nur rund 40.000 Mitglieder bundesweit in der Arbeitsgemeinschaft.[30] Auch wenn die AG 60 plus den Anspruch hat, ein breites Spektrum an gesellschaftlichen Themen anzusprechen, so stehen doch altersspezifische Interessen wie Fragen zur Gesundheit, Pflege oder Rente im Vordergrund. Die Arbeitsgemeinschaft ist dabei finanziell und organisatorisch von der Mutterpartei abhängig. Ebenso stehen keine führungsstarken Persönlichkeiten an ihrer Spitze. Wenn sich die altersmilden Parteigranden wie beispielsweise der 81-jährige Erhard Eppler oder der gleichaltrige Hans-Jochen Vogel vernehmbar zu Wort melden, so werden sie nicht als Vertreter der AG 60 plus wahrgenommen. Sie agieren vielmehr als eine Art nicht-institutionalisierter „Ältestenrat", deren Worte von denen gerne gehört werden, die der Zeit der „alten" SPD nachtrauern.

Auf Bundes- wie auch Landesebene stellen weder Senioren-Union noch AG 60 plus eine eindrucksvolle Machtgruppe in ihrer Partei dar. Ihr Einfluss auf die

---

27 Vgl. Neumann, Philipp: Wenn die Alten zornig werden, in: Welt Online, 05.04.2008, abrufbar unter: http://www.welt.de/welt_print/article1872365/Wenn_die_Alten_zornig_werden.html (eingesehen am 07.02.2009); Hoischen, Oliver: Sie knurren nur, aber sie beißen nicht, in: Frankfurter Allgemeine Sonntagszeitung 19.10.2008.

28 Zuvor waren bereits seit Ende der 1970er Jahre für die Repräsentation der Interessen der älteren Parteimitglieder Seniorenbeauftragte auf allen Organisationsebenen der SPD vertreten. Diese nahmen automatisch an den Gremiensitzungen der entsprechenden Gliederungsebenen teil.

29 Auch Nicht-Parteimitglieder können sich in der Arbeitsgemeinschaft einbringen.

30 Persönliche Auskunft des Bundesparteivorstandes der SPD, 04.03.2008, Berlin.

politische Ausrichtung und Programminhalte ist beschränkt und von den Partei-
zentralen mit dem Blick auf eine generationengerechte Ausgewogenheit gut
koordiniert. Beide Organisationen verfügen zwar über ein Rede- und Antrags-
recht auf Parteitagen, jedoch können ihre Mitglieder Delegiertenmandate nur
über die Wahl in den Ortsverbänden beziehungsweise Ortsvereinen erlangen.
Satzungsgemäß sind weder Senioren-Union noch AG 60 plus automatisch im
Bundesvorstand oder in den Landesvorständen ihrer Parteien vertreten.[31] Zudem
spielt für die Mehrheit der Aktiven die Erlangung von Ämtern in den Parteispitzen oder von Parlamentsmandaten aufgrund ihres fortgeschrittenen Alters und
den damit verbundenen Einschränkungen keine relevante Rolle mehr, zumal
viele von ihnen im Laufe ihres politischen Lebens vorwiegend auf kommunaler
Ebene Amts- und Mandatsträger waren.

Zu den Seniorenorganisationen zählen mehrheitlich die heute zwischen 70-
und 80-Jährigen, die in den ersten Jahren nach der bundesweiten Institutionalisierung der Seniorenorganisationen dazu gestoßen und mit den Strukturen gealtert sind. Hier sind die traditionellen Wurzeln des katholisch-konservativen und
des Arbeiter-Milieus in den jeweiligen Lebensgeschichten verankert. Zugleich
leiden sowohl die Senioren-Union als auch die AG 60 plus an einem „Nach-
wuchsproblem" bei jener Alterskohorte, die als akademische Jungmitglieder ab
Ende der 1960er Jahre beide Parteien radikal aufgemischt haben. Diese wehren
sich heute gegen das „Altsein" mit all seinen stigmatisierenden Klischees.[32] So
verwundert es nicht, dass sie sich zu den aus ihrer Sicht „wirklichen" Alten in
den Seniorenorganisationen der Parteien nicht gesellen wollen. Ein Engagement, welches sich allein durch das Alter definiert, wird von diesen „jungen
Alten" weitestgehend abgelehnt; die Aktiven unter ihnen beteiligen sich nach
wie vor in den Ortsvereinen und -verbänden. Dort sind sie verankert und halten
die politischen Zügel in der Hand.

Mitglieder als Ressource und Selbstvergewisserung

Der Stellenwert des Mitglieds war für die deutschen Parteien im historischen
Verlauf von durchaus unterschiedlichem Gewicht. Während für die bürgerlich-
liberalen Honoratiorenparteien eine formalisierte Mitgliedschaft noch bedeutungslos war, änderte sich dies mit dem Aufstieg der weltanschaulichen Massen-
integrationsparteien Zentrum und SPD fundamental. Die massenhafte, formale
Mitgliedschaft bildete die Grundlage für den Erwerb und den Ausbau der politischen Macht dieser Parteien und stellte zudem das materielle und personelle

---

31   Der derzeitige Vorsitzende der Senioren-Union Otto Wulff ist aktuell gewähltes Mitglied des
     Bundesvorstandes der CDU.
32   Vgl. Bruns/Bruns/Böhme (Anm. 22), S. 123.

248 Oliver D'Antonio / Bettina Munimus

Fundament der Organisationen dar.[33] Im Zuge des gesellschaftlichen und politischen Wandels nach dem Zweiten Weltkrieg verloren die traditionellen Milieus zunehmend ihre prägende Bedeutung für die Parteien. CDU und SPD entwickelten sich in den 1950er und 1960er Jahren zu umfassenden Sammlungsbewegungen. Der Politologe Otto Kirchheimer sprach in jenen Jahren von „Catch-All-Partys", Allerweltsparteien, die nicht mehr durch Weltanschauungen geprägt seien, sondern ihre Fahne dort in den Wind hielten, wo ihnen die meisten Wählerstimmen zufliegen würden. Mitglieder seien für die Allerweltsparteien von geringer Relevanz, ja sogar störend, wenn sie verhinderten, dass die Parteispitzen flexibel und profitorientiert auf den Wählermärkten agieren und ihre Produkte (Programme) platzieren können.[34] Allein mit der parteipolitischen Realität wollten sich Kirchheimers Thesen nicht decken, denn die Basis der beiden Großparteien verbreiterte sich in den 1970er Jahren rasch auf nahezu zwei Millionen Mitglieder. Das Mitglied wurde für CDU und SPD nicht überflüssig, sondern im Gegenteil, geradezu unersetzlich.

Elmar Wiesendahl präsentierte ein anderes Konzept, um das Phänomen der modernen mitgliederstarken Großparteien wissenschaftlich zu verorten. Wiesendahl nennt sie Mitgliederparteien, wobei das Mitglied im Gegensatz zu den älteren Konzepten von der Catch-All-Party im Zentrum der Organisationslogik steht.[35] Mitgliederparteien sind nach Wiesendahl darüber definiert, dass sie Mitglieder als „strategische Organisationsressource" behandeln. Sie bedienen sich „freiwilliger Mitglieder und der von ihnen bereit gestellten Ressourcen […], um den Parteibetrieb zu unterhalten und ihre Kernaufgaben zu erfüllen".[36] Mitglieder werden von ihnen gezielt geworben und spielen im organisatorischen Gefüge als Beitragszahler, Wahlkämpfer vor Ort und als Botschafter für die Außenkommunikation der Partei mit den lokalen Gesellschaften eine wichtige Rolle ein. Dafür stattet die Partei ihre Mitglieder mit exklusiven Privilegien aus, die sich auf die Elitenauswahl, die Organisation und die Programmatik der Partei beziehen und räumt ihnen zudem Karrierechancen ein.[37] Dieses besondere Wechselspiel von Ressourcennutzung und Gratifikation macht auch den spezifischen Charakterzug der Mitgliederparteien SPD und CDU aus. Und so legen gerade die schweren Erosionsprozesse der sozialen Basis von CDU und SPD seit 1998 – gemeinsam verloren sie seither rund 350.000 Mitglieder[38] – den Blick auf die unverzichtbare Relevanz des Mitgliedes für die Organisation

---

33 Vgl. Lösche, Peter: Kleine Geschichte der deutschen Parteien, 2. Auflage, Stuttgart 1993, S. 20ff.

34 Vgl. Kirchheimer, Otto: Der Wandel des westeuropäischen Parteiensystems, in: Politische Vierteljahresschrift, Jg. 6 (1965) H. 1, S. 20 – 41.

35 Vgl. Wiesendahl (Anm. 5).

36 Ebd., S. 20.

37 Vgl. ebd., S. 21.

38 Vgl. Niedermayer (Anm. 4), S. 2.

Volkspartei frei. Dieses sehr pragmatische Verständnis von Mitgliederparteien verdeutlicht, dass der oben beschriebene Alterungsprozess, den beide Parteien seit längerem durchlaufen, eine massive Veränderung zur Folge haben muss: Zum einen, was die Möglichkeit der Bereitstellung der Ressourcen anbelangt, zum anderen, was die nachgefragten Gratifikationen durch die Mitglieder betrifft. Diesem Aspekt der Mitgliederparteien wird im Folgenden besondere Aufmerksamkeit geschenkt.

Dennoch steht dieser Zugang zu den Phänomenen CDU und SPD nur für die halbe Wahrheit. Denn so sehr die Kategorie der Volkspartei auch in der Politikwissenschaft kritisiert wurde, so präsent ist der Begriff seit Jahrzehnten in der öffentlich-medialen, vor allem aber auch in der Selbstwahrnehmung der Parteien. Seit den späten 1950er Jahren vertraten sie diesen Anspruch konsequent. Sie wollten Volksparteien sein: die CDU eine „echte" – im Sinne eines neuen, die Klassen- und Konfessionsgrenzen überwindenden Parteientypus –,[39] die SPD demgegenüber eine „linke", die Arbeiterschaft und Mittelstand integriert.[40] Auch heute präsentiert sich die CDU weiterhin als „Volkspartei der Mitte"[41] oder gar als „einzige verbliebene Volkspartei"[42]. In der SPD ist der volksparteiliche Anspruch ebenfalls ungebrochen, wenn auch innerhalb der Parteien strittig ist, wie viel Mitte eine „linke Volkspartei" verträgt.[43] Auch dieses, wissenschaftlich weit schwieriger greifbare Zusammenspiel aus Anspruch und Wahrnehmung prägte die Geschichte der Volksparteien und der gesamten Republik in den vergangenen Jahrzehnten.

Der CDU-Politiker Karl-Joachim Kierey brachte den volksparteilichen Anspruch 1972 auf den Punkt: „Eine politische Partei ist dann Volkspartei, wenn alle Gruppen und Schichten der Gesellschaft in angemessenem Verhältnis innerhalb der Mitgliedschaft, der Wählerschaft und der die Partei repräsentierenden Mitglieder in den Parlamenten vertreten sind."[44] Die Botschaft Kiereys impliziert freilich auch die angemessene Repräsentation aller Altersgruppen in der Mitgliedschaft. Mit der Übernahme dieses Diktums justierten die großen

---

39 Vgl. Mintzel, Alf: Die Volkspartei. Typus und Wirklichkeit, Opladen 1984, S. 28ff.

40 Vgl. ebd., S. 34f.

41 Bentele, Ulrich: Interview mit CDU-Generalsekretär Pofalla. „Die CDU hat sich geschlossen gezeigt", in: tagesschau.de, 28.11.2006, abrufbar unter: http://www.tagesschau.de/inland/meldung85012.html (eingesehen am 18.11.2008).

42 Jenkner, Carolin: Rüttgers bastelt sich seine Volkspartei, in: Spiegel Online, 14.06.2008, abrufbar unter: http://www.tagesschau.de/inland/meldung85012.html (eingesehen am 18.11.2008).

43 Vgl. Ernstberger, Petra/Hübner, Klaas/Kahrs, Johannes: Die SPD muss Volkspartei bleiben, Aufruf vom 07. März 2008, abrufbar unter: http://www.seeheimer-kreis.de/index.php?id=205 (eingesehen am 18.11.2008); Böhning, Björn/Rünker, Reinhold/Schuster, Joachim: Volkspartei SPD? Einleitung zum Schwerpunkt, in: SPW – sozialistische Politik und Wissenschaft, Jg. 28 (2005) H. 145, S. 12 – 13.

44 Kierey, Karl-Joachim: Ist die CDU eine Volkspartei?, in: Sonde, Jg. 5 (1972) H. 5, S. 22.

Parteien freilich auch die Beziehungen zu ihren Mitgliedern neu. Eine breite, mitten in der facettenreichen Arbeitnehmergesellschaft so gut als möglich verankerte Mitgliedschaft wurde geradezu *das* bestimmende Merkmal des volksparteilichen Charakters. Das Mitglied war nicht allein Ressource der täglichen Parteiarbeit, sondern integraler Bestandteil des politischen, sozialen und kulturellen Lebens der selbst erklärten Volksparteien. Ihr Selbstverständnis und ihre Außenwahrnehmung hingen maßgeblich von der Mitgliederstärke und der umfassenden Integrationskraft der Parteien ab.

Doch der Durchbruch zu so verstandenen Volksparteien gelang Union und SPD erst in den frühen 1970er Jahren. Vor allem ihre Altersstruktur stellte für beide Parteien zuvor ein Problem dar. In der SPD-Parteizentrale ging schon einmal das Gespenst der „Vergreisung" um. Im Jahr 1952 waren nur rund drei Prozent der Mitgliedschaft jünger als 26 Jahre.[45] Und dies wirkte sich schwerwiegend auf das kulturelle und soziale Fundament der Partei aus: „Offensichtlich mangelte es an politischem Schwung, an sozialer Phantasie, an Freude an der Politik. [...] Sie [die Funktionäre in den Ortsvereinen; d. Verf.] wickelten die Parteiroutine ab, geschäftsmäßig, wenig anziehend für junge Menschen."[46] Die lokale Basis der Christdemokraten jener Jahre bot in der Adenauer-Ära ein noch desaströseres Bild. Nur rund 250.000 Mitglieder dürfte die CDU Ende der 1950er Jahre organisiert haben.[47] „Von einer kontinuierlichen politischen Arbeit auf Orts- und Kreisebene konnte in den meisten Fällen keine Rede sein. Die Kommunalpolitik wurde einigen wenigen Honoratioren in den Stadt- und Gemeindeparlamenten überlassen, die häufig Mitglied der CDU-Fraktion, nicht aber Parteimitglied waren [...]."[48]

Erst die Jahre nach 1968 bescherten beiden Parteien einen historisch einzigartigen Expansionsschub. In dieser Zeit wurden vor allem junge Menschen von der allgemeinen gesellschaftlichen Politisierung erfasst. Eine Masse an Neumitgliedern flutete die brachliegenden Lokalstrukturen der Parteien. Parteimitglied zu sein, war zu Beginn der 1970er Jahre vor allem bei jungen Akademikerinnen und Akademikern *en vogue*. Bei der SPD gab die erste sozialliberale Bundesregierung unter Willy Brandt das Aufbruchsignal. Vor allem junge Linksintellektuelle und die so genannten „neuen Mittelschichten" sorgten dafür, dass die Partei auf allen Ebenen Vielfalt und Farbigkeit gewann. Die drei Megatrends lauteten „Verbürgerlichung, Akademisierung und Verjüngung".[49] Der

---

45   Vgl. Lösche (Anm. 8), S. 140f.
46   Ebd., S. 141.
47   Vgl. Hofmann, Robert: Geschichte der deutschen Parteien. Von der Kaiserzeit bis zur Gegenwart, 2. Aufl., München 1993, S. 216.
48   Schönbohm, Wulf: Die CDU wird moderne Volkspartei. Selbstverständnis, Mitglieder, Organisation und Apparat 1950 – 1980, Stuttgart 1985, S. 46.
49   Vgl. Lösche, Peter/Walter, Franz: Die SPD. Klassenpartei. Volkspartei. Quotenpartei. Darmstadt 1992, S. 150ff.

CDU waren bereits in der zweiten Hälfte der 1960er Jahre starke Mitgliederzuwächse und auch eine deutliche Verjüngung der Mitgliedschaft gelungen.[50] Im Zuge des organisatorischen Modernisierungsprozesses der frühen 1970er Jahre setzte schließlich eine immense Verjüngung der Mitgliedschaft und eine Vitalisierung des innerparteilichen Lebens der Unionspartei ein.[51] Dieser Wachstumsprozess verlief bei der Unionspartei weit weniger explosionsartig, als bei den Sozialdemokraten, dafür aber kontinuierlich und dauerhaft bis in die 1980er Jahre hinein. Auch in der Union zeitigte die Politisierung der Jahre um 1968 ihre Wirkung. „Mehr Wahlen, mehr Diskussionen, mehr Transparenz und mehr Basisbeteiligung waren auch bei ihr im dosierten Maße die Kennzeichen des Wandels."[52] Die Differenzen, die zwischen beiden Volksparteien bestanden, sollen hier nicht verschwiegen werden. Engagement und Partizipation der Mitgliederbasis in den Orts- und Kreisverbänden der Christdemokraten waren immer schwächer als es in der SPD der Fall war. Doch kam es auch in der CDU im Zuge der Parteireformen in den 1970er Jahren zu einer starken „Aktivierung der Parteiorganisation auf allen Ebenen".[53] Zwar begann mit der Stagnation der Mitgliederentwicklung bei beiden Parteien auch ihr Altersdurchschnitt ab den 1980er Jahren wieder zu steigen, doch die bunte Vielfalt der Mitgliedschaft hatte sich längst in den volksparteilichen Organisationsstrukturen und in ihrer politischen Kultur niedergeschlagen. Die SPD-Arbeitsgemeinschaften und die Vereinigungen in der Union waren der organisatorische Ausdruck dieses innerparteilichen Pluralismusverständnisses.[54] Für die SPD bezeichnen Peter Lösche und Franz Walter das Prinzip volksparteilicher Organisation als eine „lose verkoppelte Anarchie". Facettenreichtum und Lebendigkeit der neuen Volkspartei drückten sich auf all ihren Ebenen aus.[55] Auch in der CDU setzte sich dieses Organisationsprinzip durch.[56]

---

50 Vgl. Schönbohm (Anm. 48), S. 85ff.

51 Vgl. ebd., S. 135ff, v.a. S. 141.

52 Bösch, Frank: Macht und Machtverlust. Die Geschichte der CDU, Stuttgart/München 2002, S. 96.

53 Haungs (Anm. 7), S. 176.

54 Viele dieser innerparteilichen Gruppierungen sind zwar schon in der Frühphase der Bundesrepublik gegründet worden, doch gerade in den 1970er Jahren entstanden zahlreiche neue Organisationen. Bei der SPD wurden die Arbeitsgemeinschaft sozialdemokratischer Frauen (ASF) 1972 und die Arbeitsgemeinschaft für Arbeitnehmerfragen (AfA) 1973 gegründet. Bei der CDU kam es zu Neugründungen im Zuge der verstärkten Zielgruppenarbeit. 1972 wurde die Schülerunion gegründet, die erste Seniorenorganisation auf Landesebene bildete sich 1978 in Baden-Württemberg.

55 Lösche (Anm. 8), S. 194.

56 Schönbohm beschreibt es als ein „kompliziertes Geflecht voneinander abhängiger, sich gegenseitig beeinflussender und miteinander rivalisierender Subsysteme", vgl. Schönbohm (Anm. 48), S. 218; explizit als „lose verkoppelte Anarchie" bezeichnet Bösch die CDU. Bösch (Anm. 52), S. 73.

Das Selbstverständnis und die Außenwahrnehmung beider Parteien als Volksparteien beruhten auf einer breiten und heterogenen Mitgliedschaft, nicht zuletzt auf ihrer stark differenzierten Altersstruktur, und deren Manifestation im organisatorischen Gefüge der Parteien. Beide Volksparteien teilten das Image der tief in der heterogenen Gesellschaft der Republik verwurzelten Organisationen und verliehen ihrer politischen Dominanz dadurch eine ganz eigentümliche Legitimität.[57] Die Wirkungsmächtigkeit dieses Images überdauerte mit einigen Kratzern auch die Bonner Republik, dem Mitgliederschwund und den zyklisch aufbrandenden Politikverdrossenheitsdebatten zum Trotz. Heute jedoch müssen sowohl das Konzept von der Mitglieder- als auch der Volkspartei – nicht zuletzt aufgrund der massiven Überalterung – kritisch hinterfragt werden.

Die Wurzeln von CDU und SPD: Zur Bedeutung der Mitglieder an der Basis

Um lebendig und kampagnenfähig zu bleiben, sind Mitgliederparteien per definitionem auf ihre Mitglieder als Organisationsressource angewiesen. Die sich langsam aber stetig wandelnde Altersstruktur verändert diese Beziehung jedoch von Grund auf. Vielerorts bergen die wenigen Jungen und die vielen Alten in ihrer Zusammensetzung neue Qualitäten und Defizite, welche das Verständnis von Mitgliedern als Ressource für die Parteien zunehmend problematisch erscheinen lässt. Inwiefern verändern sich die von den Mitgliedern bereitgestellten Ressourcen und welche Schlussfolgerungen können daraus für die Gratifikation der Mitglieder gezogen werden?

Zunächst stellen passive wie aktive Mitglieder ihren Parteien eine materielle Ressource bereit, indem sie ihren Mitgliedsbeitrag bezahlen. Generell ist davon auszugehen, dass alternde Parteien auch vor einem Liquiditätsengpass stehen, da die prozentual zunehmende Zahl der Mitglieder im Rentenalter lediglich einen reduzierten Beitrag entrichten muss, wie es satzungsgemäß sowohl in der SPD als auch der CDU der Fall ist.[58] Zudem dürften Sterbefälle unter den älteren Mitgliedern in den kommenden Jahrzehnten das Beitragsaufkommen der Parteien rasch sinken lassen. Neben dem Zugang zu finanziellen Mitteln sind Mitgliederparteien auch auf die aktive Beteiligung ihrer Mitglieder an der alltäglichen

---

57   Ein gewichtiges Indiz für diese hochgradige Legitimierung stellt die Tatsache dar, dass Union und SPD zwischen 1969 und 1983 gemeinsam zwischen 87 und 91 Prozent der Wählerstimmen auf sich vereinigen konnten und dies bei Wahlbeteiligungen von rund 90 Prozent.

58   Laut § 9 der Satzung der CDU kann der Kreisverbandsvorsitzende eine Sonderregelung der Beitragszahlung für sowohl Schüler und Studenten als auch Rentner und Pensionäre treffen. Der verminderte monatliche Beitrag beläuft sich bei einem Einkommen von bis zu 1.000 Euro auf 5 Euro, bei 1.500 Euro zwischen 5-10 Euro. Der § 1 der Satzung der SPD sieht vor, dass Mitglieder ohne Einnahmen oder meinem geringfügigen Einkommen einen monatlichen Beitrag von 2,50 Euro zu leisten haben.

Arbeit vor Ort angewiesen. Die Dominanz der Älteren ist vor allem unter orga-
nisationspraktischen Gesichtspunkten folgenreich, was vor allem in Wahlkampfzeiten deutlich wird: Wer kann wie lange in der Fußgängerzone stehen
und Flyer verteilen? Welche Mitglieder sind gesundheitlich noch in der Lage,
im Winter Plakate zu kleben? Kein Ortsvorsitzender könnte es verantworten,
eine gesundheitlich eingeschränkte 70-Jährige mit Pinsel und Plakaten loszu-
schicken. Wie intensiv die Ressource „Mitglied" für die Partei genutzt werden
kann, wird demnach auch vom körperlichen und gesundheitlichen Befinden der
Parteiangehörigen bestimmt – und die Alterung der Mitgliederbasis schränkt die
Verfügungsmöglichkeiten zunehmend ein. Wenn in manchen Ortsvereinen der
Altersdurchschnitt über 60 Jahren liegt, müssen die lokalen Funktionäre um die
Kampagnenfähigkeit fürchten. In der Folge müssen Strukturen zusammengelegt
werden, indem beispielsweise Ortsvereine beziehungsweise -verbände fusionie-
ren oder zumindest zur Sicherstellung gewisser Aktivitäten kooperieren. Oder es
müssen kostenpflichtige Dienstleistungen, wie etwa Postwurfsendungen in Anspruch genommen werden. Dies hat wiederum Konsequenzen für die Finanzlage
der Parteien, die bei einer immer kleiner werdenden Mitgliederzahl ohnehin
angespannt ist.

Die Sicherstellung der „Außenkommunikation" ist eine weitere unverzichtbare Ressource, die die Mitglieder ihren Parteien bereitstellen. Der Kommuni-
kationsaspekt erweitert die Mitgliederfrage zur Strategiefrage. Das parteipolitische Angebot soll jeder Generation und Altersgruppe Identifikationsmöglichkei-
ten bieten und diese werden eben vorrangig durch die Mitglieder repräsentiert.
Sowohl CDU als auch SPD erheben den Anspruch, moderne, fortschrittliche
Volksparteien zu sein und wollen auch entsprechend wahrgenommen werden.
Stünden nur gesetzte Ältere an den Wahlkampfständen, wäre eine Ansprache
aller Altersgruppen kaum denkbar. Aber auch abseits des Wahlkampfes stellen
die Parteimitglieder innerhalb ihres sozialen Umfeldes wichtige Multiplikatoren
dar, indem sie in der Familie, der Nachbarschaft, in der Schule oder am Arbeitsplatz andere Menschen ansprechen, mit ihnen diskutieren und sie als Wähler
mobilisieren oder zur Mitgliedschaft motivieren. Bis heute ist diese Funktion
eine für Parteien unverzichtbare Ressource. So berichtet beispielsweise ein
junges CDU-Mitglied, dass es einigen JU-Aktiven gelang, fast die gesamte
Jahrgangsstufe seines Gymnasiums für eine Mitgliedschaft in der Jungen Union
zu gewinnen. Mit der Überalterung der Parteien drohen diese wichtigen organisatorischen Abstützungen in der Gesellschaft zu verfallen. Da Rentner und Pensionäre weder in der Wirtschafts- und Arbeitswelt, geschweige denn in Schulen
oder Universitäten verankert sind, drohen diese Lebenswelten der Bürgerinnen
und Bürger für die Mitgliederparteien unerreichbar zu werden. Daher bemühen
sich beide Parteien zumindest in ihrem öffentlichen Auftreten, ein ausgewoge-
nes Bild bestehend aus Mitgliedern aller Generationen zu (re-)präsentieren. Die

Problematik des fehlenden Nachwuchses ist teilweise jedoch so groß, dass es dort überhaupt keine Jüngeren mehr in den örtlichen Strukturen gibt. Die verstärkte Einbindung der Jusos in der SPD und JU in der CDU, die mitunter während der Wahlkampfphase an Ortsvereine/-verbände „ausgeliehen" werden, soll die Parteien zumindest optisch verjüngen, um nicht gänzlich als eine Altenpartei wahrgenommen zu werden. Indes ist die Botschafter- und Multiplikatorrolle der Älteren in den Seniorenorganisationen nicht zu unterschätzen: Sie wirken in ihre gesellschaftliche Altersgruppe hinein, die, bedingt durch den demographischen Wandel, stetig wächst und deren Wahlbeteiligung konstant überdurchschnittlich bei rund 80 Prozent liegt,[59] was parteipolitisch von größter Bedeutung ist. In Fragen der Außenkommunikation, dies bleibt festzuhalten, scheinen die lokalen Einheiten der Parteien in besonderem Maße auf die Unterstützung und Mitarbeit ihrer Jugend- und Seniorenorganisationen angewiesen. Dieser Umstand wird gerade in Wahlkampfzeiten für die Ortsvereine und Ortsverbände virulent, scheint aber Potenziale zu bieten, die weit über diese relativ kurzen Phasen der Kooperation hinausweisen.

Die elementare Voraussetzung für ein aktives Parteileben an der Basis ist trivial: Neben dem Interesse müssen die Mitglieder auch die Zeit finden, sich einzubringen. Das Gros der langjährigen Mitglieder im Ruhestand zeichnet sich gerade dadurch aus, dass es insbesondere diese Ressourcen bereitstellen kann. Daneben verfügen sie mit ihrem Erfahrungswissen über weitere wichtige Kompetenzen. Während sich die 30- bis 60-Jährigen oft aufgrund ihrer beruflichen und familiären Verpflichtungen lediglich im kleineren Rahmen kontinuierlich einbringen (können), verfolgen die jüngeren Mitglieder meist nur während der Schulzeit oder dem Studium eine aktive Parteimitgliedschaft. Ihr Engagement lässt oftmals gegen Ende ihrer Ausbildung oder während des Berufseinstiegs wieder nach. Funktionäre von CDU und SPD betonen, man sei froh, wenn man Jusos und JU'ler drei bis vier Jahre halten könne. Im Jahr 1985 bescheinigte Wulf Schönbohm der CDU, dass sich gerade Mitglieder aus der Altersgruppe der 30- bis 59-Jährigen für alle Ebenen der Mandats- und Amtsinhaber rekrutieren, „die für die Aktivität, Attraktivität, politische Innovations- und Umsetzungskraft einer jeden Partei von entscheidender Bedeutung ist"[60]. Angehörige dieser Altersgruppe sind auf lokaler Ebene jedoch immer seltener anzutreffen. Die Rentner und Pensionäre in den Parteien sind hingegen zeitlich flexibel und daher verfügbar. Das Bild vor Ort bestätigt die statistische Dominanz der Älte-

---

59 Die unterschiedliche Wahlbeteiligung von Jüngeren und Älteren zeigt exemplarisch die Bundestagswahl 2005. Insgesamt betrug die Wahlbeteiligung 78,3 Prozent. Von den über 60-Jährigen gingen 80,7 Prozent zur Wahl, von den 18-24-Jährigen hingegen nur 67,9 Prozent. Zur Wahlbeteiligung und -präferenzen der Älteren vgl. u. a Künemund, Harald: Politischer Einfluss der Älteren von morgen. in: Sozialer Fortschritt, Jg. 53 (2004) H. 11-12, S. 286-293.

60 Schönbohm (Anm. 48), S. 197.

ren. Durch 25- oder 30-jährige Erfahrung an der Parteibasis kennen sie sowohl die formellen als auch informellen Abläufe und bestimmen damit den Kurs in ihrer Stadt oder Gemeinde.

Die genannten finanziellen und personellen Unterstützungsleistungen der Mitglieder zugunsten ihrer Parteien haben jedoch ihren Preis. Besonders die Aktiven wollen an den wichtigen strategischen und programmatischen Entscheidungen der Partei teilhaben und erwarten, bei der Personalauswahl für Parteiämter und Mandate berücksichtigt zu werden. Vor allem das karriereorientierte Mitglied war in früheren Tagen gezwungen, die so genannte „Ochsentour" von unten nach oben durch die Parteistrukturen zu durchlaufen. Auf diesem Wege lernten sie das politische Handwerk von der Pike auf, behaupteten sich im Politikalltag und schliffen ihr politisches Profil. Der Nachwuchsmangel führt heute jedoch dazu, dass die Parteien auf lokaler Ebene vor dem Problem stehen, geeignetes Personal für die überwiegend unbezahlten Ämter und Mandate zu finden. In diesem Zusammenhang stellt sich folglich die Frage, ob das unausgewogene Verhältnis zwischen Alt und Jung Einfluss auf die innerparteilichen Aufstiegskanäle nimmt. Wenn eine Handvoll junger, zum Engagement bereiter Mitglieder einer großen Zahl an Parteigranden gegenüber steht, wird es erwartungsgemäß schwierig, eine angemessene Honorierung durch Parteiämter für beide Altersgruppen bereitzustellen. Die Gefahr einer gezielten Ausgrenzung der Jüngeren ist aufgrund dieses unausgewogenen Verhältnisses durchaus gegeben. Es ist keine Überraschung, wenn sich Jüngere trotz ambitionierten Tatendrangs aufgrund der „closed-shop-Mentalität" der Alteingesessenen zurückziehen. Außerdem sind gerade ehrgeizige und karriereorientierte Mitglieder heute immer seltener dazu bereit, den langen, beschwerlichen Weg der Ochsentour einzuschlagen. In einigen Ortsvereinen und Ortsverbänden ist jedoch durchaus ein Bewusstsein dafür entstanden, dass jüngere Aktive gezielter in die Parteiarbeit eingebunden und für ihr Engagement auch mit verantwortungsvollen Positionen belohnt werden müssen. Einige der Älteren zeigen durchaus Bereitschaft, ihre Posten zugunsten jüngerer Mitglieder zu räumen und diese mit Rat und Tat zu unterstützen. Jene sind für die Unterstützung dankbar, bauen auf die Förderung der etablierten Älteren. Ein so gefördertes Jungmitglied kann die traditionelle Ochsentour bisweilen sogar geschickt umschiffen, da die Konkurrenz Gleichaltriger gering ist.

Doch im Gespräch mit den lokalen Parteifunktionären wird ebenfalls deutlich: Ein solch harmonisches Zusammenspiel von Jung und Alt ist an der Basis keineswegs der Normalfall. Allzu oft prallt der Wille zum Amt der Jüngeren am Widerstand der lokalen Platzhirsche ab. Und den Aufstand gegen die etablierten Machtstrukturen zu erproben, lag den heutigen Amtsinhabern aus der 68er-Generation weit mehr als dem derzeitigen Politiknachwuchs. Die „Generation angepasst" ist pragmatisch, ideologiefern, zahm, beliebig und in Auseinandersetzungen „halten sie höflich die rechte Wange hin, selbst wenn ihnen gerade einer kräftig auf die linke gehauen hat"[61]. Franz Walter und Tobias Dürr konstatierten bereits vor nahezu einem Jahrzehnt: „Ernsthaftem Verdrängungsdruck durch Jüngere sind die routinierten Akteure des politischen Systems heute nirgendwo ernstlich ausgesetzt"[62]. Vielmehr konservieren die rüstigen, organisationsfreudigen 68er das Bestehende. Der Druck auf die Älteren nimmt auch dadurch ab, dass Jüngere heute nicht mehr in Massen, sondern oft nur noch vereinzelt in den Ortsgruppen auftreten. Wenn letztlich nicht der absolute Wille zur Parteikarriere hinter dem Beitritt eines jungen Parteimitgliedes steht, ist eine Hinwendung zu Jugendorganisationen zu Lasten der Ortsvereine und Ortsverbände geradezu folgerichtig.

Darüber hinaus sind auch die Interessen älterer Mitglieder im Hinblick auf eine Gratifikation ihres Engagements nicht einfach zu befriedigen. Denn diejenigen, die unter die soziodemographische Kategorie der Seniorinnen und Senioren fallen, stellen heute eine überaus heterogene Gruppe dar. Einerseits sind es die alternden Funktionäre, die in den 1970er Jahren in die Parteien eintraten und zahlreiche Ämter besetzten. Will man sie im Sinne einer Verjüngung der lokalen Vorstandsstrukturen ersetzen, mischen sich Kampfgeist und Machtbewahrungswille mit dem unguten Gefühl, ungerechtfertigter Weise aufs Abstellgleis geschoben zu werden. Viele Mitglieder, die sich im Ruhestand befinden, erhalten durch ihr parteipolitisches Engagement Anerkennung und Wertschätzung – was ihnen vormals im Arbeitsleben gegeben war. Und da der Alltag vor Ort ohne diese jungen Alten kaum zu bewältigen wäre, stehen die lokalen Parteieinheiten vor der schwierigen Aufgabe, die weitere Einbindung dieser verdienten Funktionäre in die Parteiarbeit bei gleichzeitiger Entlohnung jüngerer Aktiver durch Posten und Ämter herzustellen. Andererseits haben längst nicht alle Seniorinnen und Senioren Interesse an einem aktiven Engagement in den Parteien. Auch für sie hat sich eine qualitative Veränderung der Lebensphase Alter eingestellt. Der Ruhestand hat zwar seinen Charakter als „Restzeit" verloren und wandelt sich hin zu einer eigenständigen, sinnerfüllten Lebensphase, doch kann vor allem in den Parteien nicht von einem Aufbruch der Älteren gesprochen werden.[63] An einer Übernahme langfristiger Ämter und Funktionen in den Orts-

61   Mishra, Robin/Kuhlmann, Jan: Generation Rastlos, in: Rheinischer Merkur, 11.09.2008.
62   Walter, Franz/Dürr, Tobias: Die Heimatlosigkeit der Macht. Wie die Politik in Deutschland ihren Boden verlor, Berlin 2000, S. 246.
63   Die Engagementquote hinsichtlich der Funktionen und Ämter in Vereinen, Gruppen und Verbänden hat sich geringfügig von 12,6 Prozent im Jahr 1996 auf 18,9 Prozent im Jahr 2002 erhöht. Dies betrifft jedoch vor allem die 40- bis 59-Jährigen Frauen und Männer im Alters zwischen 55 und 69 Jahren. Vgl. Künemund, Harald: Partizipation und Engagement älterer Menschen, in: Deutsches Zentrum für Altersfragen (Hrsg.): Expertisen zum Alten Bericht der Bundesregierung. Gesellschaftliches und familiäres Engagement älterer Menschen als Potential, Bd. 5, Berlin 2006, S. 307; vgl. AMB Generali Holding/Prognos (Hrsg.): Engagementatlas

vereinen beziehungsweise -verbänden haben die meisten Mitglieder der Altersgruppe 60 plus kein Interesse mehr. Gratifikationen für diese aktiven Älteren erfolgen unterdessen auf anderen Ebenen. Anerkennung und Ehrung der geleisteten Arbeit und die Zugehörigkeit zur Partei spielen dabei eine nicht zu unterschätzende Rolle.

Es scheint, als verschöben sich mit der Altersstruktur und dem Wertewandel auch die klassischen Belohnungen, die eine Partei ihren Mitgliedern anbieten kann, deutlich. Vielfach meinen Parteifunktionäre heute zu erkennen, dass ein verstärktes Engagement Jüngerer nur zu erreichen ist, wenn die Frage „Was habe ich davon?" von den Parteien zufriedenstellend beantwortet wird. Parteipolitisches Engagement hat für diese Generation seinen Selbstzweck verloren. Waren Weihnachtsfeiern und Sommerfeste früher lediglich ein zusätzliches Angebot, um den ehrenamtlich Engagierten den Arbeitsalltag zu versüßen, rücken interessenorientierte Angebote an aktive und passive Mitglieder immer stärker ins Zentrum. Bei der Jungen Union lautet das Motto einer Funktionärin zufolge „50 Prozent Spaß, 50 Prozent Politik". Gemeinsame Freizeitaktivitäten oder interessante Informationsveranstaltungen in Gesellschaft Gleichaltriger steht bei älteren und jüngeren Mitgliedern heute hoch im Kurs. So können die Jungen beim wöchentlichen Stammtisch Studierende anderer Fachrichtungen kennenlernen, ein Fußballstadion oder eine Brauerei besichtigen, Senioren treffen sich zu Lesungen bei Kaffee und Kuchen, besuchen Ausstellungen oder fahren gemeinsam zum Wandern in die Berge. Gerade Senioren-Union und AG 60 plus bieten Älteren für einen kleinen Mitgliedsbeitrag ein interessantes Angebot an gemeinsamen Geselligkeitsrunden oder altersspezifischen Informationsveranstaltung. Über persönliche Kontakte erzeugen sie ein positives Parteibild und mobilisieren Bürger für ihre Partei, ohne sie in eine formale Mitgliedschaft zwingen zu müssen. Für Rentner und Pensionäre ist diese jeweilige innerparteiliche Seniorengruppe ein Ort der sozialen Begegnung, in dem die geteilten Gemeinschaftserlebnisse als soziales Kapital und gemeinsame Erinnerungskultur eine wichtige Bindungsfunktion erfüllen. Informationsveranstaltungen zu Fragen wie Patientenverfügung, Erbschaft oder „barrierefreies Badezimmer" werden von den Seniorinnen und Senioren mit Interesse wahrgenommen. Das Angebot an solch altersspezifischen Themenabenden begründet ein CDU-Ortsvereinsvorsitzender folgendermaßen: „Klingt völlig Banane für jemanden in unserem Alter, braucht keiner. Aber für die Älteren ist das sehr wohl ein Thema. Es ist eben wirklich zu überlegen, nicht, was hab ich anzubieten, sondern wirklich umgekehrt: Was wollen die Leute?".

---

09. Daten. Hintergründe. Volkswirtschaftlicher Nutzen, abrufbar unter: http://www.wir- tunwas.de/bilder/engagementatlas_2009.pdf (eingesehen am 12.01.2009).

Es ist ein schwieriges Vabanquespiel, das die Parteien zu spielen haben. Sie müssen für Jüngere attraktiv werden, ohne dabei die Älteren zu vergraulen. Nichtsdestotrotz sind die Älteren die Stützpfeiler der parteipolitischen Basis von CDU und SPD. Dort wo sie können, packen sie auch weiterhin kräftig mit an. Ohne sie wären Straßenwahlkämpfe nicht mehr durchführbar. Dennoch dominiert in beiden Parteien nach wie vor ein ambivalentes Altersbild. So wird die Gruppe der über 57-Jährigen einerseits als *die* Leistungsträgerin der Partei auf der untersten Ebene bezeichnet. Fragt man jedoch andererseits nach der Bedeutung von Senioren-Union und AG 60 plus für die Ortsvereine und Ortsverbände, werden diese dort häufig, hinter vorgehaltener Hand, als unwichtige „Alibi-Veranstaltungen" diskreditiert. Gerade in Bezug auf Mitgliederwerbung und -aktivierung dominiert vielfach die Devise: Wir brauchen mehr Junge. Dass auf die agilen „jungen Alten" jedoch kaum verzichtet werden kann, wird dabei ignoriert. Gleichzeitig trägt die „vereinsmeierliche" Wirklichkeit an der Basis kaum dazu bei, sich zumindest partiell aus der Abhängigkeit von den Älteren zu lösen. Die lokalen Parteistrukturen von CDU und SPD mit ihrem Seniorenstammtischcharme haben auf jüngere Mitglieder mit Tatendrang eine eher abschreckende Wirkung. Daher ist es nicht verwunderlich, dass die Jungen ihr Engagement in den Jugendorganisationen konzentrieren. Dort ist man unter Gleichgesinnten *und* Gleichaltrigen. „Als junger Mensch kann man in der CDU eh nichts erreichen", so die Aussage eines Mitglieds der Jungen Union, welches sich erst nach langem Zögern für die Mitgliedschaft in der Mutterpartei entschloss. Auch in den untersuchten SPD-Ortsvereinen fühlen sich die Jusos unter sich am wohlsten. Größere Altersunterschiede und unterschiedliche Generationenzugehörigkeit wirken in sozialen Beziehungen, so eine plausible Erklärung der Jugendforschung, gemeinhin hierarchisch und schaffen dadurch eine gewisse Generationendistanz.[64]

Zusammengefasst lassen sich aus der Perspektive der Mitgliederpartei in Bezug auf den Alterungsprozess zwei fundamentale Wandlungstendenzen ausmachen: Zum einen droht die Überalterung der Mitgliedschaft den Parteien schwerwiegende finanzielle Einbußen zu bescheren, zum anderen verändert sich deren Nutzung als materielle und personelle Ressource in der aktiven Basisarbeit der Parteien erheblich. Was die Mitglieder vor Ort quantitativ oder physisch nicht mehr zu leisten in der Lage sind, muss professionell und unter finanziellem Aufwand erzeugt werden oder fällt Kürzungen zum Opfer, was wiederum für die öffentliche Wirkung der Parteien problematisch sein dürfte. In Bezug auf die Gratifikation engagierter Mitglieder bleibt festzuhalten, dass selektive Anreize wie persönliche Einflussnahme auf die Partei durch Ämter und Mandate

---

64   Zu Hierarchisierung und Machtbalance zwischen den Generationen vgl. Ecarius, Jutta: Generationen: Generationen, in: Schröer, Wolfgang/Struck, Norbert/Wolff, Mechthild (Hrsg.): Handbuch Kinder- und Jugendhilfe, Weinheim 2005, S. 393-412, hier S. 394.

ebenso wie Spaß und Geselligkeit für eine aktive Beteiligung große Nachfrage erfahren.[65] Die Schwierigkeit besteht darin, einen Ausgleich zwischen Einflussinteressen jüngerer und älterer Aktiver zu finden. Doch könnten den Ortsvereinen und Ortsverbänden dabei die altersspezifischen Teilorganisationen zu Hilfe kommen. Sie können unter Umständen nicht nur das Interesse nach aktiver Einbringung und Funktionsübernahme befriedigen, sondern zudem ein umfassendes Geselligkeits- und Informationsangebot im Kreise Gleichaltriger bereitstellen. Ansätze zu einer solchen Kooperation sind bislang nur in Bezug auf die konkrete Arbeit in Wahlkampfphasen erkennbar. Ein umfassenderes Zusammenspiel zwischen Orts-, Jugend- und Seniorenorganisationen könnte zumindest eine Chance auf einen Ausweg aus der Ressourcenkrise und der Gratifikationsarmut der Mitgliederparteien andeuten.

Die Volkspartei – das Ende eines Traumes?

Eine all umfassende Volkspartei zu sein ist die nicht hinterfragte Konstante im christ- wie im sozialdemokratischen Selbstverständnis. Doch welche Konsequenzen zeigt die Überalterung der Parteibasis für dieses Selbstbild und die Wahrnehmung von CDU und SPD als Volksparteien? Die oben skizzierte Lebendigkeit, Vielfalt und Vitalität, die sie auszeichneten, scheint aus den lokalen Gremien gewichen zu sein. Mit der Überalterung der örtlichen Parteistrukturen ging auch ein gehöriges Maß an Kreativität und Innovationspotenzial verloren. Der Verlust des belebenden Elements einer gemischten Altersstruktur hat die Ortsverbände und Ortsvereine in hohem Maße ihrer emsigen Aktivität beraubt und stellt den volksparteilichen Anspruch nachhaltig in Frage.
Spricht man mit Funktionären vor Ort, so wird deutlich, dass selbst in den jüngeren und aktiveren Ortsgruppen beider Parteien eine ähnliche Perspektive auf die Folgen dieser Überalterung für das kulturelle Leben der Parteien herrscht. Ein Ortsvereinsvorsitzender der SPD fragt sich, wie denn überhaupt Innovationen zu befördern seien, wenn man nur Mitglieder im Ortsvorstand sitzen habe, die schon seit Jahrzehnten aktiv sind und in recht eingefahrenen Bahnen denken und handeln würden. Die Ideen und Aktivitäten, mit denen sie das parteipolitische Leben in ihrer Jugendzeit bereicherten, erneuern und ergänzen sie kaum noch. Zahlreiche der beliebten Veranstaltungen des Ortsvereins, wie das Osterfeuer oder das Stadtteilfest sind bereits in den 1970er und 1980er Jahren institutionalisiert worden – eben in jenen Jahrzehnten, in denen die beiden Volksparteien eine durchaus junge und recht ausdifferenzierte Altersstruk-

---

65   Vgl. Klein, Markus: Partizipation in politischen Parteien. Eine empirische Analyse des Mobilisierungspotenzials politischer Parteien sowie der Struktur innerparteilicher Partizipation in Deutschland, in: Politische Vierteljahresschrift, Jg. 47 (2006) H. 1, S. 35-61, hier S. 55ff.

tur aufwiesen. Die 68er und die ihnen folgenden Jahrgänge hatten den Parteien ihren Stempel aufdrückt und die örtlichen Strukturen von Partei und lokalem Gemeinwesen politisch und kulturell geformt. Sie waren die treibenden Kräfte hinter den Volksparteien, die dafür sorgten, dass diese auch in der lokalen Öffentlichkeit als präsent und aktiv, also im Volke verankert und somit als „wahre" Volksparteien wahrgenommen wurden. Die Generation des postmateriellen Wertewandels brachte einige Neuerungen in Sachen Bürgernähe und Öffnung gegenüber der lokalen Gesellschaft in die Parteistrukturen ein. So eröffnete beispielsweise ein SPD-Ortsverein in den 1980er Jahren einen Stadtteilladen, der im Sinne einer offenen Partei als Anlaufstelle für alle Bürger dienen sollte. Allerdings musste dieser bereits Mitte der 1990er Jahre aus finanziellen Gründen wieder geschlossen werden. Dieses Beispiel zeigt deutlich, wie die materielle und kulturelle Auszehrung der Parteien folgenschwere Verbindungen eingehen können. Die lokale Parteiebene droht in einen Teufelskreis aus Ressourcenschwäche, Innovationsmangel und gesellschaftlichem Verankerungsverlust zu geraten.

In den 1990er Jahren wäre es nun an den nachfolgenden Jahrgängen gewesen, die Parteistrukturen durch neue Ideen und Projekte zu beleben. Doch die „Generation Golf" war, wie bereits erwähnt, kaum mehr für ein intensives parteipolitisches Engagement zu gewinnen. Und wenn sich doch einer dieser heute 35- bis 45-Jährigen in die Parteien verirrt hat, gibt mancher von ihnen dort den wenig sensiblen Reformer und räumt mit beliebten Lokaltraditionen auf. „Ein Vorsitzender eines Ortsverbandes muss wirklich sehen, dass er Innovationen aufgreift, wirklich den Zeitgeist aufgreift […] Von daher ist es meines Erachtens nicht möglich, schlicht an alten Dingen hängen zu bleiben und zu sagen: Wir haben jetzt seit dreißig Jahren ein Spargelessen gemacht oder einen Skatabend, das machen wir jetzt weiterhin", äußert sich ein 39-jähriger Vorsitzender eines CDU-Ortsverbandes. Die dünne Personaldecke bei den unter 50-Jährigen und der Mangel an Zeit einzelner berufstätiger Funktionäre sorgen jedoch dafür, dass der gute Wille zur Reform selten über Ansätze hinausgeht.

Auch die politische Konflikt- und Streitkultur an der Basis von Christ- und Sozialdemokraten scheint heute nachhaltig erlahmt zu sein. Wo die Gegensätze zwischen älteren Parteiaktiven und den massenweise in die Parteien strömenden Jungakademiker in den 1970er Jahren noch unversöhnlich aufeinander prallten, herrscht heute Freude und Erleichterung über jedes jugendliche Neumitglied. Die 20-jährige Beisitzerin im Vorstand eines mit rund 65 Jahren im Mittel stark überalterten CDU-Ortsverbandes schildert ihren ersten Besuch bei einer örtlichen Parteiveranstaltung wie folgt: „Zumindest in meinem Ortsverband war es so, dass die sich total gefreut haben, dass ich mit ein paar Freunden da aktiv geworden bin, weil die gesagt haben: Ja, endlich mal ein paar neue Ideen. […] Es sind wirklich auch die Älteren, die daran interessiert sind, von unseren Erfahrungen zu lernen, so wie ich andersherum erfreut bin, von ihren Erfahrungen zu lernen." Während in den 1970er Jahren noch hitzige nächtliche Debatten in hoffnungslos überfüllten Sälen stattfanden, die die lokale Basis, vor allem der Sozialdemokraten, zermürbten, ist davon heute nichts mehr übrig. „Ich kann mich noch erinnern, als ich '77 eingetreten bin und Mitgliederversammlung war, war der Laden voll", berichtet ein 71-Jähriger Bezirksfunktionär der AG 60 plus. „Da wurde auch richtig heftig diskutiert, aber das waren auch noch die Nachwirkungen der 68er. [...] Was viele damals gefrustet hat, die auch nicht wiedergekommen sind oder selten: Wir hatten so viele Lehrer und die hatten so viel Zeit. Die richtigen Arbeiter mussten morgens um 6 Uhr auf der Matte stehen, die konnten abends nicht bis 12 debattieren, die verzogen sich um 22 Uhr. Und dann machten die Lehrer Geschäftsordnungsdebatten bis weit nach Mitternacht." Die radikalen Dogmatiker der 68er-Generation hatten in jenen Jahren so manches langjährige aktive Mitglied aus der traditionellen Arbeiterschaft auf dem Gewissen. Viele von ihnen zogen sich damals aus dem aktiven Parteileben zurück. Gerade in den Großstädten schien die SPD jener Tage „von allen guten Geistern verlassen" gewesen zu sein.[66] In der radikalsten Phase des Konfliktes führte dieses Image zu einer überaus negativen öffentlichen Wahrnehmung der Volkspartei SPD, wie Lösche und Walter konstatieren. Rund zwanzig Jahre nach diesem Befund sehnt sich jedoch so mancher der damaligen Kontrahenten aus dem Lager der Arbeiter nach den Tagen, an denen auf Mitgliederversammlungen noch was los war. „Es ist fast langweilig geworden", beklagt das eben zitierte SPD-Mitglied. „Es ist eigentlich keine Konfrontation mehr da oder diese Geschichten. [...] Vielleicht ist es auch das, was nicht mehr so prickelnd ist, wie es früher in den siebziger, achtziger Jahren noch war."

In der Tat scheint das „Durchregieren" nun auch die Basis erfasst zu haben. Den Spitzenfunktionären auf Kreis- oder Bezirksebene scheint es heute leichter zu fallen, den untersten Parteigliederungen ihre Strategien aufzuzwingen. Zahlreiche Eindrücke, die auf einem Kreisparteitag der CDU gewonnen werden konnten, deuten darauf hin. Obwohl hier eine der – nach einhelliger Meinung aller CDU-Gesprächspartner – umstrittensten Strukturreformen in der Geschichte des Kreisverbandes beschlossen werden sollte, stand zunächst sogar die Beschlussfähigkeit des Parteitages in Frage. Nur knapp über 80 der rund 2.000 Mitglieder des Kreisverbandes waren anwesend. Die Senioren dominierten deutlich das Bild im Saal, wohingegen die Zahl jüngerer Unionsmitglieder unter 30 Jahren kaum mehr ein Dutzend ausgemacht haben dürfte. Zur Eröffnung plädierte der Kreisvorsitzende für einen zügigen Ablauf, weil ja vermutlich „alle schnell wieder nachhause wollen". In der Tat wurden die genannte Reform – diese sogar einstimmig – einschließlich Satzungsänderungen und Berichten in

---

66   Lösche (Anm. 8), S. 336.

weniger als eineinhalb Stunden beschlossen. Wer hitzige Debatten oder auch nur angeregte Diskussionen, ja Wortbeiträge überhaupt erwartete, wurde enttäuscht. Die Tagesordnungspunkte wurden routiniert in kurzer Zeit abgespult. Noch vor zehn Jahren, meinte ein führender Funktionär auf Kreisebene, wäre ein solcher Beschluss kaum durchzusetzen gewesen. Damals hätten die verschiedenen Ortsverbände richtig mobilisiert. „Heiße Redeschlachten" hätte es damals gegeben. Was der Mitinitiator der Reformen als Sieg der Vernunft feiert, kann jedoch durchaus als gewichtiges Indiz für den Niedergang einer lebendigen Streitkultur an der Basis interpretiert werden.

Die lokalen Einheiten der Parteien bieten bisweilen ein deprimierendes Bild. Selbst im jüngsten SPD-Ortsverein der Stadt dominiert bei einer überaus beliebten jährlichen Geselligkeitsveranstaltung die Altersgruppe „Ü-50" deutlich. Bei den ortsansässigen Christdemokraten mussten anlässlich einer ähnlichen Veranstaltung sogar aktive Mitglieder zur Anwesenheit „zwangsverpflichtet" werden. Viele der Jüngeren, die doch mal in der lokalen Parteigruppe auftauchen, ziehen sich oft rasch wieder zurück. Ein CDU-Ortsvorsitzender berichtet von einem 18-jährigen Jungmitglied, das sich kurz nach dem Beitritt wieder verabschiedete, um seine Aktivitäten in der Jungen Union fortzusetzen. Im recht greisen Ortsverband fühlte sich das neue Mitglied deutlich deplaziert. Und die alternden 68er, die beim Marsch durch die Institutionen in den Lokalstrukturen der Volksparteien hängen blieben, sind heute eher pragmatische Verwalter ihres Erbes als kreative Enthusiasten für die Sache der Partei. Finanzielle und personelle Nöte lassen ihnen aber auch wenig Spielraum zu handeln. Mitglieder der jüngeren Generationen, die sich in die aktive Parteiarbeit vor Ort einbinden ließen, legen zwar durchaus ein gewisses Engagement an den Tag, doch kostet sie das Berufsleben in der modernen Wachstums- und Wissensgesellschaft viel Zeit und Kraft. In den Parteien sind sie schlicht zu wenige, um die alltägliche Arbeit stemmen zu können. Viele der jüngeren Parteiaktiven legen ihre Hoffnungen in das noch junge Medium Internet und feiern es als ein Geheimrezept, welches, effektiv eingesetzt, personal- und kostengünstig die lokalen Strukturen wieder zum Leben erwecken könne. Zehn Jahre nachdem Matthias Machnig die Internetpartei als das Organisationsprinzip der Zukunft ausrief,[67] bleibt diesbezüglich eine deutliche Skepsis zurück. Eine Belebung der Parteien durch ihre Aktivitäten im World Wide Web ist bislang Utopie geblieben.

Vieles deutet darauf hin, dass die Ortsvereine und Ortsverbände der beiden großen Parteien in der Tat ihre besten Tage hinter sich haben. Sie stehen längst nicht mehr im Zentrum des politisch-kulturellen Lebens in den deutschen Städten und Gemeinden. Zu stark überaltert, zu bieder, zu sachverwalterisch präsen-

---

67 Machnig, Matthias: Auf dem Weg zur Netzwerkpartei, in: Neue Gesellschaft/Frankfurter Hefte, Jg. 51 (2004) H. 47, S. 654 – 660.

tieren sich die lokalen Einheiten der einstigen Volksparteien. Die Überalterung beraubt die lokalen Parteiebenen nicht nur ihrer personellen und materiellen Ressourcen, sondern auch ihres Kreativitäts- und Innovationspotenzials zu stark, um weiterhin auf hohem Niveau am öffentlichen Leben ihrer Stadtteile und Städte teilhaben zu können. Die graumelierten Damen und Herren, die Bratwürste beim Stadtfest wenden oder Prospekte in den Fußgängerzonen der Republik verteilen, mögen fraglos agil und motiviert sein. Allein, sie können den jungen Bevölkerungsgruppen jedoch kaum vermitteln, dass die selbsternannten Volksparteien noch Parteien für das ganze Volk – über alle Altersgruppen hinweg – sind.

Wie zuvor gezeigt, sind jedoch die Senioren- und Jugendorganisationen der beiden Großparteien durchaus in der Lage, über bestimmte Anreize Mitglieder für Beteiligung und Mitarbeit zu gewinnen, wie die lokalen Basiseinheiten dies nicht zu bieten vermögen. Daher muss an dieser Stelle auch die Frage gestellt werden, ob zumindest einiges, was die einstigen lose verkoppelten Anarchien und ihre lokalen Strukturen an Vitalität und Aktivität auszeichnete, heute noch in diesen Teilorganisationen zu finden ist. Gänzlich aus der Luft gegriffen ist diese Vermutung durchaus nicht, da die zielgruppenspezifisch gegliederten Teilorganisationen den Interessen und Bedürfnissen der unterschiedlichen Berufs- und Altersgruppen näher kommen, als die Gesamtorganisation Volkspartei. Die im Rahmen dieses Beitrags geführten Gespräche erbrachten in der Tat Hinweise dafür, dass einiges von der volksparteilichen Lebendigkeit in den Arbeitsgemeinschaften und Vereinigungen der Parteien fortexistiert. Das themenspezifische Veranstaltungsangebot und das gesellige Beisammensein mit Gleichaltrigen bieten Mitgliedern- und Sympathisanten der Volksparteien einige Möglichkeiten am politischen und kulturellen Leben der Parteien teilzuhaben, ohne formales Parteimitglied werden zu müssen. Vor allem für eine intensive Vernetzung zwischen den Teilorganisationen konnten zahlreiche Hinweise gefunden werden. Meist sind es persönliche Kontakte und Begegnungen auf deren Basis die gemeinsame Arbeit beginnt. So trafen sich Vertreterinnen und Vertreter der örtlichen Bezirksorganisationen von AG 60 plus und Jusos zu einer Klausur und erarbeiteten ein Papier zum neuen Hamburger Grundsatzprogramm der SPD. Anderorts setzten sich Mitglieder der Jungen Union, des RSDC und der Frauen Union an einen Tisch, um Konzepte zum Thema Internet-Wahlkampf zu diskutieren. Auch bei Informations- und Diskussionsveranstaltungen kooperieren die Arbeitsgemeinschaften und Vereinigungen. So planten AG 60 plus und die Arbeitsgemeinschaft sozialdemokratischer Juristinnen und Juristen eine Informationsveranstaltung zum Thema Patientenverfügung. Der Möglichkeiten, die solche Kooperationen für die Umsetzung von Projekten und Aktionen in sich bergen, scheint man sich in den Arbeitsgemeinschaften und Vereinigungen beider Parteien durchaus bewusst zu sein. Wenn Interessen mehrerer Gruppen berührt werden, man sich ergänzen kann oder wo schlicht die Ressourcen für das alleinige Stemmen einer Aufgabe fehlen, zeigen viele Aktive die Bereitschaft, Kontakte zu anderen Einheiten zu knüpfen.

In den Ortsvereinen und -verbänden werden diese Aktivitäten bislang jedoch kaum wahrgenommen. Keiner der Ortsvorstände, mit denen im Rahmen dieses Beitrags gesprochen wurde, nahm von den zahlreichen Tätigkeiten vor allem der Seniorenorganisationen Notiz. Und selbst dem heutigen Kreisvorsitzenden der Senioren-Union war die Vereinigung noch bis vor wenigen Jahren weitgehend unbekannt. Wo nicht einzelne Vertreter der Tochterorganisationen in den Ortsgruppen der Parteien selbst aktiv sind oder zumindest regsame Vertreter die Kontakte zu anderen Organisationseinheiten suchen, besteht das Verhältnis zwischen diesen Einheiten weitgehend in eigenbrötlerischer Ignoranz.[68] Dass gerade für die alternde lokale Parteimitgliedschaft die Aktivitäten der generationenspezifischen Teilorganisationen von Interesse sein könnten, zeigen einige Ansätze zur Öffnung, die bei der lokalen CDU unternommen wurden. Die Anstrengungen des örtlichen Kreisvorsitzenden der Senioren-Union führte in verschiedenen Ortsverbänden zu einer engeren Kooperation mit der Senioren-Union. Und auch vom Wahlkampf berichtete ein Mitglied der Jungen Union: „Da ist von vielen Älteren auch die Rückmeldung gekommen, dass sie den Wahlkampf der Jungen Union eigentlich besser fanden als ihren eigenen, dass sie ihn etwas aggressiver im positiven Sinne fanden und dass er auch beim Bürger besser ankam." Solche Feststellungen sollten den Ortsvorsitzenden zu denken geben, denn bislang, so berichteten unisono alle Gesprächspartner über die Parteigrenzen hinweg, drehten Senioren-, Jugend- und Ortsgruppen selbst in den Wahlkampfphasen meist „ihr eigenes Ding" und begegnen sich lediglich bei der Wacht am Wahlkampfstand.

Die Ortsvereine und Ortsverbände der beiden Volksparteien stehen längst nicht mehr im Zentrum des parteipolitischen und politisch-kulturellen Lebens ihrer Parteien und der sie umgebenden lokalen Gesellschaften. Die einstigen Motoren der lose verkoppelten Anarchien namens Volkspartei drohen, sich zu abgekoppelten Eremiten auf der personellen Basis einer alternden 68er-Generation zu entwickeln. Sie laufen Gefahr die Lebendigkeit der Partei gänzlich an Berlin respektive die Landesparteizentralen abzugeben. Die erfolgreiche Mischung aus thematischer Arbeit, harten Auseinandersetzungen und geselliger Freizeitaktivität mit Vereinscharakter scheint den früheren Volksparteien völlig abhanden gekommen zu sein. Das Leben und Politikmachen in den Parteien empfinden viele derer, die bereits in den 1970er Jahren aktiv waren heute als eher langweilig und uninspiriert. Vor Ort kommen die Vereinigungen und Ar-

---

68   So charakterisiert Franz Walter vor allem die Tätigkeit der SPD-Arbeitsgemeinschaften. Vgl. Walter (Anm. 16), S. 62f.

beitsgemeinschaften – so sie denn über ausreichend engagiertes und motiviertes Personal verfügen – den Restansprüchen einer Volkspartei noch am ehesten nahe. An ihren Jugend- und Seniorenorganisationen führt für die örtlichen Parteifunktionäre und ihre Revitalisierungsstrategien kein Weg vorbei.

Zielgruppenarbeit und Sinnstiftung – Ansätze einer neuen lokalen Verankerung

Als Ende der 1950er Jahre die schleichende Erosion der traditionellen Milieustrukturen offensichtlich wurde, hatten Christ- und Sozialdemokraten die Weichen in Richtung Mitglieder- und Volkspartei bereits gestellt. So wurde die wohlstandsorientierte Arbeitnehmergesellschaft für CDU und SPD zunächst zum Glücksfall, da sie eine einzigartige Expansion ihrer Mitgliedschaft erreichen konnten. Der Anspruch Volkspartei zu sein, war in diesen Jahren so glaubhaft wie nie zuvor durch die omnipräsenten Parteibasen und ihr nach innen wie außen gerichtetes politisch-kulturelles Leben repräsentiert. Aufgrund von Mitgliedverlusten und Alterung stehen CDU und SPD aus heutiger Sicht jedoch große Veränderungen bevor. Beide scheinen sie sowohl als Mitgliederparteien als auch in ihrem Volksparteienanspruch nachhaltig in Frage gestellt. Die Folgen des ausbleibenden Nachwuchses und die damit einhergehende Überalterung der Parteien wurde vor allem in den vergangenen zehn Jahren offensichtlich, als sich diejenigen, die in den 1970er Jahren die Parteistrukturen so beispiellos belebten, sukzessive aus dem Erwerbsleben und damit aus einem zentralen gesellschaftlichen Bereich zurückzogen. Die Verankerung der Volksparteien in Schulen, Universitäten und in der Arbeitswelt geht zusehends verloren. Die lokalen Einheiten der Parteien leiden in besonderem Maße unter dem Wandel. Sie, welche die Grundpfeiler der Verankerung beider Volksparteien in der Gesellschaft darstellten, können immer weniger die finanzielle und personelle Kraft aufbringen, die der Gesamtorganisation die Wahrnehmung als Volkspartei einst zu verleihen vermochte. Zentren der Vielfalt, Lebendigkeit und Kreativität sind die Ortsvereine und Ortsverbände kaum mehr. Finanzkraft, Kampagnenfähigkeit und Außenkommunikation leiden im Zuge des Alterungsprozesses erheblich. Zudem scheinen traditionelle Gratifikationen wie Ämter und Einfluss auf Programm und Politik der Parteien kaum einen Anreiz für eine verstärkte Partizipation und Mitarbeit zu liefern. Die Zukunft der Mitglieder- und Volksparteien CDU und SPD erscheint angesichts dieser Befunde düster. Die örtlichen Strukturen scheinen einen Rückfall in jenen routinierten und kreativitätsarmen Verwaltungspragmatismus zu erleben, unter dem sie bereits in den 1950er Jahren gelitten hatten.

Anlässe zu einem gemäßigten Optimismus geben jedoch die Eindrücke, die hinsichtlich der altersspezifischen Vereinigungen und Arbeitsgemeinschaften beider Parteien gewonnen werden konnten. Sie dienen den Parteien zwar nicht als wesentliche finanzielle, zumindest aber als unverzichtbare personelle Ressource. Hier scheint ein wenig von der lose verkoppelten Anarchie und Vitalität der Basis überlebt zu haben. Sind dort einzelne motivierte und engagierte Funktionäre aktiv, so ist es ihnen möglich über zwischenorganisatorische Netzwerke und zielgruppenspezifische Ansprache und Angebote nicht nur innerparteilich mobilisierend zu wirken, sondern auch als wichtige Außenkommunikatoren in gesellschaftlichen Bereichen tätig zu sein, die für die Mutterpartei und ihre lokalen Gliederungen nur schwer erreichbar sind. Den Funktionären in den Ortsvereinen und Ortsverbänden beider Parteien mag es bisweilen schwer fallen zu akzeptieren, dass ihr umfassender Alleinvertretungsanspruch für alle Altersgruppen heute zusehends in Frage gestellt ist. Doch gerade in den Großstädten werden sie letztlich nicht umhin kommen, die Kooperation mit den vorhandenen Strukturen der Teilorganisationen zu suchen, wenn sie nicht völlig vom politisch-kulturellen Leben der sie umgebenden Gesellschaft abgehängt werden wollen.

Schließlich bleibt festzuhalten, dass gerade in Phasen des Umbruchs und der Krise, wie wir sie seit der Jahrtausendwende erleben, der Bedarf nach Orientierungswerten und Sinnstiftung gesamtgesellschaftlich wieder ansteigt. Gerade die jüngeren Jahrgänge der Generation Golf und der nachfolgenden Kohorten scheinen verstärkt nach Verlässlichkeit zu suchen.[69] Auch die Langzeitstudien des Sozialforschungsinstitutes Sinus Sociovision beobachten seit einigen Jahren, dass das gesellschaftliche Bedürfnis steigt „die Bodenhaftung wieder zu gewinnen, das heißt, zumindest in den Bereichen, die man persönlich beeinflussen kann, mehr Ruhe, mehr Stabilität und Kontinuität einkehren zu lassen"[70]. Die Parteien und ihre Teilorganisationen könnten bezüglich dieser Sehnsüchte ebenfalls eine Rolle spielen. „Die Ähnlichkeit der Parteien wird hoffentlich weiter schwinden", wünscht sich ein junges CDU-Mitglied. „Ich fände es furchtbar, wenn man zwei große Volksparteien hat, die sich eigentlich nur noch durch den Namen unterscheiden." Die neue Bodenhaftung wird die alten Volksparteien nicht wieder auferstehen lassen. Doch dürften durchaus Chancen bestehen, dass sie diesen Bedürfnissen nach Orientierung, nach begrenzter Einflussnahme und nach persönlichen Kontakten vor allem jüngerer Menschen entgegenkommen können, also jener „Generation Parteilos" die den alten Volksparteien derzeit noch den Rücken zukehrt.

---

69 Vgl. Walter (Anm. 16), S. 31ff.
70 Sinus Sociovision: Die Bodenhaftung nicht verlieren… Die Bundestagswahl 2005 im Lichte der soziokulturellen Forschung von Sinus Sociovision, Newsletter von Sinus Sociovision, Ausg. 2, 2005, S. 2.

Von einem veränderten Charisma
Führungsstile in der Politik

Daniela Forkmann / Frauke Schulz

In den späten neunziger Jahren herrschte unter journalistischen Beobachtern und Wissenschaftlern eine genaue Vorstellung darüber, welcher Politikertypus sich in Zukunft durchsetzen würde. Im diffusen Anforderungsprofil, das an einen Partei- oder Regierungschef allgemein gestellt wird,[1] wurden einige Faktoren als zukünftig besonders relevant hervorgehoben. Konstant wiederkehrendes Schlagwort in diesem Zusammenhang war die Bedeutung der Medien. Telegen und mediensouverän müsse eine Führungsfigur sein, rasch und jederzeit alle relevanten Themen prägnant in Tagesschau tauglichem Format kommentieren können. Medienkompetenz, so die landläufige These, würde zur wichtigsten Ressource im Ringen um politische Macht, sodass bald nur noch per Bild-Zeitung und Fernsehen regiert werden könne.[2] Geboren waren Begriffe wie „Mediendemokratie"[3], „Mediengesellschaft"[4] und „Medienkanzler"[5]. Sie würden, mutmaßten die Experten, die politische Bühne bis zur nächsten Kulturrevolution maßgeblich beherrschen.

Die Annahmen der damaligen Beobachter waren keineswegs aus der Luft gegriffen: Prototypen dieses vermeintlichen Politikers der Zukunft befanden sich international in einflussreichen Ämtern: so beispielsweise Tony Blair in Großbritannien, Bill Clinton in den USA, Silvio Berlusconi in Italien, aber auch Gerhard Schröder in Deutschland. Sie alle beherrschten virtuos das Spiel mit den Medien und verstanden es, die politische Agenda aber auch die eigenen Parteien mittels Zeitung und Fernsehen zu dominieren. Die Charakteristika der Politiker dieses Formates dienten dabei als Grundlage der Proklamation eines neuen Politikertypus: dem Mediencharismatiker.[6]

---

1   Vgl. Wiesendahl, Elmar: Zum Tätigkeits- und Anforderungsprofil von Politikern, in: Brink, Stefan/Wolff, Heinrich (Hrsg.): Gemeinwohl und Verantwortung. Festschrift für Hans Herbert von Arnim, Berlin 2004, S. 167-188.
2   Vgl. Schwarz, Patrik: Die Arbeit des Raubtierfütterers, in: Die Tageszeitung 24.07.1999.
3   Z.B. Müller, Albrecht: Von der Parteiendemokratie zur Mediendemokratie, Opladen 1999.
4   Z.B. Winterhoff-Spurk, Peter/Jäckel, Michael: Politische Eliten in der Mediengesellschaft, München 1999.
5   Z.B. Meng, Richard: Der Medienkanzler, Frankfurt am Main 2002.
6   Vgl. Soell, Hartmut: Der Zukunft entgegen, Die Zeit 28.07.1988, abrufbar unter http://www.zeit.de/1998/30/Der_Zukunft_zugewandt?page=all (eingesehen am 20.08.2008).

Seine Inszenierungskompetenz galt als ausschlaggebende Ressource im Wettkampf um das angestrebte politische Amt. Nach der These des Mediencharismas wäre er ohne diese im politischen Geschäft schlicht chancenlos, da sich die Hierarchie der Führungsinstrumente verschoben habe: Traditionelle Institutionen wie Parteien und Gewerkschaften verlören an Einfluss, stetig zunehmend hingegen sei die Bedeutungskraft der Medien. Der Mediencharismatiker sei demnach weniger auf Partei, Fraktion und Parlament angewiesen, um regieren oder ein Amt erlangen zu können. Er legitimiere sich umweglos auf medialem Weg.

Nun war die Bedeutung der Presse für den politischen Prozess auch in den 1990er-Jahren sicherlich kein Novum. Stets hatte die Vermittlung politischer Ideen und Diskussionen über Medien an die Bevölkerung im politischen System der Bundesrepublik eine nicht unwichtige Rolle gespielt. So war bereits Willy Brandt als Kanzleraspirant 1961/65 in Anlehnung an den US-amerikanischen Präsidenten John F. Kennedy gezielt als medientauglicher Aspirant seiner Partei ausgesucht und aufgebaut worden.[7] Dennoch beobachteten Wissenschaftler gegen Ende der 1990er Jahre eine zunehmende Intensität des Medienspektakels und somit eine Gewichtsverschiebung zwischen den politischen Machtressourcen. Anstelle institutioneller Legitimationsquellen trat in sich häufenden Fällen – in Anlehnung an Max Webers außeralltägliches Charisma – das Mediencharisma.[8] Direkte Adressaten eines derart agierenden Politikers waren zunehmend weniger die Parteien oder Regierungen, sondern in erster Linie die verschiedensten Presseorgane. In quasi-präsidialer Moderation versuchten Mediencharismatiker so an herkömmlichen Institutionen vorbei sich an die Bevölkerung zu wenden, elektoralen Erfolg zu erlangen und den politischen Diskurs zu bestimmen.

In der Bundesrepublik dürfte das geschilderte Phänomen vor allem mit den Namen Schröder, Westerwelle und Möllemann verbunden werden. Beispielhaft war in diesem Zusammenhang bereits die Nominierung Schröders als Kanzlerkandidat: In einer einzigartigen Inszenierung wurde er auf einem Sonderparteitag 1998 als Kandidat inthronisiert; der damals in der Partei deutlich fester ver-

---

7   Vgl. Walter, Franz: Charisma – Auch Willy Brandt brauchte Jahre bis die Partei ihn liebte in: Berliner Republik (2000) H.1, S. 20-23; siehe auch Micus, Matthias: Willy Brandt. Konkurrenzlos als Kanzlerkandidat, chancenlos als Sozialdemokrat, in: Forkmann, Daniela/Richter, Saskia (Hrsg.): Gescheiterte Kanzlerkandidaten. Von Kurt Schumacher bis Edmund Stoiber, Wiesbaden 2007, S. 62-140; Walter, Franz: Die SPD. Vom Proletariat zur Neuen Mitte, Berlin 2002, S. 151.

8   Vgl. zum Charismabegriff Weber, Max: Wirtschaft und Gesellschaft, Tübingen 1980, S. 124; zum institutionalisierten Charisma siehe außerdem Gebhardt, Winfried: Charisma und Ordnung. Formen des institutionalisierten Charisma – Überlegungen in Anschluss an Max Weber, in: Ders./Zingerle, Arnold/Ebertz, Michael N. (Hrsg.): Charisma. Theorie – Religion – Politik, Berlin/New York 1993, S. 47-68.

ankerte Oskar Lafontaine ging in diesem Fall leer aus. Die politische Führung mittels der Medien und die instrumentalisierte Einsetzung von Personalisierung waren seit Beginn der 1990er-Jahre Schröders entscheidende Machtressource.[9]

Mit dem sogenannten „Projekt 18" schließlich versuchte der liberale Parteivorsitzende Guido Westerwelle als Spitzenkandidat im Bundestagswahlkampf 2002 seine Partei zu einem zweistelligen Wahlergebnis zu führen. Er setzte auf die symbolträchtige mediale Inszenierung seines Ziels und positionierte sich in nahezu allen Talkshows des Fernsehens. Die Wahlkampfkampagne zielte auf die direkte Ansprache des Bürgers mithilfe der Medien, weshalb denn auch ständig neue, die Aufmerksamkeit der beobachtenden Journalisten weckende Provokationen gesucht wurden.[10]

Vielleicht noch mehr als Westerwelle aber kann der Liberale Jürgen W. Möllemann als Medienpolitiker und in gewissem Sinne auch -charismatiker bezeichnet werden.[11] Nach dem augenscheinlichen Karriereende und Rücktritt von seinen Ämtern 1993/94 erfand sich der FDP-Politiker buchstäblich neu. Bereits gut 15 Jahre zuvor hatte Möllemann immer wieder die mediale Inszenierung seiner Person zur Aufmerksamkeitsgenerierung und damit auch als Karrierevehikel genutzt. Nun aber steigerte er die Methode um ein Vielfaches und machte den bewussten und über die Medien vermittelten Tabubruch zu seiner politischen Existenzbegründung *sui generis*. In bewusster Diskrepanz und Konfrontation zu seiner Partei gerierte er sich als *bad guy*, als Kämpfer für die Parteibasis, wurde so erneut Parteivorsitzender in Nordrhein-Westfalen und bescherte seinem Landesverband schließlich im Jahr 2000 mit einem nahezu lehrbuchartigen Medienwahlkampf ein sensationelles Ergebnis von 9,8 Prozent der Stimmen. Legitimiert hatte ihn bei diesem rasanten Wiederaufstieg seine offensichtliche Medienkompetenz.

Die geschilderten Beispiele dürften gemeinhin bekannt sein – und ebenso vergangen. Nicht nur der tragische Tod Möllemanns markierte in gewissem Sinne eine Zäsur in der bundesrepublikanischen Geschichte der Mediencharismatiker, auch Gerhard Schröder zog sich nach der verlorenen Bundestagswahl 2005 aus der Politik zurück. Selbst der Stil Westerwelles scheint sich geändert zu haben. Den Wahlkampf der FDP 2005 führte er bereits wieder deutlich traditioneller, vielleicht gar seriöser und auch schrille Provokationen und mediale Inszenierungen waren von ihm kaum noch zu vernehmen. Insgesamt will daher

---

9   Vgl. Fischer, Sebastian: Gerhard Schröder und die SPD. Das Management des programmatischen Wandels als Machtfaktor, München 2005, S. 47; siehe auch Weidenfeld, Werner: Zeitenwechsel. Von Kohl zu Schröder, Die Lage, Stuttgart 1999, S. 56.

10   Vgl. zum Wahlkampf 2002 Spier, Tim: Guido Westerwelle. Der Kandidat, der keiner war, in: Forkmann, Daniela/Richter, Saskia (Hrsg.): Gescheiterte Kanzlerkandidaten. Von Kurt Schumacher bis Edmund Stoiber, Wiesbaden 2007, S. 392-423.

11   Vgl. zum nachfolgenden Lütjen, Torben/Walter, Franz: Der wahre Möllemann, in: Berliner Republik (2002) H.1, S. 44-54.

der Typus des Mediencharismatikers zum zeitgenössischen politischen Führungspersonal nicht mehr recht passen. Weder Angela Merkel oder Kurt Beck
noch Christian Wulff oder Frank-Walter Steinmeier passen in die Schablone des
oben skizzierten Führungsstils. Selbst der einst als „Partylöwe" mit hohem
Nachrichtenwert bekannte Klaus Wowereit bekommt zwar mit seinem gesellschaftlichem Verhalten mediale Aufmerksamkeit, politische Führung mit Hilfe
der Machtressource Medien hat allerdings auch er nicht so recht betrieben. Was
also hat sich verändert im Führungsverhalten des politischen Spitzenpersonals?
Wie lassen sich die Führungsstile der deutschen Politelite typologisieren? Diese
Fragen zu beantworten, die Antworten beispielhaft anhand einiger Personen zu
skizzieren, soll Ziel dieses Aufsatzes sein. Etwas grob wird hier in „Büroleiter"
und „Moderatoren", „Provinzfürsten", „Populisten" und „Kosmopoliten" kate-
gorisiert, was selbstverständlich nicht die volle reale Diversität des politischen
Spektrums abbildet. Dennoch werden einige Tendenzen bundespolitischer Führungsstile deutlich.

Die Büroleiter – Führung als bürokratische Herrschaft

Waren für den Führungsstil des Mediencharismatikers Öffentlichkeit und Medien die zentralen Führungsmittel und Machtressourcen, so unterschied schon
Max Weber mit der Kategorie der bürokratischen Herrschaft einen Herrschafts-
typus, der sich an den Spielräumen verwaltungstechnischer Vorgaben und deren
geräuschlosem Vollzug orientierte.[12] Im Grunde erfuhr dieses Politikkonzept,
das sich historisch beispielsweise mit dem Namen Erich Ollenhauer verband,[13]
in den letzten Jahren wohl besonders aufgrund der Abnutzung der heroischen
und sprunghaften Gesten von Mediencharismatikern eine gewisse Renaissance.
Bürokratische Führung setzt gerade nicht auf das Spiel mit den Medien und den
Aufbau eines Entscheidungsdrucks mittels medial transportierter Forderungen,
sondern vollzieht sich im für Außenstehende kaum sichtbaren Arkanum regel-
orientierter Verhandlungen. Wesentliche Stilmittel sind daher unter anderem die
geräuschlose Netzwerkpflege und die abwägend-diplomatische Verhandlung.
Kraftstrotzende Machtgebärden sind dem bürokratischen Politiker in der Regel
ebenso fremd wie die narzisstische Attitüde oder der sprunghafte Wechsel inhaltlicher Positionen. Statt von außen und qua medialer Deklaration Themen zu

---

12   Vgl. Weber (Anm. 8), S. 124.
13   Vgl. Walter, Franz: Führung in der Politik, in: Zeitschrift für Politikwissenschaft, Jg. 7 (1997)
     H. 4, S. 1267-1337; siehe auch Forkmann, Daniela/Oeltzen, Anne-Kathrin: Charismatiker,
     Kärrner und Hedonisten. Die Parteivorsitzenden der SPD, in: Forkmann, Daniela/Schlieben,
     Michael (Hrsg.): Die Parteivorsitzenden der Bundesrepublik Deutschland 1949-2005, Wiesba-
     den 2005, S. 64-118, hier S. 71ff.

verfolgen, Gremien zu umgehen und die eigene Partei zur Gefolgschaft zu ver-
pflichten, sucht der bürokratische Politiker – einem Büroleiter gleich – mittels
Detailinformation und Regelbefolgung sowie gezielter Abwägung und Vermittlung unterschiedlicher Interessen Probleme zu lösen und Entscheidungen zu
fällen. Als Maxime dieses Politikertypus kann daher auch die verwaltende Kooperation angesehen werden.[14]

Als Prototyp des reüssierenden politischen Beamten kann der Kanzlerkandidat der Sozialdemokraten für die Bundestagswahl 2009, Frank-Walter Steinmeier, betrachtet werden. Sein Werdegang verbindet sich untrennbar mit dem
allzu oft als Mediencharismatiker oder Medienkanzler bezeichneten Gerhard
Schröder, und doch sind sein politischer Führungsstil und die Logik seines Aufstiegs vollkommen konträr. 1956 im westfälischen Brakelsiek nahe Detmold
geboren, teilte Steinmeier die regionale Herkunft mit seinem späteren Vorge-
setzten Schröder, wie beispielsweise in seiner Sprachstruktur offenkundig wurde. Noch im Jahr 2008 waren seine dialektale Spracheinfärbung und seine Into-
nation bei Wahlkampfauftritten nahezu identisch mit der des Altbundeskanz-
lers.[15] Auch bezüglich der sozialen Abstammung war Steinmeier bemüht, die
Parallelen zu seinem Mentor zu betonen, sprach wiederholt davon, er sei im
„armen Winkel" Nordrhein-Westfalens aufgewachsen.[16] Einzig die Bildungseu-
phorie der 1970er-Jahre habe ihm als Sohn eines Tischlers und einer Fabrikar-
beiterin den gesellschaftlichen Aufstieg über Abitur, Studium und Promotion
ermöglicht.[17]

Doch täuschen die auf den ersten Blick einleuchtenden Entsprechungen eine Konvergenz der Biografien vor, die so nie existierte. Während Schröder als
1944 geborenes Kriegskind vaterlos und in tatsächlich wirtschaftlich und sozial
dramatisch prekären Verhältnissen aufwuchs, waren Steinmeier eine nachgerade
behütete Kindheit und Jugend beschieden. Mit dem Geburtsjahr 1956 gehörte er
einer Generation an, welche die gesellschaftlichen und wirtschaftlich-
finanziellen Verwerfungen sowie die politische Orientierungslosigkeit der
Nachkriegszeit nicht mehr kannte, sondern im vergleichsweise etablierten politischen System der Adenauerzeit heranreifte sowie die Früchte des Wirtschafts-
wunders und des prosperierenden Sozialstaats quasi von Beginn an genoss. So
war denn auch die von Steinmeier stets beschriebene Abkunft aus einfachen
sozialen Verhältnissen in der Realität eine aus einem bescheidenen Wohlstand
und einer intakten Familie.[18]

---

14 Vgl. zu diesem Prinzip Benz, Wolfgang: Kooperative Verwaltung. Funktionen, Voraussetzun-
    gen und Folgen, Baden-Baden 1994, besonders S. 41ff.
15 Vgl. Eichele, Holger: Der mit dem Schröder-Gen, in: Münchner Merkur, 16.07.2008.
16 Vgl. ebd.
17 Vgl. Reinecke, Stefan: Der ruhige Runde, in: Die Tageszeitung, 14.07.2008.
18 Vgl. ebd.

Entsprechend seiner familiären Sozialisation entschied sich Steinmeier – aus Gründen des Broterwerbs, wie er selbst formulierte – für ein Jurastudium.[19] Dies erschien ihm als die solidere, die vernünftigere Variante. Überhaupt finden sich in Steinmeiers Biografie eine Reihe Vernunft basierter Entscheidungen, nicht jedoch das Außergewöhnliche oder Unerhörte. So trat er 1975 in die SPD ein, engagierte sich dort aber kaum und strebte erst recht nicht nach innerparteilicher Macht.[20] Vielmehr arbeitete er nach dem Studium an seiner Dissertation, die er 1991 abschloss, und bekam anschließend eine Stelle als medienpolitischer Referent des damaligen niedersächsischen Ministerpräsidenten Gerhard Schröder,[21] wurde später gar Leiter der Staatskanzlei.[22] Mit Schröder ging er nach dem rot-grünen Wahlerfolg 1998 auch nach Berlin und ins Bundeskanzleramt, zunächst als Geheimdienstkoordinator, seit 1999 schließlich als Bundeskanzleramtschef.[23] Nach dem Ende der rot-grünen Koalition avancierte der Westfale gar – sozusagen als geistiger Statthalter Schröders im Kabinett – zum Außenminister der seit 2005 amtierenden großen Koalition unter Führung der Kanzlerin Angela Merkel. Im Herbst 2007 erfolgte die Wahl zum stellvertretenden Parteivorsitzenden, im September 2008 die Kanzlerkandidatur. In all seine Ämter fand Steinmeier in kürzester Zeit hinein, füllte sie mit Einsatz und Professionalität aus – doch eckte er eben auch nirgends an, wurde weder im positiven noch im negativen Sinne aufgrund besonderer Merkmale auffällig.

Dabei gibt Steinmeiers Aufstieg einige Hinweise bezüglich seines politischen Stils. Zunächst war es nicht die klassische Ochsentour und damit der sukzessive Erwerb parteiinterner Ämter vom stereotypen Ortsvereinskassierer zum Vorsitzenden höherer Gliederungen, die ihn nach oben führten. Vielmehr war er im Windschatten Schröders aufgestiegen, von ihm lange Zeit befördert und berufen worden. So war Steinmeier auch als Außenminister 2005 weder in der Partei noch im Grunde innerhalb der Bundestagsfraktion verwurzelt – seine unterstützenden Netzwerke basierten auf dem bürokratischen Regierungsapparat. Steinmeier hatte sich im Gegensatz zu Schröder eben gerade nicht durch den spielerischen Umgang mit der Öffentlichkeit und das machtbewusste Verhältnis zu den Medien qualifiziert, sondern durch seine sachliche Kompetenz und Verschwiegenheit. Als politischer Beamter waren das geräuschlose Verhandeln und die moderierende Diplomatie sowohl Steinmeiers Begabung als auch sein täg-

---

19   Vgl. ebd.
20   Vgl. Maron, Thomas: Der „Frank-mach-mal" strebt ganz nach oben, in: Stuttgarter Zeitung, 09.09.2008.
21   Vgl. Beste, Ralf/Feldenkirchen, Markus/Kullmann, Kerstin u.a.: Das Wagnis, in: Der Spiegel, 08.09.2008.
22   Vgl. auch Müller, Kay/Walter, Franz: Graue Eminenzen der Macht. Küchenkabinette der deutschen Kanzlerdemokratie. Von Adenauer bis Schröder, Wiesbaden 2004, S. 173.
23   Vgl. Eichele, Holger: Der mit dem Schröder-Gen, in: Münchner Merkur, 16.07.2008.

lich Brot.[24] So hatte er beispielsweise ohne viel Aufheben fernab der Blicke der Öffentlichkeit den Atomausstieg der rot-grünen Bundesregierung maßgeblich arrangiert und zwischen den verschiedenen Ministerien vermittelt.[25] Stets suchte er zu schlichten und auszugleichen – politische Führung durch das Heraufbeschwören von Gegensätzen und das Zuspitzen von Kontrasten war seine Sache nicht.

Letztendlich ist Steinmeiers Verhältnis zu den Medien ein diametral anderes als jenes, welches der Typus des Mediencharismatikers pflegt. Zwar waren es ironischerweise gerade die guten Umfragewerte und damit sein öffentlich vermitteltes Bild, die ihn im Wesentlichen sowohl als stellvertretenden Parteivorsitzenden als auch als Kanzlerkandidaten qualifiziert hatten.[26] Doch liegt es Steinmeier fern, seine Person und sein Privatleben medial zu inszenieren, sie zu instrumentalisieren oder daraus gar eine persönliche Bestätigung zu generieren. Stattdessen wirkte er besonders in seiner Anfangszeit als Außenminister vor Kameras und Journalisten hölzern und übervorsichtig.[27] Anders als beispielsweise Schröder gelingt ihm das augenzwinkernde Spiel mit den Medien nicht, ja, er sucht es nicht einmal. Und: Steinmeier setzt sein Privatleben nicht als Mittel zur Popularitätssteigerung und somit zur Machterlangung ein. Seine Familie steht für Steinmeier nicht im Dienste der Politik, sondern ist ein eigener, schützenswerter Bereich. Steinmeier betrieb Politik nie mit ausschließlich machiavellistischem Anspruch, auch wenn er sicher nicht vollkommen ohne Ehrgeiz oder Aufstiegswillen gewesen war. Denn ohne ein Mindestmaß dieser Eigenschaften hätte auch er nicht den anstrengenden und entbehrungsreichen Politalltag bestehen können. Dennoch war seine politische Karriere für ihn keine individuell-narzisstische Notwendigkeit, sondern erfolgte eher zufällig.[28] Demonstrationen des Machtwillens wie etwa die von Schröder kolportierte Szene des nächtlichen Rüttelns am Kanzleramtszaun sind von Steinmeier weder überliefert, noch hätten sie sich mit seinen Ämtern vertragen, die unbedingte Loyalität erforderten.[29] Daher erfolgte seine Karriere auch nicht entlang überstandener politischer (Macht-) Kämpfe, sondern basierte – ganz im Stil kooperativer Poli-

---

24 Vgl. Müller/Walter (Anm. 22), S. 175.
25 Vgl. Dausend, Peter: Mann ohne Geschichte, in: Die Zeit, 19.06.2008.
26 Vgl. beispielsweise Graw, Ansgar: Vom Zauderer zum Kämpfer, in: Die Welt, 08.09.2008; siehe auch Wehner, Markus: Kaum dabei, schon Nummer zwei, in: Frankfurter Allgemeine Sonntagszeitung, 20.01.2008.
27 Vgl. beispielsweise Siebert, Sven: Aus dem Hintergrund in die erste Reihe, in: Sächsische Zeitung, 06.06.2008.
28 Vgl. zur Interdependenz von Narzissmus und Macht, gerade auch am Beispiel von Steinmeiers Amtsvorgänger im Außenministerium, Joschka Fischer, und der 68er-Generation: Wirth, Hans-Jürgen: Narzissmus und Macht. Zur Psychoanalyse seelischer Störungen in der Politik, Gießen 2003, besonders S. 245ff.
29 Vgl. Eichele (Anm. 23).

tik – auf intensiv gepflegten und weit verzweigten Netzwerken innerhalb des Regierungsapparates beziehungsweise der Führungsgremien der Bundespartei. In ähnlicher Weise setzte Steinmeier sich als Außenminister auch weniger in den Inhalten als im Stil von seinem Vorgänger Joschka Fischer und dessen „auftrumpfende[m] Gestus"[30] ab. Der Westfale versuchte – wie in seinen vorherigen Ämtern auch – Probleme eher im Hintergrund zu lösen, sich in die kleinteilige Sacharbeit einzuarbeiten und „Schaufensterpolitik"[31], wie er es bezeichnete, zu vermeiden.[32]

Doch förderten und erforderten Steinmeiers Positionen eben auch weder die kreative Spontaneität noch die politische Vision.[33] Seine Aufgabenbereiche und damit – sich wechselseitig bedingend – auch sein Verständnis von Politik war pragmatisch auf das im Hier und Jetzt Realisierbare gerichtet. Zwischen den differierenden Interessen sucht er Übereinstimmungen zu erzielen, Verhandlungen zu moderieren und zu koordinieren. Dies bewahrte ihn vor ideologisch verblendetem Handeln und vor hartnäckigem Beharren auf politischen Lösungen, die letztlich lediglich im Dienste einer übergeordneten Weltanschauung standen, nicht aber an ihrer Umsetzbarkeit orientiert waren. Für derartige „Experimente" ist Steinmeier auch viel zu vorsichtig. Er versucht vielmehr, durch langfristige Planung und intensive Vorbereitung einer Situation alles Unberechenbare und Risikoreiche zu nehmen. So hatte er sich beispielsweise für den ersten Wurf bei der Eröffnung eines Baseballspiels in den USA mithilfe seiner zwölfjährigen Tochter, eines Videobaseballspiels und diversen Informationen über diesen Sport vorbereitet. Die aufwändige Vorbereitung wurde ihm durch einen Treffer gedankt.[34] In diesem auf Machbarkeit orientierten und durch Fakten basierten Handeln liegt ohne Zweifel ein Vorzug – und dennoch lässt ein solch nahezu bürokratisches Vorgehen kaum Spielraum für Überraschendes oder auch den zukunftsgerichteten kreativen Gesellschaftsentwurf.

Ohne Zweifel birgt die bürokratische Führung Steinmeiers einige grundlegende Vorteile, denn sie schützt vor irrationalen Schnellschüssen gerade in Krisenzeiten. Dennoch beinhaltet sie auch einige potenzielle Fallstricke, besonders in der Funktion als Kanzlerkandidat. Über den Erfolg einer Kanzlerkandidatur mögen sicher die unterschiedlichsten Faktoren entscheiden, einige von ihnen sind aber wohl die innerparteiliche Verankerung, die Fähigkeit zur Verkörperung eines bestimmten politischen Projekts sowie nicht zuletzt der Um-

---

30   Reinecke (Anm. 17).
31   Zitiert nach Siebert (Anm. 27).
32   Vgl. Eichele, Holger: Seine Effizienz, der Schattenkanzler, in: Münchner Merkur, 30.11.2007.
33   Vgl. Müller/Walter (Anm. 22); siehe auch mit ähnlicher Einschätzung Fried, Nico: Der Vize-Kanzlerkandidat, in: Süddeutsche Zeitung, 03.05.2008.
34   Vgl. zu dieser Anekdote Beste (Anm. 21).

gang mit den Medien.[35] Gerade diese Bereiche aber waren nicht unbedingt, zumindest nicht in erster Linie, Stärken Steinmeiers. Seine innerparteiliche Position ist zweifellos in den letzten Monaten auch durch sein eigenes Bemühen gestärkt worden, dennoch mag es ihm an dem sogenannten Stallgeruch mangeln. In Kombination mit dem nur schwer auf den ersten Blick erkennbaren zukunftsgerichteten, inhaltlichen Entwurf und einer gewissen medialen Geschmeidigkeit kann diese Konstellation durchaus Stolpersteine für seine Kanzlerkandidatur bergen.

Elemente des hier idealtypisch skizzierten bürokratischen Führungsstils finden sich – wenn auch sicher nicht immer in Reinform – bei diversen anderen Politikern. Gerade Steinmeiers Konkurrentin um das Kanzleramt etwa, Angela Merkel, weist in ihrer nüchternen, ideologisch basierten, Politikkonzepte ablehnenden Art durchaus gewisse Züge des beschriebenen Politikertypus auf. Auch ihr sehr dosierter und erst spät als Führungsmittel entdeckter Einsatz von privaten Momentaufnahmen – wie etwa beim Besuch der Bayreuther Wagner-Festspiele – ist ein Hinweis in diese Richtung. Beispielhaft können auch Aspekte im Führungsstil Franz Münteferings angeführt werden. So war dieser gerade nicht über öffentlich sichtbare Ämter aufgestiegen, sondern hatte getreu seinem Motto „Politik ist Organisation"[36] zu einem Großteil verwaltend-organisatorische Tätigkeiten inne gehabt.[37] Noch einmal: Die hier dargestellte Reinform des bürokratischen Führungsstils lässt sich sicherlich nur bei einigen wenigen Politkern finden und dennoch ist die Häufung gewisser Elemente eines solchen Typus auffällig.

Die politischen „Moderatoren": Ausgleich als Führungsprinzip

Neben dem bürokratischen Führungsstil lässt sich der Politikertypus des „Moderators" charakterisieren. Dieser Typus zeichnet sich insbesondere durch seine Ausgeglichenheit und Ruhe aus, die er im politischen Alltag ausstrahlt. Dabei agiert er besonnen und charmant, gibt sich freundlich und unaufgeregt. Die größte Ressource des politischen „Moderators" ist seine Fähigkeit, nirgendwo Anstoß zu erregen, sondern beinahe jedem zu gefallen – fraglos auf Kosten eines klaren inhaltlichen Standpunktes. In politischen Verhandlungen gelingt es dem „Moderator", sich gekonnt auf unterschiedliche Konversationspartner einzustellen. Sein höflicher Ton signalisiert Entgegenkommen, seine Freundlich-

---

35   Vgl. Lösche, Peter: Gescheiterte Kanzlerkandidaten in Deutschland. Fazit, in: Forkmann, Daniela/Richter, Saskia (Hrsg.): Gescheiterte Kanzlerkandidaten. Von Kurt Schumacher bis Edmund Stoiber, Wiesbaden 2007, S. 424-434, hier S. 427ff.
36   Zit. Nach Goffart, Daniel: Müntes Meisterstück, in: Handelsblatt, 09.04.2004.
37   Vgl. beispielsweise Forkmann/Oeltzen (Anm. 13).

keit entschärft Konflikte – es wird der Eindruck geweckt, hier wirke jemand lediglich vermittelnd. Und genau mit diesen Stilelementen vermag es der „Moderator", beinahe unbemerkt, seine Standpunkte durchzusetzen. Diese Eigenschaften machen ihn zu einer über die Lagergrenze hinaus beliebten Person. Vor allem an der Parteibasis schätzt man den politischen „Moderator", der stets ein Lächeln auf den Lippen hat, in der Ansprache den richtigen Ton findet, aufmerksam, umgänglich, einfach sympathisch ist. Und der „Moderator" vermag es, diese Beliebtheit in politische Macht umzusetzen.

Diese gefühlsbetonte Einschätzung drängt die politischen Überzeugungen des „Moderators" eher in den Hintergrund. So wird kaum wahrgenommen, dass der „Moderator" höchst flexibel agiert, ideologisch nicht festgelegt ist und seine Standpunkte binnen kürzester Zeit wechselt. Kritiker dieses Führungsstils werfen ihm daher oft eine opportunistische Haltung und inkonsequentes Handeln vor. Jedoch gelingt es dem „Moderator" zuweilen, seine wechselnden Meinungen als Lernfähigkeit und Unabhängigkeit darzustellen. Er wäre nicht der ideale Makler seiner selbst, wenn er nicht eine erkennbare Schwäche als Vorzug verkaufen könnte. Er nennt die ihm oft von der politischen Opposition vorgehaltene Unstetigkeit schlicht Wandelbarkeit und stellt diese Eigenschaft damit geschickt als eine seiner Stärken dar. Er leugnet nicht, sondern verstärkt den gewonnenen Eindruck auf positive Weise und nimmt somit seinen Kritikern von vornherein die Kraft ihrer Argumente.

Innerhalb einer Typologie der Führungsstile grenzt sich der politische „Moderator" gegenüber dem „Büroleiter" eben durch genau diese Flexibilität ab: Er ist nicht der penibel vorbereitete Diplomat, sondern setzt durch seine freundliche und zurückhaltende Art, durch das scheinbare Eingehen auf die Bedürfnisse seiner Verhandlungspartner seine politischen Vorstellungen um. Allerdings sollte man sich nicht durch das äußere Erscheinungsbild täuschen lassen, denn die Liebenswürdigkeit ist und bleibt ein Stilelement der politischen Führung. Hinter der harmonischen Fassade steckt ein versierter Politprofi, der seine Kontrahenten geschickt auszuspielen weiß. Machtpolitische Zielstrebigkeit und absoluter Willen, nach ganz oben zu kommen, verbergen sich meist hinter dem charmanten Bild. Sein großer Spielraum in ideologischen Fragen erlaubt es ihm, jede gerade opportun erscheinende Haltung anzunehmen. Sein Image lädt zur Unterschätzung ein und macht ihn so zu einem Wolf im Schafspelz.

Für die eigene Partei und ihre Strategie ist der politische „Moderator" eine schwer zu berechnende Größe. Einerseits wirkt er als Sympathieträger und Identifikationsfigur sowohl innerhalb des eigenen Lagers als auch außerhalb seiner Partei. Somit festigt er den inneren Zusammenhalt und schafft nach außen hin Attraktivität. Andererseits benötigt die Partei an der Spitze stets einen Antipoden zum „Moderator"; weil dieser inhaltlich oft an der Richtung seiner Partei vorbei agiert, muss ihm ein traditioneller Kopf, der die klassische Parteiklientel repräsentiert, zufriedenstellt und damit bindet, zur Seite gestellt werden.

In der Bundesrepublik beherrscht der Christdemokrat Christian Wulff diesen moderierenden Führungsstil geschickt. Er gibt sich stets umgänglich und freundlich, seine Sympathiewerte übersteigen die der meisten seiner Berufskollegen deutlich. Der Ministerpräsident ist nett und charmant – für viele Niedersachsen geradezu der Inbegriff eines idealen Schwiegersohns. Doch er arbeitete sich zielstrebig an die Spitze der niedersächsischen CDU und machte sein Land, lange fest in SPD-Hand, zu einer sicheren CDU-Bastion. Die landespolitischen Erfolge Wullfs heizen beständig die Spekulationen um seine weitere politische Zukunft, womöglich auf Bundesebene, an. Der Landesvater selbst reagierte auf derartige Mutmaßungen jedoch ganz unambitioniert: Er sei kein „Alphatier", würde sich das Amt des Kanzlers nicht zutrauen.[38] Dennoch überließ er den niedersächsischen CDU-Vorsitz jüngst dem Nachwuchstalent David McAllister. Seitdem verlagerte Wulff seinen thematischen Fokus zunehmend auf die Bundespolitik.

Diese Strategie beweist, wie sehr Wulff damit spielt, trotz seines harmlosen Images im geeigneten Moment zu überraschen. Dass er dabei potentielle Kontrahenten veranlasst, ihn zu unterschätzen, ist Teil seines politischen Führungsstils: „Unterschätzt zu werden bereitet Wulff sichtlich Freude"[39]. Dass seine zur Schau gestellte Bescheidenheit trügerisch sein kann, erfuhr im vergangen Wahlkampf auch Wulffs Amtskollege Roland Koch. Als sich dessen Umfragewerte nach einer populistischen und ausländerfeindlichen Kampagne drastisch verschlechterten, erhoffte sich Koch einen stärkenden Schulterschluss mit dem populären Niedersachsen. Doch Wulff erteilte seinem langjährigen Parteifreund und Verbündeten im sogenannten Andenpakt – einer inoffiziellen Seilschaft innerhalb der CDU, dessen Mitglieder sich vor Jahren gegenseitige Loyalität zusicherten – eine Abfuhr. Er distanzierte sich offen von den umstrittenen Vorstößen Kochs zum Thema Jugendstrafrecht und während der Hesse rhetorisch wiederholt eine Nähe zu Wulff herzustellen versuchte, stellte dieser bei öffentlichen Auftritten konsequent Themen in den Vordergrund, in denen seine Position konträr zu jener Kochs lag. Auf freundschaftliche Unterstützung unter Parteifreunden musste Koch vergeblich hoffen.

Das Ergebnis der Landtagswahlen 2008 war für Wulff eine Bestätigung seiner politischen Strategie: Er erreichte in Niedersachsen einen souveränen Sieg über Herausforderer Jüttner, sein Kontrahent in parteiinternen Machtfra-

---

38   o.V.: Wulff traut sich Kanzleramt nicht zu, abrufbar unter http://www.spiegel.de/
       politik/deutschland/0,1518,566120,00.html (eingesehen am 30.10.2008).
39   Heinen, Guido: Christian Wulff hat seine Schwächen in Stärken umgemünzt, abrufbar unter
       http://www.welt.de/printwelt/article363007/Christian_Wulff_hat_seine_Schwaechen_in_Staer
       ken_umgemuenzt.html (eingesehen am 08.11.2008).

278 Daniela Forkmann / Frauke Schulz

gen. Koch jedoch musste herbe Verluste hinnehmen. Der eindeutige Ausgang des Machtkampfs zwischen Koch und Wulff lässt Rückschlüsse auf die Erfolgsaussichten der Politikertypen zu, welche die beiden Christdemokraten verkörpern. Der im Wahlkampf als (Rechts-) Populist agierende Koch scheiterte mit seiner Taktik grandios – ganz im Gegensatz zu seinem Erfolgswahlkampf 1999. Damals hatte er mit einer Unterschriftenaktion gegen eine Änderung des Staatsbürgerschaftsrechts den Nerv der Hessen getroffen. 2008 jedoch brachte er das Wählervolk mit der Kampagne um eine Herabsetzung des Alters für Strafmündigkeit fast einhellig gegen sich auf. Diese Veränderung der Wählermentalität zeigt: Eine Politik der leisen Töne à la Moderator Wulff scheint den Zeitgeist in der Bundesrepublik momentan weit eher zu treffen. Die Menschen vertrauen auf eine ausgeglichene, unaufgeregte Führungspersönlichkeit, die beruhigt und befriedet.

Das freundliche Parlieren gehört zu Christian Wulffs größten Stärken. Ideologisch einordnen lässt er sich dagegen schwer. Er bedient sich Standpunkten aller politischen Richtungen und übernimmt zuweilen auch scheinbar problemlos die Haltung der Opposition. Der ehemalige SPD-Chef Beck nannte Wulff in diesem Zusammenhang einmal das „personifizierte 0:0"[40]. Andere Sozialdemokraten sprechen verbittert vom Wackel-Wulff. Dieser gibt sich angesichts derartiger Vorwürfe unbeeindruckt: Immer noch besser als Beton-Wulff, findet er und spricht von „ideologischen Lockerungsübungen"[41]. Und auch das gegnerische Lager muss anerkennen, dass der Niedersächsische Ministerpräsident mit seinem Kurs überaus erfolgreich fährt.

Am Beispiel von Wulffs politischer Heimat Niedersachsen zeigt sich, dass der Typus des politischen Moderators heterogene und große Wählerschichten mobilisieren kann. Tourismusregionen wie Ostfriesland oder den Harz, die Messestadt Hannover, die VW-Stadt Wolfsburg, die Universitätsstädte Göttingen oder Lüneburg – aus den jeweiligen sozialen und ökonomischen Gegebenheiten dieser Regionen resultieren sehr unterschiedliche Bedürfnisse und Erwartungen der Bevölkerung. Ein facettenreicher Politiker wie Wulff ist augenscheinlich in der Lage, diese für die Wähler zufriedenstellend aufzufangen. Abzuwarten bleibt, ob sich Wulffs Strategie auch auf Bundesebene übertragen ließe. Die aktuelle Ausrichtung der großen Parteien auf die politische Mitte dürfte hier einen guten Nährboden für Politiker seines Profils bieten.

Eine Frage, die sich bei der Betrachtung der politischen „Moderatoren" aufdrängt, ist die nach der Bedeutung ihres Erfolges für das deutsche Parteiensystem und den Zustand der Demokratie. Der beschriebene Stil von Politikern

---

40 Wiegand, Ralf: „Ich erzeuge bei den Leuten keine Aggressionen", in: Süddeutsche Zeitung, abrufbar unter: http://www.sueddeutsche.de/politik/987/430739/text/ (eingesehen am 29.04.2009).
41 Ebd.

ist die fleischgewordene Manifestation der Annäherung der Parteien aneinander, der Austauschbarkeit der Standpunkte, der Entideologisierung der Politik. Führt ein ausgeglichener, auf Konsens bedachter Politikstil zu mehr Effizienz und weniger Blockadehaltung bei anstehenden Entscheidungen? Oder verwässert die Uneindeutigkeit ihrer Standpunkte endgültig das Parteiensystem? Drückt die Popularität der weichgespülten Vermittler die Politikverdrossenheit der Deutschen aus? Oder entfernen sie die politischen Akteure auf heilsame Art von allzu verbohrten Ideologien? Das langfristige Ergebnis der Machtübertragung an die „Moderatoren" bleibt abzuwarten.

Dialekt und regionale Verwurzelung – Die „Provinzfürsten"

Der „Provinzfürst" ist ein Politikertypus, den im Zeitalter der Telecharismatiker wohl niemand mehr für zukünftig relevant gehalten hätte. Er reüssiert vor allem auf kommunaler oder Landesebene in kaum urbanen und wenig modernisierten Regionen. Der „Provinzpolitiker"lässt sich vorwiegend über seine Heimatverbundenheit, der Liebe zu seiner Region aus, in der er leidenschaftlich gern lebt oder wo er zumindest den Großteil seines Lebens verbracht hat, beschreiben. Ein Dialekt oder eine regionale Färbung prägen seine Sprache, er bemüht sich erst gar nicht, sich ein schnörkelloses Hochdeutsch anzugewöhnen. Mundart und regionale Floskeln sind feste Bestandteile seines Habitus. Auch der Inhalt seiner politischen Reden ist von Bodenständigkeit und Genügsamkeit beherrscht. Er spricht die Sprache des Volkes, trägt – zuweilen populistisch anmutend – Themen aus der Bevölkerung in die politische Sphäre hinein und gibt sich als Vertreter des „kleinen Mannes". Hochtrabende Vorträge oder intellektuelle Analysen hört man von ihm nicht, lieber macht er mit deftigen Sprüchen und Zoten von sich reden.

Ohnehin ist der „Provinzfürst" ein Politiker zum Anfassen. Er tingelt – besonders zu Wahlkampfzeiten – durch die entlegensten Ortschaften seiner Region, zeigt sich auf Wochenmärkten und Festen. Mit Freude nimmt er an allen regionalen Bräuchen und Veranstaltungen teil; den Karneval oder das Stadtfest seines Heimatortes besucht er seit seiner Kindheit. Dabei liebt er es – bei festlichen Anlässen meist in regionaler Tracht –, sich unter die Einheimischen zu mischen, die ihn wie selbstverständlich mit seinem Vornamen anreden. Die Kultur seiner Heimat ist seine Leidenschaft. Regionale Musik, Kunst und Literatur schätzt er mehr als die moderne Avantgarde der Großstädte. In seiner Freizeit pflegt er Allerwelthobbies wie Fußball oder Kartenspiele und engagiert sich in örtlichen Clubs oder Vereinen.

Die Zielgruppe des politischen „Provinzlers" sind diejenigen Bevölkerungsgruppen, die, wie er selbst, fest in der regionalen Tradition verwurzelt

sind, beispielsweise Landwirte oder Arbeiter traditionsreicher Unternehmens-
zweige wie dem Bergbau oder der Metallindustrie. Er versteht Lebens- und
Denkweise seiner Klientel, kann sich in deren Bedürfnisse und Ängste hinein-
versetzen. Nicht selten entstammt er demselben Milieu und gehörte in seinem
vor-politischen Leben derselben Berufsgruppe an. Aufgrund seiner Biografie
setzt er sich ohne Vorbehalte für seine Region und ihre traditionelle (meist Mit-
tel-) Schicht ein. In seinen politischen Ansichten liegt er damit zwar nicht selten
neben dem Mainstream seiner Partei, doch das kümmert ihn wenig, denn sein
politischer Ehrgeiz reicht meist nicht über die Landesgrenzen hinaus.

Seine politische Stärke schöpft der „Provinzpolitiker" vor allem aus einer
Quelle: seinem Habitus. Er ist nah am Volk, populär und erntet so Vertrauen.
Tatsächlich gleicht er eher einem Stammtischbruder als einem Berufspolitiker
der Berliner Republik. Dabei ist einzig die Authentizität ein essentieller Moment
seines politischen Erfolgs. Sobald die regionale Färbung aufgesetzt oder künstlich wirkt, bleibt der Effekt der positiven Identifikation aus. Das Image des
„Provinzlers" hat im politischen Alltag noch weitere Vorteile. Zum einen wird
dieser Typus von Politikern oft – nicht zuletzt von den Berliner Kollegen - maß-
los unterschätzt. Der ländliche Habitus und das bodenständige Gemüt lassen den
Politiker zuweilen naiv und weltfremd erscheinen. Gerade aber die geringen
Erwartungen, die dadurch an ihn gestellt werden, machen es ihm leicht auch
durch kleine Erfolge zu überraschen. In parteiinternen Querelen zwischen ambitionierten Aufsteigern geht der „Provinzler" nicht selten als lachender Dritter
hervor. Als Notlösung oder Kompromiss zur Macht gelangt, kann er im Amt vor
allem durch Sympathie und die Konzentration aufs Regionale überzeugen und
so seine Position festigen.

Zum anderen kann sich als Vorteil erweisen, dass dem „Provinzpolitiker"
durchaus Fehler nachgesehen werden. Denn er, der einfache Mann aus dem
Volk, gibt zu keinem Zeitpunkt vor, ein Routinier oder Berufspolitiker zu sein.
Pannen oder Missgeschicke übersehen die Wähler daher meist wohlwollend.
Denn gerade seine Fehlbarkeit, seine Ecken und Kanten sind es, die ihn beliebt
machen, und mit denen er sich vom kampagnenhaften Auftreten anderer, aalg-
latter Politiker abhebt. Dies gilt allerdings hauptsächlich auf Landes- und Kommunalebene, weniger für die Bundespolitik. Regionale Verwurzelung und ein
Maß an Unvollkommenheit wirken zwar authentisch, doch in Berlin wird offenbar eine größere Dosis an Professionalität, demonstrativer Souveränität sowie
Medienkompetenz erwartet.

Ein anschauliches Beispiel für einen Politiker, der aus seiner Regionalität
Gewinn zieht, ist Peter Harry Carstensen. Der christdemokratische Ministerpräsident von Schleswig-Holstein verkörpert bereits äußerlich das Stereotyp eines
typischen Friesen: groß gewachsen, mit breitem Kreuz und weißem Vollbart
umgibt ihn die Ausstrahlung eines Seebären. Schon allein diese Äußerlichkeit

macht Carstensen mit seiner politischen Zielgruppe – Landwirte und Fischer – beinahe unverwechselbar. Für sie könnte es kaum einen authentischeren Vertreter geben als ihn, denn Carstensen ist einer von ihnen: Er wurde 1947 in der 45-Seelen-Gemeinde Elisabeth-Sophien-Koog auf der Halbinsel Nordstrand auf dem Hof seiner Eltern geboren, der sich noch heute in seinem Besitz befindet. Er studierte Agrarwissenschaften in Kiel und arbeitete als Berufsschullehrer für angehende Landwirte, bevor er die Leitung des Agrarausschusses im Bundestag übernahm. Die doppelte Funktion als Großbauer in Schleswig-Holstein und Hinterbänkler im Parlament war für Carstensen eine angenehme Mischung, bis er nach Querelen in der schleswig-holsteinischen CDU unerwartet in den Parteivorsitz gewählt wurde. Im Wahlkampf gegen die langjährige Ministerpräsidentin Heide Simonis sah man Carstensen lange auf verlorenem Posten. Letztlich schaffte es der bis dahin kaum bekannte Politiker doch in das begehrte Amt und handelte die Große Koalition mit SPD-Chef Möller bezeichnenderweise auf Platt aus.

Weg von Nordstrand wollte er eigentlich nie, woraus er auch keinen Hehl machte. Statt durch kühle Professionalität gewann Carstensen die Schleswig-Holsteiner durch seine Heimatverbundenheit und Bodenständigkeit für sich. Schon im Wahlkampf garnierte er seine Reden mit plattdeutschen Einschüben: Mit einem einfachen „Latt de Lüt doch loopen" (Lasst die Leute doch Laufen) drückte er beispielsweise seine politische liberale Haltung zu – seiner privaten Meinung nach allzu beengenden – rot-grünen Ansichten in Fragen von Tier- und Landschaftsschutz aus. Carstensen tritt als „einfacher Mann" auf, volkstümlich und herzlich. Die Adresse seiner Website lautete schlicht www.peter-harry.de, und so, als Peter-Harry, will Carstensen auch wahrgenommen werden. „Das Leben ist schön" ist einer seiner liebsten Lebensweisheiten. Darüber hinaus hört man von ihm aber auch schon einmal Aussprüche wie den, beim Essen und Trinken habe er „gerne drei Hände"[42]. Seiner Beliebtheit kommt das nur zugute.

Kampagnenhafte Inszenierung und Auftritte nach Drehbuch liegen ihm ohnehin nicht. Stattdessen unterliefen dem über Nacht bekannt gewordenen Carstensen vor allem in der Anfangszeit einige Fauxpas. Hohn und Spott erntete der verwitwete Vater zweier erwachsener Töchter nicht zuletzt durch die öffentliche Brautschau in der BILD-Zeitung. Doch obwohl er die Aktion im Nachhinein bereute, zog er sich nicht aus der Affäre, sondern beantworte jede einzelne der 500 Zuschriften.[43] Carstensen erweckt nie den Anschein, ein Routinier in Sachen Öffentlichkeitsarbeit zu sein. Stattdessen vertraut er auf eine Ressource, die im heutigen Politikgeschäft immer wichtiger zu werden scheint: seine Authentizität. Dass dabei sein Aussehen, Dialekt und Gemüt seine friesische Ab-

---

42 Vgl. Gerwien, Tilman: Mit Platt und platten Sprüchen. in: Stern , 23.03.2005, S. 48.
43 Rolfsmeier, Manfred: Der große Unbekannte. Dpa, Januar 2005.

stammung betonen, lässt ihn umso echter und natürlicher erscheinen. Und der unprofessionelle Umgang mit den Medien unterstreicht genau diese Glaubwürdigkeit.

Ein politisches Schwergewicht wird Carstensen wohl nicht mehr werden. Sein Focus liegt auf der Agrarpolitik – und nur dort. Während seiner Laufbahn als Politiker erarbeitete er sich weder weitere Themenfelder noch kämpfte er um einflussreiche Posten, seine bisherigen Ämter wurden stets an ihn herangetragen. Zwar wollte er 2002 unter einem Kanzler Edmund Stoiber Agrarminister werden, doch attestierte er sich am Ende selbst einen eingeschränkten Fleiß. Ernsthafte Ambitionen auf ein Ministerium – geschweige denn auf das Kanzleramt – dürfte er demnach nicht haben. Für einen endgültigen Wechsel nach Berlin fühlt er sich vermutlich ohnehin viel zu wohl in seinem Schleswig-Holstein. Dennoch – möglicherweise ist auch diese Einschätzung lediglich ein Beispiel der konstanten Unterschätzung des „Provinzfürsten" Carstensen.

Auch der saarländische Ministerpräsident Peter Müller zeigt viele Stilelemente eines politischen „Provinzfürsten", wenn auch weniger prototypisch und mit einigen Einschränkungen. Ähnlich wie Carstensen ist Müller für seine regional eingefärbte Sprache bekannt: Mit „einem saarländisch vorgetragenen ‚Do hat er jo recht'"[44] wurde er beispielsweise von der Frankfurter Allgemeinen Zeitung zitiert. Müller ist ein „genuine[r] Spross des Saarlandes"[45]: Er wurde in Illingen geboren, verbrachte seine Kindheit an der Saar, studierte – mit einem Abstecher ins unweit entfernte Bonn – und arbeitete in Saarbrücken. Beständig stieg er in der Saarländischen CDU von der Jungen Union bis zum Parteipräsidium auf.

Auch Müller kam eher durch Zufall in sein Amt und nutzte die Zeit nach der Wahl, um sich zu profilieren. Er überzeugt seine Landsleute durch eine sympathische Bodenständigkeit, zeigt sich oft als kumpelhafter Skatbruder von nebenan, der einen allzeit flotten Spruch für Journalisten und Passanten parat hat. So behauptete er wiederholt, er sei vor allem deshalb in die CDU eingetreten, weil es dort die hübschesten Mädchen gegeben habe.[46] Basisarbeit ist eine Stärke Peter Müllers und die beschauliche Größe seines Bundeslandes erleichterte es ihm, im Wahlkampf beinahe omnipräsent zu sein. Dagegen kultiviert Müller bei öffentlichen Auftritten und insbesondere außerhalb seines heimatlichen Bundeslandes einen Stil der Unprofessionalität. Der Umgang mit den Medien in Berlin war für ihn eine Hürde. So plauderte er beispielsweise in gemütlicher Runde mit Journalisten Informationen aus, die eigentlich nicht an die Öf-

---

44 Kauntz, Eckhart: Der Provokateur, in: Frankfurter Allgemeine Zeitung, 10.12.2001.
45 Kauntz, Eckhart: Modernisierer, in: Frankfurter Allgemeine Zeitung, 07.09.1999.
46 Vgl. Schmiese, Wulf: Der Volksmann, in: Frankfurter Allgemeine Sonntagszeitung, 25.07.2004.

fentlichkeit gelangen sollten. Insgesamt wirkt er in seinem Auftreten nie glatt und routiniert.

Daneben gibt es noch einen anderen Peter Müller. Einer, dem parteiintern das Image des Querulanten anhaftet. Einst wetterte er gegen Helmut Kohl, dann wandte er sich gegen Roland Kochs immigrationspolitische Polemik, später schmiedete er als einer der ersten Pläne für eine schwarz-grüne Koalition und kokettierte dabei stets mit seinem Image als ultralinker Christdemokrat. Es sind die zwei unterschiedlichen Seiten des Peter Müller, die ihn als Politiker ausmachen und ihn wiederum vom Stereotyp des hier skizzierten „Provinzfürsten" abheben: Obwohl exponierter Einser-Jurist, gilt Müller als Mann der Basis. Er vermag es bei aller Volkstümlichkeit, einen kompetenten und umsichtigen Eindruck zu vermitteln. Doch daneben ist Müller als scharfzüngiger Rhetoriker in der CDU gefürchtet. Darüber hinaus kämpfte der Ministerpräsident konsequent für einen Ausstieg aus dem Kohleabbau – lange Zeit Kernindustrie des Saarlandes – und damit für ein Ende der Subventionen. Zwar ist dieser Vorstoß gegen das traditionsverwurzelte regionale Milieu eher untypisch für den hier beschriebenen „Provinzpolitiker", trotzdem wird Müller weiterhin als Politiker beschrieben, der stets „den richtigen Ton bei Stahlkochern und Bergleuten"[47] trifft. Der Beliebtheit des selbsternannten Modernisierers hat diese Politik anscheinend nicht geschadet. Auch wenn Müller einst behauptete, das Saarland solle für ihn Lebensmittelpunkt bleiben,[48] wendet er sich doch immer wieder bundespolitischen Themen zu. Es wird sich zukünftig zeigen, ob sich Peter Müller auf Dauer mit dem Posten des „Provinzfürsten" abfinden wird.

Die Steigerung des Mediencharismas? Populismus als Führungsstil

Dass Populismus oder populistische Stilelemente von Politikern als Herrschaftstechnik zur Erlangung und Erhaltung elektoral legitimierter Macht eingesetzt werden, ist weder eine neue, noch eine ausgefallene Erkenntnis.[49] Auch sind populistische Bewegungen in demokratischen Systemen beispielsweise bereits aus den USA des ausgehenden 19. Jahrhunderts überliefert.[50] Darüber hinaus sind sicherlich ebenfalls den eingangs skizzierten Mediencharismatikern einige

---

47 Kahlweit, Cathrin: Peter Müller. Ministerpräsident und gewiefter Parteitaktiker, in: Süddeutsche Zeitung, 04.11.2000.
48 Vgl. Kauntz (Anm. 42).
49 Vgl. zur Einordnung von Populismus als Herrschaftstechnik Meyer, Thomas: Populismus. Anmerkungen zu einem bedrohlichen Modernisierungsszenario, in: Thadden, Rudolf von/Hofmann, Anna (Hrsg.): Populismus in Europa – Krise der Demokratie?, Göttingen 2005, S. 13-17, hier S. 13.
50 Vgl. Spier, Tim: Populismus und Modernisierung, in: Decker, Frank (Hrsg.): Populismus. Gefahr für die Demokratie oder nützliches Korrektiv?, Wiesbaden 2006, S. 33-58, hier S. 39ff.

populistische Wesens- und Handlungszüge nicht abzusprechen. Besonders be-
zogen auf die Person Möllemanns und dessen Inszenierung des „Projekt 18" ist
in der Wissenschaft lebhaft über den populistischen Gehalt oder die populistische Wendung der FDP diskutiert worden.[51] Dennoch scheint in den letzten
Jahren eine neue Form des Populismus auch in der Bundesrepublik reüssieren
zu können, die im Folgenden prototypisch vorgestellt werden soll – die Rede ist
von einem Populismus von Links. Während sich die deutsche Politikwissenschaft bis vor kurzem hauptsächlich mit dem Paradigma des Populismus von
Rechts – welches eine Entsprechung von Rechtsextremismus beziehungsweise
rechts gerichteter Ideologie und populistischer Organisation oder Präsentation
der Inhalte unterstellt[52] – beschäftigte, waren in Lateinamerika oder Osteuropa
seit längerem Parteien beobachtet worden, die im linken Spektrum verortet und
zugleich als populistisch deklariert wurden.[53] In der Bundesrepublik hat ein
solches Phänomen offenbar mit Gründung der Partei Die Linke sowie dessen
Vorsitzendem Oskar Lafontaine Einzug gehalten.

Kennzeichnend für populistische Parteien sind mehrere Charakteristika.[54]
Zunächst ist von einer antielitären Haltung auszugehen, die sich rhetorisch für
„den kleinen Mann" beziehungsweise das „einfache Volk" stark macht und
gegen „die da oben" wendet. Einher geht eine solche Dichotomie mit einem
starken Freund-Feind-Denken, das sich gegen alles „Böse von außen" richtet.
Insgesamt orientiert sich Populismus in der Regel *gegen* etwas, konstruktive
Lösungs- und Handlungsvorschläge für den angeprangerten Missstand werden
kaum diskutiert beziehungsweise eine Debatte wird gar nicht erst zugelassen.
Stattdessen werden komplexe Lösungen meist als verdächtig dargestellt sowie
versucht, populäre Vorurteile zu verschärfen und zu popularisieren. In diesem
Sinne trifft durchaus die These Löwenthals von der umgekehrten Psychoanalyse
zu, nach der ein Populist – anders als ein Psychoanalytiker – versuche, Ängste
zu verstärken, um sich selbst unentbehrlich zu machen.[55] So sind denn populistische Parteien auch auf eine charismatische Führungsperson zugeschnitten, wel-

---

51 Vgl. Decker, Frank/Hartleb, Florian: Populismus auf schwierigem Terrain, in: Decker, Frank
    (Hrsg.): Populismus. Gefahr für die Demokratie oder nützliches Korrektiv?, Wiesbaden 2006,
    S. 191-215, hier S. 203ff.

52 Vgl. hierzu Werz, Nikolaus: Das Phänomen des „Populismus" in der politischen Landschaft
    Deutschlands, in: Thadden, Rudolf von/Hofmann, Anna (Hrsg.): Populismus in Europa – Kri-
    se der Demokratie?, Göttingen 2003, S. 101-108, hier S. 101.

53 Vgl. Decker, Frank: Die populistische Herausforderung. Theoretische und ländervergleichende
    Perspektiven, in: Ders. (Hrsg.): Populismus. Gefahr für die Demokratie oder nützliches Kor-
    rektiv?, Wiesbaden 2006, S. 9-32, hier S. 23.

54 Vgl. zum Folgenden u.a. ebd.; sowie Meyer (Anm. 47); Priester, Karin: Populismus. Histori-
    sche und aktuelle Erscheinungsformen, Frankfurt am Main 2007, besonders S. 43ff.

55 Vgl. Dubiel, Helmut: Die Stunde des Verführers, in: Populismus. Anmerkungen zu einem
    bedrohlichen Modernisierungsszenario, in: Thadden, Rudolf von/Hofmann, Anna (Hrsg.): Po-
    pulismus in Europa – Krise der Demokratie?, Göttingen 2003, S. 25-29, hier S. 29.

che die Forderungen und Sehnsüchte der von ihr vertretenen Anhänger symboli-
siert.[56] Die von Massenmedien und der Logik moderner Mediendemokratien
vorangetriebene Personalisierung ermöglicht es in diesem Zusammenhang der
charismatischen Führungsperson, politische Probleme in der eigenen Person zu
bündeln und in ihrer Komplexität zu reduzieren.[57]

Zentral jedoch für den Erfolg populistischer Führungsstrategien ist in jedem Fall das Vorhandensein einer bestimmten Gelegenheitsstruktur sowie deren
Nutzung durch eine charismatische Persönlichkeit. Als eine solche gesellschaft-
lich-politische Gelegenheitsstruktur und damit als Nährboden für Populismus
können allgemein der Abbau wohlfahrtsstaatlicher Sicherungen angesehen werden. Damit verbunden sind gefühlte Abstiegsängste von Teilen der Bevölkerung
und insbesondere der Mittelschicht, eine zunehmende Polarisierung zwischen
Arm und Reich, ein Gefühl der individuellen sowie kollektiven Benachteili-
gung, zunehmend multikulturell zusammengesetzte Gesellschaften und folglich
der Eindruck des kulturellen Identitätsverlusts sowie das Empfinden, politisch
nicht mehr ausreichend repräsentiert zu werden.

Als der ehemalige SPD-Vorsitzende Oskar Lafontaine sich im Sommer
2004 an die Spitze der so genannten Hartz-IV-Proteste setzte und wenige Monate später zusammen mit Lothar Bisky Vorsitzender der Linken wurde, fand er so
eine ähnliche Situation vor.[58] Die von den Sozialdemokraten initiierte und von
der rot-grünen Bundesregierung beschlossene Agenda 2010, die unter anderem
die Zusammenlegung von Arbeitslosen- und Sozialhilfe sowie die kürzere Be-
zugsdauer des Arbeitslosengeldes beinhaltete, stellte ohne Zweifel einen Bruch
mit der bisherigen bundesrepublikanischen Wohlfahrtsstaatsmentalität dar. Dies
hatte zur Folge, dass sich viele Menschen von wirtschaftlichem und sozialem
Abstieg bedroht fühlten. Zum anderen sahen Teile der Bevölkerung den Wert
der sozialen Gerechtigkeit und – damit einhergehend – den staatlichen Schutz
vor sozialen Verwerfungen nicht mehr repräsentiert. In diese Lücke konnten
Lafontaine und das Projekt der Linken stoßen. Bereits bei der Bundestagswahl
2005 erreichte die Partei 8,7 Prozent der Stimmen, in den darauf folgenden
Jahren sahen Demoskopen sie gar bei bis zu 15 Prozent, und zwischen 2005 und

---

56 Vgl. zur symbolischen Funktion von Politik auch Edelmann, Murray: Politik als Ritual. Die
    symbolische Funktion staatlicher Institutionen und politischen Handelns, Frankfurt am
    Main/New York 1990.
57 Vgl. zum Zusammenhang von Populismus und Medien Meyer, Thomas: Populismus und
    Medien, in: Decker, Frank (Hrsg.): Populismus. Gefahr für die Demokratie oder nützliches
    Korrektiv?, Wiesbaden 2006, S. 81-96, hier S. 88f.
58 Vgl. grundlegend Nachtwey, Oliver/Spier, Tim: Günstige Gelegenheit? Die sozialen und
    politischen Entstehungshintergründe der Linkspartei, in: Spier, Tim/Butzlaff, Felix/Micus,
    Matthias u.a. (Hrsg.): Die Linkspartei – Zeitgemäße Idee oder Bündnis ohne Zukunft?, Wies-
    baden 2007, S. 13-70.

2008 zog die Partei in vier westdeutsche Landtage ein. An diesen Wahlerfolgen hatte auch der Führungsstil Lafontaines seinen Anteil.

Lafontaine, der Verfechter des klassischen Sozialstaats und der Umverteilungsideologie, galt einst – so ist oft zu lesen – als postmoderner Herold einer ökologisch-sozialen Vision, der schon einmal Arbeitszeitverlängerungen zu Gunsten der Wirtschaft forderte.[59] Mithin also, so das häufige Urteil, sei der Saarländer ein inhaltliches Chamäleon und ein unzuverlässiger Politiker.[60] Indes sind derartige Urteile nicht neu, sondern wurden – ohne die manchmal waghalsigen Positionswechsel Lafontaines in Abrede stellen zu wollen – im Grunde fast seit Beginn seiner politischen Laufbahn über ihn gefällt. Dies offenbart allerdings auch, dass Lafontaines Politikstil seit jeher einem ähnlichen Politikmuster folgte, das in der vollständigen Transformation zum Populismus seinen vorläufigen Abschluss fand. So praktizierte er bereits als saarländischer Ministerpräsident den gezielten, medial transportierten Tabubruch, um weitreichende Aufmerksamkeit zu erlangen. Dies gelang ihm beispielsweise durch seinen 1982 im Nachrichtenmagazin „Stern" veröffentlichten Ausspruch, der damalige SPD-Bundeskanzler Helmut Schmidt besitze mit den Sekundärtugenden Pflichtgefühl, Berechenbarkeit und Standhaftigkeit; Eigenschaften, mit denen man ebenso ein Konzentrationslager führen könne.[61] Auch als Vorsitzender der Linkspartei setzte er auf medial vermittelte und inszenierte Differenzen zu anderen Parteien, vornehmlich zur Sozialdemokratie, und spielte auch schon einmal mit fremdenfeindlichen Ressentiments, indem er gegen „Fremdarbeiter" wetterte.

Ebenso war Lafontaines Politikstil seit jeher die Methode der Polarisierung und Konfrontation eigen, die er an der Spitze der Linkspartei zu Freund-Feind-Stilisierungen steigerte. Zu Beginn der 1980er-Jahre war es die eigene Bundespartei, die Lafontaine als Projektionsfläche diente, um sein postmaterialistisches Image zu schärfen. Mit bildträchtigen Auftritten bei Friedensdemonstrationen oder der Forderung, die Bundesrepublik solle aus der NATO austreten, schuf er das perfekte Gegenbild zur Bundes-SPD, die den NATO-Doppelbeschluss unter Bundeskanzler Schmidt mitgetragen hatte.[62] Zudem setzte er sich als Sozialdemokrat an die Spitze der Friedensbewegung und bewies damit wie 2004 im Zuge der wieder auflebenden Montagsdemonstrationen und Anti-Hartz-IV-Proteste ein Gespür für die sozial-mentalen Befindlichkeiten der Bevölkerung. Lafontaine versuchte stets, durch vermeintliche Nähe zur Bevölkerung eine

---

59   Vgl. beispielsweise Schmid, Thomas: Der maßlose Lafontaine, in: Die Welt, 10.07.2007.
60   Vgl. u.a. Weidlich, Sven: Lafontaine – Populistischer Querkopf, in: Frankfurter Neue Presse, 08.08.2007.
61   Vgl. Schön, Alfred: Aufrührer, in: Filmer, Werner/Schwan, Heribert: Oskar Lafontaine, Düsseldorf 1990, S.125-130, hier S. 127.
62   Vgl. u.a. o.V.: Lafontaine empfiehlt: raus aus der NATO, in: Frankfurter Allgemeine Zeitung, 30.09.1983.

gemeinschaftliche Identität des „Wir-gegen-die-anderen" herzustellen, was ein typisch populistischer Zug ist. Bereits im Saarland stärkte er das Selbstbewusstsein des randständigen Landes in Konfrontation zur bisherigen CDU-geführten Regierung, um – erfolgreich – das Ministerpräsidentenamt zu erobern.[63] Als Vorsitzender der Linkspartei dienen ihm dagegen abwechselnd die SPD, die Globalisierung oder allgemein die Wirtschaft mit ihren „entfesselten Märkten" als Feindbilder.[64]

Umsetzbare Lösungen für seine Forderungen bietet Lafontaine indes kaum an: Als Antwort auf die Frage, wie denn der von ihm geforderte Abzug der Bundeswehr aus Afghanistan zu bewerkstelligen sei, erntete der Zuhörer lediglich Beschuldigungen der Kasai-Regierung und der Taliban.[65] Insofern bezieht sich der lafontainesche Führungsstil – im Gegensatz zur bürokratischen Führung – nicht auf Gestaltungs-, sondern auf Diskursmacht.[66] Doch noch einmal: Ziel der populistischen Methode ist es nicht in erster Linie, Problemlösungen anzubieten, sondern vielmehr Ängste und Befürchtungen zu bündeln und möglichst in einer charismatischen Person symbolisch zu spiegeln. Dies bewerkstelligt Lafontaine durchaus.[67] Auch die Stilisierung als „Anti-Politik-Politiker"[68] gelingt Lafontaine, der 1966 der SPD beigetreten war und seither fast nahtlos politische Ämter bekleidet hat, überraschend gut. Im Zuge populistischer Elitenkritik deutete er seinen Abgang als Parteivorsitzender und Bundesfinanzminister im März 1999 dahingehend um, dass er – als aufrechter Verfechter sozialer Gerechtigkeit – vor der Korrumpiertheit des politischen Systems habe kapitulieren müssen.[69]

Wie der eingangs beschriebene Mediencharismatiker benötigt auch der populistische Führungsstil Lafontaines ohne Zweifel die mediale Aufmerksamkeit und Inszenierung, richtet auch er sich an den herkömmlichen Institutionen vorbei in direkter Ansprache – beispielsweise durch Talkshowauftritte – an „das Volk".[70] Dennoch bedeutet der Führungsstil Lafontaines als Linksparteichef eine deutliche Steigerung insofern, als dass er die mediale Führung in den Dienst eines populistischen Politikhandelns stellt. Ein Novum ist ebenfalls, wie bereits erwähnt, das Nutzen der populistischen Methode von Links. Zwar hatte

---

63 Vgl. o.V.: Mit Ironie und Selbstbewusstsein, in: Saarbrücker Zeitung, 10.10.1983; aufschlussreich auch Simon, Bernd/Massau, Cornelia: Soziale Identifikation, Ingroup-Favorisierung und Selbst-Stereotypisierung: Der Fall Oskar Lafontaine und die Saarländer, Bielefeld 1991.

64 Vgl. Doemens, Karl: In Lafontaines Bann, in: Süddeutsche Zeitung, 11.08.2008.

65 Vgl. Theyssen, Andreas: Die Lafontaine-Republik, in: Financial Times Deutschland, 08.10.2007.

66 Vgl. Schmidt, Thomas E.: Paria und Volksversteher, in: Die Zeit, 09.08.2007.

67 Vgl. ebd.

68 Zitiert nach Bruns, Tissy: Der deutsche Haider, in: Der Tagesspiegel, 14.08.2007.

69 Vgl. Schmidt (Anm. 64).

70 Vgl. Doemens (Anm. 62).

nicht nur Jürgen Möllemann versucht, derartige Elemente elektoral zu nutzen, auch die von Jürgen Rüttgers im Jahr 2000 betriebene Wahlkampagne „Kinder statt Inder" trug durch die in ihr enthaltene Fremdstigmatisierung und Polarisierung populistische Züge.[71] Gleiches gilt für Roland Kochs – im Vergleich zu Rüttgers weniger erfolgreichen – Versuch, Jugendkriminalität und damit verschärfte Straf- und Sicherheitsmaßnahmen als kapitalträchtiges Thema im hessischen Landtagswahlkampf 2008 zu nutzen. Und sicherlich spielte auch Lafontaine mit im politischen Spektrum traditionell rechts verorteten Ressentiments, wenn er sich über „Fremdarbeiter" ereiferte oder den Nationalstaat als Hort sozialstaatlicher Sicherheit pries. Dennoch hatte er mit dem Versuch, die populistische Methode auf Basis einer sich als links verstehenden Partei anzuwenden, eine Lücke im Feld der politischen Führungsstile Deutschlands gefunden.

Doch deuten sich in genannten Beispielen bereits die möglichen Bruchstellen eines populistischen Führungsstils an. Roland Koch beispielsweise erlitt bei dem Versuch einer Wiederauflage populistischen Wahlkampfs im Januar 2008 eine herbe Niederlage, da er über die Zuspitzung und Polarisierung das Gespür für die verschiedensten Empfindlichkeiten der Wähler verloren hatte. Für Lafontaine, seinen Führungsstil sowie seine Partei aber drohen noch weitere Sollbruchstellen. Zum einen wird auch die Linkspartei angesichts ihrer elektoralen Erfolge zunehmend an ihrem „output", ihrem tatsächlichen Regierungshandeln gemessen werden. Die Diskrepanz zwischen Realpolitik und populistischer Methode könnte dabei durchaus zu Enttäuschungen seitens der Anhänger führen. Zum anderen ist nicht geklärt, inwieweit sich Lafontaines Führungsstil, der auch innerparteilich als spaltend und napoleonhaft empfunden wird, mit Parteiführung generell verträgt. Als Vorsitzender der Sozialdemokraten jedenfalls hatte er in jenem Moment Erfolg, als er seine binnenintegratorischen Fähigkeiten entfaltete und persönliche Eitelkeiten hintenanstellte.[72]

Zwischen Macht und Marketing: Kosmopoliten der Großstadt

Politiker an der Spitze einer bedeutenden Großstadt erregten schon immer deutschlandweit Aufmerksamkeit. Fast automatisch, so scheint es, geht mit der Vorherrschaft über eine Metropole auch eine entsprechende Relevanz auf bundespolitischer Ebene einher. Selbst die ehemaligen Bundeskanzler Konrad Adenauer und Willy Brandt machten sich zuerst als Bürgermeister einen Namen, lernten das Regieren und das Erringen politischer Erfolge ebenso wie das Verkraften von Niederlagen zunächst als Stadtoberhaupt. Das Bürgermeisteramt

---

71   Vgl. Rensmann, Lars: Populismus und Ideologie, in: Decker, Frank (Hrsg.): Populismus. Gefahr für die Demokratie oder nützliches Korrektiv?, Wiesbaden 2006, S. 59-80, hier S. 72.

72   Vgl. auch den Beitrag von Messinger/Rugenstein in diesem Band.

kann also durchaus als eine von mehreren Optionen der vorbereitenden Stilbildung für höhere politische Ämter interpretiert werden.[73] Noch heute scheint sich der Typus des Großstadtpolitikers deutlich vom restlichen Berufsstand zu unterscheiden. Besonders in den Städten, die ein hohes Maß an gesellschaftlicher Bedeutung besitzen und die zugleich über große politische Eigenständigkeit verfügen, schält sich ein originärer politischer Stil heraus. Dies ist vor allem in den Stadtstaaten Berlin und Hamburg zu beobachten.

Die Bürgermeister dieser Großstädte scheinen – vergleichbar mit den „Provinzfürsten" – wie maßgeschneidert zu ihrer Stadt zu passen. Für den Bürgermeister dreht sich alles um diesen Mikrokosmos und als ihr erster Politiker ist er als Person immer auch gleichzeitig Teil des Stadtmarketings. Das Hauptaugenmerk liegt dabei stets auf dem Image der Stadt, politische Inhalte erscheinen eher zweitrangig. Es geht vielmehr um Lebensgefühl, kulturelle Möglichkeiten, Attraktionen und Events. Bemerkenswert ist: Für den Bürgermeister zählt weniger der bundesdeutsche Vergleich, als die Konkurrenz zu den internationalen Metropolen wie London, Paris oder New York. Dieser Blick über die Landesgrenzen hinaus unterscheidet den heutigen Großstadtpolitiker von seinen historischen Vorgängern. Daher wird dieser neue Typ hier als der „kosmopolitische Großstadtbürgermeister" bezeichnet. Derzeit werden zwei Großstädte in Deutschland von Männern regiert, die über ein ähnliches Set an politischen Stilelementen verfügen: Ole von Beust und Klaus Wowereit. So unterschiedlich beide auch sein mögen, so passgenau fügen sie sich in die Schablone des hier skizzierten urbanen Kosmopoliten ein.

Ole von Beust, Erster Bürgermeister Hamburgs, verkörpert wie kaum ein anderer den hanseatischen Großstädter. Der studierte Rechtsanwalt kommt aus einer alteingesessenen christdemokratischen Familie, bereits sein Vater, Achim-Helge Freiherr von Beust war Vorsitzender der Hamburger Jungen Union. Beust selbst stilisiert sich als Sunnyboy, Lebemann und Kumpeltyp. 1997 griff er zum ersten Mal nach dem Führungsamt in Hamburg – und scheiterte. Er galt vielen noch als zu jung, zu unerfahren und zu wenig machtorientiert. Nach dem Wahlsieg der CDU 2001 und dem Amtsantritt Beusts als Erster Bürgermeister der Hansestadt wandelten sich diese Attribute für ihn allerdings zum Positiven. Es gelang ihm, Hamburg und seine Bürger nicht zu regieren, sondern sie zu repräsentieren, die Kultur der Stadt und seine Person symbolisch zu einer quasi-identitären Übereinstimmung zu bringen. Dies erkennt – nicht ohne Neid – sogar die Hamburger SPD an.[74] Exakt hierin liegt eine spezifische Fähigkeit des Großstadtpolitikers: Erfindung eines eigenen symbolischen Images, das den

---

73 Vgl. grundsätzlich Schwarz, Hans-Peter: Die Bedeutung der Persönlichkeit in der Entwicklung der Bundesrepublik, in: Hrbek, Rudolf (Hrsg.): Personen und Institutionen in der Entwicklung der Bundesrepublik Deutschland, Straßburg 1985, S. 7-21.
74 Vgl. Krupa, Matthias: Der Unberührbare, in: Die Zeit, 04.12.2003.

Charakter und die Lebenskultur der Stadt spiegelt. Der Erste Bürgermeister fungiert somit als Aushängeschild der Stadt, als Personalisierung der urbanen, hanseatischen Lebensweise. Eine kontinuierliche persönliche Imagekampagne kombiniert mit einem ausgeklügelten Eventmanagement für die Stadt stellen daher zwei Aspekte des „kosmopolitischen Führungsstils" dar.

Daneben treten die bürokratischen, verwaltenden und regierenden Tätigkeiten des Bürgermeisters in den Hintergrund. Von Beusts Wähler haben durchaus Verständnis dafür, dass sich ihr Stadtoberhaupt – genau wie sie selbst – lieber auf Sylt erholt, als Akten zu studieren. Dabei nahm von Beusts Regierungsstil im Laufe seiner Amtszeit nahezu monarchisch-repräsentative Züge an. Aber seine Wiederwahl im Jahr 2008 zeigte, dass für die Wähler in bemerkenswerter Weise nicht die durchwachsene Bilanz seiner Regierung zählte – erinnert sei beispielsweise an die unglückliche Koalition mit der Schill-Partei. Von Beust scheint gewissermaßen über den Banalitäten des Alltags zu schweben, einzig die Verkörperung des hanseatischen Lebensgefühls zählt für seine Wähler. Die Wochenzeitschrift *Stern* resümierte denn auch knapp, aber zutreffend: „Entscheidend ist der Wohlfühlfaktor. Da schlägt den Ole niemand"[75].

Daher ist von Beust als Bürgermeister stets bemüht, seinen Wählern in möglichst vielen Punkten zu gleichen, einen ähnlichen Lebensstil zu führen und den Prototypus eines zeitgemäßen Hamburger Bürgers zu verkörpern. Er präsentiert sich als schwuler Junggeselle, der seine Krawatten bei Ebay ersteigert.[76] Dabei versucht er, möglichst modern, kosmopolitisch-weltoffen und charmant zu wirken, denn von Beust möchte in Hamburg eine moderne Spielart der CDU etablieren, liberal, aufgeschlossen und zuletzt sogar koalitionsfähig mit den Grünen. Auch hierin zeigt sich ein Charakteristikum des urbanen Kosmopoliten: Politische Schritte werden vor allem auf die Herausforderungen und Bedürfnisse der Stadt abgestimmt, weniger mit der Gesamtpartei koordiniert. So entstehen leicht Bündnisse, die in anderen Landesteilen und auch auf Bundesebene unrealistisch wären, die aber gerade die Stimmung der Großstadt repräsentieren.

Ähnlich wie von Beust in Hamburg lebt auch der regierende Bürgermeister Berlins, Klaus Wowereit, die Mentalität der Hauptstadt. Auch er kultiviert seine Stellung als Symbol der Stadt und führt, analog zu von Beust, der Wahlen mit Slogans wie *Michel, Alster, Ole* gewann, ausschließlich hochgradig personalisierte Wahlkämpfe. Im Vergleich der beiden Bürgermeister fallen jedoch Unterschiede ins Auge, die nicht zuletzt auf die verschiedenen Mentalitäten der beiden Großstädte Hamburg und Berlin zurückzuführen sind. Ein Mann wie Wowereit, der ohne Vater in materiell äußerst beengten Verhältnissen aufwuchs und sich mühsam sein Studium selbst finanzieren musste, wäre als Stadtober-

---

75   Vgl. Schmitz, Stefan: Der Gentleman bittet zur Urne, in: Stern, 24.02.2004.
76   Vgl. ebd.

haupt in der weltoffenen Handelsmetropole mit ihren in jeder Hinsicht soliden Familien kaum denkbar. Daher ist es auch bezeichnend, dass sich Klaus Wowereit als erster deutscher Politiker überhaupt zu seiner Homosexualität bekannte. Außerdem geschah dies nicht verschämt und schuldbewusst, sondern offen und stolz. „Ich bin schwul, und das ist auch gut so!", war der Satz, der ihn bundesweit berühmt machte und der seitdem an ihm haftet. Gerade dieses Beispiel zeigt, wie sehr ein kosmopolitischer Großstadtbürgermeister das Lebensgefühl seiner Stadt spiegeln kann. Denn während Ole von Beust im großbürgerlichen gediegenen Hamburg seine Homosexualität zunächst versteckte und sich erst nach Spekulationen ungewollt outete, machte Wowereit seine sexuelle Neigung zum Thema seiner Imagekampagne. Somit wurde Wowereit in der Hauptstadt der Kreativen und Individualisten, der Extrovertierten und Alternativen ein Symbol für Toleranz und Offenheit. Vor allem für junge Wähler verkörpert er damit einen modernen und kosmopolitischen Lebensstil.

Dabei war Klaus Wowereit nicht immer so. Zu Beginn seiner Amtszeit wurde „Wowi" als Titelheld der (Boulevard-) Medien belächelt. Er warb mit seiner Anwesenheit auf Festen und Galas für die Stadt Berlin, die er als Metropole mit pulsierendem, internationale Prominenz anziehendem Nachleben präsentieren wollte. Unvergessen wird wohl das Foto bleiben, das Wowereit Champagner aus einem roten Damenstiletto schlürfend zeigt. Wowereit fiel in dieser Zeit zwar nicht politisch auf, war aber dennoch in der Öffentlichkeit präsent. Mit diesem personalisierten Politikstil und seiner medialen Omnipräsenz wies er lange Zeit Charakteristika des Mediencharismatikers auf. Doch Wowereit bemüht sich in den letzten Jahren offensichtlich, das Image des „Partylöwen" abzuschütteln. Daher ist auch er ein Beispiel für die eingangs erläuterte These der zunehmenden Bedeutungslosigkeit der Mediencharismatiker in der Politik. Zwar wirbt der „Großstadtkosmopolit" auch um mediale Aufmerksamkeit, allerdings nicht, um diese strategisch für seinen eigenen politischen Aufstieg zu gebrauchen, sondern als Art Öffentlichkeitsarbeit und Werbung für seine Stadt. So schwärmte die New York Times: „he is one of the few politicians in the country with real momentum"[77]. Und genau diese Schwungkraft und Eigendynamik soll auf Berlin und die Berliner zurückstrahlen. Wowereit erfüllte infolgedessen genau die Aufgabe, die es für ihn als „kosmopolitischen Großstadtbürgermeister" primär zu erfüllen gilt: das Ansehen Berlins global zu formen.

Innerhalb der Berliner Regierung gilt Wowereit, der den Spitznamen Sonnenkönig trägt – ganz anders als sein umgänglicher Kollege von Beust – als

---

77 Landler, Mark: Berlin Mayor, Symbol of Openness, Has National Appeal, in: New York Times, 23.09.2006, abrufbar unter http://www.nytimes.com/2006/09/23/world/europe/23wowereit.html (eingesehen am 28.09.2008).

schwierig.[78] Er wird zwar als machtversierter Instinktpolitiker eingeschätzt, doch gibt er lieber den Staatsmann, als sich im Aktenstudium zu vertiefen. Außerdem kokettiert er – im Gegensatz zum Hanseaten von Beust – immer wieder mit seinen bundespolitischen Ambitionen. Doch vielleicht werden eben diese exzentrischen und egozentrischen Züge gerade in Berlin nicht allzu kritisch gesehen, denn schließlich ist man Hauptstadt, schließlich ist man Berlin.

Bei der Betrachtung der „kosmopolitischen Großstadtbürgermeister" lohnt sich ein Blick ins europäische Umland. Denn auch in anderen Metropolen scheint sich dieser Typus durchgesetzt zu haben. So gilt beispielsweise auch der in Tunesien geborene Pariser Bürgermeister Bertrand Delanoë (Parti socialiste) in der französischen Politik als Sonderling. Doch mit ihm an der Spitze signalisiert Paris Offenheit, Toleranz und kulturelle Vielfalt. Und Delanoë hat die französische Hauptstadt verändert. Bewusst setzt er vor allem moderne Großstadtthemen auf seine Agenda. So ließ er über hundert W-Lan-Hotspots, also Vorrichtungen für den kabellosen und kostenfreien Internetzugang, in der Stadt errichten. Außerdem realisierte seine Regierung ein Projekt mit 10.000 Leihfahrrädern, die nun den Pariser Bürgern für eine umweltschonende Fortbewegung zur Verfügung stehen.

Zudem versteht es Delanoë, sich durch symbolische Politik – auch international – ins Gespräch zu bringen. Aufsehen erregte beispielsweise die Verleihung der Pariser Ehrenbürgerschaft an den Dalai Lama.[79] Symbolische Akte dieser Art werden als Statements verstanden, die den Pariser *Esprit* repräsentieren, und prägen das Ansehen der Stadt. Daneben bemühte sich Delanoë, die Event-Dichte und damit die Attraktivität seiner Stadt zu steigern. So bewarb er sich nicht nur um die Olympischen Spiele für Paris, sondern auch um die schwul-lesbische Sportveranstaltung Gay Games. Ohnehin scheinen einige „kosmopolitische Großstadtbürgermeister" offensiv mit ihrer Sexualität umzugehen. Wie seine deutschen Amtskollegen ist auch Delanoë homosexuell und nimmt wie Klaus Wowereit regelmäßig an Gay Pride Paraden teil. Möglicherweise ist es eben die urbane Weltoffenheit, die Fortschrittlichkeit und Liberalität der Großstädte, welche eher als die ruralen Gebiete offen für homosexuelle Führungsfiguren sind.

---

78   Vgl. Richter, Christine: Der Sonnenkönig, in: Berliner Zeitung, 18.09.2006.
79   Vgl. o.V.: Paris verwehrt Tom Cruise die Ehrenbürgerschaft, in: Der Spiegel, 12.07.2005.

Fazit

Es sei noch einmal betont: Die hier aufgemachten Typisierungen wollen und können nichts weiter sein als Vereinfachungen und Generalisierungen, um Tendenzen bundesdeutscher Politikstile offen zu legen. Insofern können sie weder den Anspruch auf absolute Detailtreue noch auf Vollständigkeit erheben. Dennoch lassen sich in der Zusammenschau der Typen einige Beobachtungen resümieren.

Zunächst und grundsätzlich: Vom Wesen her völlig neu sind all die oben skizzierten Führungsstile nicht. Landesfürsten und moderierend führende Politiker hat es seit jeher gegeben, selbst das recht aktuelle Phänomen des Populismus von links hat seine Wurzeln im sogenannten Mediencharisma der 1990er-Jahre sowie dem rechten Populismus. Dennoch wurden oftmals neuartige Ausprägungen oder Häufungen ausgemacht wie beispielsweise in Zusammenhang mit der zunehmend kosmopolitischen Wendung der Großstadtpolitiker.

Darüber hinaus aber ist vor allem die nahezu dichotome Teilung der vorgestellten Typen in zwei Kategorien signifikant: Auf der einen Seite stehen auf Spaltung und Konflikt setzende Führungsstile, auf der anderen Seite integrierend-moderierende. Während erstere wie der linke Populismus auf Machterlangung gerade durch das Schüren von Widerspruch und Spannung setzt, verfolgen letztere das Ziel, potenzielle Kontroversen zu entschärfen, zu überdecken und zu lösen. In jedem Fall ist das Verhältnis zu und das Nutzen von Konflikten zentral für den politischen Führungsstil. Daran an schließt sich oft, wenn auch nicht immer, die Verwendung von Zuspitzungen und Vereinfachungen, die gerade mediale Erwartungen und Aufmerksamkeitsmechanismen bedienen. Besonders der bürokratische Stil, wie er am Beispiel Steinmeiers gezeigt wurde, ist wesentlich eher an politischen Details orientiert, sucht Simplifizierungen zu vermeiden und die Komplexität politischer Probleme zu betonen, während Vereinfachungen ein Wesenselement des Populismus, aber teils auch des Mediencharismas sind.

Darüber hinaus lässt sich bei den verschiedenen Führungsstilen ein differenter Umgang mit Authentizität und Professionalisierung beobachten. Während beispielsweise Landes- oder Provinzfürsten von ihrer – vermeintlichen – Authentizität, ihrer Ungekünsteltheit und Bürgernähe profitieren, kann gerade auf bundespolitischer Ebene mit der großen Dichte massenmedialer Beobachtung sowie dem schnellen Takt politischer Entscheidungen und Neuigkeiten ein solches Verhalten negativ in Bezug auf Durchsetzungsfähigkeit und Machterlangung sein. Der ehemalige SPD-Parteivorsitzende Kurt Beck kann als Paradebeispiel einer solchen Umkehr von Machtressourcen gelten: Was in Rheinland-Pfalz in positivem Sinne als volksnah gedeutet wurde, wurde ihm in Berlin als ungeschickte Tapsigkeit und mangelnde Eloquenz ausgelegt. Aus dieser Sicht mag es auch nicht verwundern, dass der Typus des bürokratisch führenden Büroleiters vornehmlich auf bundespolitischer Ebene vorherrscht und reüssiert. Markant jedoch ist in jedem Fall, dass politische Führungsstile ihrer Tendenz nach in zwei sich offenbar unvereinbar gegenüber stehende Lager zerfallen, die sich entlang der Linien Konflikt versus Konsens beziehungsweise Authentizität versus Professionalisierung teilen.

Politik und Gesellschaft am Ende der Zweiten Großen Koalition – und was folgt? Konklusion und Ausblick

Johanna Klatt / Franz Walter

Bilanzieren wir die Lage der Parteien noch einmal in einem Schnelldurchlauf. Beginnen wir mit der ältesten deutschen Partei, mit der *SPD*. Die Sozialdemokraten stehen im elften Jahr in der Bundesregierung. Und doch – oder gerade deshalb - wirkt die SPD alles andere als energetisch. Das Gros der sozialdemokratischen Mitglieder wirkt eher ausgebrannt. In der SPD fehlen durch die jahrzehntelange Vorherrschaft der 1940er Geburtsjahrgänge zwei Generationen. Die bislang dominante Generation tritt im Herbst zu großen Teilen final von der bundespolitischen Bühne ab. Ende 2009 werden lang gediente Abgeordnete der SPD von der Bundesbühne verschwunden sein. Etliche von ihnen – etwa Herta Däubler-Gmelin, Peter Struck, Walter Riester, Renate Schmidt – gehören dem Geburtsjahrgang 1943 an; zu den 1944ern, die das Parlament im Herbst verlassen, zählen beispielsweise Walter Kolbow, Ortwin Runde, Gert Weisskirchen und Ludwig Stiegler.[1]

Kommt Schwarz-Gelb tatsächlich, dann ist die Zeit auch der Steinmeiers, Müntefering, Steinbrücks, Wieczorek-Zeuls abgelaufen. Man wird hernach in vielen Ecken der Republik auf hessische Verhältnisse in dem Sinne stoßen, dass bislang unbekannte Leute der Fasson von Thorsten Schäfer-Gümbel plötzlich wie Phönix aus der Asche nach vorn stoßen. Die Oppositionsstellung im Bund wird ihnen in den Ländern Möglichkeiten bieten, über welche Landesvorsitzende dieser Partei eine ganze Dekade nicht verfügt haben. Man wird sehen, ob sie das Kaliber haben, die Gelegenheit zu nutzen.

Die ganz Jungen in der Bundestagsfraktion, die sich mehrheitlich als „Netzwerker" etikettieren, haben zumindest einen unbestrittenen Anführer, einen begnadeten Wahlkämpfer, den Scout bislang noch nicht hervorgebracht. Was schon seit Jahren viele Beobachter bei den jungen „Netzwerkern" irritiert, ist nach wie vor ihr Mangel an Leidenschaft und Temperament. Ihren Diskussionen fehlen Schärfe, Feuer, Biss. Sie ringen nicht um Positionen.[2]

---

1   Vgl. Sturm, Daniel Friedrich: Abschied von der Generation Gerd, in: Die Welt, 27.11. 2008.
2   Vgl. Forkmann, Daniela: Das sozialdemokratische Netzwerk junger Abgeordneter Berlin, in: Vorgänge, Jg. 46 (2007) H. 4, S. 67-76, hier S. 67 ff.

Ab 1999 geriet die SPD in einen gigantischen Abwärtssog, seither hat sie einen beispiellosen Niedergang bei (regionalen) Wahlen und einen säkularen Aderlass bei ihren Mitgliedern erlebt. Die alte Massenpartei, deren Stolz die Riesenbataillone an treuen Mitgliedern und unermüdlichen Aktivisten waren, ist mittlerweile noch unter die Größe der einst christdemokratischen Honoratiorenorganisation geschrumpft. Auf dem Gebiet der alten Bundesrepublik stellt sie lediglich in einem Flächenland den Ministerpräsidenten. In den prosperierenden modernen Regionen der Republik, von Dresden bis Stuttgart, stecken Sozialdemokraten in einer deprimierenden Diasporasituation fest. Die strukturelle und auch historisch bedingte Unterlegenheit im Süden des Landes konnte die SPD einige Jahrzehnte lang noch im früheren Industrierevier Deutschlands, dem Ruhrgebiet, kompensieren, auch in Niedersachsen, Hessen oder Hamburg. Damit ist es, gegenwärtig jedenfalls, vorbei.

Kein Zweifel: Die SPD hat sich in den letzten Jahren gründlich verändert. Schon die Bundestagswahlen 2002 manifestierten, dass die Sozialdemokraten nicht mehr als Repräsentanten der gesellschaftlichen Souterrains gelten konnten, sondern mittlerweile sozial eine Etage höher gezogen waren. Ihre besten Ergebnisse erzielte die Partei bei Wählern mittleren Alters, mittlerer Schulbildung, mittelguter Wohnquartiere, mittleren Einkommensniveaus. Kurzum: Aus der Partei des Proletariats war im Zuge selbst initiierter Sozialstaats- und Bildungsreformen vorwiegend eine Interessenvertretung aufgestiegener Ex-Facharbeiterkinder geworden. Oft schon in zweiter, bisweilen gar dritter Generation Akademiker, verfügen sie zumeist über ein gutes Einkommen, arbeiten im geschützten Öffentlichen Dienst und rechnen sich selbst weit stärker als der Bevölkerungsdurchschnitt einer gehobenen sozialen Schicht zu.

Nun darf man natürlich nicht jede solcher Veränderung gleich als Zeichen des Niedergangs deuten. Selbst die Mitgliederverluste und die Organisationserosion der SPD lassen sich aus einer anderen Perspektive auch freundlicher bewerten. Nicht wenige Sozialwissenschaftler und Historiker haben darauf aufmerksam gemacht, dass an Mitgliedern kleine Organisationen oft effizienter und stringenter agieren als große. „In kleinen, zentripetal organisierten Gruppen", so bereits vor 100 Jahren der große Soziologe Georg Simmel, „werden im Allgemeinen alle Kräfte aufgeboten und genutzt, während in großen Gruppen Energien oft ungenutzt bleiben."[3] Man wird sehen, ob das auch auf die veränderten Sozialdemokraten zutrifft.

Auch sonst gäbe es Hoffnungsschimmer für die SPD. Schon die Ende 2006 viel beachtete Expertise von TNS Infratest Sozialforschung zur „Gesellschaft im Reformprozess" dokumentierte, dass die Sozialdemokratie – nahm man nur den

---

3   Simmel, Georg: Soziologie. Untersuchungen über die Form der Vergesellschaftung, Leipzig 1908, S. 47.

Querschnitt der Repräsentanz – *die* ausgewogene Volkspartei auf mittlerem Niveau schlechthin war. Zumindest war sie in allen neun von „Infratest" identifizierten Milieus mit über 25 Prozent, bei einer Ausnahme mit über 30 Prozent der Wähler vertreten.[4] Der Union gelang das unterdessen nicht mehr gleichermaßen flächendeckend; den übrigen Parteien erst recht nicht. Die SPD umwölbt mehr Spektren – von oben bis unten, von Jung bis Alt, von Gebildeten bis Ungebildeten, von Etatisten bis Marktorientierten – als der christdemokratische Rivale. Doch ist der Bogen, den sie dabei schlagen muss, denkbar weit gespannt; und darin wurzeln natürlich etliche Probleme der Partei. Soziale und kulturelle Dehnung bedeutet eben Vorzug wie Belastung zugleich.

Die grüne Neu-Bourgeoisie

Erst recht die Grünen sind erheblich bürgerlicher geworden. Bei allen Regionalwahlen der letzten Zeit verzeichnete die Partei Zuwächse von der Union bei gleichzeitigen, anfangs teilweise großen Verlusten an die Linke. Das war vor 20 Jahren noch anders. Bei den Bundestagswahlen 1987 kam die grüne Partei in der Gruppe der Selbständigen auf nicht einmal ein Prozent der Stimmen; seit 2002 aber bilden die Selbständigen – hinter der Beamtenschaft, wo die Grünen bis zu 20 Prozent einfahren – die zweitstärkste Gruppe im Grünen-Elektorat; Werte über 12 Prozent sind dort mittlerweile ganz selbstverständlich.[5]

Die grünen Bevölkerungskreise sind mithin vom Rand in die avancierte Mitte der Gesellschaft vorgedrungen. Mehr noch: Sie sind die Besserverdienenden und Hochgebildeten in der deutschen Republik schlechthin, dabei überwiegend – weil in leitenden Stellen des öffentlichen Dienstes beschäftigt – fest abgesichert. In einer Erhebung, welche die damalige rot-grüne Regierung unter Kanzler Gerhard Schröder im Depressionsjahr 2004 in Auftrag gegeben hatte, äußerten sich allein die Postmaterialisten höchst zufrieden mit der Politik des Bundeskabinetts.[6] In diesem Milieu fiel die Zustimmung zur Agenda 2010 von Schröder und damit den gewiss nicht sonderlich libertären Hartz IV-Gesetzen am höchsten aus. Allein die Anhänger der Grünen waren zu über 90 Prozent mit der Leistung der eigenen Partei in diesen tristen Jahren der Republik zufrieden. Im Rest der Gesellschaft wuchs seinerzeit die Missstimmung, grassierten Sor-

---

4   Die Studie kann über die folgende Adresse im Internet abgerufen werden: http://www.
    fes.de/inhalt/Dokumente/061017_Gesellschaft_im_Reformprozess_komplett.pdf (eingesehen
    am 29.03.2009).

5   Vgl. Schoen, Harald: Soziologische Ansätze in der empirischen Wahlforschung, in: Falter,
    Jürgen W./Ders. (Hrsg.): Handbuch Wahlforschung, Wiesbaden 2005, S. 135-186, hier S. 163
    ff.

6   Im Auftrag des BPA wurden vom 06. bis 24. Oktober 2004 von Infratest dimap in Zusammen-
    arbeit mit Sinus Sociovision 1.590 Wahlberechtigte befragt.

gen, zirkulierten Ängste – einzig die gut situierten Lebenswelten der Grünen, die ein Vierteljahrhundert zuvor aus Protest und Unmut gegen die sozialen, ökonomischen und politischen Entwicklungen überhaupt erst entstanden waren, lebten nun in saturierter Eintracht mit den Herrschenden.

Das Rebellionsmilieu von 1983, als noch zwei Drittel der Grün-Wähler ohne Erwerb waren,[7] hatte sich im nachfolgenden Vierteljahrzehnt zum Elitenmilieu gewandelt und ist nun im Jahr 2009 zum Statusmilieu des avancierten Bildungsbürgertums der 1950er und 1960er Geburtsjahrgänge geworden. Für das Marketing exklusiver und teurer Konsumwaren bildet es inzwischen ein bevorzugtes Marktsegment, dem man die Bezeichnung LOHAS („Lifestil Of Health And Substainability") gegeben hat.[8] LOHAS praktizieren einen ökologischen und nachhaltigen Konsumstil; wollen dabei aber nicht asketisch sein, sondern Genuss erleben. Die neugrünen LOHAS eines „subtilen Urbansnobismus" (Alfred Dorfer) legen hohen Wert auf Abstand gegenüber den Lebensgewohnheiten der Unterschichten; man achtet sorgsam darauf, *entre nous* zu bleiben.[9]

Das macht die Grünen mindestens in mittlerer Perspektive auch attraktiver für die CDU, aber ihre politische Lage durchaus prekär. Denn nun stecken die Grünen im Dilemma aller Mitte-Parteien. Bei den Bundestagswahlen 2005 verloren sie einige Hunderttausend früherer Wähler nach links und nach rechts, an die Linkspartei wie an das altbürgerliche Lager. Die Mitteposition mag (in mittlerer Frist) die machtpolitischen Optionen der Grünen vermehren, doch zugleich wird sie dann die programmatische Schärfe mindern, auch die kulturelle Eindeutigkeit von ehedem vernebeln. Und das könnte die bekanntermaßen höchst anspruchsvolle Wählerschaft der Grünen arg verprellen.

Die Liberalen: Sammelbecken für das besorgte Bürgertum

Für Eindeutigkeiten bei den Freien Demokraten sorgt insbesondere ihr Partei- und Fraktionsvorsitzender. Guido Westerwelle wusste in den harten Jahren seines Aufstiegs, wer der Feind war, kannte das gesellschaftliche Übel, hatte eine unbeirrte Mission. Kurzum: Er kämpfte gegen grüne Aussteiger, prangerte wohlfahrtsstaatliche Bevormundungen an – und erzielte damit zuletzt beträchtliche Erfolge. In den fünf wichtigsten Bundesländern Deutschlands, mit zusam-

---

7   Vgl. Alber, Jens: Modernisierung. Neue Spannungslinien und die politischen Chancen der Grünen, in: Politische Vierteljahresschrift, Jg. 26 (1985) H. 3, S. 211- 226.

8   Vgl. Ray, Paul H.: Vorreiter einer neuen Kultur?, in: Psychologie Heute, Jg. 31 (2004) H. 3, S. 32-37, hier S. 35.

9   Vgl. Sinus Trendforschung Deutschland 2008: Trendreport Teil 1 – Die aktuellen Linien der soziokulturellen Entwicklung, Heidelberg August 2008, S. 42.

men fast 55 Millionen Einwohnern, ist die FDP nunmehr an der Regierung beteiligt.

Das wirkt zunächst paradox. Als der neoliberale Zeitgeist in den 1990er Jahren europaweit Furore machte, drohte den Freien Demokraten der Absturz ins Nichts. Die Wahlergebnisse fielen katastrophal aus. In den meisten Bundesländern war die FDP nicht einmal mehr im Parlament vertreten. 2001 begannen dann die neuliberalen Refrains von Deregulierung und Staatsabbau schon fader zu wirken. Seit dem Sommer 2008 ist der Zauber entgrenzter Marktreformen gar zur Gänze verflogen. Und dennoch: Die FDP boomt. Ausgerechnet in dieser Zeit. Niemals zuvor in der bundesdeutschen Geschichte erhielten die Liberalen solche Zustimmungswerte wie in den Tagen, da ohne den Staat kaum noch etwas geht.

Aber ganz so paradox, wie es auf den ersten Blick wirkt, ist die Hausse der Freidemokraten nicht. Im Grunde ist sie gar logisch. Denn natürlich ist die Gruppe derjenigen, die nicht gerne Steuern und Abgaben entrichtet, der sozialstaatliche Transfers contre coeur gehen, nicht kleiner geworden. Und diese Gruppe, die sich über Jahrzehnte politisch zu großen Teilen auch bei der CDU/CSU angesiedelt hatte, fühlt sich jetzt vom neuen Geist der Zeit, da man mit Managern und Bankern wütend grollt, in die Enge getrieben. Und deshalb sammelt sich diese Schicht in der Krise hinter den Liberalen, der Prätorianergarde zum Schutz von Märkten, Eigentum und Selbstständigkeit. Die Union ist da als Volkspartei, welche immer auch auf breitere soziale Schichten Rücksicht nehmen muss, ein weitaus unsicherer Kantonist. Sie wirkt auf große Teile des derzeit besorgten gewerblichen Bürgertums gar wie ein Zwilling der Sozialdemokratie.

Politik und Medien parlieren gern darüber, dass „der Wähler" unberechenbar geworden sei, da er heute diese, morgen jene Partei bevorzugen würde. Das Codewort für dergleichen vermutete Launenhaftigkeiten lautet: Volatilität. Indes: Volatil hat sich allein die CDU/CSU als Partei, nicht aber ihre gegenwärtig abtrünnige Wählerschaft verhalten. Bis in den September 2005 agierten die Christdemokraten schließlich als entschiedene Verfechter von Markt-, Steuer- und Gesundheitsreformen. Seit der Bildung der Großen Koalition ist das mindestens zurückgestellt. Die Merkel-Wähler von früher aber, die am Marktkonzept weiterhin festhalten, verknüpfen sich politisch nun mit der FDP, da diese Partei die alten Positionen unverdrossen skandiert. Kurzum: Die christdemokratische Volkspartei änderte ihren Kurs, verhielt sich infolgedessen volatil – und verprellte so einen Teil ihrer programmatisch keineswegs vagabundierenden Stammwähler.

Einen gewaltigen Sprung nach vorne machte die FDP vor allem bei den jungen Wählern, hier in erster Linie bei der Kohorte der 1967er bis 1979er Geburtsjahrgänge, mit anderen Worten: bei der „Generation Golf", wie sie vor

Jahren vom Essayisten Florian Illies ausgerufen und etikettiert worden war. Inzwischen hat auch die strenge empirische Wahlforschung bestätigt, dass bei der Generation, die den Postmaterialisten und Alternativbewegten folgte, eine signifikante Präferenz für die FDP im Vergleich zu den Grünen besteht. Rund 35 Prozent des FDP-Elektorats setzt sich aus 18-34-Jährigen Bundesbürgern zusammen. Eine vergleichbar junge Wählerschaft weist sonst keine andere Partei auf. In der Bundestagsfraktion der FDP hat sich der Generationswechsel zur Mitte des Jahrzehnts ebenfalls weitgehend problemlos vollzogen. In der Mitgliedschaft der Partei insgesamt machen junge Liberale im Alter bis zu 29 Jahren einen Anteil von 11,5 Prozent aller organisierten Freidemokraten aus – womit die Liberalen die Werte der Volksparteien um mehr als das Doppelte übertreffen.

Und dennoch ist nicht alles Gold, was derzeit liberal funkelt.[10] In den größeren Städten etwa, auch bei den bundesdeutschen Frauen tut sich die FDP nach wie vor schwer.[11] In der Hansestadt Bremen beispielsweise zählt die Partei nicht einmal 100 weibliche Mitglieder. Deutschlandweit liegt der Anteil von Frauen an den Zugehörigen zur FDP bei knapp 23 Prozent – niedriger als in der CDU, der SPD, bei den Grünen und Linken. Schließlich existiert gerade bei Frauen im mittleren Alter ein massives Interesse an einer Politik der sozialen und kulturellen Balancen, mit der die Herausforderungen oft widersprüchlicher Rollenanmutungen auszutarieren sind. In der FDP allerdings dominiert apodiktisch der Ökonomieprimat. Auch reagieren Frauen möglicherweise empfindsamer auf neue kulturelle Fragen und Spannungslinien in der Gesellschaft.[12] Indes ist auch diese kulturelle Seite – die ebenfalls in den traditionellen liberalen Lebenswelten hochentwickelt war – zuletzt in der FDP nachgerade verkümmert. Insofern spart die Westerwelle-FDP nun schon seit einem Vierteljahrhundert das enorme Potential für einen originären, intelligenten und weiblichen Liberalismus in der Wissensgesellschaft aus.

Des Weiteren: Das derzeit gültige Programm der FDP stammt noch aus der Ära Kohl. Während die anderen Parteien ihren programmatischen Horizont zu Beginn des 21. Jahrhunderts neu vermessen haben, verharrt die FDP auf Losungen aus einer Zeit, in der Probleme wie Klimawandel, internationaler Terror,

---

10   Vgl. auch Dausend, Peter: Und morgen werd ich Genscher, in: Die Zeit, 22.01.2009.
11   Vgl. auch Lebert, Stephan: Die Partei hinter Guido, in: Die Zeit, 03.01.2008.
12   "Auch wenn kein klarer Konsens über die Ursache des 'gender gap' besteht, so überwiegen doch Erklärungsversuche, die auf der Issue-Ebene ansetzen, also unterschiedliche Einstellungen in für die Wahlentscheidung relevanten Sachfragen zur Erklärung der Differenz zwischen den Geschlechtern heranziehen." Molitor, Ute: Wählen Frauen anders? Zur Soziologie eines frauenspezifischen politischen Verhaltens in der Bundesrepublik Deutschland, Baden Baden 1992, S. 105.

soziale Prekaritäten, die Malaise finanzkapitalistischer Exzesse noch nicht ins Visier konzeptionell debattierender Liberaler geraten waren.[13]

Verunsicherte Kanzlerpartei: die CDU/CSU

Der Exodus mittelständischer Wähler, fort von der Union und hin zu den Liberalen, bereitet der CDU/CSU im Wahljahr 2009 einige schlechte Laune. Dabei sehen die Machtverhältnisse Anfang 2009 in der Republik für die CDU/CSU keineswegs unerfreulich aus. Die Partei stellt die Kanzlerin. Auch der Bundesratspräsident kommt aus ihren Reihen, ebenfalls der Präsident des Bundesverfassungsgerichts, dann der Präsident des Deutschen Bundestages. Und schließlich kann man voraussichtlich auch den im Mai wiedergewählten Bundespräsidenten Horst Köhler bei der Christlichen Union verbuchen. Dazu werden elf deutsche Bundesländer von christdemokratischen Ministerpräsidenten regiert, womit sie über mehr als doppelt so viele Länderregierungschefs verfügt wie die andere Volkspartei, wie die SPD also.

Und dennoch herrschte und herrscht große Besorgnis bei den Strategen der CDU/CSU. Zu Recht: So hat die CDU/CSU bei sämtlichen Landtagswahlen 2008 am stärksten von allen Parteien Abwanderungen ihres früheren Elektorats in das Spektrum der Nicht-Wähler hinnehmen müssen. Das war über Jahre anders, das war zuvor lange ein spezielles Charakteristikum eher der Sozialdemokraten. Doch diese neue Entwicklung zu Lasten der Union zeichnete sich bereits bei den Bundestagswahlen 2005 ab, als die Union den Fortgang von ca. 640.000 ihrer Wähler des Jahres 2002 in die Wahlenthaltung zu verkraften hatte, die Sozialdemokraten hingegen nur etwa 370.000. Doch noch gefährlicher ist für die Union, dass die politischen Einstellungsdifferenzen zwischen ihren früheren Kernwählern und den neuen Abtrünnigen gegenwärtig größer sind als beim sozialdemokratischen Rivalen. Der in den 1980er Jahren berühmt gewordene weite Spagat, den die SPD angesichts großer sozialkultureller Heterogenitäten in ihrer Anhängerschaft zu leisten hatte, wird mehr und mehr zur komplizierten Turnübung der CDU/CSU. Die verunsicherten, folglich von Fall zu Fall wahlabstinenten Wahlbürger mit prinzipieller Präferenz für die CDU fürchten weit mehr als die bürgerliche Kernaktivitas aus der Christdemokratie jedwede gesellschaftliche Veränderung; sie sind geplagt von Sorgen um die Finanzen und die eigene materielle Zukunft.[14] Sie bangen um die Rente, fühlen sich von der politischen Klasse chronisch allein gelassen, haben erhebliche Zweifel an der Substanz der Demokratie in Deutschland. Die Verunsicherten aus dem Lager der

---

13 Vgl. überdies Hacke, Jens: Kein Projekt, nirgends, in: Berliner Republik, (2009) H. 1, S.68-71, hier S. 70 f.
14 Vgl. auch Bickerich, Sebastian: Im schwarzen Labor, in: Der Tagesspiegel, 11.03.2009.

CDU stehen in vielen Fällen – was in der deutschen Öffentlichkeit kaum wahrgenommen wird – den Sympathisanten der „Linken" in ihrem Schutzbedürfnis mental näher als den wirtschaftsbürgerlichen Formationen der Christlichen Union.

Es könnte zumindest in mittlerer Frist schwierig für die Union werden. Aber auch schon jetzt sehen die Wahlumfragen keineswegs rosig für die Partei aus. Ihre traditionsverwurzelte Kernwählerschaft aus der Generation der 1920er und 1930er Geburtsjahrgänge tritt mehr und mehr ab. Die neuen dominanten Kohorten der 1950er und 1960er Jahrgänge, die ganze 42 Prozent der Wählerschaft ausmachen, besitzen mehrheitlich konstant messbare rot-rot-grüne Basispräferenzen.[15] Ausgerechnet in den berufsaktiven Jahrgängen verfügt die Union über den geringsten Rückhalt; eindeutigen Zuspruch erfährt sie nur noch bei den Kohorten, die aus dem Erwerbsleben ausgeschieden sind. Nirgendwo liegt der Anteil der Nicht-Berufstätigen im Elektorat mit 47 Prozent so hoch wie hier, in der CDU.

Angela Merkel verhält sich nahezu „kohlistisch" im Umgang mit der Macht.[16] Dafür schmiegt sie sich den jeweiligen Beweglichkeiten der Zeit an. Doch selbst prägt sie wenig.[17] Verbittert sind infolgedessen zur Zeit vor allem die Wirtschaftsliberalen in ihrer Partei, die ordnungspolitische Verlässlichkeit im zunehmend etatistischen Regierungshandeln vermissen und besorgt den rasanten Abfluss vieler früherer christdemokratischer Wähler aus dem gewerblichen Bürgertum Richtung FDP konstatieren. Die Union befindet sich so derzeit in einer historisch-politischen Zwickmühle. Die Partei lebte lange von einer Sozialstaatlichkeit, die nach wie vor in breiten Schichten der Bevölkerung hartnäckig geschätzt, von den gewerblichen Bürgern aber zunehmend weniger akzeptiert wird. Der Neo-Etatismus der Kanzlerin-CDU in der Großen Koalition hat diesen Graben noch erheblich vertieft. Ein politisch erfolgreicher Ausweg aus der Ambivalenz zeigt sich gegenwärtig nicht. Die Christdemokraten in Deutschland scheinen im Jahr 2009 dadurch ohne tragfähiges Modell. Ihnen fehlt ein einleuchtendes Paradigma, den klassischen katholischen Solidarismus und die neuerdings schwer verunsicherte protestantisch-säkularisierte Bürgerlichkeit in der Großkrise von Wirtschaft und Gesellschaft noch zur Synthese zu verknüpfen.

---

15 Vgl. Wahl zum 16. Deutschen Bundestag am 18. September 2005, H. 4, Wahlbeteiligung und Stimmenabgabe der Männer und Frauen nach Altersgruppen, in: Statistisches Bundesamt (Hrsg.), Wiesbaden 2006.

16 Geis, Matthias/Ulrich, Bernd: Versagt Angela Merkel?, in: Die Zeit, 05.02.2009.

17 Vgl. Geis, Matthias: Huch, in: Die Zeit, 12.03.2009.

Die Linke: Chancen des Prekären

Die Domäne der Linken ist das männliche mittlere Alter. Insgesamt rekrutierte die westdeutsche Linke rund 40 Prozent der Wähler aus dieser Kohorte. Innerhalb dieser Gruppe ragen noch die 45- bis 49-Jährigen heraus. Sie stellen allein 20,4 Prozent des Gesamtelektorats der Linkspartei. Wenn es einen Nukleus der Linken in Deutschland geben mag, dann sind es in der Tat die Geburtsjahrgänge der 1950er Jahre. Gut jeder dritte Wähler der Linken ist in diesen Adenauer-Ulbricht-Jahren zwischen Usedom und Bodensee zur Welt gekommen. Es ist schon bemerkenswert, dass trotz der innerdeutschen Grenze konstitutive Gemeinsamkeiten innerhalb dieser Kohorte nicht zerschnitten wurden.[18]

Für die ganz Jungen, die in den 1980er Jahren geboren und in der Schröder-Ära groß wurden, ist der Sozialstaat der 1970er nicht mehr der positive Fluchtpunkt ihrer Hoffnungen. In dieser Kohorte überwiegen Individualitätsperspektiven, hier gab es im Übrigen zunächst auch viel Sympathien für die Maxime von Schröders Agenda „Fördern und Fordern". Vor allem die ganz jungen Frauen in der Wählerschaft begegnen der Linken und ihrer Wohlfahrtsstaatlichkeit des klassisch sozialdemokratischen Zeitalters mit Skepsis, auch mit Gleichgültigkeit. Denn dieses Modell war ihnen zu sehr auf die Erwerbsbiographien und die Lebensentwürfe von Männern zugeschnitten. Mit dem Typus des männlichen Gewerkschafters um die 50 fremdeln die selbstbewussten Frauen mit Abitur und Hochschulstudium um die 25. Problematisch ist diese männliche Aura der Partei. In ihrem Männerüberhang - kaum 40 Prozent des Elektorats sind weiblich – ähnelt die Linke wahlstrukturell eher rechtspopulistischen Parteien als linkssozialistisch-linksökologischen Gruppierungen. Auch in der Mitgliedschaft ist der allerdings immer noch recht hohe Anteil von Frauen geschrumpft, was den Männerbataillonen der westdeutschen Linken – in den Westlandesverbänden liegt der Männeranteil bei 76,3 Prozent, im Osten bei 54, 3Prozent - geschuldet ist.

Allerdings: Die Gesellschaft nach dem Industrialismus und der kollektiven Interessenorganisationen wird sehr viel weniger nivelliert, integriert und pazifiziert sein. Die Gegensätze, auch die Polarisierung zwischen oben und unten, zwischen Netzwerkfähigen und Netzwerklosen, zwischen Menschen mit und ohne Sozialkapital haben erheblich zugenommen. Und das gilt besonders für eine alternde Gesellschaft, auf die Lafontaine strategisch abzielt. Der fühl- und sichtbare Gegensatz von Gewinnern und Verlierern ist im Deutschland des Jahres 2009 jedenfalls größer und elementarer als im Jahr 1999 oder 1989 oder

---

18   Vgl. besonders Micus, Matthias: Stärkung des Zentrums. Perspektiven, Risiken und Chancen des Fusionsprozesses von PDS und WASG, in: Spier, Tim/Butzlaff, Felix/Micus, Matthias u.a.: Die Linkspartei. Zeitgemäße Idee oder Bündnis ohne Zukunft?, Wiesbaden 2007, S. 185-237.

1979 oder 1969. Insofern werden die Quellen, aus denen der Linkssozialismus schöpft, aller Voraussicht nach in den kommenden Jahrzehnten nicht versiegen. Jedoch verliert die Linke seit der Finanzkrise sukzessive ihr bisheriges Alleinstellungsmerkmal: „Wir erleben", klagt etwa Katja Kipping, „dass Forderungen, für die man uns vorher den Verfassungsschutz auf den Hals gehetzt hat, inzwischen Mainstream geworden sind."[19]

Doch die Chance der Linken birgt auch Tücken. Sollte sie ihre numerische Bedeutung weiter halten oder gar ausbauen, dann steigt unweigerlich auch die Zahl ihrer Parlamentarier, die „realpolitisch" von „Sachzwängen", „Kompromissen", „geringstem Übel" und dergleichen mehr reden werden – um regieren zu können. Das aber wird dann die elementare Quelle des Aufstiegs, die Geste der oppositionellen Empörung, zum Versiegen bringen. Und niemand weiß, wie die Partei, die von 2005 bis 2008 wie im Rausch fortwährender Erfolge lebt, mit Rückschlägen und Depressionen fertig werden mag.

Schatten werfen ebenfalls die Vorzüge des gereiften Alters der linken Trägergruppen in Deutschland. Der jugendliche Linkssozialismus früherer Jahrzehnte mochte oft etwas närrisch und überspannt agiert haben, aber er wirkte doch zugleich vital, lustvoll, enthusiastisch. In der Linken des Jahres 2009 hingegen dominieren die Altfunktionäre, die seit Jahrzehnten unbeirrt ihre fixen Überzeugungen vor sich her tragen und monoton dozieren. Auf viel Neugierde und intellektuell hungrige Offenheit stößt man in diesem neuen Parteiprojekt der Mittelalten links von der SPD somit selten. Typisch ist das Führungstrio (Lafontaine, Bisky, Gysi); alle drei Männer gehören der „Generation 60 plus" an.

Zur Paradoxie der Regierungswechsel in der bundesdeutschen Geschichte

Stehen wir nun vor einem Regierungswechsel? Haben wir mit einer schwarzgelben Koalition zu rechnen? Treten wir also in eine neue bürgerliche Ära der Berliner Republik? Historiker zumindest periodisieren gesellschaftliche Entwicklungsschübe gern nach den Daten von Regierungswechseln. Dabei: Gesellschaftliche Mentalitäten und ihre Wechsel vollziehen sich durchaus nicht entlang der Zeitstrukturen politischer Macht. In der bundesdeutschen Geschichte haben neue Regierungen keineswegs neue soziale oder gesellschaftliche Qualitäten eingeleitet, wie es durchweg zum Anspruch der politischen Akteure gehörte und gehört. Überwiegend haben sie lediglich vorangegangene, schon weit fortgeschrittene gesellschaftliche Prozesse zum Abschluss gebracht, haben sie rechtlich sanktioniert. Auch die Kultur der „inneren Reformen", als Replik auf den eher patriarchalischen Konservatismus der Adenauer-Ära, begann nicht erst

---

19   Zit. in: Fels, Markus: Mitten im Mainstream, in: Rheinischer Merkur, 22.01.2009.

1969 mit Brandt und Scheel, sondern bereits irgendwo in den frühen 1960er Jahren, nach der Entstehung einer neuen liberal-akademischen Öffentlichkeit im Zuge der „Spiegel-Affäre". Die leidenschaftlichen Diskussionen um Bildung als Bürgerrecht, um Chancengleichheit und Reformuniversitäten fanden in den Jahren 1965/66 statt. Das faktische Ende der Hallstein-Doktrin kam 1967. Die kühnsten Träume von den Möglichkeiten rationaler staatlicher Planung und Steuerung durchlebte die Republik in den Jahren 1967/68. Als Bundeskanzler ritt Willy Brandt gleichsam diese Welle, die schon vor ihm entfacht worden war und mit ihm rasch darauf verebbte.

Übersetzt man „Sozialliberalismus" mit Aufbruchsstimmung, Gestaltungs-souveränität, gesellschaftspolitischen Veränderungsehrgeiz, Zukunftsgewissheit, Planungsenthusiasmus – dann war die beste Zeit dieser politischen Strömungen im Sommer 1970 abgelaufen. Seither kühle sich der Reformoptimismus gleichsam Monat für Monat ab. Allein der grandiose Wahlsieg der Sozialdemokraten und Freidemokraten im November 1972 – freilich mehr ein Plebiszit über die Ostverträge denn ein Votum für die innenpolitischen Reformen – überdeckte für kurze Zeit den frühen Verschleiß der sozialliberalen Blütenträume. Doch spätestens 1973, im Angesicht der Düsternis und Pessimismus verursachenden Erdölkrise, verloren Zukunftsgewissheiten, Progressivitätsgebaren, Planbarkeitsversprechen erheblich an Plausibilität, erst recht an Aura. Im Kanzlerwechsel 1974 vollzog sich der Wandel der Mentalitäten dann auch personell an der Spitze von Politik und Regierung. An die Stelle des Visionärs der Zukunft trat der Manager je gegenwärtiger Krisen.

Kurzum: Der Zauber all jener Beglückungsslogans, wie Emanzipation, Demokratisierung und Partizipation, verflog schon im frühen Stadium der sozialliberalen Ära. Noch 1968 hatte sich beinahe die Hälfte der Deutschen begeistert für grundlegende Reformen ausgesprochen. 1973/74 wollte nicht einmal ein Viertel mehr irgendetwas davon wissen.[20] Perioden der anstrengenden Emanzipation werden eben ziemlich konstant von einer Sequenz der Ermüdung, des kollektiven Erholungsbedürfnisses abgelöst. Die oft nostalgisch erinnerte Sozialliberalität war gut acht Jahre vor dem Aus der sozial-liberalen Koalition bereits versiegt.

Die geistig-moralische Wende von Helmut Kohl erfolgte mithin nicht erst 1982 mit dem Beginn seiner Regierungsübernahme, sondern eben 1973/74 unter Schmidt und Genscher.[21] Das war das Jahr der sogenannten „Tendenzwende", als neokonservative Ideen aufkamen, als die klassischen Staatsfunktionen eine Renaissance erfuhren, als man der Stabilität wieder entschieden den Vorrang

---

20   Niclauß, Karlheinz: Kanzlerdemokratie. Bonner Regierungspraxis von Konrad Adenauer bis Helmut Kohl, Stuttgart u.a. 1988, S. 162.

21   Hierzu schon sehr pointiert Baring, Arnulf: Die „Wende": Rückblick und Ausblick, in: Bleek, Wilhelm/ Matull, Hanns (Hrsg.): Ein ganz normaler Staat?, München 1989, S. 103-116.

vor Veränderungen einräumte. Die politischen Angriffsspitzen dieser Strömung, die in ihren Bundesländern während der 1970er Jahre fulminante Wählerzuwächse verzeichneten, waren Hans Filbinger, Franz-Josef Strauß und Alfred Dregger. Erst wechselte also der Zeitgeist, changierte das gesellschaftliche Klima, bis zuletzt die politische Wende in Bonn lediglich den Schlussakt dieses Prozesses markierte.

Doch als Kohl ins Kanzleramt gelangte, erlebte die Kultur der Republik keineswegs ein restauratives Comeback alter Werte und Tugenden. Denn ausgerechnet (oder bezeichnenderweise) jetzt ging die Zeit von Filbinger, Strauß und Dregger final zu Ende. Die 1980er Jahre wurden stattdessen zum schönsten Jahrzehnt rot-grüner Mentalitäten, zum Kulminationspunkt postmaterieller Einstellungen. In diesem Jahrzehnt legte sich das Land die vielen Fahrradwege zu, feierte noch unbekümmerte multikulturelle Stadtteilfeste, demonstrierte für Frieden, gegen Umweltverschmutzung und staatlich oktroyierte Volksbefragungen. In diesem Jahrzehnt stellten etliche Kommunen und öffentliche Einrichtungen erstmals ganze Legionen von Gleichstellungs- bzw. Frauenbeauftragten ein. Als Rot-Grün später dann, zudem noch mit acht Jahren Verspätung, 1998 an die Macht gelangte, waren die gesellschaftlichen Unterströmungen der 1980er Jahre längst schon in alle Poren der Gesellschaft hinein diffundiert und dadurch ihre zuvor noch polarisierenden Eigenschaften verloren. Wie sonst hätte eine protestantische, geschiedene Frau im Kontext einer von ihrer ganzen Tradition her hochkonservativen, entschieden patriarchalischen und überwiegend katholisch geformten Partei zur ersten Kanzlerin der Republik aufsteigen können? Wie sonst hätten seither christdemokratische Ministerpräsidenten in aller Öffentlichkeit neue Liebesbeziehungen eingehen können, ohne dass stürmische Protestwellen der Traditionsbataillone sie aus den Amt spülten? Zusammen: Als Rote und Grüne in die Regierungszentrale einzogen, war ihr mittlerweile domestiziertes sozial-kulturelles Projekt schon weitgehend realisiert. Sie bekamen es daher dann rasch mit Aufgaben im Agendaprozess 2010 zu tun, auf die sie biografisch keineswegs vorbereitet waren. Sie mussten das Gegenteil von dem tun, was sie zuvor über 30 Jahre postuliert hatten.

So könnte es 2009 ebenfalls kommen. Einiges mag dafür sprechen, dass ein schwarz-gelber Machtwechsel bevorsteht.[22] Dann aber dürfte ein weiteres Mal ein Bündnis regieren, dessen politische Mantra in der Vergangenheit wurzelt. Schwarz-Gelb würde wohl – müsste gewiss – zu Beginn ihres Tuns den Sound vergangener Jahre von Wettbewerb, Marktdynamik, Eigenverantwortlichkeit, „privat vor Staat" neu, wenn auch sicher etwas verhaltener anstimmen. Allerdings ist sehr unwahrscheinlich, dass die Bundesbürger den Refrain aus voller

---

22   Allgemein hierzu: Korte, Karl-Rudolf: Konjunkturen des Machtwechsels in Deutschland. Regeln für das Ende der Regierungsmacht, in: Zeitschrift für Parlamentsfragen, Jg. 31 (2000) H. 4, S.833-856.

Brust mitsingen. Die Deutschen sind inzwischen mehrheitlich der drängenden Veränderungsimperative von oben überdrüssig geworden, stehen ihnen mit Argwohn gegenüber – vor allem im sozialen Zentrum der Gesellschaft, den hauptsächlichen Bezugsort von Liberalen und Christdemokraten. Den Morgenappell zur steten Reform empfindet gerade die Mitte inzwischen nicht mehr als Befreiungsappell, sondern als Bedrohungsszenarium, besonders seit dem Crash auf den Finanzmärkten, da die erworbenen Depots und Aktien fulminant an Wert verloren haben. Man möchte daher nun Ruhe an der Front anstelle von Veränderungen in Permanenz.

Allerdings liegt gerade im Verlangen der Mitte nach Berechenbarkeit und Ordnung die Chance für Schwarz-Gelb, im Herbst 2009 eine arithmetische Mehrheit für eine Regierungskoalition zu erlangen. Denn es könnte für eine Merkel-Westerwelle reichen, weil eine solche Allianz jenseits der zuletzt hoffnungslos zerstrittenen Großen Koalition das einzige Bündnis wäre, das so etwas wie Stabilität und Übersichtlichkeit in Aussicht stellt. Alles andere wären überkomplexe, hochfragile Regierungskoalition à la Ampel, Jamaika oder gar Rot-Rot-Grün – ein Horror für die stabilitätsbedürftigen Bundesbürger. Kurzum: Schwarz-Gelb käme, wenn es denn kommt, als Wunschobjekt von Berechenbarkeits- und Ordnungswünschen, nicht als Projektionsfläche stürmischer Wandlungsbegehrlichkeiten.

Man kann die Mentalitätsrestauration, von der Schwarz-Gelb paradoxerweise profitieren mag, obwohl sie dafür ein Projekt nicht besitzt, auch mit ökonomischen Kategorien charakterisieren. Die modernen europäischen Gesellschaften sind nicht durch einen Mangel an Wettbewerb, an Freiheitsräumen, an Individualisierung, an Autonomie charakterisiert. All das war zuletzt und ist weiterhin reichlich vorhanden.[23] Zur Mangelware aber sind, als Folge der Überproduktion von Entbindungswerten im liberalen Wandel der letzten Jahre, die Kohäsionsnormen geworden. Es fehlt vielfach an Sinn, an Zielen, an orientierenden Fluchtpunkten, an Einbettungen, an kollektiven Behausungen, an Stabilitätsstrukturen, an voraussetzungslos verlässlichen Bezügen. Nicht zuletzt deshalb flackern in den letzten zwei Jahren immer wieder die Festlichkeiten der Gemeinschaftsinszenierungen rund um das Brandenburger Tor auf, auch die Faszination für eine politischen Heillandsfigur der Fasson Obama, der im Kairos des rechten Weltenmoments Umkehr predigt.

Es ist wohl so, dass alle 20 bis 30 Jahre das Pendel umschlägt.[24] Von solchen historischen Rhythmen innergesellschaftlicher Einstellungsmuster sind

---

23   Zur Mangel-Hypothese grundlegend: Maslow, Abraham H.: Motivation und Persönlichkeit, Reinbek bei Hamburg 2002.

24   Vgl. sehr einflussreich hierzu: Schlesinger Arthur M. jr.: The Cycles of american History, Boston 1986, S. 23 ff.; auch Hirschmann, Albert: Engagement und Enttäuschung. Über das Schwanken zwischen Privatwohl und Allgemeinwohl, Frankfurt am Main 1984.

zumindest nicht ganz wenige kluge Interpreten der Geschichte überzeugt. Auf Phasen des Individualismus folgen Passagen kollektiver Orientierungen. Zeiten liberaler Wirtschaftsideen werden von Abschnitten etatistischer Antizipations- und Regelungsversprechen abgelöst. Der dominierende Charakter im jeweiligen Zyklus produziert in Folge rigider Einseitigkeiten regelmäßig Probleme und Defizite, auf welche die nachfolgende Ära ähnlich überschüssig, doch eben in die andere Richtung hin antwortet. So erleben wir gerade das vorläufige Ende der goldenen Jahre neuliberaler Gesellschaftsinterpreten. Und bezeichnenderweise kehrt der Staat als Regler, vorsorgende Rationalisierungsinstanz zurück in die Debatte mindestens der Zeitdiagnostiker.

Infolgedessen spricht einiges dafür, dass man in den nächsten Jahren stärker über integrative und stabilisierende Gesellschaftsmuster räsonieren wird, vielleicht auch über eine Restrukturierung des Politischen generell. Darauf allerdings sind die möglichen Regierungsakteure von Schwarz-Gelb, ja auch der nachwachsenden Kohorten der SPD lebensgeschichtlich nicht vorbereitet. Sie alle sind in der unbekümmerten Frühlingsstimmung der individualistischen Aufbrüche der letzten Jahre politisch groß geworden. Ihnen fehlt daher das Sensorium für die Probleme des anstehenden Herbstes eines gerade im transnationalen Maßstab kooperations- und steuerungsschwachen Liberalismus. Der nonchalante Neuliberalismus passte kongenial in die zurückliegenden neureichen Dekaden pausbäckigen Marktvertrauens und enthemmten Renditestrebens. Doch selbst im gewerblichen Bürgertum glaubt mittlerweile niemand ernsthaft, dass mit der Monoforderung nach drastischer Steuersenkung und hämischen Attacken auf Staat und Gemeinwohl den politischen und gesellschaftlichen Komplexitäten beizukommen ist.

Mithin: Es mag schon sein, dass der Neuliberalismus personell demnächst den Einzug ins Kabinett schafft. Aber all diejenigen, denen dabei unbehaglich wird, müssen sich im Grunde keineswegs ängstigen. Nach allen Erfahrungen der bundesrepublikanischen Geschichte würde ein solcher Regierungswechsel signalisieren, dass der alt gewordene Neuliberalismus tatsächlich seine besten Tage hinter sich hat. Auch Schwarz-Gelb wird dann eine Agenda entwickeln müssen, für die ihre politischen Protagonisten biographisch ursprünglich nicht angetreten sind. In dieser Paradoxie gründet die historische Räson der Regierungswechsel aus 60 Jahren Bundesrepublik Deutschland.

Darf es vielleicht komplexer sein?

Ausgeschlossen ist natürlich auch eine komplexe Dreier- oder Viererkoalition nicht. Allerdings: Zurzeit wäre sie ohne Fundament, da in keinem Bundesland Ähnliches existiert, weder eine Ampel, noch Jamaika oder gar Rot-Rot-Grün. In

Deutschland wurde Koalitionsbildung über Jahrzehnte als Allianz der verschiedenen Lebenswelten lediglich eines Lagers verstanden, als eine Art von Binnenintegration, nicht als die strategische Möglichkeit, komplementäre soziale und kulturelle Kräfte neu zu bündeln. Dabei könnte beispielsweise eine Ampelkoalition ihre Räson darin finden, dass eine rot-grüne Kultur durchaus über einen wirtschaftsnahen Brückenpfeiler im gewerblichen Bürgertum verfügen sollte. Und die Jamaika-Konstruktion besitzt ihre Plausibilität darin, dass sich hier die alten bürgerlichen Milieus mit modernen Lebensformen der Wissensgesellschaft treffen würden, was beiderseitige Lernprozesse auslösen könnte, die vierzig Jahre lang ausgeblieben sind. Programmatisch am leichtesten wäre im Grunde Rot-Rot-Grün, da – nachweislich aller empirischen Erhebungen – hier die Einstellungsmuster der jeweiligen Parteianhängerschaften bemerkenswert nahe beieinander liegen.

Natürlich stecken in Bündnissen jenseits der Lager auch erhebliche Aporien. In einer solchen Bündniskultur würden die Parteien noch stärker ihre Eigenarten und Unterschiede abschleifen, müssten sich noch weiter annähern, diffuser und unschärfer werden. Parteien und Politik würden dadurch vollends ihre orientierende Kompetenz und Funktion einbüßen. Es gäbe fortan ein weites Feld für Propheten und Populisten des hitzigen Appells, der sorglosen Heilsversprechen. Die Kumulation in der Mitte würde wieder einen neuen Bedarf nach politisch profilierten Flankenparteien erzeugen. Das Mehrparteiensystem würde sich dauerhaft in ein Vielparteiensystem verwandeln.

Oder doch: Weiter mit der Großen Koalition?

Das gälte wohl erst recht, wenn es trotz aller Verwerfungen im Wahljahr ganz ähnlich wie schon seit längerer Zeit in Österreich abermals zu einer großen Koalition käme, wieder mit Angela Merkel an der Spitze. Schwierig zu vermitteln wäre das schon, weil ihr der sozialdemokratische Koalitionspartner und durchaus etliche in der eigenen Partei wieder und wieder „Führungsschwäche" attestiert haben. Gleichwohl: Ganz berechtigt war der Vorwurf nicht. Denn: Große Koalitionen von gleichermaßen potenten Parteien vertragen keine zielstrebige Kraftnatur an der Spitze, keinen eifernden Ordnungs- und Richtungspolitiker. Daher hat das Land mit der größten und permanenten Großen Koalition, die Schweiz, an ihrer Spitze ein Kollegialorgan ohne sichtbaren Regierungschef. Große Koalitionen benötigen den vorsichtigen, zurückhaltend agierenden Mittler, Moderator, Zusammenführer. Zu diesem Koalitionstypus passt nicht der vorpreschende leader, sondern ein Mensch, der die drei „R"'s liebt: reisen, repräsentieren, Ruhe bewahren – und es dabei füglich belässt.

Jede Koalitionsvariante braucht eigene institutionelle und personelle Muster, die zu ihr passen. Die Große Koalition ist, ob man es mag oder nicht und trotz aller Richtlinienkompetenzen zugunsten des Kanzlers, angewiesen auf einen eher präsidialen, den Niederungen der Parteienkämpfe enthobenen Regierungschef, auf zwei tüchtige Fraktionsvorsitzende von hoher Autorität, die einander vertrauen und in enger persönlicher Verbindung gemeinsam und entschlossen handeln. Vielleicht braucht eine Große Koalition auch zwei Kanzleramtschefs doppelter politischer Couleur, die die Vernetzung und Koordination mit den beiden mächtigen Regierungsfraktionen herstellen können.

Und schließlich: In Koalitionen mit mehreren Formationen spielt der Proporz eine maßgebliche Rolle. Der Raum für Patronage wird weit gesetzt. Eben deshalb sind Gesellschaften mit *grand coalitions* auf Ventile und Korrektivfilter plebiszitärer Art angewiesen.[25] Breit gesteckte Koalitionen und direkte Demokratie gehören – so paradox es auch klingen mag – unmittelbar zusammen; sie stabilisieren, rationalisieren und komplettieren einander. Es ist kein Zufall, dass gerade die typischen europäischen Konkordanzdemokratien zugleich Plebiszitärgesellschaften sind. Schließlich benötigt das permanente Elitenmanagement von Proporzen, Kooperation und Kompromiss direktdemokratische Ventile, auch Pulsmesser, um Akzeptanz und Ansehen nicht zu verlieren. Deshalb sollte gerade eine große oder komplexe Koalition plebiszitäre Instrumente ins Visier nehmen, um die eigene Legitimation und Responsivität im bekanntermaßen überdurchschnittlich verdrossenen Wahlvolk zu erhöhen, auch: damit sich der Unmut "unten" nicht irgendwann unkontrolliert und unvermittelt rüde gegen das Establishment "oben" entladen kann. Zudem böten sich so, insbesondere in Zeiten absenter mitgliedschaftlicher Massenbindungen, Möglichkeiten des bürgerschaftlichen Einflusses. Aber eine – ja nicht unbedingt graswurzelhaft naiv zu führende – Diskussion um plebiszitäre Ergänzungen der oligarchischen Entscheidungsprozesse findet in Deutschland derzeit überhaupt nicht mehr statt.

Abschied vom Sachzwang

Überdies: Allianzen – ob groß, klein oder vielfach komplex – brauchen eine Idee der Kooperation, eine Kultur der Einsicht, dass der Erfolg des anderen zwingend auch die Voraussetzung für den eigenen Erfolg ist, dass die beiderseitigen Anhängerschaften Opfer und Lasten des Regierens symmetrisch zu tragen haben. „Unter diesen Bedingungen lautet die optimale Strategie: »Tit for Tat«. Wenn A kooperiert, reagiert B auch mit Kooperation. Wenn A defektiert, rea-

---

25 Vgl. Vatter, Adrian: Die Wechselbeziehung von Konkordanz- und Direktdemokratie, in: Politische Vierteljahresschrift, Jg. 38 (1997) H. 4, S. 743- 770.

giert B auch mit Defektion. Erst wenn einer der beiden wieder kooperativ handelt, wir es auch der andere tun."[26] Allianzen benötigen, wenn sie Handlungsfähigkeit und Bestand herstellen wollen, zudem ein spezifisches Ethos, einen politischen Fluchtpunkt, eine verbindende Norm. Bündnisse werden zusammengehalten entweder durch einen starken gemeinsamen ideologischen Gegner oder eben eine affine Wertehaltung, auch durch den Mythos einer kollektiv geteilten großen Vergangenheit. Ratsam jedenfalls ist, dass Koalitionen nicht allein arithmetisch erzwungene Gegenwartsallianzen von sich sonst misstrauisch beäugender Partner sind, sondern Ziele vereinbaren, die in die mittlere Zukunft reichen und so etwas wie ein Sinnzentrum besitzen. Pure Realpolitiker pflegen sich darüber lustig zu machen, aber eben über diesen Mangel an Begründungsfähigkeit scheitern sie deshalb in schöner Regelmäßigkeit. Das galt am Ende für Schröder; das trifft spätestens seit dem Herbst 2008 auch auf Angela Merkel zu.

Eine pragmatische Gesellschaft

Eine prägnante Gemeinsamkeit der genannten wie auch vieler anderer Politiker ist die „pragmatische" Herangehensweise. Bei dieser, nicht auf die Regierungszentren beschränkten Geisteshaltung, dem „Pragmatismus", handelt es sich um nicht weniger als die dominante Ideologie des letzten Vierteljahrhunderts – ohne sich natürlich je für eine Ideologie gehalten zu haben.[27] Denn zum Pragmatismus der letzten 25 Jahre gehörte die Verachtung von Programm, Ethos, Entwurf, Idee, Imagination, Bildern. Der Pragmatismus wollte nicht erzählen und erklären, sondern handeln und machen. Dass jedes Tun auch motiviert und vorausgesetzt wird durch Kriterien der Entscheidung, durch Präferenzen und Prioritäten, die in Deutungen und Wertungen des gesellschaftlich-politischen Umfelds begründet liegen, hat der Pragmatismus sich nicht eingestanden, zumindest nicht als offenen Diskurs zulassen wollen. Die Deregulierung von Märkten, die Entstrukturierung von Institutionen, der Verzicht auf Steuerungskompetenzen des Staates – all das war nie ungebrochen Folge von ökonomischen Handlungs-

---

26 Friedrich, Jürgen: Gesellschaftliche Krisen. Eine soziologische Analyse in: Scholten, Helga (Hrsg.): Die Wahrnehmung von Krisenphänomenen. Fallbeispiele von der Antike bis in die Neuzeit, Köln/Weimar/Wien 2007, S.13-28, hier S. 22. Ursprünglich vgl. Robert Axelrod: Die Evolution der Kooperation. München 1988.

27 Eine interessante Parallele findet sich bei Michael Novak: „(…), pragmatists seem blind to the fact that they, too, are, ideologues. They neither defend nor criticize their own presuppositions, value judgements, predilected standards (like quantification), and political biases. They have tried so hard to be "objective" that they have failed to examine their own subjectivity – including economic status and professional commitments – for sources of distortion. Because mathematics is "objective", they think they are." Novak, Michal: An End of Ideology, in: Waxman, Chaim (Hrsg.): The End of Ideology Debate. New York 1968, S. 389-397, hier S. 391.

zwängen. All dies war Konsequenz von politischer, beziehungsweise wirtschaft-
swissenschaftlicher Deutungsmacht, von Einflüssen und Einflüsterungen gut
organisierter und vernetzter Think Tanks, natürlich auch von medialen Mei-
nungsführern.[28]

Auch als gesellschaftliches Phänomen stößt man auf diese Grundeinstellung, sei es als Hinweis in den Untertiteln der letzten beiden Shell-
Jugendstudien („eine pragmatische Generation"[29]) oder in Form ausbleibender
fundamentaler intellektueller oder politisch-ideologischer Streitgespräche insgesamt. Vor diesem Hintergrund erscheint der Mangel an leidenschaftlichem Streit
bei politischen Gruppen wie etwa den sozialdemokratischen Netzwerkern einer
gesamtgesellschaftlichen Grundhaltung entsprechend.

Dennoch definierte und legitimierte sich der Pragmatismus der letzten Jahre
als pure politische Exekution des Sachzwangs, der alternativlosen Notwendigkeiten. Der Pragmatismus, der gerne seine Befreiung aus den Fesseln starrer
Ideologien hervorhob, zwängte sich und die Gesellschaften, die er repräsentier-
te, in das Korsett vorgegebener, determinierter Rationalitäten, denen weder die
Gegenwart noch die Zukunft sich angeblich zu entziehen vermochten.[30] Der
Sachzwang verhielt sich so gebieterischer wie manche der zuvor erleichtert
verabschiedeten Großnarrative der Vergangenheit.[31] Raum oder gar Bedarf an
Programmatikern, ja selbst an souveränen Ideenlieferanten gab es infolgedessen
nicht mehr. Wozu auch, da doch die Strukturen die politischen Schritte leiteten,
ja fixierten? Stattdessen stieg in der Politik einzig die Nachfrage nach den Ad-
ministratoren, Geschäftsführern und Maschinisten des Betriebs. Nie zuvor in der
Parlamentsgeschichte fand dieser Typus bessere Bedingungen vor als in den
Jahren *au fin de l'age ideologique*. Eine Debatte über die Funktion und Möglichkeiten qualitativer Staatsinterventionen hat rund 30 Jahre in der Republik
nicht mehr stattgefunden, sodass 2008 alles auf ein klotzendes, aber ziellos
etatistisches *muddling through* hinauslief. Wütend kommentiert der Publizist
Christian Schüle: „Nur auf den ersten Blick haben wir es mit einer Finanz- oder
Wirtschafts- oder Kapital- oder Bankenkrise zu tun, vor allem ist es eine politische und vornehmlich eine intellektuelle Krise. Sie ist das System einer blutar-

---

28   Vgl. Mayntz, Renate/Scharpf, Fritz W.: Politische Steuerung – Heute?, in: Zeitschrift für
      Soziologie, Jg. 34 (2005) H.3, S. 236-243.
29   Hurrelmann, Klaus: Jugend 2006. Eine pragmatische Generation unter Druck, Frankfurt am
      Main 2006; Ders.: Jugend 2002. Zwischen pragmatischem Idealismus und robustem Materia-
      lismus, Frankfurt am Main 2002.
30   Vgl. Auch Matjan, Gregor: After Liberalism oder die Rückkehr des Politischen in der Utopie,
      in: Österreichische Zeitschrift für Politikwissenschaft, Jg. 29 (2000) H. 1, S. 75-91; Kreisky,
      Eva: „Die Phantasie ist nicht an der Macht". in: Österreichische Zeitschrift für Politikwissen-
      schaft, Jg. 29 (2000) H. 1, S. 7-28.
31   Vgl. Wrong, Dennis H.: Reflections on the End of Ideology, in: Waxman, Chaim T. (Hrsg.):
      The End of Ideology Debate, New York 1969.

men Republik, die sich selbst sediert hat. Jetzt rächt sich, dass Deutschland seit langem keine Substanz- und Grundsatzdebatten über die geistigen Grundlagen seiner politischen Kultur mehr führt."[32]

In den Jahrzehnten des Pragmatismus leerten sich die Altäre der Inspiration, die in früheren Jahrzehnten so überreichlich gefüllt waren. Das hatte der Politik durchaus auch vernünftigerweise Teile vorangegangener Hybris, Absolutheitsansprüche und Totalitätsversuchungen genommen. Aber die neue Ideologie der vermeintlichen Ideologielosigkeit entzog der Politik und Gesellschaft ebenso die Offenheit der Wege, die Nationen nehmen können, die Berechtigung des Konflikts darüber, die Organisation von gegensätzlichen Interessen und die oppositionelle Negierung dessen, was als Oktroy „unbestreitbarer Realitäten" ausgegeben wird. Fatalismus wurde so zu einer angemessenen Verhaltensweise des Staatsbürgers. Das Ergebnis des pragmatischen Vierteljahrhunderts lässt sich vielleicht am deutlichsten im Wandel der Einstellungen deutscher Studenten seit Mitte der 1980er Jahre beobachten. Eine unlängst veröffentlichte empirische Studie hat das ebenso beeindruckend wie beunruhigend festgehalten. Die Studierenden haben sich in diesem Zeitraum von aktiv Beteiligten zu einer eher passiven Kundschaft öffentlicher Angelegenheiten gewandelt. Statt wie zunächst politisch pointiert Stellung zu beziehen, neigen sie nun mehrheitlich zur Beliebigkeit und Gleichgültigkeit. Entscheidungsängstlichkeit hat früheres Engagement ersetzt. Die Suche nach Alternativen ist durch Konventionalitäten abgelöst worden. Man erprobt weniger Neues, sondern nimmt überwiegend die Gegebenheiten hin. Insgesamt hat sich der Trend während der letzten 25 Jahre von einer idealistischen Grundhaltung zu utilitaristischen Einstellungen verändert.[33]

Nun bedeutet dies nicht zwangsläufig absolute Passivität und Nichtsnutzigkeit. Im Gegenteil, die junge Generation sammelt fleißig Praktika und engagiert sich freilich; meist handelt es sich dabei jedoch um einen „harten Kern hochaktiver Jugendlicher", die wenn, dann mehrfach engagiert sind.[34] Dabei überwiegt zudem eine Engagementart, der ein „breites Politikverständnis" zu Grunde liegt, das heißt aus Sicht der jungen Menschen, sich fern von Parteien und Verbänden lieber „projektförmig" und für universelle Ziele, „soziale Belange, für Umweltfragen oder für Angelegenheiten des unmittelbaren gesellschaftlichen Umfeldes" einzusetzen.[35] Solche Entwicklungen – sowohl die offensichtlichen sozia-

---

32 Schüle, Christian: Die sedierte Republik, in: Rheinischer Merkur, 26.02.2009.
33 Vgl. Bundesministerium für Bildung und Forschung (Hrsg.): Wandel politischer Orientierungen und gesellschaftlicher Werte der Studierenden, Bonn/Berlin 2008.
34 Reinders, Heinz: Jugend. Werte. Zukunft. Wertvorstellungen, Zukunftsperspektiven und soziales Engagement im Jugendalter, Schriftenreihe der Landesstiftung Baden-Württemberg, Stuttgart 2005, S. 43.
35 Hurrelmann (Anm. 29) 2006, S. 45.

len Differenzen in der „Bürgergesellschaft"[36] als auch die Dominanz allgemeiner Engagementziele – werden in der Forschung nur selten kritisch betrachtet. Vielmehr wird das aus aller Munde unterstützungswert klingende Projekt und der moralische Imperativ der „Zivilgesellschaft" weiterhin gelobt. Hinter diesem steht im Grunde jedoch nicht viel mehr als die pragmatische Idee einer leichten Optimierung bestehender Zustände. Zudem scheinen die Vagheit genereller Ziele – samt dem dahinterstehenden Wunsch nach mehr „Gemeinwesen" und sozialem Zusammenhalt – divergierende Interessen und politische Meinungsverschiedenheiten zu überdecken. Vielleicht ist es eine gewisse Scheu vor politischem Streit, vielleicht auch die Überkomplexität der jeweiligen Problemlagen oder vielleicht entspricht die, mit einer idealistischen Eigenpositionierung einhergehende, genuin unpragmatische Haltung nicht dem gesellschaftlichen Trend – jedenfalls wird das Eintreten für allgemeine Ziele derzeit einer interessengeleiteten politischen Parteinahme vorgezogen.

Politik ohne Erzählung banalisiert sich, verliert an Spannung und Bedeutung. Oder (sehr) frei nach Adorno: Politik ohne jegliche Spiritualität wird zum Klempnerhandwerk der Staatsverwalter. Jedenfalls: Ohne Ziele fehlt die Richtschnur, gleichsam die Grammatik des politischen Handelns. Ziele orientieren, sie motivieren, assoziieren Individuen.[37] Sie reduzieren Komplexität, sie ordnen und hierarchisieren das Tun; sie setzen Prioritäten, bündeln Energien, dienen als Antriebs- und Steuerungsmomente, ermöglichen Anstrengungen.[38] Sie geben Horizonte vor, stiften die regulative Idee, welche überindividuelle Zusammenschlüsse wohl brauchen, um kraftvoll, sinnträchtig und bewusst zu agieren.[39] Ziellosigkeit dagegen produziert Leere, Ängstlichkeit, den Extremismus transzendenzloser Gegenwärtigkeit. Wir wissen aus der Soziologie und Sozialpsy-

---

36 Partizipation und gesellschaftliches Engagement, so der Befund nahezu aller empirischen Erhebungen im Bereich der Partizipationsforschung, korrelieren stark mit dem Bildungsgrad. Vgl. beispielsweise: Deutsches Kinderhilfswerk e.V. (Hrsg.): Vita gesellschaftlichen Engagements. Studie zum Zusammenhang zwischen früher Beteiligung und dem Engagement bis ins Erwachsenenalter, S. 37, abrufbar unter: http://www.kinderpolitik.de/downloads/aktuell/dkhw_studie_engagement.pdf (eingesehen am 26.03.2009).

37 Vgl.: "(...), meaning—or sensemaking— is a primary generator of individual action. (...) an individual not only develops a sense of what is going on but also a sense of how to engage". Drazin, Robert/Glynn, Mary Ann/Kazaniian, Robert: Multilevel theorizing about creativity in organizations. A sensemaking perspective, in: Academy of Management Review, Jg. 24 (1999) H. 2, S. 286-307, hier S. 293. Zur Genese von "Sinn" in der Zivilgesellschaft vgl. Corsten, Michael/Kauppert, Michael: Wir-Sinn und fokussierte Motive. Zur biographischen Genese bürgerschaftlichen Engagements, in: Zeitschrift für Soziologie, Jg. 36 (2007) H. 5, S. 346-363.

38 Vgl. hierzu und im folgenn Fuse, Jan A.: Links oder rechts oder ganz woanders? Zur Konstruktion der politischen Landschaft, in: Österreichische Zeitschrift für Politikwissenschaft, Jg. 33 (2004) H. 2, S. 209 ff; Weber, Florian: Emotionalisierung, Zivilität und Rationalität, in: Österreichische Zeitschrift für Politikwissenschaft, Jg. 36 (2007) H. 1, S. 7-22.

39 Aus Sicht der Motivationspsychologie vgl. Heckhausen, Jutta/Heckhausen, Heinz: Motivation und Handeln, 3. Aufl., Heidelberg 2007.

chologie, dass Menschen nur dann aktiv, zielbewusst und optimistisch handeln können, wenn sie über ein konsistentes Wertesystem verfügen.[40] Fehlt ihnen ein solches Interpretationsdepot oder ist es in Unordnung geraten, können sich Ängste ausbreiten, Hilflosigkeit, Lähmung. Menschen mit einem aus den Fugen geratenen Wertegerüst werden von Zukunftsfurcht gequält, reagieren im besten Fall sozialadaptiv, im schlechteren Fall werden sie politische Beute hemmungsloser Populisten. Sie leiden dann an ihrer Rat- und Orientierungslosigkeit, wie es besonders der Psychoanalytiker Alfred Lorenzer prägnant beschrieben hat. Wo Ziellosigkeit herrscht, wo das Wertesystem inkonsistent geworden ist und Normen erodieren, dort ist die Handlungsfähigkeit der Menschen (übrigens auch der Parteien) gehemmt, ist der übervorsichtige Konformismus allgegenwärtig.[41] Dylan Evans formulierte es so: „But if idealism without a dose of reality is simply naïve, realism without a dash of imagination is utterly depressing."[42]

Vor allem: Normen und Ziele können sich nicht in ökonomischer Effizienz erschöpfen. Aus der seriösen Glücksforschung wissen wir, wie denkbar unglücklich gerade Menschen sind, die ständig in Kategorien der optimalen Renditeverbesserung denken, wie sehr sie auch unter den permanenten Mobilitätsimperativen leiden.[43] Die obsessive Erwerbsarbeitsbesessenheit nahezu aller politischen Parteien führt ebenfalls nicht weiter. Folgt man Hannah Arendts Ausführung gegen den *Animal laborans* der modernen Gesellschaft, so ist es nicht die Arbeit, die den Einzelnen definiert, sondern zudem Tätigkeit wie das Herstellen und Handeln.[44] Und solch wertvolle „handelnde" Tätigkeiten dürfte es in der ergrauenden deutschen Gesellschaft diesseits abstumpfender und trostloser Erwerbsarbeit auf ominöser 1-Euro-Grundlage grundsätzlich in opulenter Fülle geben. Doch sind die Konstruktionen und Grundierungen einer solchen, neuen Tätigkeitsgesellschaft nicht sonderlich weit fortgeschritten.

An die Stelle unkonventioneller Denkanstöße oder angeregter inhaltlicher Ideenkämpfe ist durch die internationale Finanzmarktkrise und ihre wirtschaftlichen Auswirkungen inzwischen verstärkt der Konsens zum vernünftigen Verwalten von Problemen getreten.[45] Dies hat aktuell sogar zum Infragestellen der

---

40   Aus der Perspektive der Geschichte auch: Dierse, Ulrich: Ideologie, in: Brunner, Otto/Conze, Werner/ Koselleck, Reinhart (Hrsg.): Geschichtliche Grundbegriffe, Bd. 3, Stuttgart 1982, S. 131-169, hier S. 166.

41   Vgl. Roßteuscher, Sigrid: Von Realisten und Konformisten, in: Kölner Zeitschrift für Soziologie und Sozialpsychologie, Jg. 56 (2004) H. 3, S. 407-431.

42   Evans, Dylan: The loss of utopia, in: The Guardian, 27.10. 2005.

43   Vgl. Layard, Richard: Die glückliche Gesellschaft. Kurswechsel für Politik und Wirtschaft, Frankfurt 2005.

44   Vgl. Arendt, Hannah: Vita activa oder vom tätigen Leben, München 2006.

45   Ähnlich beschreibt der schwedische Politikwissenschaftler Tingsten 1955: „There is a fairly complete agreement on what is wanted, and differences in opinion mostly concern variations in the forecasts of economic trends and the consequences of actions decided upon." (…) "Under these conditions, the state becomes not only an arbitrator in details, between various eco-

Durchführung eines Wahlkampfes überhaupt geführt. Man mag einräumen, dass der Verzicht auf politische Schaukämpfe und Indianerspiele im Bundestagswahlkampf 2009 noch keinen Verlust darstellt.[46] Jedoch gibt die, nur wenige Monate vor einem Urnengang, bewusste wie überparteilich vertretene Loslösung von Wahlkampf an sich, besonders im Lichte einer allgemeinen pragmatischen Grundeinstellung, zu denken. Denn die Einhelligkeit in Berlin, die derzeit zu einem Wettbewerb der Sachlichkeit beziehungsweise um die kompetenteste Pose im Krisenmanagement gerät, birgt durchaus Gefahren. Einerseits entwickeln die Sphären Politik und Wirtschaft in der öffentlichen Wahrnehmung zunehmend eine hierarchische Beziehung. Besuche beispielsweise wie die führender Politiker bei General Motors in Detroit Anfang dieses Jahres können aus Perspektive des Bürgers weniger als Zeichen von Führungsstärke denn vielmehr als ein Zeugnis von Machtlosigkeit der Politik aufgenommen werden. Der Fokus auf wirtschaftliche „Konzept-Kunst" im Superwahljahr 2009 könnte somit durchaus zurückschlagen, die Entmachtung von Politik selbst befördern.

Ein weiteres Problem bei der allgegenwärtigen Ausrichtung am Pragmatismus liegt in der unter diesen Umständen schwierigen Vermittlung demokratischer Prozesse, ja der Demokratie überhaupt. Denn zu einer derartig orientierten Gesellschaft gehört nicht zuletzt auch das übermäßige Goutieren von Effizienz und Kompetenz in der politischen Klasse – damit aber auch deren Begleiter, die Ungeduld und das Unverständnis gegenüber politischen und demokratischen Prozessen, die genuin lange währen und eigentlich den politischen Streit um Themen, Interessen und Bürger beinhalten.[47]

Somit scheint es heute leichter denn seit Langem, sich aus diesem schwer vermittelbaren, unitär pragmatischen und „hilflosen" Berliner Politikmilieu politisch hervorzuheben und durch Andersartigkeit populär aufzutrumpfen.

Entbindung und Burn-Out

Über die Ziele für die mittlere Zukunft wurde in Zeiten der großkoalitionären Vereinbarung nicht originell oder originär diskutiert. Doch galt das ebenfalls

---

nomic interests. As the general standard of values is so commonly accepted, the functions of the state become so technical as to make politics appear as a kind of applied statistics." Tingsten, Herbert: Stability and Vitality in Swedish Democracy, in: The Political Quarterly, Jg. 56 (1955) H. 2, S.140-151, hier S. 147.

46   Walter, Franz: Lärmende Lust auf die Lagerschlacht, in: Spiegel Online, 26.03.2009; abrufbar unter: http://www.spiegel.de/politik/deutschland/0,1518,615540,00.html   (eingesehen   am 27.03.2009).

47   Die belgische Politikwissenschaftlerin Chantal Mouffe weist nicht zu Unrecht auf die Gefahren für liberale Demokratien hin, in denen diese „agonistischen" Streitigkeiten ausbleiben. Vgl. Mouffe, Chantal: Das demokratische Paradox, Wien 2008.

schon für Rot-Grün. Dadurch entstanden Defizite. Zu vergleichbaren „Löchern" führte parallel die gesellschaftliche Entwicklung der Entkollektivierung. Das Zauberwort hierfür war in den 1980er und 1990er Jahren „Individualisierung". Einiges – wir sahen es – spricht dafür, dass dieser Zauber sich peu à peu verflüchtigt. Gewiss, der gesellschaftliche Trend der Individualisierung wird sich auch künftig fortsetzen, aber die Begeisterung darüber schwindet. Zu Beginn des Individualisierungsprozesses in den 1960er/70er haben die meisten (jüngeren) Menschen die Lösung aus den alten Bindungen – den oft autoritativen Behausungen von Gemeinschaften, Milieus und Großkollektiven – noch freudig begrüßt. Die Entbindung öffnete und erweiterte den Raum für eigene Verantwortlichkeiten, für selbstbestimmte Biographien. Aber der jähe Zuwachs an Optionen und Freiheiten barg auch Strapazen und produzierte Erschöpfungen. Die aus den kollektiven Bettungen entlassenen Einzelnen mussten sich permanent selbst entscheiden, besaßen dabei weder den Rückhalt noch die Orientierungsgewissheit der zurückgelassenen Solidargemeinschaften.[48] Der fortwährende Zwang zur Einzigartigkeit, die Last der eigenverantwortlich zu tragenden Irrtümer, Fehlentscheidungen, Schicksalsschläge führten etliche Menschen in die Depression, in den Burn-out.[49]

Denn Optionen bergen nicht nur Annehmlichkeiten, sie bedeuten auch Unsicherheit, Mühsal, Stress.[50] Es mehren sich infolgedessen die Indizien, dass die Ära der Entbindungseuphorie zu Ende geht. In den meisten zeitdiagnostischen Studien der Soziologie, der Psychologie, auch der Zukunfts- und Trendforscher wird so etwas wie ein „Wandel des Wertewandels"[51] ausgemacht, zumindest für die nahe Zukunft prognostiziert. Überraschen kann das nicht. Lässt man sich auch hier auf das oben bereits eingeführte Zyklenparadigma des amerikanischen Historikers Arthur M. Schlesinger ein, dann schwingt das Pendel kultureller und politischer Orientierungen alle 30 bis 40 Jahre zurück. Neue Generationen erkennen die Schattenseiten und Defizite bislang dominierender normativer Muster; und sie bilden dann neue Einstellungen und politische Präferenzen aus.

---

48 Vgl. das Konzept des „consumerist syndrom" des Soziologen Zygmunt Baumann; Rojek, Chris: The Consumerist Syndrome in Contemporary Society An interview with Zygmunt Bauman, in: Journal of Consumer Culture, Jg. 4 (2004) H. 3, S. 291-312.
49 Schwartz, Barry: Self-Determination, The Tyranny of Freedom, American Psychologist, Jg. 55 (2000) H. 1, S. 79-88, hier S. 79 ff.; Eine Gegenposition bezieht dazu Ruut Veenhoven, vgl: Veenhoven, Ruut: Quality-of-Life in Individualistic Society. A Comparison in 43 Nations in the Early 1990's, in: Social Indicators Research Jg. 48 (1998) H. 2, S. 157-186.
50 Vgl. Gross, Peter: Die Multioptionsgesellschaft, Frankfurt am Main 1994.
51 Hradil, Stefan: Vom Wandel des Wertewandels. Die Individualisierung und einer ihrer Gegenbewegungen, in: Wolfgang Glatzer/Habich, Roland/Mayer, Karl U. (Hrsg.): Sozialer Wandel und gesellschaftliche Dauerbeobachtung, Opladen 2002, S.31-48.

Und so mögen wir tatsächlich vor einer Zäsur stehen. Psychologen berichten von einem dramatischen Anstieg neuer „Grübelkrankheiten",[52] in die man hinein geraten kann, wenn man sich unaufhörlich eigenverantwortlich festlegen muss, orientierende Kriterien und Maßstäbe dafür seit dem Verlust von Weltanschauungen und Glaubensüberzeugungen allerdings nicht mehr selbstverständlich besitzt. Der individualisierte Mensch empfindet es allmählich nicht allein als Chance, originär sein zu *dürfen*, sondern oft genug als herrischen Zwang, eben dies jederzeit sein zu *müssen*.[53] Ansätze einer solchen Haltung finden sich in der vielfach gleichgültigen, mitunter gar die neuen rigorosen Studienstrukturen begrüßenden Haltung großer Teile des akademischen Nachwuchses innerhalb des reformierten Bachelor-Studiensystems. Deren Gros beklagt zwar durchaus die Heftigkeit und Fülle des Studienprogramms, erhebt jedoch selten grundsätzliche Beschwerde gegen ein Regulieren, Strukturieren und Einrahmen (geistes-)wissenschaftlicher (Aus-)Bildung an sich. Lebenslanges Neuerfinden in der Wissensgesellschaft ist eben nicht nur ein verlockendes Versprechen, sondern auch ein bedrohlicher Imperativ, der den Individuen ihre chronische biographische Unfertigkeit negativ bescheinigt.

So spricht einiges dafür, dass das Bedürfnis nach Ligaturen, Loyalitäten, Zugehörigkeiten, auch nach der Sicherheit einer stabilen Deutungs- und Sinnperspektive zunehmen wird.[54] Die Moderne hat in den letzten vierzig Jahren viel von solchen Traditionsstoffen aufgezehrt. Aber eben dadurch hat sich die Nachfrage danach gesteigert, der Marktwert enorm erhöht. Sinn, Gemeinschaft, Bindungen sind kostbare, aber seltene Rohstoffe und Güter geworden. Natürlich: Der neue Bedarf kann auch antipluralistische, da komplexitätsminimierende Angebote hervorbringen. Denn: „Die Sehnsucht nach dem Absoluten ist das Ergebnis eines Zeitalters des Relativismus".[55]

Rückkehr oder Implosion des Staates?

Das Land – und bekanntlich nicht nur dieses – steht vor gewaltigen Problemen. Schon vor dem Crash drängten etliche hunderttausend Bundesbürger Tag für Tag in die Suppenküchen der Wohlfahrtsverbände. Über ein Zehntel der Deut-

---

52 Zum Zusammenhang von „Grübeleien" (Rumination) und Depressionen vgl. Ward, Andrew/Lyubomirsky, Sonja/Sousa, Lorie. u.a.: Can't quite commit. Rumination and uncertainty, in: Personality and Social Psychology Bulletin, Jg. 29 (2003) H. 1, S. 96-107.

53 Einflussreich hierzu: Ehrenberg, Alain: Das erschöpfte Selbst. Depression und Gesellschaft in der Gegenwart, Frankfurt am Main 2004.

54 Zur Sinnperspektive und Sinn-Schaffung: Weick, Karl E.: Sensemaking in Organizations, London 1995.

55 Troeltsch, Ernst: Das Neunzehnte Jahrhundert, in: Aufsätze zur Geistesgeschichte und Religionssoziologie. Gesammelte Schriften, Bd. 4, Tübingen 1925, S.614-649.

schen lebte bereits damals in ständiger Armut. Die oberen zwei Prozent der bundesrepublikanischen Haushalte verfügten über 30 Prozent des Gesamtvermögens; die unteren 50 Prozent müssen sich mit knapp fünf Prozent begnügen. Und die ökonomischen Eliten hatten sich seinerzeit bereits mehr und mehr von ihrer gesellschaftlichen Verantwortung verabschiedet. Zum Ende der Adenauergesellschaft betrug der Anteil der Gewinnsteuern am steuerlichen Gesamtaufkommen noch mehr als ein Drittel; in den Schröder-Merkel-Jahren waren es kaum noch 15 Prozent. Und die sozialen Abschließungstendenzen von oben gegen unten nahmen wieder erheblich zu.

Während all der Zeit herrschte – von SPD bis CDU, von Grünen bis zur FDP – eine verblüffende Einheitsfront wettbewerbskultivierender „Reformer". Historisch war dieser nachgerade sakrale und zugleich flächendeckende Dogmatismus der „Reform" neu. Dabei: Die Geschichte kennt wohl viele Reformperioden; aber sie kennt keine Reformära, aus der alle Menschen und Klassen als Gewinner hervorgegangen wären. Am Ausgang von Reformprozessen stehen Verlierer und Geschädigte, stehen tiefe Einrisse und schwere Trümmer. Doch mehr noch: Es gibt kein Reformprojekt in der Weltgeschichte, dass nicht am Ende auch das Gegenteil von dem schuf, was ursprünglich beabsichtigt war. Es gibt genügend Reformelaborate, die mehr Schaden als Nutzen stifteten – und dadurch Voraussetzung für eine nächste, nun gegenteilig begründete Reformsequenz wurde. Soziologen sprechen in solchen Fällen gern von nichtintendierten Folgen gut gemeinter Absichten. Zusammengefasst: Reformen stiften keineswegs per se Glück, Wohlfahrt, Befreiung; sie produzieren oft genug neue, andere Formen von Abhängigkeit, Ungleichheit, Begrenzung und Bedrückung. Und am Ende des apodiktisch marktzentrierten, antietatistischen Reformprozesses stand schließlich eine massive Entinstitutionalisierung mit dem Resultat: weniger Staat, weniger Solidargemeinschaften, weniger Großorganisationen, weniger kollektive Lösungen. Die integrativen Strukturen wurden dezimiert, die sozialen Räume von vergemeinschaftenden Normen, Einrichtungen und Assoziationen sind geschrumpft.

Wo die Puffer von Strukturen, Institutionen, Repräsentanz und kollektiven sozialmoralischen Verbindlichkeiten aber fehlen,[56] entlädt sich Unmut, artikulieren sich Stimmungen unmittelbar, ungefiltert, aggressiv – ziellos. Mithin: Die Republik bräuchte wohl eine intelligente, sicher effiziente, gewiss moderne, aber doch auch robuste Re-Regulierung von Institutionen, bräuchte die empathische Rekonstruktion von integrativer Sozialmoral und kooperationsdemokratischen Normen des Gemeinwohls. Ein großer Teil der bundesdeutschen Gesellschaft wird all dies wahrscheinlich zunehmend und heftig einfordern. Doch

---

56 Vgl. zu dieser Problematik Weinert, Reiner: Intermediäre Institutionen oder die Konstruktion des „EINEN", Das Beispiel der DDR, in: Kölner Zeitschrift für Soziologie und Sozialpsychologie, Sonderheft 35, 1995, S. 237-253.

könnte das die allergrößten Frustrationen auslösen. Und damit ist nicht einmal gemeint, dass der Neo-Etatismus natürlich Legitimationsprobleme der Demokratie aufwerfen würde.[57] Denn wo das Postulat vorherrscht, staatliche Politik planvoll und präventiv zu gestalten, da kann schnell der Interessenpluralismus, selbst die kontroverse Debatte im Parlament in Frage gestellt, ja: jede subjektive Dissidenz zugunsten einer Homogenisierung des stringent angelegten, prophylaktisch vorsorgenden Staats getilgt werden. Auch ein neuer, stärker staatsbezogener Reformismus birgt also Gefahren.

Doch ist mit einem solchen Szenarium gar nicht zu rechnen, wenn man dem Direktor des Kölner Max-Plank-Instituts für Gesellschaftsforschung, Wolfgang Streeck, folgt. Sein Szenarium ist ganz anders, aber keineswegs weniger bedrückend. Streeck glaubt nicht an eine Rückkehr des souverän operierenden Staates. Im Gegenteil: Mit dem – erzwungenen – Kraftakt der letzten Monate habe er sich vermutlich endgültig verausgabt. Die zuvor schon alarmierende und systematische Staatsverschuldung habe sich dadurch noch einmal drastisch ausgeweitet. Die – krisenbedingt verringerten – Steuereinnahmen gehen überwiegend für die Tilgung der Schulden weg. Für politische und gesellschaftliche Gestaltung, gar für gezielte Umverteilungsstrategien sei keinerlei Finanzmasse mehr da. Streeck hat keinen Zweifel. Das finale „Ende der Handlungsfähigkeit des Staates" sei „absehbar"[58].

Laptop und Putzmob – die neue Allianz?

Doch was würde passieren, wenn die entscheidende Institution der Zivilisation, mit der Gesellschaften auf sich selbst ordnend einwirken konnten, die Regeln gesetzt, in sozialstaatlichen Zeiten Ausgleich hergestellt und Schutz geboten hatte, in ihren Fundamenten beschädigt, zumindest aber – um es nicht ganz so düster apokalyptisch auszumalen – wichtiger Instrumente entledigt wäre? Käme es dann im Zuge der Entinstitutionalisierung purer Wettbewerbsgesellschaften zum Clash, zum großen, nicht mehr klassisch parteiförmig domestizierten sozialen Konflikt? Indes: Wer sollte das „Subjekt" des Aufbegehrens sein? Mit den neuen Unterschichten der oft so charakterisierten „Überflüssigen" ist weiterhin nicht unbedingt zu rechnen. Deren markantes Kennzeichen chronisch gewordener Überflüssigkeit hat es in der Industriegesellschaft über 140 Jahre hinweg zuvor kaum einmal gegeben. Denn anders als die vorindustriellen Unterschich-

---

57   Vgl. Metzler, Gabriele: Geborgenheit im gesicherten Fortschritt. Das Jahrzehnt von Planbarkeit und Machbarkeit, in: Frese, Matthias/Paulus, Julia/Teppe, Karl (Hrsg.): Demokratisierung und gesellschaftlicher Aufbruch. Die sechziger Jahre als Wendezeit der Bundesrepublik, Forschungen zur Regionalgeschichte 44/2003, Paderborn, S. 777-800.

58   Streeck, Wolfgang: Eine Last für Generationen, in: Handelsblatt, 20.03.2009.

ten war die moderne Arbeiterklasse für die kapitalistische Produktion und Mehrwertgewinnung lange Zeit konstitutiv. Daher war die gewerbliche Arbeiterklasse auch, gewissermaßen von 1870 bis 1970, durchaus ressourcenstark, hatte Selbstbewusstsein, besaß Organisationsfähigkeit, brachte kluge, ehrgeizige, über den Status quo hinaus strebende Anführer mit ambitionierten Zukunftsideen hervor. Die neuen Unterschichten der Überflüssigen haben davon nichts: Keine kollektive Zusammengehörigkeit, kein Selbstbewusstsein, keine Idee von sich selbst, keine Ressourcen für Organisation, für politische Projekte und für disziplinierte, langfristige Aktionen. Im „neuen Unten" bleiben die einzelnen – gleichsam negativ individualisiert – für sich, netzwerkunfähig, handlungsgehemmt und ungehört.[59] Sie mögen in Zeiten weiterer sozialer Verschlechterung zum Resonanzboden für erratische antikapitalistische Affekte, für strohfeuerartig aufflammende Affekte gegen „die Reichen da oben" taugen, aber sie werden wohl nicht zu einem zielbewussten politischen Träger organisierten Protests.

Erfolgreicher politischer Protest wird in der Regel von anderen sozialen Gruppen initiiert und angeführt. Fast durchweg handelt es sich um enttäuschte, von ihrer primären Klasse abgefallene Eliten. Die Kritik am neuen Kapitalismus wird nur dann Aplomb, Zielstrebigkeit und Originalität bekommen, wenn sie von ressourcenstarken Gegeneliten, die bislang nicht zum Zuge gekommen sind, aufgenommen wird. Solche ausgebremsten Gegeneliten sind stets die Fahnenträger, Ideenlieferanten und Organisatoren großer sozialer Unmutsbewegungen. Und immer ist es eine verbarrikadierte Zukunft, sind es frustrierte Hoffnungen, die diese in das Bündnis mit den Schwachen treiben – nicht etwa Philanthropie oder Altruismus. Soziologen sprechen in solchen Fällen nüchtern von einer Statusinkonsistenz,[60] also von der Diskrepanz zwischen hohem Leistungspotenzial und geringer gesellschaftlicher Position, welche die Revolte nährt. Kaum etwas jedenfalls erschüttert eine politische Ordnung stärker als ein tiefgreifender Dissens zwischen etablierten Eliten auf der einen Seite und den abgewiesenen Repräsentanten neuer Ansprüche auf der anderen Seite. „Die Krise beginnt um einer begrenzten Sache willen, zieht dann aber alle Unzufriedenen, allen Protest, alle Negation in ihren Sog; es entsteht eine »blinde Koalition aller, die etwas anderes haben wollen« und die es – so kontrovers in sich und so wenig dauerhaft sie auch sein mag – erst möglich macht, »einen alten Zustand aus den Angeln zu heben«. Den Anfang machen nicht die im alten Zustand am elendsten

59 Vgl. Besonders Kronauer, Martin: „Soziale Ausgrenzung" und „Underclass". Über neue Formen der gesellschaftlichen Spaltung, in: Leviathan Jg. 25 (1997) H. 1, S.28-49.
60 Vgl. Lenski, Gerhard E.: Power and Privilege. A Theory of Social Stratification, New York/London/Sydney 1966.

Lebenden, sondern die »Emporstrebenden«."[61] In der Regel dauert es, bis solche Gruppen die neue Malaise auch für sich anerkennen. Die Psychologie hat dafür als Erklärung die Theorie der „kognitiven Dissonanz" zur Verfügung. Menschen möchten, soll das heißen, in Seelenharmonie, also in Konsistenz mit ihren ursprünglichen Einstellungen und Erwartungen leben, verdrängen daher zunächst dazu sperrige Neu-Informationen und Erlebnisse. „Die Enttäuschung muss meist erst eine gewisse Schwelle überschritten haben, ehe man sie sich eingestehen kann – dann jedoch kann sie gerade wegen der vorangegangenen Versuche (und gleichsam in Vergeltung für sie) dieses Eingeständnis hinauszuzögern, mit besonderer Heftigkeit hereinbrechen."[62]

Kurzum: Das Subjekt einer praktischen Kapitalismuskritik können nicht die Marginalisierten und Randständigen sein, sondern eher die hochqualifizierten Ingenieure und Informatiker, die bis vor kurzem noch an den Segen einer neuen Ökonomie glaubten, jetzt aber verunsichert oder gar freigesetzt worden sind; die Universitätsabsolventen dieser Jahre, die sich willig dem restriktiven Bologna-Prozess unterworfen haben, sich aber trotzdem mit unbezahlten Praktika durch das Leben schlagen müssen. Wenn diese Gruppen die oben beschriebene Adaptionsbereitschaft abstreifen und sich bewusst als Gegenelite begreifen, um die etablierten bürgerlichen Führungsgruppen herauszufordern, wenn sie dafür alternative Organisationen und Strukturen begründen, neue Gemeinwohlmetaphern erfinden und das taktische Wahlbündnis mit den Verlierern und Verlorenen nicht scheuen, dann könnte es tatsächlich zu einer Symbiose auf Zeit von „Laptop und Putzmob" jenseits der klassischen Parteienförmigkeit kommen.[63]

---

61 Vierhaus, Rudolf: Zum Problem historischer Krisen, in: Faber, Karl-Georg/Meier, Christian: Historische Prozesse, München 1978, S. 317. Vierhaus zitiert hier aus den »Weltgeschichtlichen Betrachtungen« von Jacob Burckhardt.
62 Hirschmann, Albert: Engagement und Enttäuschung. Über das Schwanken der Bürger zwischen Privatwohl und Allgemeinwohl, Frankfurt am Main 1984, S. 25
63 Vgl. auch Pelizzari, Alessandro: Widerständiges Prekariat? Probleme der Interessenvertretung in fragmentierten Arbeitsmärkten, in: Eickelpasch, Rolf/Rademacher, Claudia/Lobato, Philipp Ramos (Hrsg.): Metamorphosen des Kapitalismus und seiner Kritik, Wiesbaden 2008, S.193-216.

Verzeichnis der Autorinnen und Autoren

Felix Butzlaff (*1981 in Celle)

Oliver D'Antonio (* 1977 in Stuttgart)

Daniela Forkmann (*1975 in Northeim)

Klaudia Hanisch (* 1984 in Kulczbork/Polen)

Stine Harm (*1983 in Rostock)

Johanna Klatt (*1982 in Wolfenbüttel)

Stephan Klecha (*1978 in Göttingen)

Sebastian Kohlmann (*1982 in Braunschweig)

Christian Leistner (*1985 in Lichtenstein)

Michael Lühmann (* 1980 in Leipzig)

Sören Messinger (*1986 in Wuppertal)

Bettina Munimus (*1980 in Ludwigsburg)

Teresa Nentwig (*1982 in Göttingen)

Katharina Rahlf (*1983 in Göttingen)

Jonas Rugenstein (* 1985 in Eckernförde)

Frauke Schulz (*1983 in Northeim)

Franz Walter (*1956 in Steinheim)

Christian Werwath (*1982 in Bremerhaven)

Clemens Wirries (* 1977 in Kappeln)

Alle Autoren sind Zugehörige der *AG Parteien- und Politische Kulturforschung* an der Georg-August-Universität Göttingen unter der Leitung von Prof. Dr. Franz Walter.